JN450785

일제강점기
조선민중의 선구자

김교신 (1901-1945) 선생

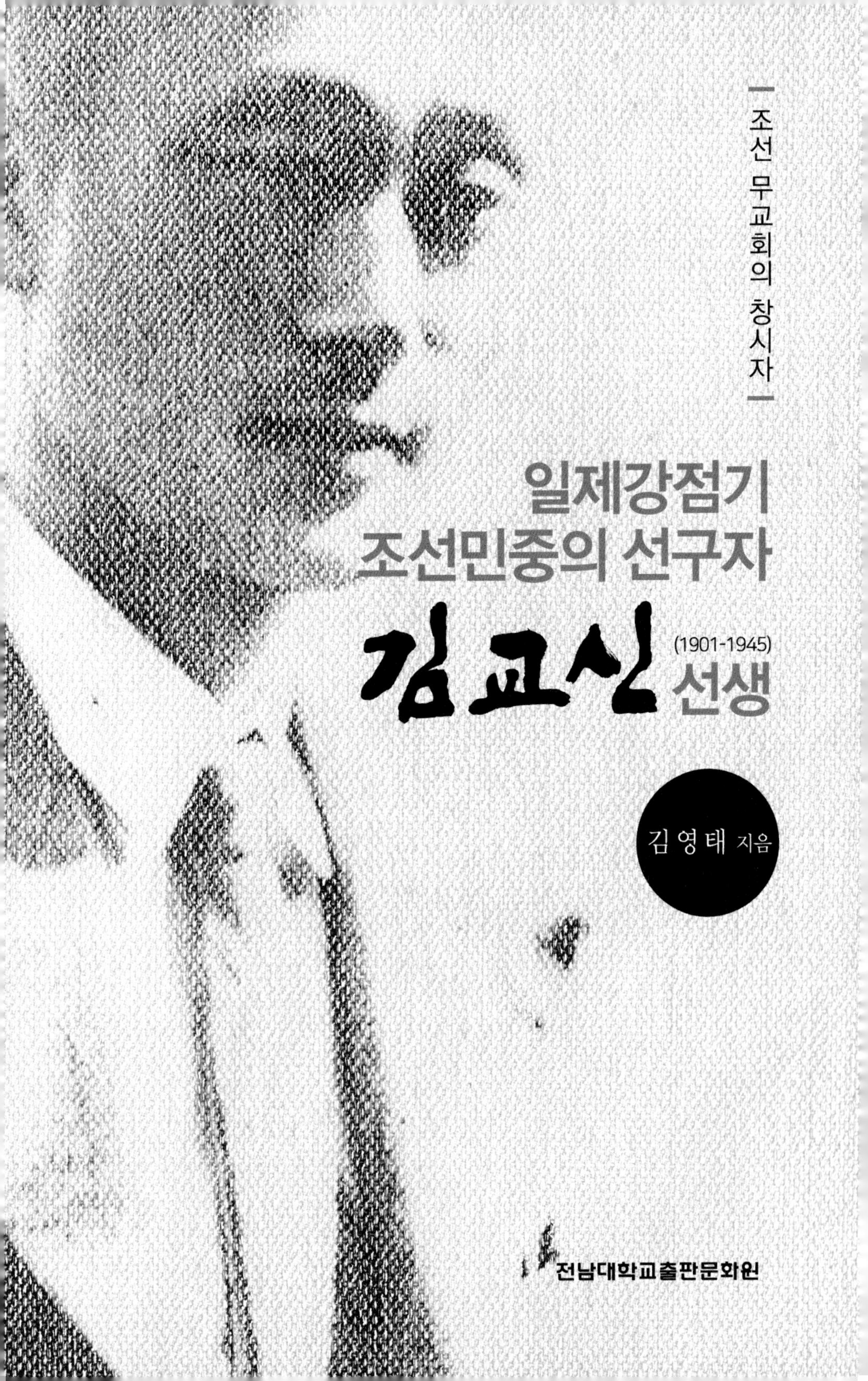

조선 무교회의 창시자

일제강점기 조선민중의 선구자 김교신 (1901-1945) 선생

김영태 지음

전남대학교출판문화원

김교신 선생
(1901-1945)

김교신 선생 집터에 자원 봉사센터 개관

한국 순교자의 소리(공동대표 에릭 폴리·현숙 폴리 목사)가 서울 성북구 정릉로 '김교신 자원봉사센터'에서 개관식을 했다.

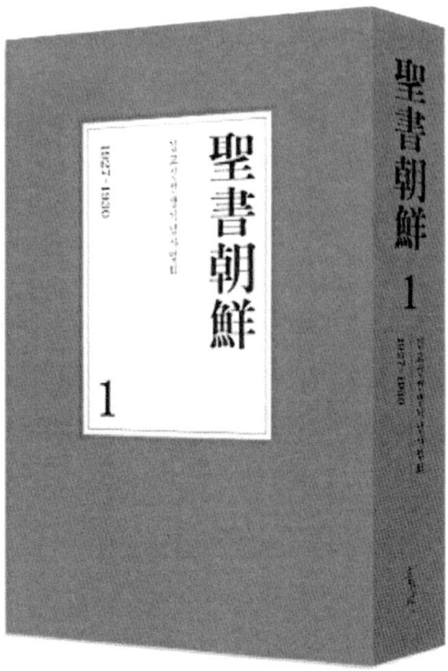

성서조선 영인본 1권의 표지사진

영인본은 2017년 기념사업회 이사 5명과 홍성사의 편집자가 함께 작업을 시작해 완성했다. 성서조선 1~158호를 7권으로 나눠 편집했고, 4400여개 표제어를 수록한 색인집을 별도로 펴냈다.

성서조선은 1927년 7월 일본의 무교회주의자 우치무라 간조의 영향을 받은 김교신과 송두용 유석동 양인성 정상훈 함석헌 6명이 발행한 동인지 형태의 신앙잡지다. 1930년 5월호부터는 김교신이 발행인을 맡아 원고 집필과 편집, 인쇄, 발송사무와 수금까지 전담했다. 한국인이 쓴 성경 주석서가 없던 당시 김교신이 써 내려간 신구약 성서 개요와 성서연구 등은 목회자와 일반 성도들에게 큰 도움을 줬다. 김교신은 일제의 끝없는 검열 때문에 항상 매 호가 마지막 호가 될 수 있다는 생각으로 작업했다고 한다.

일제는 1942년 3월 1일자로 간행된 제158호의 권두언 '조와(弔蛙)'를 문제삼아 김교신은 물론 구독자들까지 일제히 검거했다. 김교신이 추위에 얼어 죽은 개구리들 사이에서 끝내 살아남은 두세 마리를 보고 "전멸은 면했나 보다"며 희망을 노래했다는 게 그 이유였다. 이로 인해 김교신 등 13명은 1년간 서대문형무소에서 옥고를 치렀다.

김교신 선생의 넷째 따님
(1932년생, 광주광역시 남구 방림동 거주)

본서의 저자는 전남대학교 사범대학에서 30여년 봉직하는 동안 서양윤리학, 비교종교학, 철학적 가치론 등을 강의하였으며 지금은 명예교수로 있으면서 계속해서 관심분야에 대한 연구를 지속하고 있다.

현직에 있을 때에는 연구수행을 하더라도 다소의 강박관념이 있었지마는 명예교수 직함을 갖고 살아가고 있는 현재의 상황에서는 강박관념이 거의 없이 차분하게 학문을 즐기고 있는 듯한 나를 발견한다. 연구주제를 설정하더라도 과거에는 강의와 직결되는 문제에 천착하는 경향이 있었지만 지금은 문자 그대로 자유로운 가운데 대학 강의실의 경계를 넘어 내가 몸담고 살아가고 있는 현사회의 동향을 의식하면서 이에 걸맞은 주제를 찾아보려는 심리가 생겼다. 즉 대학 연구실을 떠나 10여 년간 사회 속에 묻혀 살다보니 사회를 향해 발언하고 싶은 심리가 생긴 것이다. 외치고 싶은 대상이 대학캠퍼스의 학생들보다는 드넓은 시공을 함께 공유하고 있는 동시대의 사람들에게 무엇인가의 메시지를 전하고 싶은 것이다.

이러한 의도에서 저자의 뇌리에 잡히는 한 분의 인생선배가 있으니 곧 우리민족이 매우 어려움에 처했던 일제(日帝)강점기에 조국과 민족의 해방 및 독립을 위해 눈에 띠지 않게 은근히 분투노력했던 중등학교 평교사이자 새로운 종교, 즉 무교회(無教會)적 '성서(聖書) 연구'를 통하여 한민족(韓民族)에게 희망을 제시하고 살신성인(殺身成仁)한 무명초(無名草) 같은 김교신(金教臣) 선생(1901-1945)이다. 이 분은 조국이 침탈된 그 암울했던 일제강점기에 그의 동족 조선민족(韓民族)에게 사기(士氣)를 북돋고 소망을 제시하고 빼앗긴 국권을 회복하기 위해 이름 없이 빛도 없이 노심초사(勞心焦思)했던 분이다.

유교(儒敎) 집안에서 태어나 일찍이 한학(漢學)에 심취했었고 곧이어 이른바 신식(新式)교육제도 하에서 정규 초등, 중등학교 교육을 마친 후 일본으로 건너가 당시의 명문 '도쿄고등사범학교'에 진학하여 중등교사 양성과정(영어, 지리-박물학)을 성공적으로 수학(修學)함과 동시에, 새로운 기독교(일종의 기독교이지만 제도와 화려한 교회당건물을 지양(止揚)하는 이른바 무교회(無敎會, Non-Church Christianity)를 만나 유교신앙에서 무교회 신앙으로 회심(回心, Conversion)하게 됨에 따라 유교에 쏟았던 관심과 열심을 무교회에 쏟음으로써 새로운 영적 순례(Spiritual Pilgrim)를 하기에 이른다.

이렇게 된 배경에는 새로운 계기가 있었던 바, 당시 일본사회에서 학자 겸 종교인으로서 명성을 떨치고 있었던 스승을 만나게 되었는데 그 스승은 바로 유명한 우치무라 간조(內村鑑三, 1861-1930) 선생이었다. 이 대목에서 우리는 하나의 모순을 발견하게 되는데 그것은 곧 왜 하필이면 우리조국을 식민지로 삼켜버린 일본제국의 인사를 스승으로 모셨느냐하는 것이다. 아무리 훌륭하다 하더라도 일종의 원수 같은 나라 사람을 스승으로 모시다니… 이러한 배경을 생각하면 틀림없이 꺼림칙하고 떨떠름하지만 그 선생은 그의 나라 일본의 제국주의적 행태에 대해서 반기(예: 교육칙어 반대로 불경죄로 매도됨)를 든 인사였고 조선을 식민지화한 것에 대하여 부당함을 강하게 지적하였던 사람이었다. 그래서인지 당시 도쿄 조선인 유학생들 가운데 그의 제자가 많았다. 그 대표적인 제자들은 김교신을 비롯한 함석헌, 정상훈, 송두용, 유석동, 양인성 등이었다. 우치무라 간조 스승의 지도하에 성서연구를 하는 가운데 이들은 '조선성서연구회'를 결성하여 진리탐구에 매진했었고 조국의 독립을 위해 기도하며 실력을 배양하고 있었다. 이 가운데 함석헌 선생은 얼마 후 퀘이커교도였던 미국 평화봉사단원을 만나 교류하던 중 특별히 '평화'를 위해 힘쓰는 그들과 뜻을 같이 하기 위해 '무교회'의 성격과 매우 흡사한 '퀘이커교'로 소속을 옮겼다.

하여간 김교신은 1927년 봄 동경고등사범학교 졸업과 동시에 교사 자격을 획득한 후 귀국하여 함흥영생여고보, 서울양정고보, 경기중학교, 개성송도고보에서 교편을 잡고 후학을 양성하였다. 주전공과 담당과목은 지리-박물학이었지만 매주 '성서연구회'를 인도하며, 『성서조선』이라는 월간 신앙지를 제작 배포함으로써 예수 그리스도께서 재세(在世)기간에 행하셨던 3개 분야의 사역, 즉 선교(Preaching), 교육(Teaching), 치유(Healing, 소록도 나환자에 대한 후원)에 역점을 두어 아가페(Agape) 정신을 발휘하였다. 이에 앞서 그는 어린시절에 배웠던 유교의 가르침도 충실히 따랐던 바, 수신제가치국평천하(修身齊家治國平天下)를 위해 줄기차게 노력하였다. 이와 같은 유교의 가르침은 기독교의 경전 성서(聖書, Holy Bible)의 가르침과 맥을 같이 하고 있었기 때문이었을 것이다.

따라서 본서에서는 김교신의 생애와 사상 그리고 그의 고귀한 삶과 그의 부르짖음을 고찰하고 그것을 체계적으로 엮어보려고 시도하였다. 하지만 필자가 이 졸저를 펴냄으로써 혹여 김교신 선생의 생애, 사상, 행적을 흠집내거나 그의 본래적 의도를 손상시키지는 않을까 하는 두려움도 없지 않다. 그러나 다만 하늘 우러러 필자가 말씀드리고 싶은 것은, 이 책을 통해 김교신 선생의 애국·애족적이고 도덕적이며 종교 신앙적인 숭고한 삶이 독자들에게 조금이라도 전달되어, 카오스(혼돈)적인 우리사회의 상황이 코스모스(질서)적 상황을 향해 질적으로 변화되기를 진심으로 기원하는 바이다. 왜냐하면 이 책은 독일의 애국철학자 피히테(Johann Gottlieb Fichte, 1762-1814)의 저서 『독일국민에게 고(告)함』처럼 김교신이 일제치하에서 신음하던 동족 조선민족(한국인)을 향한 진심어린 '윤리-종교적' 외침을 담고 있기 때문이다. 우리 모두 김교신 선생의 삶처럼 진실하고, 겸손하며, 자랑하지 아니하며, 상대방을 존중하고, 눈에 보이지는 않지만 분명히 존재하고 계실 거룩하신 우주의 주재자 앞에서 외경(畏敬)적 삶을 살아가기를 희구한다.

2021년 2월

저자

목차

Ⅰ. 서 론

김교신은 1901년 함경남도 함흥에서 태어났다. 그의 가정은 유교적인 가정으로서 한학(漢學)을 중시하였다. 함흥보통학교를 거쳐 함흥농업학교를 졸업하였다. 1919년 일본으로 건너가 도쿄고등사범학교 지리-박물학과를 졸업하였다.

일본에 가자마자 동경 시내에서 노방전도하던 일본동경 동양선교회(OMS) 청년으로부터 전도를 받아 기독교에 입문하게 되었고 기독교의 깊은 사상을 배운 것은 일본의 무교회주의자 우치무라 간조 선생으로부터였다.

왜 하필이면 일본인 우치무라 간조를 스승으로 모셨을까? 일본 제국주의의 식민지가 된 조선과 조선인은 한결같이 일본국, 일본인, 일본문화를 배격하는 입장이었는데 김교신은 왜 일본인 스승 밑에서 그리스도교 사상을 배웠을까? 그것도 혼자가 아니라 6인 동지 회원 모두가…

그들은 아무것도 모른 채 우치무라를 스승으로 선택했을 리가 없다. 김교신을 비롯한 함석헌 등 6명은 민족의식이 매우 강한 젊은이들이었다. 그럼에도 불구하고 그들이 우치무라 문하에 들어간 것은 분명한 이유가 있었을 것이다. 우치무라는 일본인이었지만 일본제국주의를 강하게 반대하는 지식인이었고 또 권위와 조직과 정통을 자랑하는 기독교를 배격하고 하나님을 신앙하되 원시 기독교처럼 교회가 없는 무교회(Non-Church)를 주장하는 주체성이 매우 강한 기독교인이었다. 아울러 그는 일본의 식민지였던 조선에 대해 안타까움을 금치 못했던 사람이었다. 대체로 이러한 이유 때문에 김교신과 5명의 동료들은 우치무라 무교회의 교인으로서 일본유학생활을 한 것이다.

김교신은 1919년 초부터 1927년 초까지 일본에 머무는 동안 매우 밀도 있게 외국유학생활을 하였다. 대학에 들어가기 직전 약 2년 동안은 영어를 배우고 기독교 노방전도대원들(우시코메 야라이정 성결교회 청년들)을 조우하게 되어 그 교회에 출석하여 세례까지 받게 되었다. 그렇지만 안타깝게도 그 교회의 불미스러운 일(목사 축출사건)을 목격하고 실망하여 그 교회출석을 중단하였다. 그래도 기독교에 대한 신앙심까지는 버리지 않고 기독교에 대한 관심은 유지하고 있던 차 당시 그곳(도쿄)에서 유명했던 스승 우치무라를 만나게 된다. 하지만 공교롭게도 그는 조선인이 아니라 일본제국주의 국민 중 한 사람이었다. 우리가 상식적으로 생각할 때 그 사람이 아무리 훌륭하다 하더라도 적국의 국민이었기 때문에 스승으로 모신다는 것이 거의 불가능한 일이었다. 그러나 우치무라는 사무라이 출신으로서 정통 일본인이었지만 그는 일본이 행한 조선의 합병, 식민화에 대해서는 완전히 반대하는 지식인이었다. 게다가 그는 김교신이 잠시 경험했던 기성교회의 거대한 조직 및 부조리에 환멸을 느끼고 항거하는 지성인이었다. 그는 이 견해를 몸소 실천하고 있었는데 그것이 바로 기성교회제도를 반대하는 '무교회운동'이었다. 기성교회에 대해 별로 아는 바 없었지만 김교신은 이 참신한 운동에 전적으로 매력과 호감을 갖게 된 것이다. 그리하여 외롭고 쓸쓸한 도쿄의 유학생활 속에서 우치무라 선생이 주도하는 무교회운동은 김교신에게 크나큰 광명으로 다가온 것이다. 따라서 조선인 친구들 5명과 함께 무교회클럽에 가담하여 기독교의 심오한 진리를 배울 수 있게 된 것이다. 아마 이 기쁨은 이루 형언할 수 없었을 것으로 짐작된다. 이러한 계기를 통해 희망에 벅차 두 마리의 토끼를 잡기 위해 도쿄에서 혼신을 다한 삶을 살았다고 추정된다. 즉 한 마리의 토끼는 동경고등사범학교(대학과정) 유학생활이요 다른 한 마리의 토끼는 우치무라 선생을 통한 참신하고 심오한 기독교의 가르침을 받는 일이었다. 우치무라 선생이 이끄는 '성서연구회'라는 모임에서 일반 기독교 지식은 물론 희랍어를 배우면서 신약성서 원전까지 파고들었으니 '학이시습지 불역열호(學而時習之 不亦說乎)'의 기쁨을 만끽했을 것이다.

김교신은 일본에서 유학하는 동안 소위 중등학교 교사 자격증을 획득함과 동시에 무교회운동의 창시자 우치무라에게서 많은 가르침을 받고 때가 되어 1927년 사랑하는 조국(조선)으로 귀국하게 된다. 유학생활에서 터득한 세상의 진리(지리·박물학)와 영적 진리(우치무라 간조의 무교회 운동 기독교)를 듬뿍 안고 매우 희망찬 모습으로 귀국하였을 것이다.

조국에 돌아온 김교신은 혼신을 다해 중등학교 교사로서의 삶과 생기를 잃고 있었던 조선 기독교사회에 새로운 무교회운동을 펼치기 시작한다. 서울 양정고보에서 12년간의 교직생활, 그 밖에 경기중학교, 함흥영생여고보, 개성 송도고보에서 사정상 각각 단기간 동안 교편생활을 하였었다. 이렇게 본직을 유지하면서 자택에 '성서조선사'라는 사무실을 두고 그 유명한 월간신앙지 『성서조선』을 발행하면서 선교활동에 적극 나서게 된다. 게다가 소외된 이웃(소록도 나병환우들)에게 역시 『성서조선』지를 통해 삶의 희망을 제시하였다. 소록도 선교는 결코 낭만적인 것이 아니었고 실제로 절망과 고통과 소외 속에서 살아가는 그들에게 진심어린 희망의 빛을 던져준 것이다. 왜냐하면 예수께서는 세상에 계시는 동안 각색 병자들을 치료해 주셨는데 특히 불치의 병이나 다름없는 나병환자(속칭 문둥이)들을 사랑하고 치유해주셨기 때문에 예수를 닮은 삶(Imitation of Christ)을 살아보려고 힘쓰고 애를 쓴 것이다.

김교신은 유교(儒教)적인 가정에서 태어나 한학(漢學)을 공부한 탓인지 '수신제가치국평천하(修身齊家治國平天下)'의 인생관이 몸에 배어있었던 듯하다. 새벽에 일찍 일어나면 반드시 계곡에 나아가 몸을 씻고(냉수욕) 새벽기도를 했던 것, 어머님을 잘 모시고 가족들을 잘 보살핀 것, 직장(중등학교)에 나가 국가의 장래를 위해 교육자로서의 사명을 잘 감당한 사실(2세 교육에 힘씀), 일본의 식민지였던 조국의 독립과 해방을 위해 노심초사한 것(성서조선을 발간하여 애국심과 영적 힘을 앙양한 사실) 그리하여 마침내는 그리스도의 정신에 따라 세계평화를 도모하려는 그의 원대한 포부가 그것을 명백히 입증한다.

이러한 그의 원대한 포부와 목표를 실현하기 위해 그는 그의 지혜를 유감없이 발휘하였다. 즉 우리민족을 식민지배하던 원수같은 일본제국이었지만 마냥 억울해하고 분통만 터뜨린 게 아니라 그 역경을 헤쳐 나가기 위해, 자국(일본)의 제국주의를 반대하고 혐오하던 학식이 풍부하며 덕망있고 하나님을 경외하는 당시의 유력한 일본인 우치무라 간조(内村鑑三)를 스승으로 삼아 무교회주의(無教會主義) 사상을 공부하면서 조선인 동지 6인의 써클을 만들어 조국의 독립과 해방을 도모했던 것이다. 이 큰 과업을 달성하기 위한 기초작업이 『성서조선』 발행과 '성서연구회라는 이름으로 모인 6인의 동지회'였다. 함석헌, 정상훈, 송두용, 양인성, 류석동, 김교신이 그 모임의 회원이었다. 이들은 『성서조선』이라는 우리말로 된 월간잡지, 매주 일요일에 모이는 성서연구회, 이따금 열었던 종교강연회, 물에 산에(무레사네)라는 등산 그룹 등을 통해 조용한 가운데 일본제국주의 압박에서 벗어나는 길을 다각도로 모색했던 것이다. 이러한 일의 주무자는 김교신이었다. 6인회의 회원 중 2~3명은 일본에서 김교신, 함석헌, 정상훈등은 조선에서 우리 민족의 자유로운 삶을 위해 부단히 암중모색을 한 것이다.

이러한 사실을 숙지한 필자는 6인의 동지회원 중 조용하고 겸손한 리더십을 발휘한 김교신의 인격과 삶과 애국정신에 감명을 받아 그의 고결한 생애와 사상을 탐구하여 정리해 보고자 하였다. 당시의 시끄러운 세상, 잘난 체 하며 떠들어대는 무리들이 많은 상황에서, 소리없이 묵묵히 흐르는 깊은 강물 같은 조용한 카리스마를 지녔던 애국지사, 참종교인, 순전한 기독교인(나다나엘 같은), 진실하고 겸손했던 한국인 김교신(金敎臣)을 나의 사고력(思考力)과 나의 손으로 소묘해보고 싶어서 상당기간 그를 생각하고 독서하고 자료를 모아 집필에 돌입한 것이다. 김정환 교수(고려대)가 『김교신』이라는 평전을 낸 이유를 "단지 김교신이 훌륭해서"라고 말했듯이 필자(나)역시 동감이다. 이렇게 겸손하고 맑은 인격을 지닌 애국자를 탐구하여 소품이 나오게 되면 그 소품을 통해 독자들이 그분의 인격으로부터 신선한 충격을 받을 것으로 기대한다. 오늘날 가치관이 뒤죽박죽이 된 현대 한국사회에서 폿대 없이 삶을 겨우 지탱해가는 사람들이 김교신의 생애와 사상을 통해 헝클어진 사고방식을 깨끗이 세탁하고 심기일전하여 새롭게 삶을 설계하기 바라는 것이다.

김교신 선생은 매우 부지런한 분으로서 일인(一人) 다역을 하였다. 우선 18명의 대식구를 거느린 가장(家長), 중등학교교사로서의 수업, 『성서조선』 주필로서 원고집필과 발간사무, 그리고 『경성성서연구회』 강사로서 성경강의, 이렇게 그는 1인 다역으로 많은 일을 했다. 그러기에 제자들의 회상에 의하면 과로의 탓인지 그의 눈은 늘 충혈되어 있었고 입술은 부르터 있을 때가 많았다. 이중에서도 『성서조선』 발간사무는 육체적인 고통과 노력을 많이 요했을 뿐만 아니라 정신적인 고통과 좌절감, 회의심이 늘 따르는 어려운 일이었다. 『성서조선』 발행직전에는 반드시 일본정부 당국의 사전 검열을 받아야 했으며, 조판이 된 후에도 몇 번씩 교정을 보아야 하고, 또 책이 완성되면 독자들에게 우송하는 작업을 혼자서 모두 해야 했으며 서울 시내의 독자들에게는 직접 자전거로 배달했었다. 배달받은 독자의 집 문간에서 자전거를 받쳐 놓고 회심의 미소를 띄면서 잠시잠깐 나누었을 대화를 상상해 보면 가슴이 훈훈하지 않을 수 없다.[1)]

하는 일이 하도 많아 얼마나 힘들었는지 하나님께 항변하고 하나님으로부터 응답받은 내용을 김교신 스스로 구성해보기도 했다.

> A. 하나님께 항변 : 한 사람 몫의 직분을 가진 자가 일주의 6일간을 근무하고서 주말 휴가를 가질 것은 생명 부지상 절대로 필요한 일인 것을 당신도 아시는 바일 뿐이오리까! 여호와 당신께서 제정하신 법칙이 아니오니까. 주간 6일을 지칠대로 지치고서 또 주일을 쉬지 못한지도 대략 10여년, 그동안 우리의 외침을 들은 사람이 몇 사람 있었습니까? 한 사람, 단 한 사람이나 있었습니까? 당신은 나의 못난 것을 이용하셔서 장터에 나가 피리 불라 하셨으나 어디 춤추는 인간 하나 있습디까? 일주일 내내 교단에 섰던 자가 일요일에까지 강의하는 것은 피를 뽑아 주는 일이요, 살점을 분배하는 일이 아니오니까?

1) 김정환, 『김교신』, 98쪽.

B. 하나님의 답신 : 입신(入信) 이전에는 허약해서 약병만 차고 다니던 것이 근 20년 내로 큰 병에 누워 본 일이 없고, 짐작컨대 어떤 사회에 가든지 너와 동년배 중에서는 가장 건강한 편이 아닐까?(1939년 10월)[2)]

근대 한국의 대표적인 인물 중에서 한용운(1879-1944)과 김교신(1901-1945)은 종교로 민족을 거듭나게 하려고 했던 종교개혁가였다. 한용운이 불교계의 그 기수라면, 김교신은 기독교계의 그 기수라 할 것이다. 그런데 한용운은 널리 알려져 있고, 연구하는 사람들도 많다. 그러나 김교신의 경우는 일반인에게는 물론이요, 기독교계에도 별로 알려져 있지 않다. 한 분은 '민족의 시인'이라는 좋은 인상 때문에 그 불교개혁론도 전적으로 공감, 수용되었는데, 한 분은 처음부터 기독교의 '이단자'로 안팎에서 몰렸기 때문이다.[3)]

우리나라에서는 어떤 새로운 사조나 종교가 들어오게 되면 유입을 차단하거나 성장을 차단하기 위해 정통과 이단이라는 잣대로 재단하기 일쑤다. 필자는 가끔 우리사회에서 '이단론'이 불거질 때 유대교에서 예수를 이단으로 정죄했던 사실, 독일에서 루터에 의해 종교개혁이 일어났을 때 가톨릭이 루터를 이단으로 정죄했던 역사를 상기하곤 한다.

『김교신』평전(한국신학연구소)을 낸 고려대(교육학과) 김정환 교수는 그 저서를 출판한 이유를 다음과 같이 간명하게 언표했다.

---

2) 김정환, 『김교신』, 99쪽.

3) 『김교신 전집 2』, 책표지(jacket) 뒷면.

> 김교신은 나의 종씨도 아니고 내가 직접 배운 은사님도 아니다. 정말 훌륭한 사람이므로 내가 이렇게 핏대를 세우며 소개하는 것이니 오해 말아달라.[4)]

필자도 김정환 교수의 생각과 동일하다. 그러나 좀 더 부연한다면 김교신의 어떤 부분은 특별히 구체적으로 좀 더 알고 싶었으며, 때가 꽤 늦긴 했지만 지금이라도 그의 고매한 품성을 조금이라도 닮고 싶었기 때문이다. 그는 왜 무교회(Non-church) 교인의 길을 선택했는지, 왜 하필이면 우리 민족을 식민지화 해서 억압했던 나라 일본 제국주의 출신 우치무라 간조를 스승으로 존경하며 따랐는지, 그의 평교사 일생의 표상(表象)은 무엇이었는지, 그의 부지런하고 성실한 삶, 당시 모두가 혐오하고 멀리 했던 소록도 나환자들에 대한 물심양면의 숭고한 사랑, 그의 따뜻한 민족애와 국토(한반도)사랑, 우리말 사랑 등에 대해 알고 싶었고, 후학들에게 김교신 선생의 탁월한 인격을 소개하고 싶었기 때문이다. 김교신은 지나칠 정도로 열심히 살고 사명을 감당하다가 뜻하지 않던 전염병 발진티푸스에 걸려 1945년 4월 25일 타계하였다. 만 44년의 일생이었다.

아울러 동서고금(東西古今)을 막론하고 가정, 사회, 국가가 잘 사는 길은 '교육'에 있다는 것이 역사적으로 현실적으로 검증된 진리나 다름없는 사실이라는 것을 감안할 때, 또 현대 한국의 교육현실이나 종교계의 현실이 녹록치 않음을 감안할 때 김교신 선생님 같은 교육자나 종교인이 절실히 요청되고 있는 현시점에서 앞으로 출간될 본서는 크게 참고가 될 것으로 믿어 의심치 않는다.

2020년 초반 인류는 '코로나19(COVID19)'라는 전대미문(前代未聞)

---

4) 김정환, 『김교신』, 194쪽.

의 질병을 접했고, 지금도 그 질병과 처절한 사투를 벌이고 있다. 한국뿐 아니라 전 세계 거의 모든 국가는 이 전염성 높은 질병을 막기 위해 그동안 지속해온 형태의 삶을 삼가고 타인과의 접촉을 줄이면서 치료약 혹은 백신(Vaccine)의 개발을 위해 최선을 다하고 있다. 따라서 비접촉, 비대면(非對面)의 생활 방식은 우리의 삶을 근본적으로 뒤바꿔 놓았다.

종교의 영역 또한 이러한 변화를 피해갈 수 없었고 특히 교회는 새로운 방식의 예배와 목회를 모색하지 않으면 안 되는 처지에 놓이게 되었다. 그래서 비대면 방식이라는 엄중한 사회적 요구로 인해, 실제적인 모임을 기반으로 하는 전통적인 예배는 텔레비전이나 컴퓨터의 모니터로 송출되는 화면을 각자의 처소에서 시청하는 형태로 바뀌고 있다.

'코로나19' 이전의 신앙생활은 '교회'라는 체계 하에서 중앙집권적인 모습으로 이루어졌으나, 비대면이 활성화된 현재 상황에서는 개별적 신앙과 비대면 방식의 자율적 예배가 새로운 기준이 되었다는 진단이 매우 공감할 수 있게 되었다. 전통적 교리를 중심으로 개인적인 회심(回心)에만 집중된 구원론, 교회와 세상이라는 성속(聖俗) 이원론은 '코로나19'의 등장과 함께 흔들리면서 새로운 패러다임(Paradigm)의 기독교, 새로운 형태의 교회 및 예배방식이 요청되는 시기를 맞게 되었다.[5)]

바야흐로 온 세계 또는 지구촌을 강타하고 있는 '코로나19'는 세계 시민을 완전히 흩어놓고 말았다. "뭉치면 살고 흩어지면 죽는다"는 '단합'을 위해 자주 사용하였던 이 구호는 이제 완전히 힘을 상실하

5) 김형탁, 「코로나19 시대의 우리 사회와 교회를 진단하고 계획하다」, 『기독교사상』 (2020년 12월호), 191, 193쪽.

고 그 반대가 되었다. 세계의 문화 및 문명이 급격히 발달하면서 대형 건물, 대중 집회, 대형 도시(Mega city) 등 여러 부문에 있어서 현대인들은 크고 찬란한 것을 추구하고 선호하는 경향을 보여왔으나 '코로나'로 인하여 인간의 욕망이 갑자기 좌초당한 꼴이 된 듯하다. 이에 따라 인간들의 모든 지혜와 자랑이 무색하게 되었다. 그동안 우리는 눈에 보이는 것만을 중시하고 또는 두려워해 왔는데 갑자기 눈에 보이지 않는 존재(바이러스)거 세계(지구촌)를 송두리째 짓눌러버린 격이 되었다. 이렇듯 우리의 육안으로 볼 수 없는 바이러스 앞에 속수무책인 우리는 한계를 느끼게 되었다. 김교신 선생도 하필이면 '발진티푸스'라는 바이러스 전염병으로 요절하였었다.

그런데 우리는 질병의 전염 때문에 두려워서 다수가 모일 수 없지만, 일찍이 김교신 선생은 질병이나 어떤 환경에 의해서가 아니라 스스로 예수님이 이따금 한적한 곳을 찾아 하나님께 기도했던 것처럼 조용한 곳을 선호했고 예배의 모임도 다수가 모이는 교회가 아니라 소수가 모이는 거의 '교회'라고 지칭할 수 없는 '무(無)교회'를 선호하여 조선(한국) '무교회'의 선구(先驅)가 된 것이다. 일반적으로 사람들의 속성은 모이기를 좋아한다. 그래서 인간을 사회적 동물(Social Animal)이라고 한다. 대체로 지도자의 입장에서는 가능하면 사람들이 많이 모이기를 원한다. 그렇지만 김교신 선생은 큰 모임이 아니라 작은 모임을 선호하였기 때문에 이름 없이 빛도 없이 소그룹의 동인(同人)들의 모임을 인도하였다고 생각된다. 이러한 취지의 모임은 지금 우리가 처해있는 상활에 딱 알맞은 것으로 여겨진다. 따라서 코로나의 문제를 떠나서라도 21세기의 한국교회는 소규모의 알찬 방향으로 나아가는 것이 바람직할 것으로 생각된다. 대형교회나 중형교회만 선호되고 소형교회는 무시되는 작금의 한국 기독교의 상황에서 김교신 선생이 추구했던 '무교회(無教會)' 운동은 깊이 새겨볼 가치가 있으며 시사하는 바가 매우 크다고 생각한다.

Ⅱ. 김교신의 기본 성품과 그의 궁극적 관심

김교신 선생의 일기(日記)를 보면 거의 규칙적으로 매일 새벽 네 시경에 기상하여 북한산 계곡을 따라 올라가 냉수마찰을 한 후 새벽 예배를 드리곤 했다. 이러한 삶의 모습은 육체적 건강과 영혼(정신)의 건강을 위해 분투노력했음을 보여준다. 유교적으로 보면 일종의 수신의 단면을 보여준다.

김교신은 가정에서 가족과 더불어 성경을 창세기에서 시작하여 요한계시록(묵시록)에 이르기까지 차례로 윤독을 했는데 하루 한 장의 성경봉독은 가족으로서의 최소한의 의무로 여겼다. 김교신에게는 성서와 조선, 이 두 가지가 삶의 목적이었다고 볼 수 있다.

김교신 선생은 그의 주거지를 북한산 기슭에 자리잡은 것으로 미루어 볼 때 그는 자연친화적이었고 또 불교사찰(약사사 - 봉국사)이 이웃에 있었던 것으로 보아 종교적 배타주의자가 아니라 요즘 말로 하면 이웃 종교와의 대화가 가능한 분이었던 것으로 짐작된다. 따라서 그는 사람을 사랑하고 동물을 사랑하고 산천을 사랑했던 사람으로 추측된다.

김교신 선생의 자녀수는 6녀 2남이었다. 이 가운데 장녀(이름은 진술)의 결혼식 풍경을 음미해 볼 수 있는 그의 일기(日記) 내용이 있다.

매우 소박하고 인간적이었던 김교신 선생의 면모를 읽을 수 있는 대목이다.

> 새벽 5시, 인생이 무엇이관데 그 머리 위에 하늘이 저다지 찬란하고 그 좌우의 산령이 이다지도 엄숙한고! 오늘 결혼하려는 장녀를 위하여 새벽기도회를 열다. 정오에 장녀와 조성진의 결혼식을 거행. 함석헌 형의 주례로 식을 올리다. 마태복음 19장을 중심으로 설교. 남녀 약 50명 참여. 많은 축문, 축전 중에 아래와 같은 축혼의 글을 정성껏 써 보내 주신이도 있었다. '새로운 집일사록 더럼 더욱 타옵니다. 날마다 쓸고 닦아 티끌없이 하옵시면 임께서 깃거 오시와 함께 계시오리다.'(1938년 10월 17일(월) 쾌청)[1)]

김교신을 깊이 연구한 김정환 교수는 김교신의 집에 대하여 많이 알고 있었다. 그에 의하면 김교신의 집은 1500평의 대지, 수 십마리의 가축, 넓은 마당에 심어진 갖가지 나무들과 채소, 그 안에서 제 각기 삶을 노래하는 18인의 식구들, 이렇게 김교신의 가정은 대가족이자 전통적인 가정이었다. 그리고 서울에 있으면서도 농촌의 가정처럼 꾸며진 농가 같았다. 이런 가정을 다스리면서 김교신은 교직, 전도, 연구 등 세 가지 일을 감당하였다. 자전거로 아리랑 고개를 넘나들며 통근했다. 당시 이곳의 주소는 '경성부외 숭인면 정릉리 387번지였다. 이것이 이른바 김교신의 북한산 기슭의 집이었다. 김교신은 자기의 집을 애지중지했던 것으로 여겨진다. 다음과 같은 그의 일기가 이 사실을 보여준다.

> 세상에 견디기 어려운 일이 많으나 도시의 수십 평 안 되는 소주택에 살면서 한 뼘도 안 되는 지경을 놓고 이웃집과 다투는 일도 어려운 일

---

1) 김정환, 『김교신』, 111쪽.

이다. 넓게 살고 싶은 소원대로 한다면 차일봉[2] 정상에 집을 짓고 개마고원에 화초를 심고 동해에 양어하면서 만주 벌판 야채 밭을 두르고 싶으나 그렇지 못한 신세이기에 어찌할 수 없이 북한산 기슭이나마, 아직 거친 땅이 그대로 남아 있고 어루만지면 초목이 성장할 수 있는, 개척의 취흥이 남아있는 것으로서 만족 아니 할 수 없다. 도시 서울을 멀리 하고 싶은 생각으로 말하면 한라산이나 백두산 꼭대기에 홀로 살고 싶었으나 거기에는 인쇄소가 없었으므로 멀리 갈 수 있는 한계까지 오고 보니 북한산록이 되었다. 현재의 우리집은 서울서 오는 차마길의 종점이요, 전등의 기둥도 마지막이다. 도보로 5분 거리에 약사사(현 봉국사)가 있어 스님과 가까이 지내고 있고 그 경내의 아름다운 경치를 만끽도 하고 있다. 때로 소쩍새가 야음을 깨뜨리고 꿩이 날개치는 소리, 아침 공기를 진동하게하나 이는 다 동중의 정(動中靜)이다. 혹 주위의 경관을 칭찬하는 자가 있으나 마음 속에 주 그리스도를 모시는 때에만 천연의 경관도 산 것이 되는 것을 우리는 날마다 경험한다 (1937년 12월).[3]

김교신은 당시 학계로부터 큰 주목을 받지 못했던 인물이다. 또 교회 측으로부터도 큰 호응을 얻지 못한 이단자나 다름없는 인물이었다. 그렇지만 최근 김교신에 대한 연구 논문이 나오기 시작하면서 그에 대한 학문적 관심이 싹트기 시작했고, 그의 전집 7권이 완간된 이후로는 교회 측의 오해를 불식시키고도 남을만한 일반 독자들의 호응도 얻게 되었다고 본다.

김교신은 창조의 아름다움에 감탄사를 연발하지 않고는 못 배기는 격정의 사람이었다. 그는 〈무레사네〉(물에산에)라는 등산 클럽을 만들어 자신의 전공인 식물채집도 겸하여 학생들을 들로, 산으로, 바다

2) 차일봉(遮日峰): 함경남도에 있는 산이름, 높이 2,508m.

3) 김정환, 『김교신』, 116-118쪽.

로 인솔하고 다녔는데, 한번은 단풍이 너무나 아름답게 진 북한산 계곡에서 어찌나 감동했는지, 학생들을 보고 무의식 중에, "이놈들아, 너희들도 느껴라. 울어라!"고 소리쳤다고 한다. 이것은 그 자신이 창조의 아름다움에 너무 감동되어 울고픈 격정을 금할 길이 없었기 때문이었다고 풀이된다. 그는 공부를 하다가도 중추의 달이 유혹적이라고 서재를 뛰쳐나가 공중에 솟은 달을 우러러 보기도 하고, 물 속에 잠긴 달을 굽어 찾기도 하고, 또 가을벌레의 노래소리에 귀를 기울이고, 흐르는 물소리에 마음을 씻으면서, 이 은혜가 자기 혼자만의 것인 듯, 내 살림 오늘 하루도 이로써 족하도다하면서 자정이 지나도록 하늘을 바라보며 환희에 젖기도 했다고 한다.[4)]

이와 같이 감성이 풍부하고 서정적인 성격의 소유자임에도 불구하고 김교신은 용기와 정의감이 풍부하기도 했었다. 이러한 이유에서인지는 모르겠으나 일본인들도 그를 소홀히 대하지 못하였다고 한다. 그는 진실, 정의, 양심, 신앙 외에는 어떠한 불의나 수단이나 현실과 타협하거나 용납하는 일이 없었다고 한다. 하여간 그는 개성이 뚜렷하고 직선적이었으며 강직한 행동파의 투사형이었다고 한다.[5)]

감수성이 풍부하고 성격이 매우 격정적이기 때문에 차분하게 공부(학문)하는 체질이 아닌 것처럼 느껴지지만 실은 그것이 그의 성격의 심층이 아니고 표층이었을 뿐, 실은 선비적(학자적) 성격이 그의 인격을 좌우하고 있었다. 따라서 김교신 선생의 인격은 한마디로 '그리스도를 만난 조선의 선비'라고 표현할 수 있을 것이다. 선생은 젊은 날 공자(孔子)의 '칠십이종심소욕불유구(七十而從心所慾不踰矩)'를 십년 단축하여 달성해 보리라고 야심을 품었으나 그것이 쉽지 않음

4) 김정환, 『김교신』, 105쪽.
5) 전게서, 179쪽.

을 깨닫고 도덕적인 낙망의 심연에 떨어졌다가, 기독교에 입문하여 새로운 희망과 용기를 얻었었다. 선생은 기독교를 '조선김치냄새나는 기독교'로 만들 것을 목표로 일생 한국인의(당시는 조선인)의 심령에 뿌리를 박을 수 있는 기독교를 추구했으며, 이를 위해 일체의 인공적인 부흥의 열을 배제하고 냉수를 쳐가며 냉정한 가운데 성경을 연구하였다.

> "조선을 알고, 조선을 먹고, 조선을 숨 쉬다가 장차 조선의 흙으로 돌아가리니 불역열호(不亦說乎)"라고 말한 선생에게서 우리는 진정한 조선 선비의 풍모를 접하게 된다.[6]

따라서 김교신 선생은 학자적 기질의 소유자로서 꼼꼼하게 사리를 밝히며 원리·원칙을 잘 챙기는 분이었다. 이러한 그의 기질은 그로 하여금 사물의 본질에 대한 직관적인 인식을 중시하는 문학의 세계보다 분석적인 자연과학의 세계에 보다 친근감을 갖게 했다고 볼 수 있을 것이다. 동경고등사범학교 영어과에 입학했다가 곧 지리·박물과로 전과한 것은 바로 이러한 기질에서 비롯되지 않았을까? 하지만 일본의 식민지 처지에서 외국어 보다는 내나라 내강토에 대해 연구하는 것이 더 우선적이라고 판단되었기 때문에 전과를 했을 것으로 짐작된다.[7]

이와 같이 꼼꼼하고 학자적 소질을 지녔던 선생은 자택에 서재를 갖추는 것이 중요하다고 생각하여 집수리 과정에서 명실상부한 개인 연구실 겸 서재를 재정비하기도 하였다. 김교신은 1934년 11월 13일

---

6) 『김교신 전집 1』, 10쪽.

7) 김정환, 『김교신』, 96쪽.

(화) 일기장에 서재의 중요성에 대하여 심도있는 지론을 펴고 있다.

온돌 수리 등으로 인하여 여름 이래로 마루에 산잡하였던 서적을 서재에 정돈하니 빈약하기 짝없는 서재이다. 그래도 우리에게 오히려 88함대가 완비된 듯한 감이 불무(不無)하다. 사람들은 서재보다도 천연의 대(大)함을 기리며, 독서보다도 생활의 귀함을 크게 외치나 이는 물론 원리를 옳게 말한 것이요, 어떤 종류의 인간에 대하여 경구(警句)가 안 됨은 아니다. 그러나 이것도 실제로 서적의 가치를 무시하라거나 독서를 등한히 하여도 좋다는 뜻은 아니다. 과연 서중(書中)에 천종속(千種粟)이 있는지 없는지 미확(未確)하나 고래로 교육과 수양의 대부분은 독서하는 일이었다. 천연(天淵)을 보는 것도 선인의 위대한 예술관과 풍부한 시정(詩情)의 훈도를 받음이 있는 후에라야 그 관찰이 깊어지고 높아지는 것이다. 신앙은 직접 그리스도의 계시에 의함이라고 해야 생기는 듯하나 우리는 널리 독서하지 않은 전도자의 신학설(新學說)에 누(累)[8]를 입음이 재삼(再三)만이 아니었다. 타인을 모르거니와 신학교 교문을 넘어선 일 없이 성서 잡지를 발간하려는 자에게는 누가 무슨 시비를 하든지 서적은 불가결한 무기요, 서재는 유일의 포병 공창이다. 우리가 무식하면 무식할수록, 서고가 빈약하면 빈약할수록 그 서재에 대기하고 있는 한권 서책의 역할은 중차대하다. 그 중의 한 책 혹은 두 책만이 그 본래의 위치에 놓여 있지 않아도 이는 마치 편성된 함대에서 순양함 혹은 잠수함 하나가 빠진 것 같아서 사령관의 작전 계획에 큰 차질이 생기지 않고는 마지않는다. 우리의 조그마한 서재에도 내우외환이 부절(不絶)하니, 우리 함대의 기미를 불찰하고서 우리의 순양함 한 척씩을 빌려다가 장시간 귀환시키지 않는 친구가 있는 것이 외환(外患)이요, 서재보다 부엌을 늘이고 서적 사는 것보다 가구를 경영하는 일이 급무하고 가계상 분쟁이 생기는 일이 내우(內憂).[9]

8) 정신적 괴로움이나 물질적 손해

9) 『김교신 전집 5』, 238-239쪽.

김교신은 당시 일본의 명문이었던 동경고등사범학교를 졸업한 후 교사자격을 획득하여 귀국한 후 중등학교 교사생활을 하였다. 전공과목은 지리와 박물학이었다. 그러므로 그는 문과 교사가 아니라 이과(理科) 교사였던 셈이다. 김교신은 이러한 본직을 가지고 있으면서 사상적으로는 기독교신앙, 특히 무교회(無敎會)(Non-Church) 신앙을 갖고 있으면서 자신이 믿는 바를 전파하기 위해 『성서조선』이라는 월간잡지를 만들어 그것을 널리 배포하였다.

제158호에 이르는 『성서조선』, 7권이나 되는 그의 전집(全集)이 입증하듯이 김교신은 한 중등학교 평교사로서는 놀라운 업적을 남겼다. 수업준비와 강의 및 담임교사직을 감당하기도 버거웠을텐데 이렇게 많은 과업을 수행한 것을 보면 물론 그의 신앙에서 비롯된 것이겠지만 그의 신앙을 학문적으로 다듬어 나가는 그의 학자적 소산이라고 하지 않을 수 없다. 40세 전후의 나이로 이렇게 많은 역량을 발휘한 것은 그의 열정과 해박한 지식 때문이었을 것이며 그의 학자적 기질의 교육적 발로라 할 것이다. 그의 주전공은 지리·박물학이었지만 그것은 역사, 철학, 종교, 문학 등 그의 폭넓은 지식에 의해 더욱 알차고 심도있는 전인교육(全人敎育) 이었을 것으로 충분히 짐작된다. 한마디로 그의 수업은 지식과 인격의 전달이 함께 이루어지는 명실상부한 교육이었을 것이다.[10)]

김교신은 공립학교에 자리잡아 세상적으로 좀 더 큰 뜻(출세)을 펼칠 수 있었지만 왠지 사립학교(서울 양정고보)를 선택하여 후진을 양성했다. 다음 인용문은 그가 공립학교에 진출할 수 있는 기회가 있었음에도 불구하고 사립학교를 선택한 이유에 대해 언급하고 있다.

10) 김정환, 『김교신』, 96-97쪽.

얼마 전에 가로(街路)에서 사직했느냐고 묻는 친구가 있더니, 오늘은 천만 뜻밖에 학무국에 불려가서 모 관립사범 학교로 오라는 교섭을 받았다. 관립학교에 임관된 후에는 여러 가지로 우대한다는 전도(前途)의 호조건도 있었다. 일단 유예를 청하고 답을 보류하는 것이 예의 인줄은 아나, 사무를 민활히 진섭시키기 위하여 즉석에 이를 사퇴하다. 여하간 호의는 심사하다. 이 일에 연상되는 것은 우인(友人)들의 출세와 나의 불출세의 대조이다. 동기동창 학우 중에서 빠른 자는 시학관(視學官) 이상이요, 보통이라도 대개 교장은 되었고 후배들도 거의 교무주임급은 되었는데 나홀로 시종여일하게 평교원으로 남았다. 현재 그럴뿐더러 금후 10년을 지나도 마찬가질 것은, 양정의 현(現) 교장은 약 40년 근속이요, 교무주임은 약 30년, 기타 교무계, 서무계에 20년 내외의 근속자가 드물지 않으니 우리 10년 급은 양정에서는 소위 '신병(新兵)'에 불과한 까닭이다. 더욱이 금년에는 학급 담임도 면제되었으니 양정에 있는 일처럼 경쾌하고 자유로운 데가 세상에 둘도 없는 줄 알며, 말석 평교원은 우리가 교사 노릇 하는 평생의 소원이었다.[11]

김교신은 평교사와 더불어 평신도임을 자랑스럽게 여긴다. 이하의 장문(長文)은 이와 관련한 내용을 담고 있다.

신학교에서 배운 일이 없고 목회의 직분을 받은 일이 없으니 평신도요, 특수한 경험으로써 크게 성신(聖神)의 역사(役事)를 받아 동포나 또는 이방 만인을 위하여 세움을 받았다는 확신이 없으니 평신도요, 어느 교파가 주장하는 것처럼 육신이 이대로 완전히 깨끗함을 받아 다시는 범죄하지 않는 지경에 달하였다는 신선같은 체험이 없으니 평신도이다. 가르치는 일은 천만 부득이한 때의 일이요, 배우려는 마음은 평생의 천직으로 삼았으니 평신도인 줄 안다. 우리의 지식은 물론이요 우리의 신앙까지도 가장 완전한 신앙이라고는 자부하지 못한다. 학식

11) 『김교신 전집 6』, 365-366쪽.

이 넓은 이에게서는 학식을 배우고 체험을 귀히 여기는 이에게서는 체험을 듣고자 한다. 어떠한 인물이라도 저가 가르치고자 하면 이 편은 배우고자 할 뿐이다.

다만 천당에 관하여, 사후 생명 부활에 관하여 마치 금강산이나 팔레스타인을 구경하고 와서 이야기 하듯이 골고루 샅샅이 너무 자세히 이야기 하는 교역자(教役者)는 우리가 신뢰하지 않으니 이도 평신도인 탓이다. 평신도는 신학을 모르고 목회술을 모르나, 어린아이가 정부(正否)를 판단하는 본능이 있는 것처럼 사물의 실체와 허영을 직감하는 본능이 있다. 평신도는 조직신학적 기초위에 신앙을 쌓으려고 하지 않는다. 신학적 사조에 따라 신앙이 낡아지며 새로워지는 일은 평신도로서는 능히 할 수 없는 곡예이다. 그러므로 평신도는 박물학으로써 들에 백합화와 포도나무의 이치를 배우며, 지리역사로써 널리 인류의 경험에 비추어 보며, 성서에 의하여 직접 하나님의 교훈을 받으면서 그날 그날을 분에 응하여 생활할 것뿐이다. 평신도는 범사에 소인(素人)이다. 서투르다. 영계의 일에 숙달하고 능란하고 민활한 것은 도리어 부족함만 같지 못한 때도 있다. 평신도에게 합당치 못한 것으로서 통달과 같은 것은 없다. 저는 모든 일에 서투르거니와 자기 영혼의 구원에 관한 일까지도 소위 '확신'이란 것은 없다. 저의 하는 일은 100퍼센트의 확신으로 하기보다도 항상 50퍼센트의 의혹과 싸우는 것이 일의 대부분이다. 우리는 교파에 대하여 둔감이다. 남북 감리교파가 조선에서까지 대립하고 있었던 이유를 해득치 못하였음은 물론이거니와 장·감 양파의 교역자가 성결교회의 전도에 대한 감정과 안식교도와 천주교도가 복음주의 신교도를 보는 그 감정은 우리에게서는 쥐어짜도 나올 수 없으니 이는 평신도인 까닭인가 한다. 교리논쟁은 전문가 대가에게 의탁하고 우리는 예수를, 그리스도를 믿는 일만으로 족한 자다.[12)]

12) 『김교신 전집 2』, 190-191쪽.

김교신은 교육계에서 이른바 '평교사'였는데 그의 신앙의 세계에서도 '평신도'였다. 무교회 신앙단체에서는 기성교회와는 달리 성직자가 따로 없으며 모두가 평등한 평신도들 뿐이다. 단 교육계에서의 평교사와 무교회에서의 평(平)이라는 개념은 차이가 있다. 왜냐하면 교육계에서는 평교사로부터 교장에 이르기까지 몇 단계가 있으며 대우도 다르고 사회적 지위도 다름은 주지의 사실이기 때문이다.

김교신은 교육자적 기질, 종교인의 기질이 다분한 사람이었다. 대개의 경우 교직자나 교역자, 종교인은 감수성이 예민한 사람들이다. 다시 말하면 대체로 희·로·애·락에 민감한 성품의 사람들이다. 김교신도 이와 같은 성격의 범주에 딱 들어맞는 인물이었다고 여겨진다.

그렇다면 그가 지녔던 사상의 요체(궁극적 관심)는 무엇이었을까? 이와 관련해서는 세 가지로 요약이 가능하다.

첫째, 성서 연구

자나깨나 성서를 연구함으로써 삶의 방식과 삶의 목표를 삼았었고 또 그것을 하나님이 허락하신 신념에 의해 삶의 알파와 오메가로 삼았었다.

둘째, 민족적 신앙

이 지구상에 여러 국가와 민족이 있지만 김교신이 태어나고 자란 조국은 당시 조선이었다. 그가 이 땅에 태어난 것은 결코 우연이 아니라 하나님의 섭리라고 믿었다. 그래서 그는 이 민족을 위해 무엇을 하며 어떻게 살아갈 것인가를 늘 고민하며 민족을 위해 할 수 있는 일을 찾아서, 믿음(신념) 안에서 성실히 수행하였다.

셋째, 독립신앙, 즉 무교회 신앙을 들 수 있다. 외국의 교파나 선교회에 의존하지 않을 뿐만 아니라 조선에 들어와 있는 어떤 교파에도 속하지 않으면서 여러 측면에서 자립·자주 할 수 있는 그리스도교 신앙을 추구하다보니 유학시절 무교회신앙과 접할 수 있었기 때문에 많은 것을 배우고 느끼고 확신을 얻었으므로 '순수한 조선의 토착적 그리스도교 신앙'을 수립하려 했던 것이다. 이것이 곧 그가 말하던 조선김치냄새나는 기독교였다.

이렇게 되기 위해서는 성서의 심층적 연구가 절실하게 필요하다고 생각하여 그는 성서를 밤낮으로 깊이 연구하여 신선하고도 예수님의 정신에 아주 근접한 생각(사상)이 무엇인가를 찾아내는 일에 몰두하였다. 이런 심층적 탐구를 위해서 그는 헬라어, 히브리어를 늘 공부하였고 영어는 물론 독일어까지 공부하는 것을 게을리 하지 않았다. 이러한 노력의 결정체로 산출된 것이 예컨대 그의 『산상수훈 연구』였다. 우리가 알고 있듯이 마태복음 5~7장은 예수사상이 고스란히 집약되어 있는 신약성서의 노른자 같은 예수의 설교다. 그래서 선생은 이 부분에 먼저 천착했을 것이다.

반드시 그런 것은 아닐지라도 선생의 절친 함석헌 선생의 『성서적 입장에서 본 조선 역사』라든지, 선생의 제자 류달영의 『농촌계몽의 선구여성 최용신 소전』 그리고 본인이 쓴 『조선 지리 소고』는 순수한 '조선적 기독교의 토착화'를 의도한 것으로 볼 수 있는 것이다. 세계적인 대철학자 독일의 칸트(Immanuel Kant, 1724-1804)는 4대 질문을 가지고 평생 씨름했다. 첫째, 나는 무엇을 알 수 있는가?(인식론) 둘째, 나는 무엇을 해야 하는가?(도덕·윤리문제) 셋째, 나는 무엇을 희망해도 좋은가?(종교론) 넷째, 도대체 인간이란 무엇인가?(인간학)

이와 유사하게 김교신도 세 가지의 의문(의혹 3제)을 가지고 그의 신앙을 천착하기 위해 고심했었다. "첫째는 하나님의 존재에 대한 의혹, 둘째는 생사(生死)문제에 대한 의혹, 셋째는 그가 애지중지했던 실천의 문제, 즉 『성서조선』 발간의 지속성 문제였다.

> 하나님이 계시다는 것은 우리 소수의 기독자들만 믿는 일이 아니라 수많은 경건한 이교도들도 믿는 일이요 적지 않은 지자(智者)들과 석학들도 시인하는 일이다. 부족하나마 우리 현재의 삶은 신앙에 기인함이요 신앙은 하나님이 계시다는 기반 위에 선 것이다. 그런데도 불구하고 세상 동태의 변전을 보며 들을수록, 또한 나의 허약함을 살피며 생각할수록 '너의 하나님이 어디 있느냐.'는 때로 가늘고 때로 우렁찬 항의, 조롱의 외침(시편 42:3)[13]이 옛날 시인의 고막을 울리던 그대로 나의 고막을 성가시게 구니 무슨 까닭인가. 의로운 자 의로운 보과(報果)를 받지 못해도 하나님은 계시다는 말인가, 이것이 첫째 의혹이요, 그러지 않아도 하루바삐 이 육체의 구속을 벗어나서 거울로써 보는 것이 아니요, 얼굴과 얼굴을 대면하여 그리스도께서 나를 아신 것처럼 나도 그리스도를 확연히 알고지고 보고지고 하는 것이 우리의 갈급한 소원인데 이렇게 까지 구차한 살림이라도 존속하는 것이 과연 성의(聖意)에 합할까. 차라리 교통기관의 한 자리를 비워 드리는 것이 사회의 편(便)이 아니며, 양미 배급의 일인분을 제(除)해 드리는 것이 국가의 익(益)이 아닐까 라는 생존에 대한 의혹, 이것이 둘째 의혹이다.
>
> 『성서조선』지(誌)를 발간하는 일은 우리 신앙의 자연스러운 발로요, 또한 형제와 세계 인류와 구주 그리스도에게 대한 지당한 의무를 다하는 일인 줄로 확신 하였었다.… 그러나 큰 일에 이르러는 '창간 제 14주년 제 150호에 달하려는 때까지 자립 –그것도 인쇄 실비(實費)만의 자립– 못하거든 그는 하나님이 이 땅에 존립시키려는 축복을 허(許)하시지 않은 증거니라'는 소리가 명확하여 지는 듯 하다. 10년이 한 뉘

13) 시편 42:3: "사람들이 종일 내게 하는 말이 네 하나님이 어디 있느뇨 하오니 내 눈물이 주야로 내 음식이 되었도다."

(세상, 평생) 라거든 누가 이 일을 경거망동이라 할까. 점점 의혹이 깊어감이 이러하니 오호라 나야말로 괴로운 자이로다(1940년 11월).[14] (바로 이 『성서조선』을 단절되게 하지 않고 부단히 간행하는 일, 이것이 셋째 의혹으로서 큰 과제였다.)

하지만 김교신은 이 모든 의혹을 떨쳐버리고 확실한 믿음 위에 굳게 서서 기독교의 복음(Gospel)과 '그리스도'를 더욱 힘차게 외치겠다고 다짐한다. 이하의 내용이 그의 굳은 다짐이다.

근대의 기독교인은 '그리스도'라든가 '예수'라는 이름을 입에 올리지 않고 그리스도교를 믿고 전하려고 하는 사람이 적지 않다. 여호와 하나님이라고 하지 않고 단지 신(神)이라고 말하고 모세의 십계의 제1조 같이 "너희는 나의 앞에 나 이외의 신이 없게 하라"는 것 같은 것은 갑갑하기 짝이 없는 것으로서 어떤 신(神)이든 불문에 붙이려고 한다. 그들은 이렇게 하는 것을 진보한 사상이라 하고 공연히 문을 좁혀 사람들로 가까이 못하게 하느니 보다 문을 넓혀 교(教)를 널리 전하는 것이 하나님에 대해 보다 충실하다고 한다. 과연 그럴까?… 그리스도의 이름을 내세우지 않고, 여호와 하나님께 국한하지 않고라도 그 진리를 전하고 또 행할 수 있다고 말하는 것은 오늘에 시작된 일이 아니다. 바울의 시대에도 이미 유행한 사상이다. 바울은 그런 사람들을 '교묘한 말로써 너희를 미혹하는 자' 라고 하여 이를 배격하였었다. (골로서 2:4) 그리고 바울 자신은 자나 깨나 '그리스도' 또 '그리스도'였다. 가령 골로새서 제3장 처음을 보라. 제4절까지의 사이에 '그리스도'가 4회나 반복된다. 이것은 바울의 서한 중에서는 결코 드문 예가 아니다. 비록 인기 없는 이름이더라도 바울이 외치고 싶은 것은 '그리스도'와 그 '십자가'였다. 그러므로 인기 있는 일은 남더러 외치게 하라. 우리는 낡은 바울과 함께 하나도 그리스도, 둘도 그리스도, 셋도 그리스도, 그렇다,

14) 『김교신 전집 1』, 206-207쪽.

넷도 그리스도 십자가 외에는 알지 않으려고 결심하리라. 이것이 우리의 강령이다(1940년 9월).[15]

이와 같이 김교신은 그리스도와 예수 십자가를 중심으로 하는, 즉 불순물이 섞이지 않은 순수한 기독교를 꿈꾸었다. 그것이 곧 '전적 그리스도교', '조선산 기독교'인 것이다.

그런데 김교신이 굳게 외친 그리스도교는 지금까지 미지근하게 외쳐 온 기성교회 와는 달리 무교회(無教會, Non-church)적 관점에서 새로운 기독교, 즉 외래 기독교가 아닌 '조선산 토착 기독교' 라는 것이다. 이것이 곧 조선 김치 냄새나는 기독교라는 주장이다. 여기서 우리가 느낄 수 있는 것은 김교신이 원하고 바라는 그리스도교는 조선의 '토착적인' 것이다. 이것은 곧 외세 의존적인 종교가 아니라 조선땅의 흙냄새 나는 '주체적인' 그리스도교가 되어야 한다는 주장이다. 이러한 주장은 후일 감리교 신학대학 교수였던 변선환 교수 등에 의하여 시도되었었다. 그것을 일컬어 '토착화 신학'이라 불렀다. 이렇게 보면 '토착화'를 시도한 사람은 변선환 교수보다 김교신이 훨씬 앞선다.

김교신은 '전적 그리스도교'와 김치냄새나는 '전적 기독교'를 이 땅에 수립(정립)하기 위해서는 우선적으로 미국산 기독교를 재고해야 하며 심지어는 절연해야 한다고 주장했다. 왜냐하면 미국 기독교 선교사들에 의해 우리에게 전해진 것은 순수한 복음이 아니라 돈과 스포츠 그리고 영화 등 세속적 문화라고 보았기 때문이다. 초기 선교사들의 동기는 좋았겠지만 결과적으로는 부정적인 결과를 초래했기 때문에 김교신은 정곡을 지적했고 이것만 보아도 선견자적 안목을 가

15) 『김교신 전집 2』, 208-209쪽.

진 자였음이 분명하다.

김교신의 전적 그리스도론이란 그가 우치무라 간조의 무교회 성서 강해를 통해 터득한 기독교 신앙의 본질을 총괄적으로 압축한 표현이다. 그 핵심은 철저한 하나님 중심의 신앙과 그리스도 안에서 죽고, 그리스도 안에서 온전히 새로운 존재로 거듭난 피조물로서 삶의 전 영역과 전 존재를 하나님의 영광을 위하고, 그리스도 예수의 복음 곧 하나님의 나라가 육화(肉化)되는 '실천적 생활신앙'을 살아간다는 것이다.

종교개혁 정신의 본질을 '하나님으로 하여금 하나님 되게 하라!' (Let God be God!)라고 파악한 프로테스탄트는 하나님일 수 없는 특정 이념과 국가나 종교, 교권주의와 종교 경전, 신학 체계나 교리 등을 하나님처럼 절대화 시키는 것을 우상숭배라고 규정한다. 우치무라 간조의 무교회 운동은 루터가 시작한 종교개혁 정신을 일본의 무사도 정신인 철저성에 접목시켜 완결시키려는 영적 운동이었다. 김교신은 그러한 종교개혁 정신을 철저히 하기 위해서 우치무라 간조의 무교회 정신을 조선인의 입장에서 수용하였다. '전적 그리스도교' 라야만 살아있는 진정한 신앙이라고 고백한 김교신은 일본 제국주의의 식민주의, 천황숭배, 교회의 제도와 교권체제, 성속 분리의 이원주의, 신앙과 행위의 괴리를 비기독교적이고 더 나아가 반 기독교적이라고 본 것이다. 김교신의 무교회적 신앙은 그 자신 스스로를 철저하게 근면, 성실, 정직, 자기희생적 책임, 단순 소박한 생활 등을 강조하여 그야말로 철저한 신앙인의 삶의 원리로 본 것이다.

김교신의 '조선산 기독교론' 은 일본에서 시작한 무교회 신앙을 또 하나의 교파로서 이식하거나 지속하는 것은 무교회 신앙에 정 반대되는 것으로 본다. 무교회의 영적 신앙의 에토스를 1930~40년대 조선 기독교 상황에 대결하여 개혁하고자 하는 것이 김교신의 '조선산 기독교'의 주장 동기이다. 그런데 그 개혁의 초점은 세 가지 점에 집중되었다. 첫째는 미국 선교사들의 교파주의적 기독교선교 영향으로 형성되고 고착된 교파주의적 기독교의 극복이다. 둘째, 한국인 심성의 특징인 감성적 요소가 지나치게 변질되어 비이성적이고 몰역사적으로 되어버린 '부흥회적 열광주의 신앙행태'의 극복이다. 셋째, 교회의 본질적 사명인 '하나님의 나라' 운동을 사회적 복지운동으로 평면화 시키는 잘못, 즉 하나님 나라 운동을 지상에 인간이 건설하는 이상적 도덕왕국 실현과 동일시하려는 인본주의적 낙관론을 비판하는 것이다. 김교신은 시대정신과 문명의 주류적 가치에 영합하고 순응하는 '순응주의'는 매우 현대적인 듯 보여도 교회 본질의 타락이라고 보았다.[16)]

김교신의 인격은 한마디로 '그리스도를 만난 조선의 선비'라고 할 수 있을 것이다. 김교신은 기독교를 '조선김치냄새 나는 기독교'로 만들 것을 목표로, 일생 조선인의 심령에 뿌리를 박은 기독교를 추구했으며, 이를 위해 일체의 인공적인 조미료, 예컨대 단기간의 푸닥거리 같은 '심령부흥회'를 배격하고, 차거운 냉수를 쳐가며 온전한 이성과 양심을 가지고 성서를 연구하는 자세를 견지하고자 했다. "조선을 알고, 조선을 먹고, 조선을 숨쉬다가 장차 그 흙으로 돌아가리니 불역열호(不亦說乎)"라고 한 그의 말에서 우리는 진정한 조선 선비의 풍모를 접할 수 있다. 김교신이 『성서조선』을 158호까지 간행한 것은 성서의 진리 위에 조선을 세우고자 한 강력한 의지의 실천이었다.[17)]

16) 김경재, 「한국교회 비주류 신앙운동의 비판정신의 본질」, 『기독교사상』, 2015. 5, 39-41쪽.

17) 박상익 논문, 『기독교사상』 2015. 5, 56쪽.

그러므로 그의 궁극적 관심은 나약한 처지에 있던 동족(조선민족=한민족)에게 가장 고귀한 진리의 말씀, 성서(聖書)를 알게 하여 거기에서 참다운 믿음, 소망, 사랑을 깨닫게 함으로써 도덕적인 민족, 아름다운 강토 및 국권 회복, 평등, 평화의 나라를 재건하는 것이었다.

Ⅲ. 일제(日帝)강점기(1910-1945) 조선(한반도)의 실상(實相)

1880년 일본공사관이 개설되자 공사관 수비를 위해 조선에 첫발을 들여 놓은 일본군은 1904년 러·일 전쟁을 계기로 조선에 주차(駐箚)[1] 군사령부를 설치했다. 러·일 전쟁 후에도 함흥, 평양 등에 사단을 배치하고 조선을 장악하는 데 유리한 상황을 만들고자 했었다. 1907년 7월에 조약이 체결되고 대한제국 군대가 일본에 의해 강제 해산 당하자 전국 곳곳에서 일어난 의병투쟁을 진압하기 위해 임시 조선파견대가 특파되어 '남조선대토벌작전'의 주력부대가 되었다.

일제의 조선 강점과 수탈은 군대와 경찰을 앞세워 폭력적으로 이루어졌다. 1904년 러·일 전쟁 직후 일본은 서울에 조선 주차군사령부를 설치하여 한반도를 전쟁터로 만들었다. 1907년 의병탄압과 대륙침략을 위해 한반도에 2개 사단을 파견했고 마침내 1910년 8월 29일에는 일본이 조선을 속국(식민지)으로 만듦으로써 조선인들에게 국치를 안겨주었다.[2]

1919년 3.1운동이 일어나자 일제는 조선인을 정신적으로 진압하기 위하여 동년 7월 서울 남산에 '조선신궁'이라는 것을 세울 계획을 세우고 1925년 10월까지 준공하니, 이로써 군국 일본의 조선통치의 정

1) 관리가 공무로 다른 나라에 머무름.

2) 민족문제연구소, 『거대한 감옥, 식민지에 살다』, 2010, 94쪽.

신적 무장의 상징인 신사(神社)의 총본산이 설립되었다. 조선 총독은 그간의 소강상태를 이용해 일본의 신사를 도처에 세워 그들의 침략 정신을 더욱 굳고 예리하게 무장하기 위해 광분하였고 그들의 계획을 다음과 같이 수립하였다.

① 1937년 10월 2일 : 「황국신민의 서사(誓詞)」와 그것의 일상적 제창 강요
② 1938년 2월 6일 : 지원병제 실시
③ 1938년 3월 4일 : 민족성 말살을 위한 조선교육령 개정
④ 1939년 1월 10일 : 창씨개명제 강요
⑤ 1942년 5월 : 징병제 실시

1931년 9월 18일 밤 일본군 참모 본부와 관동군의 일부 장교들은 심양(봉천) 교외 류조구(柳條湖)에서 만철로선(남만주 철도)을 스스로 폭파하고, 그것을 중국군의 소행이라고 억지를 부려 중국의 동북지방 점령을 위한 선전포고 없는 전쟁, 이른바 '만주사변'을 일으켰다. 조선군 사령관은 관동군의 요청에 따라 군대와 탄약을 대량 만주로 출동시켰으며 일본정부는 이 출병을 승인하였다. 전화(戰火)는 만주 전역에 번지고 1932년에는 육·해·공군이 공모해서 이른바 상해(上海)사변을 일으켜 유럽의 눈을 이쪽으로 옮기게 한 다음 1932년 3월 1일 괴뢰정권, 이른바 「만주국」을 발족시킨다.

전쟁에 반대하는 지식인의 소리가 없지는 않았으나 동경대학 교수 야나이하라 다다오(矢内原忠雄) (우치무라 간조의 제자) 등 일부 비판자들의 책은 많은 독자를 가지고 있으면서도 정부의 관할 하에 있는 라디오를 비롯해 신문, 잡지가 정부의 엄중한 검열 하에 있었으므로 전쟁에 비판적인 언론이 공공연히 대중 앞에 모습을 나타낼 수가

없었다. 더욱이 전쟁을 정면에서 대적한 일본공산당은 일제의 야수적탄압 때문에 지하로 잠입한 상황이었다. 공산주의에 이어 자유주의조차도 배척을 받게 되어 사상계에는 '불안의 철학'이 유행되고, 시대는 바야흐로 군국주의 사상이 판을 치게 됐다.

1936년 8월 5일 조선 총독 우가키가 사임하고 미나미가 새로운 총독으로 부임했다. 미나미는 1929년부터 1936년 까지 조선군 사령관, 일본 육군대신, 관동군 사령관 등을 역임하였으며, 일제치하의 우리 민족에게 영원히 잊을 수 없는 가장 포악한 총독이었다. 미나미는 총독으로 취임하면서 다음과 같은 조선민족을 말살하는 종합정책을 강행했다. 우선적으로 일제는 1937년 7월 신사참배를 위해 1면(面) 1신사(神社)의 설치 작업을 시작하였다.

1937년 7월 7일 중·일 전쟁이 터지자 미나미 총독은 전시체제를 더욱 강화시켜 매월 1일을 '애국일'이라 정하고 신사참배, 국기(일장기) 게양, 근로봉사 등 월례행사를 시작했다. 이때부터 전국 방방곡곡의 조선인 가정에서는 일제의 경축일이나 매월 1일만 되면 거의 빠짐없이 일장기를 게양해야만했다.[3)]

1934년 조선내 신사(神社)의 수는 282개에 달했다. 게다가 1936년에는 경성신사, 용두산신사(부산), 1937년에는 대구신사, 평양신사, 1941년에는 광주신사, 강원신사가 세워졌다. 조선인에게 '황국신민화교육'을 추진하는데 있어 이 신사제도는 중요한 수단이 되었다. 우상숭배를 철저히 배제하는 기독교 신자들에게도 신사참배를 강요하였다.

드디어 1937년 7월 7일 밤, 북경의 교외(남서쪽 6km 지점) 노구교

3) 송건호, 『현대한국사』, 294쪽.

(교량)에서 야간 연습 중인 일본군이 중국군의 불법사격을 받았다는 트집을 걸어 일본군이 중국에서 선전포고 없는 전쟁을 시작하였다. 이것이 이른바 '중·일전쟁'이다. 일본은 1937년 12월까지 일본 육군 병력 3분의 2에 해당하는 16개 사단을 중국대륙에 투입하여 수도 남경(南京)까지 점령하고 남경 입성 때는 중국 민간인 20여만 명을 학살했으나 투항은 고사하고 중국의 항일전은 더욱 치열해졌다.

일제의 중국침략전의 장기화와 태평양전쟁의 개시, 그리고 불사조와 같은 조선 민족의 항일 무장투쟁의 전개는 조선인들로 하여금 일본제국주의의 패망, 조선 민족의 해방이 멀지 않다는 것을 예측케 했다. 그리고 조선인들은 이 전쟁이 일제의 중국침략전쟁인데 왜 우리 조선인이 일본을 위해서, 또 천황을 위해서 전쟁에 참여해야 하는지에 대한 부정적 시각이 팽배했었다. 따라서 중국의 동북지방 만주에서는 조선인 독립군의 항일 무장투쟁의 전개, 그 밖의 각 지역에서는 조선인들의 반일 사상, 민족사상을 불러일으켰다. 이러한 상황에서 일제(日帝)는 조선인에 대한 은밀한 정탐, 불온언동 및 유언비어 단속 등을 강화하여 치안유지에 광분했다. 치안을 구체적으로 유지하기 위해 경성, 함흥, 청진, 평양, 신의주, 대구, 광주 등 7개 시에 보호관찰소를 마련하여 삼엄한 경계를 하였다. 뿐만 아니라 1938년 7월에는 총독부 추진으로 보호관찰소가 중심이 되어 사상전향자를 모아 '시국대응 전선사상 보국연맹'을 결성해서 다음과 같은 결의를 하게 했다.

① 우리(조선인)는 황국 신민으로서 일본정신의 앙양에 힘쓰고 내선일체(內鮮一體)의 강화의 철저를 기한다.

② 우리(조선인)는 사상 국방전선에서 반국가적 사상을 분쇄격멸하는

육탄적 전사이기를 기한다.

③ 우리(조선인)는 국책수행을 위해 철저한 봉사를 하고 애국적 후방 활동의 강화·철저를 기한다.

한편 1942년 3월에는 '조선소년령'을 공포해서 조선의 소년들에게까지 '치안확보'라는 명목 하에 황국 신민화를 위한 '보호교화'에 열을 올렸다. 1943년 1월에는 내무성 경보국에서 「치안대책 요강」을 작성했는데 그 속에서 '조선인의 성격적 특징'을 복수심이 강하고 또한 다분히 사대사상을 가지고 있으며 이러한 분자들이 모략행위를 감행할 염려가 있다고 하여 조선인 탄압방침을 제시했다. 더욱 가관인 것은, 1944년에 이르러서는 「조선총독부 재판소령 전시특례」, 「조선전시 형사특별령」을 공포해서 조선인의 자유를 더욱 엄중하게 속박하였다.

1945년 6월, 일제는 침략전쟁의 최후발악으로서 「국민의용대 조직요강」, 「의용 병역법」, 「국민 의용대 전투대교령」 등을 공포하고 7월에는 '국민총력조선연맹'을 해산하고 「조선국민의용대」를 만들었다. 대원의 나이는 남자 12~65세, 여자 12~45세를 일단 기준으로 삼았으나, 실제로는 나이 제한 없이 전부를 가입시키고, 각 개인은 대대, 중대, 소대, 분대에 배치하였다. 이와 같은 조직은 연합국의 상륙에 대비한 최후 발악적 태세였다.

아울러 한민족(韓民族)의 민족 종교인 천도교(天道教)는 억압하고 사교(예 : 백백교)는 방조하였다. 특히「황국신민의 서사」는 일상생활 속에서 제창토록 제도화하였다.「서사」에는 두 종류가 있었는데, 하나는 어린이 및 청소년용, 다른 하나는 성인용이었다. 그 내용은 다음과 같았다.

〈어린이용 서사〉

1. 우리들은 대(大)일본제국의 신민입니다.
2. 우리들은 마음을 합하여 천황폐하께 충성을 다합니다.
3. 우리들은 인고(忍苦) 단련하여 훌륭하고 씩씩한 국민이 됩니다.

〈성인용 서사〉

1. 우리들은 황국신민이다. 충성으로써 군국에 보답한다.
2. 우리들 황국신민은 서로 신애(信愛) 협력하여 단결을 굳게 한다.
3. 우리들 황국신민은 인고단련 힘을 길러 황도(皇道)를 선양한다.

「황국신민화운동」 중에서 일본어 상용이 특히 중시되었다. 미나미 총독은 1937년 '국어상용'을 하기 위해서는 상부에서부터 시범을 해야 한다고 해서 총독부 행정기관에 근무하는 모든 조선인 직원과 지방의원에 대해 일본어 사용을 강요하고, 심지어 가정에서조차 일본어를 상용하라고 명령했다. 이렇듯 민족어(조선어)를 사용 못하게 하는 것은 민족의 문화, 나아가서는 민족 자체의 존속을 멸절하려는 가공할 획책임이 분명했다.

조선어 말살 정책과는 반대로 일본혼을 불어넣는 수신(修身), 국사, 지리, 황국신민화 교육은 철저히 강화하였다. 게다가 식민지 사관의 조작, 창씨개명의 강요, 조선의 군수공업화, 강제징병, 여자정신대(挺身隊)를 위한 여성 연행, 학도 근로동원, 국방헌금의 강탈 등 조선인의 삶의 구석구석을 수탈해갔다.

이런 과정에서 '창씨개명'의 경우, 유서를 남기고 58세를 일기로 분연히 자결하는 사건이 발생하였다. 전남 곡성군 오곡면 오지리 유건영(1883-1940) 씨는 창씨제도를 반대하는 엄중한 항의서를 총독 미나미, 중추원, 경제원 등에 제출하고 "성(姓)까지 왜노들을 따라 왜(倭)

말로 부르지 않으면 못 사는 세상이라면 이런 세상에서는 더 이상 살고 싶지 않다."고 하면서 다음과 같은 유서를 남기고 향년 58세로 자결하였다.

> 슬프다, 유건영은 천년의 고족(古族)이다. 일찍 나라가 망할 때에 죽지 못하고 30년간의 욕을 당해올 때에 그들의 패륜, 난륜을 귀로써 차마 들을 수 없고 눈으로 차마 볼 수 없더니… 이제 혈족의 성(姓)까지 빼앗으려 한다.

이리하여 유건영은 민족의 오욕과 자신의 신세를 개탄하고 한(恨) 많은 세상을 하직하였다. 또 전북 순창군 금과면 동전리 거주자 설진영(1869-1940)은 자녀들의 교육을 위해 본의 아닌 창씨개명을 한 후 너무 억울하여 우물에 몸을 던져 세상을 하직했다.

일제는 1944년 8월에 제정 공포한 「여자정신대근로법」에 의해 조선의 미혼여성을 강제로 동원하였다. 1941년 태평양전쟁(제2차 세계대전)이 터지자 일제(日帝)는 정신대(挺身隊)라는 이름으로 수많은 조선의 미혼여성들을 일본에 강제연행 그리고 1944년 8월에는 이것을「여자정신대근로법」이라는 미명하에 제정공포하였다. '정신대'란 본래 어떤 일을 이루기 위하여 자진해서 앞장서는 부대를 의미하는 긍정적인 뜻을 가지고 있으나 여기서 말하는 '정신대'는 태평양 전쟁 때, 일본군을 위해 강제로 종군시켜 위안부가 되게 한 조선 여성(매춘부, 미혼여성)을 뜻한다. 처음 1937년 중·일 전쟁이 터지고 그것이 예상외로 장기화되자 일본 당국은 조선 내의 어용뚜쟁이들에게 지시하여 집안이 가난하여 매춘생활을 하는 조선여성들을 다수 중국대륙으로 데려가 '위안소', '육군오락소' 등의 명칭을 가진 일군(日軍) 시설에 배치하여 그들의 노리개로 삼았다. 이렇게 동원된 위안부의 수효는 3만~4만 명에 달했다. 여기서 주목할 점은 직업적인 매춘부만이 아니라 농촌의 순수하고 가난한 처녀들까지 매춘부로 만들었다는 사실이다.

일본군의 위안부로 끌려가 희생된 조선인 여성들의 수효가 얼마인지는 기록이 남아 있지 않아 정확히 알 수가 없다. 그러나 한 조사 기록에 의하면 1943년부터 1945년 8월 15일 이전까지 일제가 '정신대'라는 이름으로 연행해간 조선인 여성의 수효를 약 20만 명으로 추계했고 이 가운데 약 5만~7만 명이 위안부로서 처참하게 종사했던 것으로 추산되고 있다(서울신문, 1974년 11월 1일자).[4]

일제 36년 동안 기독교(개신교)는 조선 민중의 개화를 위해 적지 않은 기여를 했으나 한편 그만큼 일제의 가혹한 탄압을 받기도 했다. 즉 1911년의 이른바 105인 사건,[5] 1919년의 3.1운동을 들 수 있으나 그 중에서도 가장 대규모적이고 잔인한 박해를 받은 것은 황민화 교육정책이 점차 노골화된 1936~1945년 사이의 '신사(神社)참배' 강요 사건이었다. 신사참배 강요는 신앙의 자유를 박탈하고 신앙과 양심을 유린하는 본격적인 종교박해였다.

일제는 신사참배가 종교의식이 아니고 국가의식, 국민의례라고 강변했고, 일부 일제의 앞잡이 종교인들도 그렇게 동조했었다. 그러나 신사참배는 기독교가 엄금하고 있는 우상숭배의 범주에 속한 것이 명백했다. 그리고 신사참배의 목적이 일본의 신들에게 대한 숭봉과 민족정신의 약화 및 말살에 있음이 명백했으므로 오직 예수 그리스

---

4) 송건호, 『한국현대사』, 332-333쪽.

5) 105인 사건 : 1911년 일본이 데라우치 총독의 암살 미수사건을 조작하여 조선인 독립운동가(주로 신민회(新民會) 회원들) 105명을 체포하여 투옥한 사건.

도만을 믿는 기독교인들로서는 신사참배란 받아들일 수 없었고 애국적 민족주의자들로서도 결코 받아들일 수 없는 요구였던 것이다. 그러나 일제는 1931년부터 조선인들에게 점차 신사참배를 강요하기 시작했으며, 신사참배의 강요는 먼저 기독교계 학교(Mission School) 부터 시작되었다.

신사참배를 최초로 강요한 사람은 야스다케(安武)라는 평안남도 도지사였다. 그는 1935년 11월 14일 도내 공·사립 중등학교 교장회의를 소집하고 개회 벽두 회의 참석자들에게 '평양-신사' 참배를 명령했다. 그러나 이에 불응하자 지사는 수차에 걸쳐 참배를 강요했고 결국 그는 이 문제를 중앙의 총독부 학무국에 의뢰하였다. 그러자 총독 미나미는 곧 전국 도지사, 경찰부장, 경찰서장 회의를 소집하고 신사참배에 대한 일제 당국의 정책을 결정했다. 그 첫 단계는 신사참배에 불응하는 학교장은 교장직에서 물러나게 하며, 만약 그래도 불응할 때는 학교를 아주 폐쇄해 버린다는 내용이었다. 숭실전문학교 맥큔(G. S. McCune(1872-1941))박사와 숭의여학교 스누크(V. L. Snook) 교장은 일제에 순응하지 않고 거부했으므로 해임되고 말았다. 그러나 안식교회, 천주교회, 감리교회는 일제의 명령에 순응했으므로 별 문제가 없었다. 신사참배 문제에 있어 시종 강경한 태도를 취한 선교부는 미국 남장로교 선교회였다. 한편 1937년 7월 7일 중·일 전쟁 발발로 시국이 긴박해지자 총독부는 시국인식 철저에 관한 통첩을 발하고, 매월 1일을 애국일로 정하여 각 학교로 하여금 신사참배를 시행하도록 하였는데, 이에 불응한 학교는 광주의 숭일학교, 수피아여학교, 목포의 영흥중, 정명여중으로서 폐교 당했고, 순천의 매산학교, 전주의 신흥학교 및 기전여중은 자진폐교 하였으며, 그 뒤 군산의 영명학교 등 미국 남장로교 선교부가 경영하는 10개 학교가 모두 폐교

되었다. 1937년 10월 29일에는 평양의 숭실전문을 비롯해서 10개의 학교가 차례로 문을 닫았다. 이렇게하여 1938년 9월 9일 장로회 총회마저 신사에 굴복케 함으로써 조선교회를 완전히 유린하였다. 그러나 결국 강압에 못 이겨 평양노회는 신사참배를 국가의식으로 인정하고 말았다. 당시 평양장로교 노회장은 박응률 목사였다.[6]

조선 기독교도에 대한 일본 제국주의의 야만적 행위(만행)를 저지하기 위해서 다음과 같은 조선민족의 운동이 주로 조선기독교도들에 의해 일어났다. 기독교 사회운동, 민족문화 수호를 위한 활동, 신사(神社) 참배 반대 운동이 그 대표적인 사례이다. 그 전개 방식을 간추려 본다.

1) 기독교 사회운동의 전개

조선 기독교회는 사회구원적 차원에서 사회의 제반 문제를 원만히 해결하기 위해 자발적으로 노력했던 바, 조선 물산 장려회, YMCA를 통한 기독교 청년운동을 전개한 것이다.

그런가 하면 일각에서는 신앙의 내실화를 기하기 위해'심령부흥회' 개최를 통해 조선 민중의 아픔을 달래고 장래의 희망과 내세에 대한 소망을 갖도록 노력하였다. 이 분야에서 크게 역할을 한 분으로는 길선주 목사, 김익두 목사, 이용도 목사 등이었다.

아울러 조선인의 사회윤리 문제에도 크게 관심을 가졌던 바, 금주와 금연, 아편 금지, 공창(公娼)제도의 폐지 등이다.[7]

---

6) 송건호, 『한국현대사』 350-353쪽.

7) 이만열, 『한국 기독교사 특강』, 168-172쪽.

2) 민족문화 수호를 위한 활동 전개

대표적인 예를 들면, 우선 조선인들로 하여금 조선역사에 대한 관심을 갖게 하는 계기를 마련하였다는 점이다. 함석헌 선생의 저서 『성서적 입장에서 본 조선 역사』와 안재홍 선생의 저서 『조선상고사』가 이 과정에서 큰 힘을 발휘한 것으로 알려져 있다. 동시에 김교신 선생이 주축이 된 무교회(無敎會) 운동(Non-Church Movement)이 소규모로나마 암암리에 전개되었다는 사실이다. 김교신 선생이 주축이 된 이 무교회 운동은 '성서연구회'와 『성서조선』이라는 월간 기독교 잡지를 통해 조금씩 조금씩 천착되어 갔었다. 이와 같은 무교회운동은 나라를 잃고 실의에 빠져 있었던 조선민중, 즉 한민족(韓民族)에게 큰 희망을 심어 주었는데 이 운동에 참가한 사람들은 주로 애국적인 지식인들이었다.

3) 신사(神社)참배 반대 운동

신사(神社)는 일본인의 조상신 곧 국조신(國祖神)과 전쟁신·무사신, 영웅신을 모시는 다소 복잡한 사당이다. 뒷날 천황을 인간의 몸으로 나타난 신이라고 하여 천황숭배가 이루어지면서부터는 신사 참배가 천황에 대한 충성과 존경을 나타내는 일종의 종교 행위와 같은 것으로 중시되었다. 이는 천황으로 대표되는 일본 국가에 대한 충성의 표시이기도 하였다. 따라서 1930년대 대륙 침략을 강화하는 시기에 국민 정신을 한 곳으로 귀일시킬 뿐만 아니라 조선인(한국인)에 대한 '황국 신민화'를 획책하게 되면서 신사 참배를 강요하게 된 것은 군국주의 일본으로서는 어쩌면 당연하였을지도 모른다.

일본은 1930년대부터 일선동조론(日鮮同祖論), 내선일체(內鮮一體)

를 강화하며 조선인의 황국신민화(皇國臣民化)를 획책한 것이다. 일본은 먼저 조선어(한국어)와 한글의 사용, 조선 역사 교육을 금지시켰고, 창씨개명(일본식 성명)을 강요하였으며, 이와 같은 한민족 말살 정책의 일환으로 특히 신사참배를 강요하기 시작한 것이다.[8)]

신사참배 문제는 1920년대부터 조금씩 거론되었으나 만주사변(1931년) 후 일본이 국가 의식(儀式)을 강조하게 되면서 본격적으로 강화 되었다. 이 문제로 인한 조선 교회와 일제의 충돌은 평양을 효시로 하여 계속 일어났다. 신사참배 문제에 대한 강경한 입장은 호남지방에 선교부를 두고 있던 미국 남장로교 선교부 산하에서 먼저 표명되었다. 이를 주도한 사람은 당시 미국 남장로교회 해외 선교부 총무로 활약하던 풀턴(C. Darby Fulton) 목사였다. 그는 일찍이 부친과 함께 일본에서 선교사로 일했던 적이 있어 누구보다도 일본의 신사(神社)를 잘 알고 있었기 때문에 신사 참배는 국가 의식이 아니라 우상숭배라는 단호한 입장을 가지고 있었다. 이 내용이 이른바 '풀턴 성명'이다. 이와는 대조적으로 천주교회와 감리교회는 그리스도교이지만 일본의 신사참배를 수용하였다. 그리고 장로교회도 마침내 노회별로 수용하기에 이르렀으며 성결교회의 대표적 인사 이명직 목사도 신사에 참배하였다.[9)]

반면에 장로교 총회에서의 신사 참배 결의를 고비로 하여 전국 각지에서 신실한 기독교도들에 의한 신사 참배 반대 운동이 격렬히 일어났다. 이 가운데 특히 주목되는 인물들로서는 주기철 목사, 이기선 목사, 한상동 목사, 주남선 목사, 이주원 전도사, 전남 순천 애양원 교회의 손양원 전도사 그리고 여성의 경우 안이숙, 조수옥, 최덕지

8) 이만열, 『한국 기독교사 특강』, 181-182쪽.
9) 전게서, 183-187쪽.

등이다. 신사참배 반대로 인해 투옥된 사람은 1945년에 이르기까지 2,000여명에 달하고, 200 여개의 교회가 폐쇄되었으며, 50 여명이 순교하였다. 따라서 이 신사참배 반대 투쟁은 좁게는 조선(한국)교회사적으로, 넓게는 민족사적으로 엄청난 의미를 지닌 항일투쟁이었다.[10]

이러한 상황에서 평신도였던 영변의 박관준 장로는 신사참배 문제가 한국 기독교회 전체를 망가뜨릴 뿐만 아니라 신사참배의 강요는 신교(信敎)의 자유를 보장한 일본 헌법에도 위반되는 것이라고 하여 총독 우가키, 다음 총독 미나미, 평남지사 니시모토(西本)에게 각각 진정서를 보냈다. 하지만 박관준 장로는 일본 경찰에 검거되어 한동안 조사를 받은 다음 석방되어 조선으로 돌아온 후에도 신사불참배 운동을 계속 하다가 마침내 일경(일본경찰)에 구속되어 6년간의 옥고 끝에 순교했다. 주로 교역자들이 많이 순교를 당했으나 비교역자 중에도 이렇듯 순교자가 있었음을 간과해서는 안 될 것이다.

또 신사 불참배로 순교자가 많이 배출된 곳은 기독교가 강세였던 평양이지만 조선의 남단 전라도 순천지방에서도 나환자 전도에 열심히 남달랐던 손양원 목사께서 역시 순교하였음을 잊어서는 안 될 것이다.

조선교회에 대한 일본제국주의의 박해는 1943년을 고비로 더욱 강화 되었던 바, 모든 종교집회는 금지되었고 전시 체제화 되었다. 교회의 종은 떼어져 전쟁 무기 제조를 위해 강제 헌납 되었고 교회 연보(헌금)도 비행기 제조를 위한 기금으로 헌납되어야 했다. 1942년 10월 15일 당시 장로교회에서 공출된 교회의 종(鐘)은 무려 1540개였고 그 이후에 공출된 종은 3,000개 이상이었다. 이러한 강제적 만

---

10) 이만열, 『한국 기독교사 특강』, 188-189쪽.

행에 이어 일본제국주의의 최종적 교회 말살 정책은 기독교 교단들에 대한 강제 통합 작업이었다. 1944년 7월 일제(日帝)는 한국 내의 모든 기독교 교단들을 통합시키며 이른바 '일본기독교 조선교단'이라는 이름으로 결성케 하였고, 이를 단단히 하고자 1945년 8월 경에는 한국 교회의 지도자 다수를 살해할 계획까지 수립하였다. 8.15 해방이 아니었으면 대 살육지변(홀로코스트)이 일어날 뻔 했으니 천우신조(天佑神助), 참으로 하나님의 도우심이라고 아니 할 수 없다.[11]

김교신은 이와 같은 일제 식민지의 삶을 '비극적인 삶'으로 보고 다음과 같이 일기를 썼다.(1937. 8. 12일자)

> 슬픈 때에 마음대로 슬퍼할 수나 있으면 오히려 위로되는 수도 있건만, 슬퍼도 슬픔을 나타낼 수 없고 따라서 위로의 말 한 마디 전해 줄 사람 없으니 슬픔은 갑절 뼈에 사무친다. 모든 것이 허위요, 공갈의 세상.[12]

설상가상 격으로 바로 이날(1937.8.12.)에 김교신 선생이 근무하는 양정고보 교정에 자랑스럽게 세워져 있던 동교(同校) 출신 마라톤의 우승자 '손기정'의 기념비에서 그의 이름이 관의 명령에 의해서 뭉개지게 되는 비극이 벌어졌다.[13]

1938년 11월에 평안북도 오산에 살고 있던 김교신 선생의 절친 함석헌 선생으로부터 다음과 같은 내용의 단신이 김교신 선생에게 전해졌다. 이런 심각한 상황에서는 '기도'뿐이라고.

---

11) 이만열, 『한국 기독교사 특강』, 192-193쪽.

12) 김정환, 『김교신』, 157쪽.

13) 전게서, 157쪽.

> 주의 은혜, 형 위에 풍성하시기를 바랍니다. 이 난관을 이기고 넘는데 성령의 일로 힘을 얻는 양심 아니고는 할 자 없음을 점점 더 느끼고 있습니다. 신(神)은 제(弟)의 속에 새로 근본적인 회개를 일으키려는 듯합니다. 기도, 기도, 기도라고.

이 단신에 대한 김교신의 반응은 "과연 기도 아니고는 하루도 살 수 없는 시대를 당하였다"고 일기에 썼다.[14]

1938년 1월 21에는 동경의 친구로부터 김교신 선생에게 편지가 전달되었는데 그 내용은 아래와 같다. 매우 비상한 시대라고 했다.

> 이제는 『성서조선』지를 대할 수 없는가 하고 통탄하고 있었는데, 엊그제 무사히 도착해서 한숨 놓았습니다. 그러나 권두에 그 글은 강제로 게재한 귀형의 심중을 생각하고 동정을 금할 수 없었습니다. 주의(主義)와 절조(節操)를 생명으로 하는 성서 잡지에 내용이야 어떻든 권력으로 무엇을 싣도록 강제되었다고 하는 것은 실로 생각할 수 없는 일입니다. 귀형께서 얼마나 이 일에 대해 큰 고통을 맛보았을 것인가 하고 생각하면 가슴에 아픔을 느낍니다. 머지않아 당지(當地)에도 이런 불행이 오겠지요. 실로 비상한 시대가 되었습니다. 그러나 이런 때에 더욱 진정한 복음이 필요하다고 생각됩니다. 각기 최후의 일 순간까지 십자가의 깃발로 전진합시다. 어떤 권력과 폭력과 위무에 압박되어도 변절, 침묵될 수 없는 중대한 진리만을 전합시다. 안일한 자신을 생각하고 죄송하게 생각합니다. 귀형은 주의 이름을 위해 괴로움을 당하는 선봉입니다. 바라기는 굳게 싸워 주십시오. 기도합니다.[15]

자정 넘어서까지 경성의 중등학생들이 교련하는 소리를 듣고 김교

---

14) 『김교신 전집 6』, 473-474쪽.

15) 전게서, 335-336쪽.

신 선생은 그의 '일기'(1939.9.22.(금))에 다음과 같이 기록하였다.

> 이번 10월호의 권두문은 눈물의 점철로 이루어졌다. 특히 제소(提訴)와 패소(敗訴)를 쓸 동안은 수차 펜을 던지고 호곡하다. 인간인 나로서는 원한이 골수에 맺혔다고도 형용할 것이다. 신앙안(眼)을 뜬 때의 나는 은총이 내 잔에 넘쳐서 규호(叫呼)하였다. 이 양극이 조화된 감정을 무엇이라 형용해 내랴. 자정 지난 후 때때로 멀리 군가가 들려오니 밤새면서 행군하는 경성 중등학교 생도 연합 교련대가 동부 경성을 공략함인 듯.[16]

1940년 9월 29일(日)에는 일제의 기독교인 탄압 조짐이 보인다는 편지가 김교신에게 전달되었다.

> 主안에서 여전히 평강하시온 줄로 믿습니다. 취복백(就伏白). 신문지상으로 아신 바와 같이 지난 20일 미명을 기하여 전선적(全鮮的)으로 검거된 소위 불량 야소교도(耶蘇教徒)건 신문지상에 의하면 확실히 비밀결사를 탐지하고 국체(國體)변혁 불경죄 조언비어 등의 확증을 파악했다고 하니 참다운 신자로서 그런 따위 일이 있을까요. 소생은 생각하기를 공산주의자나 그릇된 사회주의자나 그릇된 민족주의자 등이 자기네들의 의지할 곳을 기독교회에다 두고 소위 양피(羊皮)를 쓴 이랑(狸狼)이가 되어 가지고 암약을 한 것이 발로(發露) 된 것이 아닐까요. 그래 가지고 무리한 신도들에게까지도 고생을 끼치지 않는가 생각되나이다. 여호와 하나님을 믿는 자가 무슨 비밀결사며 국체 변혁일까요. 이것 참신자로서는 곧이 안 듣길 것 같습니다. 소생 있는 서(署)에도 5명 검거되었으나 불량분자의 영향을 받은 것 같습니다. 참으로 비밀결사가 있고 국체 변혁자가 있다면 철저하게 배격을 가해야 할 줄로

16) 『김교신 전집 7』, 138쪽.

생각되나이다.[17)]

편지에 대한 김교신의 코멘트는 다음과 같다.

참기독신도에게는 그런 종류의 결사 등이 만무하리라고 우리도 동감이다.[18)]

다음은 호남에 사는 어떤 독자로부터의 소식인데, 함석헌 선생님은 이미 감옥에 들어가 계시고 김교신 선생님도 위험하니 유의하라는 편지인 것으로 보인다. 즉 두 선생님의 신변에 위험의 기류가 보인다는 것이다.

선생님 댁의 앞산 약사사 입구 커다란 소나무 하에서 드린 기도며, 청량한 추풍 속에서 천부님께 예배하옵고 이 강산의 성도 함(석헌)선생을 위하여 기도하던 일이며, 천래(天來)의 복음을 짊어지고 보듬고, 바다를 건너고 산을 넘어서 우리에게 오신 야나이하라 선생의 로마서 강의도 전혀 성호(聖護) 안에서 유종의 미를 수득한 그날, 우리에게는 역사적인 일대 사실을 남겨 놓았다고 해도 과언이 아닌 그날이 올시다. 날이 갈수록 야나이하라 선생의 「성조사」에서의 주일 예배시에 하신 말씀이며 조합교회당, 해화고녀고, 이화고녀고에서 하시던 말씀이며, 5일간 로마서 강의에서의 의미심장하고 중량있는 말씀들이 새로워져 갈 뿐이올시다. 소생은 빌고 있습니다. 결코 야나이하라 선생의 주 안에서의 조선 방문이 도로(徒勞)에 그치지 말기만을. 선생님! 전일 C형께서 선생님의 신변에 이상 없으시다는 기별듣고 감사했습니다. 저 함 선생님은 들어가신지 1개월이 경과했지마는 역연(亦然)한 모양이시지

---

17) 『김교신 전집 7』, 298쪽.

18) 전게서.

요. 얼마나 육(肉)의 고통을 느끼실지 우리의 상상에 지나치는 것이 있을 줄로 확신합니다(하략).[19]

1941년 12월 9일 진주만(Pearl Harbor : 하와이의 Oahu섬 남안에 있는 미국 군항)을 기습, 미국의 태평양 함대를 사실상 전멸시킨 일제(日帝)는 미리 준비한 작전계획에 따라 전쟁 개시 얼마 동안은 승전을 계속할 수 있었다. 충분한 준비를 하지 못한 미국, 영국, 네덜란드 등 연합국은 동남아의 '식민지 수비군'을 일본군의 맹공 앞에 전부 잃고, 1942년 5월까지 일본군은 광대한 지역을 점령했다. 그러나 미국은 그 거대한 생산력을 총동원하여 진주만에서 입은 타격에서 회복하여, 1942년 6월 미드웨이 군도(Midway Islands) (하와이 근처에 있는 미국령)를 공격해온 일본 해군함대를 전멸시킨 후 태평양의 전세는 미국이 주도권을 잡게 되었다. 1943년 2월 일제(日帝) 육군의 최남방 점령지가 미군에 탈환된 후부터 일본군은 태평양의 모든 전선에서 점점 몰리기 시작했다. 1944년 7월 마리아나 제도의 사이판(Saipan)이 미군에 탈환되고, 그해 11월부터 사이판을 기지로 한 미공군의 일본 본토에 대한 공습이 시작되었다. 1945년 3월 10일 밤 도쿄 남부가 미공군의 공습을 받아 쑥대밭이 된 것을 비롯해 일본 전국의 대·소도시가 미공군의 야간 공습을 받아 초토화 되었다. 이러는 사이에 일본 해군 연합 함대는 전멸 당했으며, 1945년 6월 오끼나와 섬이 미군에 의해 점령당했다. 8월 14일 일본은 마침내 항복하기로 결정하고 15일 천황이 직접 항복방송을 함으로써 태평양 전쟁은 마침내 끝나고 9월 2일 미국 미조리호 함상에서 일본 정부 대표는 미·영·중·소 등 연합국에 대한 정식 항복문서에 조인해야만 했다. 1945

19) 『김교신 전집 7』, 304쪽.

년 8월 15일 일본제국주의가 연합군에 백기를 들고 항복했을 때 조선 안에는 일본인들이 71만 2천명이 살고 있었다. 조선에는 조선신궁, 부여신궁 등 전국에 1141개의 신궁(사당), 신사(神社)가 있었는데 거의 일본인의 손에 의해 불태워졌다.

그러나 해방되는 날 밤(1945.8.15.) 평양신사(神社)가 조선인들에 의해 방화·소각되었다. 조선 전국 각처에서 136개의 신사가 방화·파괴되었다.

일본제국주의는 조선민족의 불구대천의 원수였다. 흔히 일제 36년간이라고 하지만 일제가 우리 민중을 학살하고 탄압하기 시작한 것은 이미 1894년부터였다. 이때부터 우리 민족은 일본 제국주의로부터 시달림을 받기 시작하였으며 따라서 우리의 애국투쟁이란 모두가 항일투쟁이었다. 1894년부터 15년간을 시달리다가 1910년 마침내 나라를 빼앗기고 만 것이다. 그러므로 1894년부터 1945년 일본의 식민통치로부터 해방될 때까지, 조선 민족은 꼭 50년간을 일본 제국주의의 피비린내 나는 탄압 밑에서 신음했던 것이다. 이 50년 동안 잔인무도, 악마와 같은 일본의 헌병과 순사들에 의해 억울한 죽음을 당한 우리 민중이 수십만 명에 달하고, 수탈당하고 착취당한 우리의 재산이 부지기수이다. 그런데도 패전하고 돌아가는 일본인들에 대해 우리 민중은 거의 보복을 하지 않았다. 세계사적으로 놀라운 일이 아닐 수 없다.[20)]

일제지배의 본질적 성격은 일본 자본주의의 급격한 발달에 따른 조선(한국)에 대한 식민지배였던 것이다. 이 과정에서 조선에 요구되었던 바는 초기에는 주로 식량공급이었으나, 1930년대 이후에는 전

20) 송건호, 『한국현대사』, 475-492쪽.

쟁을 위한 전시공업화의 추진과 동원체제였다. 이러한 일본 제국주의의 요구는 조선사회의 잠재적인 균열을 야기시켰다.

첫째로 (우선) 사회경제적인 측면에서 계급적 모순이 심화되었다. 일제는 일본 내부의 식량문제를 해결하기 위하여 조선에서 산미(産米) 증식을 강요하였고 이 과정에서 지주소작제가 강화되었다. 일제 지배동안 자작농이 감소하고 소작농이 대폭 증가하여 1945년에 소작농의 규모는 약 70%에 이르렀다. 또한 일제가 1930년대 이후로 주로 북조선 지역에서 시행한 전시공업화는 조선내의 전체 경제와 내적 연관성을 지니지 못한 일제 독점자본 중심의 공업화정책이었을 뿐만 아니라, 그 과정에서 상당수의 조선인 노동자를 만들어냈다. 따라서 노동자·농민 등의 대다수 민중들은 일제 지배하에서 가혹한 수탈의 대상이 되었다. 반면에 지주들과 일부 조선인 자본가들은 민족적 성격을 지니지 못한 채 친일적이거나 일제에 협조하는 지배계급이 되었다.

둘째(다음으로), 일제 지배는 민족적 분열과 강력한 국가기구의 유산을 남겨놓았다. 일제의 식민관료체제에 빌붙었던 조선인 관료들은 자신의 동족을 핍박함으로써 민중의 원한을 샀다. 특히 조선인 경찰은 민중들의 증오 대상이 되었다. 또한 유난히 가혹한 탄압을 시행하기 위하여 고도로 중앙집권적이었고 강력한 관료체제를 유지시켰다. 해방 후에 민중들의 처벌 요구에 위협을 느낀 친일파·민족반역자들은 오히려 미군정과 결탁하여 반혁명의 선두에 섰고 일제가 남긴 강력한 관료체제의 유산은 미군정 하에서 반혁명의 물리적 수단이 되었다.

셋째, 일제 지배는 조선사회의 계급적·민족적 분열 이외에도, 민족해방투쟁세력들의 활동을 고립시키고 분산시킴으로써 해방 후에 새

로운 사회 건설의 통합적 지도부가 순조롭게 형성되지 못하도록 만들었다.[21)]

결론적으로 일제 조선 식민지배가 우리에게 남긴 것은 무엇인가?

> 첫째, 민족 주체성을 헐뜯고 부정하는 반지성주의를 남겼다.
> 둘째, 교육만능주의와 학력지상주의에 대한 맹신을 낳았다.
> 셋째, 반공주의 및 성장주의와 같은 극단주의적 성향으로 자폐증을 남겼다.
> 넷째, 장인정신이나 근성을 함양하고 착근하는 섬세한 작업을 소홀히 한 나머지 허무주의적 작폐를 남겼다.

송건호는 100년 넘은 한국기독교 역사를 특징에 따라 다음 다섯 단계로 분류할 수 있다고 했는데 특히 일제강점기와 관련하여 시사하는 바가 많다.

> 제1기(1884-1919): 기독교가 개화와 항일투쟁으로 민족 수난 속에서 앞장서서 십자가를 맨 시기.
> 제2기(1920-1938): 기독교가 항일의 현장에서 일단 후퇴하여 주로 신도들의 계몽사업에 전념한 시기.
> 제3기(1939-1945): 기독교가 일제에 굴복하여 그들에게 봉사한 치욕의 시대, 즉 신도들의 수난과 투쟁의 시기
> 제4기(1946-1973): 기독교의 양적 팽창 및 세속과 타협의 시기
> 제5기(1974-): 기독교의 일부가 민중의 인권수호를 위해 앞장서서 십자가를 짊어지기 시작한 시기[22)]

21) 최장집외 11인, 『해방전·후 사의 인식』, 한길사, 1993, 14-15쪽.
22) 송건호, 『한국현대사』, 385쪽.

이 분류에 따르면 김교신은 바로 제2기와 제3기의 인물로 온갖 힘을 다하여 민족과 참기독교를 지키기 위해 일제에 저항하던 중 쓰러졌다. 그런데 교회측은 어떠했던가. 교회주의 신학, 전통신학을 내세워 오로지 신앙과 전도만을 간판으로 내걸고 민족해방에 대해서는 방관자적 중립적 태도를 취했고, 현장의 참여 속에서 선교를 한다는 의식은 거의 없었다. 바로 이러한 상황(태도)이 조선기독교로 하여금 일제가 강요한 신사참배에 순응케 하고 나아가서 전쟁에 협력하고 더욱 일본 천황을 또 하나의 신(神)으로 모시는 군국주의 찬양 친일 기독교로 전락시켰다. '무교회'를 백안시한 배경도 바로 이러한 배경과 무관하지 않다.[23), 24)]

여기까지는 일제강점기에 우리 민족이 일본제국의 식민으로서 얼마나 고초가 심했는지, 그 실상을 살펴보았다. 주로 정치적인 문제로서 일본인들의 강압적 태도와 비인도적 만행에 대한 고찰이었다. 그렇다고 해서 우리 민족의 과오가 없었다는 의미는 아니다. 우리 민족의 단결력 부족, 정치력의 부족, 도덕성의 결여, 뿌리 깊은 유교적 체면문화, 남존여비 사상, 사대주의 사상 등 허점이 많은 것도 사실이다. 따라서 일제강점기에 김교신 선생과 교류가 있었던 전라도 광주 출신 최흥종(1880-1966) 목사의 글(『성서조선』에 투고했던 글)을 통해 당시 조선 기독교 교역자들의 종교, 도덕적 실상(實相)이 어떠했던가를 음미해 봄으로써 그때와 오늘을 비교해 보고 우리 다 같이 자성(自省)하는 계기를 가졌으면 한다. 김교신 선생과 최흥종 목사는 공통점이 있었던 것으로 볼 수 있다. 기독교 진리에 대한 탐구심이 많았으며 나환자들에 대한 관심이 지대했었고 민족애와 사회문제에

23) 김정환, 『김교신』, 384-385쪽.

24) 송건호, 「일제하 민족과 기독교」, 『민족주의와 기독교』, 민중사, 1981.

대해서 남다른 혜안을 가지셨던 분들이었다. 그러기에 두 분은 상호 교류가 있었을 것으로 사료된다.

최흥종목사는 지금 광주에서 성자(聖者)로 추앙되고 있다. 그의 호가 오방(五放)이기 때문에 그를 기리기 위해 그가 살던 광주 남구에는 '오방로'라는 도로까지 생겼다. 그 어려운 일제 강점기에 거지와 나환자들의 아버지, 폐결핵 환자들의 아버지였던 최흥종 목사는 김교신 선생과 교류가 있었던 것으로 짐작된다. 왜냐하면 최흥종 목사의 글 「교역자의 반성과 평신도의 각성을 촉구함」에 따르면 당시 목회자들의 바람직하지 못한 행태에 대해 신랄하게 고발하고 있는 것을 볼 수 있기 때문이다. 그리고 이 내용이 『성서조선』에 게재되었던 것 같다. 이로 미루어 오늘날 '기독교'를 '개독교'로 비웃듯 당시에도 교역자들의 행태가 많이 바람직하지 못했던 것으로 추정된다. 아무튼 최흥종 목사의 서간문을 통해 당시 기독교 교역자들의 도덕적 상황을 엿볼 수 있기에 김교신 선생에게 보낸 서간문을 여기에 실어 오늘날 우리 기독교인들의 처지를 성찰해 보기로 한다.

광주 최흥종 목사의 편지글 - 「교역자의 반성과 평신도의 각성을 촉구함」(『성서조선』 99호 17면에 게재) 이라는 이하의 솔직담백한 문장이 『성서조선』의 주필 김교신에게 전달되었다.

> 배계자(拜啓者), 사망자가 무슨 말을 하오리까마는 세상을 향하여는 사망자이나 주 예수 안에는 산 자처럼 말하려고 하므로 소회를 피력하여 현하 조선 교회 정세와 교역자의 과오를 지적하여 지도층의 반성과 평신도의 각성을 촉진코자 하나이다.
>
> 조선교회가 특수한 은혜를 받은 것은 물론입니다. 반세기 동안 장족 발전해서 조직적 전개가 민활하여 역사적 고구와 신학제도와 예배 규범과 권징 조례와 정치며 헌법이며 규칙이며 회규며 제반 법률적 제도

가 옛날 유대교나 로마교 교권 만능주의의 선배들보다도 더 예리하고 냉민하여 놀라운 재간과 지식과 수단을 가진 교역자들이 많이 출현한 모양입니다. 그러나 양(羊)의 대중은 과연 순진합니다. 목자가 인도하는대로 잘 따르며 순진합니다. 그러나 목자들은 대개가 삯군이므로 고용적 행세를 종종 발휘합니다. 양떼를 위하여 희생하려는 대신 각자의 명리(名利)를 위하여 영리적 목자들이 대량 생산됨이 현금(現今) 조선 교계 상태인가 합니다. 그 이유는 교역자들이 회합하는 곳마다 시기, 분쟁, 충돌, 기만, 중상 등 성서 진리에 배치되는 부도덕, 무의의(無義誼)한 행동을 성회라고 부르는 노회나 총회에서도 무더기 무더기 볼 수 있고, 조선 교회 내막을 살핀다면 진정한 예수 그리스도의 주의가 있는가, 성서 교훈을 실현하는가, '이 백성들이 입술로는 나를 공경하되 마음으로는 나를 멀리하도다. 사람이 명한 것으로 도를 삼아 가르치니 헛되이 나를 경배하는 것이라' 하신 말씀이 현하 조선교회에 각성하라신 교훈이 아닐까요? 외관으로는 화려한 예배당과 부속 사업이 많고 회당, 노회, 총회 혹은 대회, 연회 등 법적 조직이 정연하고, 영웅 신사벌의 교역자들이 500나한(羅漢) 같이 제제창창하되 그 맺힌 열매는 공과 허실이 많고 잎만 무성한 무화과수입니다. 순진한 양떼에게서 젖을 짜고 털을 깎고 수단 방법을 다하여 빨아내고 짜내어서 각자의 충복(充腹)과 단장(端裝)이며 이익과 명예를 위하여 다방면으로 활용하되 양떼는 수척하고 미약하며 영양 결핍에 빈혈과 기갈이 태심함을 불각(不覺)하고 위선 가식적 시대 유풍과 제도 낙인에 화석처럼 된 성극 배우들이 강대, 교단에서 웅변극을 연출하며 교회를 심방이니 치리니 사경이니 부흥회니 떠들고 활동하는 모양은 있으나 예수그리스도의 애적(愛的) 신(新)계명주의를 실현함에는 진수를 볼 수 없고, 소리나는 구리와 울리는 징과 같아서 허공을 치는 것뿐이요 내용은 양의 옷을 입은 이리 유(類)에 불과하고, 교회나 노회나 총회나 대회 등 회소(會所)를 영웅 신사벌을 양성하는 무대로 삼고 제반 활동을 다하여 분쟁, 기만, 음모, 궤휼과 민중 이간을 일삼는 것이 현하 조선 교회에 등장한 영웅 목사들의 능사입니다. 북남열을 고조하며 이간하는 것도 그네들의 소위(所爲)요, 무슨 단이니 무슨 회의니 하고 평신도를 충동하는 것도 그네들이요, 백지 같은 신도들에게 홍흑반문을 염색하는 것도 그네들이요, 교회끼리 신도끼리 서로 의아와 원우를 품고 대립하게 하는 것도 그네들의 소위요, 교육사업에 명예적 야심을 품고 덤벼들어 통일을 방해하는 것도 그네들의 소위입니다. 조선 교회가 좀 더 성화하고 순 복음적 정로(正路)로 진전되려면 현하 교계를 교란하는 등장인물들이 퇴장하고 순복음적 신진 교역자들이 봉역하여야 할 것입니다. 장로교 총회를 분립이니 개조니 하는 것이 교리적 이의(異議)나 성경상 견해의 이론(異論)이 아니요, 총회를 영웅 목사 및 개인이 농락이용하여 작희하려는데 반항하고 숙청하려는 봉화인데, 그 사이에 미혹과 오해가 증조하여 추측과 유견(謬見)이 첨부하여 구거(도랑)와 장벽을 은연중 피차 축조하는 감이 불무합니다. 총회를 좌우하며 요리하는 유력 인물들이 괴묘한 수단으로 사업열을 일으키며 혹은 지방열을 고조하며 제반 정략과 모책을 강구하여 남북 이간책을 뚜렷이 내세운 것입니다. 그러나 평신도 전부는 결코 그런 것이 아닌 줄 믿습니다. 일반 신도들은 지도자의 기만적 웅변에 속아서 수긍하게 되고 위선적 처사에 속아서 맹종하게 되어 종국은 알지 못하는 형제를 원망도 하고 저주도 하게 되며, 알지 못하는 사실을 오인하고 바로 안 것같이 되면 모순 당착과 착각이 얼마나 크겠습니까. 장로교 총회문제는 분립이 목적이 아니요 내부 숙청에 있는 줄 압니다. 종교 교육부를 개조하고 영웅적 협잡 교역자들을 소제하면 어시호(그때서야 비로소) 별 문제가 없을 것 같습니다. 그러나 도저히 숙청은 불가능으로 간파하고 소위 신총회 조직을 말하는 것 같습니다. 저는 현 총회는 반대하면서도 신조직에 서명한 자는 아닙니다. 그러나 어떤 교역자는 저를 신총회의 괴수라는 말을 합니다. 용혹무괴(容或無怪)입니다. 현 총회를 규탄하고 대대적 반대를 하는 것은 사실입니다. 그러나 총회 자체를 반대할 필요가 없습니다. 원대하고 현철한 관찰을 가지신 평신도 제현은 심사고구하시와 예수 그리스도의 몸된 교회를 위선적 가(假)목자들에게 전임(全任)하고 관광만 할 것이 아니라 노회나 총회를 혁신 개조에 착안하심을 복기(伏祈)하나이다. 현 상태로 두고 보시면 기필코 민중적 이간은 본격적으로 확대될 우려가 불무(不無)합니다. 평신도의 궐기를 촉구하나이다. 빙공영사(憑公營私) 하는 교역자들을 신뢰할 수 없게 되었습니다. 평신도의 각성을 시급히 요구합니다. 평신도만 깨고 보면 현재 교계에 등장한 양의낭심(羊衣狼心)적 가(假)목자들이 절로 무대를 잃고 퇴장할 것이며 조선 장로교 총회가 참으로 하늘의 장자(長者)의 총회와 같이 거룩한 통일적 총회가 될 것이요 교회가 성화(聖化)될 것입니다. 인본주의요 이기주의적 지도자들을 기대할 수 없는 요즘에 평신도의 각성과 분기가 절대 필요하고 시급합니다. 지금은 자다가 마땅히 깰 때입니다. 평신도 재현이여. 1937년 2월 최흥종 백.[25]

이씨조선 시대의 당파싸움 같은 것이 예수교 내에서 소규모로 그대로 재현되고 있는 느낌이 든다(파벌, 남·북 대결 등) 그리고 기독교(예수교)에 대한 이해(지식), 예수님에 대한 이해가 부족한 탓도 있는 것으로 보인다. 즉 진정한 신학적 지식, 예수 그리스도의 정신을 제대로 간파하지 못하고 그저 힘겨루기를 하고 있는 것으로 보인다. 아울러 이러한 분쟁과 소용돌이 이면에는 미국 선교부에서 후원되는 달러(dollars, 돈문제)와 관련성이 깊지 않나 하는 의구심도 든다.

특히 최흥종 목사는 파벌의식이 강한 교역자들의 분쟁을 교역자들의 힘으로 해결하기 어려우니 평신도들이 나서서 도와주기를 바라고 있다. 여기에서는 곧 김교신이 말하는 직업적인 종교인(교역자)과 비직업적인 신앙인(평신도)의 구도가 형성되는데, 이러한 상황에서는 직업적 종교인이 이끄는 교회주의는 바람직하지 않으므로 자연스럽게 이와는 대조되는 무교회주의적 평신도 모임이 부각되는 것이다.

그러하기에 최흥종 목사는 제도적, 직업적 교역자였지만 평신도중

25) 『김교신 전집 6』, 190-193쪽.

심의 교회 자치를 은근히 편드는(선호하는) 뉘앙스를 풍긴다.

하여간 광주의 최흥종 목사(1880-1966)와 서울의 김교신 선생(1901-1945)은 일본제국주의가 조선을 강제적으로 점유한 동시대에 생존하면서 각기 거주하던 지역에서 기독교 지도자로서 빛과 소금의 역할을 수행한 분들이다. 그리고 양자 간에 서신으로라도 교류가 있었던 것은 큰 의미가 있었다고 생각된다. 그런데 무엇보다도 위대한 이 두 분은 조선의 해방을 위해 누구보다도 더 많은 염려와 국가와 민족을 위해 기도했을 것으로 추정된다.

Ⅳ. 일본 유학생활

- 배움의 황금기(1920-1927) -

김교신이 처음 전도 받기는 1920년(만 20세 때) 4월 16일 저녁에 동경(도쿄)시 우시코메구 야라이정 거리를 지나다가 당시 동양선교회(Oriental Missionary Society) 성서학원 재학생 마쓰다(松田)라는 청년의 노방(路傍)설교에 감동함이 있어 1920년 4월 18(일요일)부터 우시코메 야라이정 홀리네스(Holiness, 성결)교회에 출석하여 처음으로 신약성서를 구입하게 된 것이 신앙의 시작이었다.

동년(1920년) 6월 27일에 그 교회에서 시미즈 쥰죠 목사에게 세례를 받고 매 일요일과 목요일마다 신앙의 진취(차차 진보하여 감)를 기뻐하였다. 김교신은 교회에서 전도 받고 교회에서 성서를 배우기 시작하였음은 신앙의 선배들인 김인서 씨 및 최태용 씨와 동일하다는 점에 우연히 일치하였다. 다만 그들은 '조선에서'라는 데 대하여 김교신은 '일본에서' 였고 그들은 '장로교회나 복음교회'라는 데 대하여 김교신은 '성결교회' 라는 차이가 있었을 뿐이다. 1920년 10월 15일에 우치무라의 저서 『구안록』 독파, 동월 31일에 『종교와 문학』 및 『성서의 연구』를 탐독하였는데 이것이 우치무라 선생의 저서를 읽은 시초이었고 그 이후에는 『기독교 신도의 위로』, 『타인론(他人論)』, 『흥국사담(興國史談)』 등도 읽었다. 동년(1920) 11월 초순에 우치무라 선생댁을 찾아 초대면의 기회를 가졌으나 그 결과는 다대한 실망과 불만을 가지고 돌아왔었다. 동년(1920년) 11월 28일과 12월 12일에 오테정(大手町) 위생회관에서 우치무라 간조 선생의 '욥기' 강연을 방청한 일도 있었다. 그러나 그때까지 김교신은 성결교회의 충실한 교인이었다. 일요일 오전, 오후 예배와 목요일 기도회에 열심히 출석하며, 매회에 약진하는 신앙의 기쁨을 맛보았다. 그런데 그해(1920년) 연말을 당하여 김교신이 출석하던 교회에는 일대 내분이 발생하여 온공(溫恭)한 학자인 시미즈 목사가 파면되고 권모술책에 능한 일파가 그 지위를 박탈한 사건이 있었다. 온갖 불의와 권모가 횡행하는 조선 사회에서 성장한 김교신은 유일의 이상적 생활과 이상사회를 동경하여 일본 기독교회에 입교하였던 신앙의 초기에 역시 불의와 비열한 술책이 교회 내에서 행하여지는 것을 보고 단지 교회 탈퇴 뿐 아니라 기독교 신앙의 근저까지 동요치 않을 수 없었다. 그래서 한 동안은 교회에 출석치 않고 하숙방에서 홀로 예배하였다고 일지에 기록되어 있으나 실은 그의 초기의 신앙생활이 일대 위기였던 것이다.

그 무렵에 마침 1921년 1월 16일부터 도쿄 오테정 회관에서 우치무라 간조 선생의 '로마서 강의'가 시작되어 비상한 각오로 거기에 참석하였다. 우치무라 간조 선생의 강의 내용, 방식, 그리고 그 속에 담긴 메시지가 어떠하였든 간에 그리고 그가 설령 별 볼일 없는 사람이라고 할지라도 일본의 진정한 애국자인 것을 초기부터 간취하였었다.

자연과학자의 정신에 입각한 성서 연구와 애국자의 열혈, 이것이 무엇보다도 힘있게 김교신을 견인하였었다. 조선에 만일 그와 같은 애국자가 출현하였다면 쏟아 바쳤을 경모의 염을 전적으로 그에게 봉정하였다. '로마서 강의'에 600여 좌석도 부족하여 지각하면 좌석도 없고 음성도 잘 들리지 않으므로 김교신은 강의 반시간 전부터 전열 중앙에 좌정하고서 개강을 기다려 일언반구도 놓치지 않으려고 노력 하는 것이 상례였다. 김교신은 '로마서 강의' 이후에도 혹은 오테정에서 혹은 가시와키(柏木)에서 1927년 3월에 동경고등사범학교를 졸업하고 조선으로 귀국할 때까지 만 7년을 우치무라 선생의 가르침을 받았다. 김교신은 '우치무라 간조에게서' 유일(唯一)의 선생을 발견하고 극심하였던 기갈이 해소(치료) 되었다. 조선인이었던 김교신에게 이것이 과연 영예스런 일인지 훼손인지 이익이 되는지 손해가 될른지 도무지 알 수 없었다. 하지만 결론적으로 말해서 우치무라 간조 선생은 김교신에게 유일무이(唯一無二)의 고귀한 스승임에 틀림없었다. 따라서 김교신은 다음과 같이 고백하였다. "나는 선생님을 가진 사람이다."라고.[1] 이 대목에서 필자에게는 의문이 생긴다. 우치무라 간조 선생이 아무리 신앙이 깊고 성경지식이 풍부하고 일본의 진정한 애국자라고 할지라도, 당시 조선을 침략한 일본제국의 국민 중 한 사람인데 어떻게 그를 '유일의 스승'으로 생각할 수 있었을까? 하는 점이다.

김교신은 세상살이에도 선견지명이 있었던 것으로 보인다. 왜냐하면 장래의 삶을 살아가는 데 있어서 '영어'가 필요하다는 것을 예측하고 고등사범학교에 입학하기 직전에 영어학교(正則영어학교)에 들어가 1년 정도 영어를 공부하였기 때문이다. 이런 것으로 미루어 김교신은 시대적 감각이 뛰어났던 것으로 생각된다. 지금 우리가 살고 있는 한국사회만 보더라도 다소 자존심이 상하기는 하지만 '영어'가 매우 중요한 도구언어임을 부인할 수 없지 않은가.

1) 『김교신 전집 2』, 276-280쪽.

1. 우치무라 간조 문하에서 무교회신앙에 심취

우치무라 간조(1861-1930)는 과연 어떤 사람이었을까? 도대체 그분이 얼마나 지성적이고 영성적이었기에 김교신이 그분의 인격과 그분의 사상에 심취하였을까? 일본에 간 제일차적 목표가 '도쿄고등사범학교'에 들어가 훌륭한 교육자가 되기 위한 수업을 하려는 것이었는데 의외로 우치무라 선생을 만나 종교적·영적 수련을 하게 되었으니 "사람이 마음으로 자기의 길을 계획할지라도 그의 걸음을 인도하시는 이는 여호와시니라"(잠언 16:9)는 성경 말씀이 김교신의 일본 유학의 경우에도 정확히 들어맞았다고 아니할 수 없다.

우치무라식 무교회주의란 무엇인가. 김교신이 배운 대로는 '교회 밖에(out)도 구원이 있다.'는 것이 우치무라식 무교회주의의 전부이다. 이 이하의 것도 아니요 이상의 것도 아니다. 로마가톨릭이 '교회 밖에(는) 구원이 없다' 고 할 때에 '교회 밖에(도) 구원이 있다'고 프로테스트한 것이 마틴 루터의 종교개혁이었고 모든 (개)신교 교회가 구교로 퇴화할 때에 다시 한 번 '교회 밖에(도) 구원이 있다'고 주장한 것이 즉 우치무라식 무교회주의라는 것이다.

형식없이 그리스도를 예배하는 것 역시 하나의 형식이다. 이는 현대인들이 이해하기 어렵겠지만 의심의 여지가 없는 참된 기독교 사상이다. 하나님은 형식 없이 영(in Sprit)과 진리로(in Truth) 예배 받으실 수 있고, 또 받으셔야 한다.… 더 좋은 이름이 없어서 우치무라 간조는 이 형식없는 형식의 기독교를 '무교회주의'라 부르고자 했다.

일본인의 토착 국교인 신도(Shintoism)는 예배 도구로 거울과 흰 종이를 사용한다. 하지만 여호와 숭배(Jahvism), 청교도주의(Puritanism), 무교회운동(Non-Church Movement)은 모두 '하나님은 영'이시라는 하나의 동일한 원리를 다르게 표현한 것일 수 있다. 그래서 하나님을 예배하는 자들은 반드시 어떤 물건이나 도구가 아닌 영과 진리로 예배해야 한다.[2])는 것이다.

김교신이 우치무라 간조 선생으로부터 배운 것의 핵심은 "I for Japan, Japan for world, world for Christ"였다. 김교신은 우치무라 간조 선생의 이 구호를 그대로 적용하였다. 즉 I for Chosun(Corea), Chosun (Corea) for world, world for Christ. 우치무라의 경우 two J(Jesus and Japan)가 가장 중요한 것이었다면 김교신의 경우 Two C 였겠다. 왜냐하면 Christ와 Chosun(or Corea) 이었을 테니까.

결과적으로 우치무라가 가장 중요한 가치로 여기고 그의 애정을 쏟았던 두 가지는 소위 그가 말한 'Two J' 즉 Jesus(그가 믿는 예수)와 Japan(그의 조국 일본)이었다. 따라서 그는 이 사실을 시적 표현을 빌려 다음과 같이 언표(言表) 하였다.

> 오, 예수여(Jesus), 당신은 내 영혼의 태양이시며 구원자이시니 당신께 이미 저의 모든 것을 드렸나이다! 오 일본이여(Japan), 토양 중의 토양이여, 당신을 위해 드리나이다. 우리의 마음, 우리의 기도, 우리의 아낌없는 섬김을, 당신을 위해 당신의 자손들은 고귀하게 살리이다. 그리고 당신의 요구에 기꺼이 목숨을 바치리이다.[3])

우치무라의 생애동안 그의 '일본적 복음주의' 또는 '무교회주의'는 어느 정도 민족적 측면이 있었음을 부인할 수 없다. 왜냐하면 무교회의 민족주의적 특성은 '무사도 정신'에 습합(習合)된 기독교라 할 수

---

2) 양현혜·한송희 역, 『우치무라의 사회사상과 신학사상』, 177쪽.
3) 전게서, 192쪽.

있기 때문이다. 여기서 '무사도(武士道)'란 "의로움에 대한 철저한 추구"를 의미한다.[4] 이와 같은 우치무라 생전의 기본 정신은 그의 묘비명에도 다음과 같이 새겨져 있다고 한다.

> 나는 일본을 위하여, 일본은 세계를 위하여, 세계는 그리스도를 위하여, 그리고 모든 것은 하나님을 위하여[5]

우치무라는 반평생(약 35년간)을 성서연구에 헌신했고, 연구결과를 자신이 발행하는 월간지 『성서의 연구』에 공개했다. 이 잡지는 1900년 10월 창간호가 발간된 후 그가 세상을 떠난 1930년까지 계속 발행되어 총 357호에 이르렀다. 또한 우치무라는 주일마다 성서강연회를 개최했다.[6] 우치무라의 성서 강연은 특히 참석한 청년들에게 큰 영향을 끼쳤다. 그가 이끈 성서연구회의 특징은 참석하려는 이들을 엄격하게 검증했다는 점이다. 참석인원은 제한되었고, 성서연구회 말기에는 저명한 학자, 기술자, 교육자, 성서연구가들이 그 안에서 배출되었다. 우치무라는 성서를 잘 알기 위해 그리스어, 히브리어, 영어, 독일어는 물론 서양역사를 공부해야 한다고 주장했다.[7]

어떤 사람들은 오래전부터 성서 전체를 하나님의 말씀으로 여겨온 것은 사실이다. 그렇다면 그들은 틀림없이 성서에 쓰인 모든 내용을 곧이곧대로 믿었을 것이다. 개신교 분파 가운데 하나인 형제교단(Brethren Church)은 이런 입장을 고수한 것으로 알려져 있다. 그러나 우치무라는 이러한 성서관을 받아들이지 않았다. 그의 관점에서 성

4) 전게서, 192-193쪽.
5) 전게서, 191쪽.
6) 전게서, 159쪽.
7) 전게서, 160쪽.

서는 연구되어야 할 책이지 숭배의 대상은 아니기 때문이다. 그러나 우치무라는 성서연구가 이 세상을 근본적으로 개혁할 수 있다고 믿고, 성서를 연구하고 그 결과를 『성서의 연구』에 발표함으로써 직접 그 일에 참여하였다.[8] 그러므로 우치무라에 따르면, 성서연구는 단지 오래된 책을 연구하는 것이 아니라 오늘날의 사람들에게 가치있는 삶을 얻게하는 수단이 된다. 단, 성서를 연구할 때는 반드시 예수를 중심에 놓아야 가장 잘 이해할 수 있다고 믿었다. 우치무라는 삿포로 농학교에서 수산학을 공부하면서 '사실'을 매우 존중하도록 훈련받은 것이 그의 성서 연구에도 최고의 지침이 되었다.

우치무라에 따르면, '자연'을 아는 가장 좋은 방법은 자연을 경험하는 것이다. 마찬가지로 그리스도를 아는 가장 좋은 방법은 우리 마음으로 살아계신 그리스도를 직접 체험하는 것이다. 따라서 우치무라는 과학에서 사용하는 연구 방법을 종교(성서) 연구에도 적용했다. 우치무라는 책들을 통해서만 기독교를 아는 것은 한계가 있다고 보고 진정으로 기독교를 알기 위해서는 고통을 경험하고 그것을 알아야 한다고 생각했다. 즉 각자의 삶에서 쓰라린 고통과 시련을 통해 성서에 대한 일종의 해석을 알게 된다는 것이다. 예컨대 기독교 신앙으로 인한 '박해' 같은 것이 없을 수 없다는 것이다. 그런데 우치무라는 실제로 1891년 1월 도쿄에서 발생한 소위 '불경사건(不敬事件)'을 통해 쓰라린 박해를 경험했다.[9]

1891년 12월 당시 도쿄 제일고등중학교 교사였던 우치무라는 '교육칙어' 앞에 봉배하기를 거부하면서 일본의 천황제와 관련된 문제에 연루된다. 그뿐만 아니라 청·일 전쟁을 공개적으로 비판하고, 러·

8) 전게서, 160-62쪽.

9) 전게서, 162-162쪽.

일전쟁 때는 반전에 대한 신념 때문에 신문사 주필직을 그만두기 까지 했다. 1920년대 미국의 '배일(排日)이민법'에 대해 의견을 강하게 피력하기도 했다. 이것은 곧 근본적으로 우치무라가 동시대 세계 상황을 직시하고 세계에서 벌어지는 사건들에 대해 둔감하지 않고 직, 간접으로 행동할 필요를 인식하고 있었다는 것을 보여준다. 구약시대 이사야, 예레미야, 아모스 같은 예언자들이 자기들의 시대에 벌어진 시대적 상황에 무심하지 않았듯이 우치무라도 그의 시대 상황에 민감하게 자각하고 행동했음을 의미한다.[10)]

그런데 우치무라는 성서를 제대로 이해하려면 다가올 세상에 대한 희망(소망)과 두려움(외포)을 품고 성서를 읽어야 한다고 했다. 내세가 있다는 선포는 산상설교(수훈) 뿐만 아니라 복음서 곳곳에서 발견되기 때문이다. 우치무라 당대의 성서학자들은 하나님의 심판보다는 하나님의 사랑을 강조했다. 그러나 우치무라는 동시대인들의 이런 생각에 동의하지 않았다. 그는 우리가 하나님의 사랑을 배우기 전에 먼저 하나님을 두려워해야 한다는 점을 강조했다.

우치무라에 있어서 성서연구는 하나님은 물론 예수 그리스도와 연결되기 위한 생명줄이었다. 그는 하나님과 그리스도로부터 끊어지지 않는 관계를 맺기 위해 성서 연구를 계속할 수밖에 없다는 입장이었다. 우치무라는 오직 성서만이 세상을 근본적으로 정화할 수 있다고 믿었다. 다시 말해 그는 성서연구에 매진함으로써 세상을 개혁하는데 이바지할 수 있다고 믿었던 것이다. 그런데 우치무라는 무교회주의(無敎會主義)를 주창했다. 무교회주의의 원칙은 각 개인의 양심과 성서 연구를 강조한다. 그래서 무교회주의 기독교인들에게 '성서 연

10) 전게서, 169쪽.

구'는 각별히 중요하다.[11)]

우치무라 간조의 무교회주의는 지나친 애국심과 교조주의화를 반대했다. 그러나 이것은 무교회가 조직이나 구조를 전혀 수반하지 않는다는 의미는 아니다. 우치무라 생전이나 별세 후에도 자발적인 지역 집회가 많이 열렸다. 1905년에는 우치무라가 발행하던 월간지 『성서의 연구』의 구독자들이 일본 여러 지역에 '교우회'라는 단체를 조직했다. 이 단체는 우치무라가 활동하던 도쿄 지역에 설립된 '도쿄 교우회'의 뒤를 이었다. 1909년 우치무라는 제일고등중학교와 도쿄대학에 재학중인 무교회주의 학생들을 합쳐서 '가시와회(柏會)' 라고 명명하기도 했다. 이와 같이 우치무라의 제자들은 많은 「성서연구회」를 조직했다. 그러나 무교회 신자들은 우치무라의 말년에 자신들의 지도자가 세상을 떠난 후에는 모임을 해산하는 것에 동의했다. 따라서 우치무라에게 공식적인 '후계자'는 없었다. 하지만 우치무라의 성서연구회는 독립 설교자들을 배출했고, 그들은 이후 '제2세대' 무교회 지도자가 되었다. 대표적 인물로는 아제가미 겐조(1884~1958), 구로사키 고키치(1886~1970)를 예로 들 수 있다. 이들이 전문적으로 기독교 선교에 임했다면, 야나이하라 다다오(1893~1961)와 에바라 반리(1890~1933)처럼 세속적인 직업이 있으면서 무교회 선교에 깊이 관여한 자들도 있다. 이 가운데 쓰카모토 도라지와 야나이하라 다다오는 우치무라의 정치 사상 중 특히 그의 '애국심'을 계승하였다[12)]

엄밀히 보자면 무교회주의는 '일본식 기독교'도 아니고 '우찌무라 기독교'도 아니다. 우찌무라는, 자기가 죽은 다음에는 성서 연구회로 쓰던 건물을 더 이상 사용하지 말 것과 수백명되는 '성서연구회'를

11) 전게서, 170-173쪽.

12) 전게서, 131-132쪽.

해산시키라고 유언했었다. 그리고 성경공부를 하기는 하되 한 스승으로부터 10년 이상 배우지 말라고 했다. 이러한 그의 뜻은 한 교파로 굳어지는 것을 원하지 않았기 때문이다.[13)]

김교신은 학문 그 자체가 완전히 자신의 인생과 하나가 되어 있는 분이었다. 그의 정신적 스승인 우찌무라 간조, 그리고 동문이었던 야나이하라 다다오도 마찬가지였다. 이 둘은 무사도 기질 위에 기독교를 소화해서 지니게 된 사람들이다. 무사도 기질이란 무엇인가? 한마디로 임금님을 위해서 깨끗하고 충성된 '죽음'을 택하려고 벼르고 있는 자세를 말한다. 김교신은 우찌무라에게서 성경강의를 들었고, 우찌무라는 김교신을 옛 임금이 신하를 사랑하듯 만강(滿腔)으로 사랑했다. 또 신앙의 동지(우치무라의 일본제자) 야나이하라 다다오와 김교신 사이의 우정은 친형제의 사랑 이상의 것이었다.[14)]

2. 도쿄고등사범학교(대학과정)수학(修學)

김교신은 1922년 도쿄고등사범학교(지금은 쓰쿠바대학교(筑波大学)) 영어과에 입학했으나 1년 후 지리·박물과로 전과하였다. 그리고 꾸준히 공부한 끝에 1927년 3월에 졸업하였다.

김교신은 사범학교에 입학하기 전 영어실력을 증진하기 위해 영어학교에 들어가 (1년간) 공부하였다. 그리고 맨 처음에는 사범학교의 영어과에 입학해서 1년간 수학한 후 지리-박물과로 전과(轉科)하였다. 그러므로 지리-박물학을 본격적으로 시작하기 전 2년간 영어공부

13) 김정환, 『김교신』, 34-35쪽.

14) 전게서, 59쪽.

를 한 셈이다. 아마 학문의 기초를 다지기 위한 도구 및 기초를 위해 영어 과정을 밟은 것으로 추측된다.

김교신의 스승 우치무라는 주로 영어성경을 사용했고, 영어로 된 기독교 관련 서적을 읽었다. 우치무라가 삿포로 농학교에서 미국 문화에 흠뻑 빠져 4년을 보냈다는 것은 전혀 과장된 표현이 아니다. 우치무라는 숭고하고 실용적이며 희망을 주는 모든 것을 영어라는 도구를 통해 배웠다고 고백하기도 했다. 게다가 우치무라는 특별한 어려움 없이 영어로 사고(思考)하고 표현할 수 있게 되었다. 삿포로 농학교 시절의 소중한 경험과 미국 문화에 대한 긍정적인 인상은 그에게 미국에 대한 이상적인 이미지를 주었고, 미국을 성지(聖地)로 까지 여기게 했다. 아마 김교신은 스승 우치무라 간조의 영어실력까지도 닮고자 했던 것으로 짐작된다.

김교신 관련 문헌에 따르면 우치무라 간조 선생의 문하생으로서 무교회(Non-Church) 신앙에 심취한 내용은 아주 많으나 정작 사범학교의 교과 과정 및 교육 내용 그리고 대학 캠퍼스 생활에 대해서는 거의 언급이 없다. 짐작컨대 주 전공 지리·박물학 공부보다는 성서 공부 및 무교회주의 신앙생활이 훨씬 더 관심이 많았기 때문일 것으로 추정된다.

김교신이 수학한 도쿄고등사범학교는 아주 유명한 명문학교인 것으로 알려져 있다. 지금은 츠쿠바대학으로 교명이 바뀌었지만 국립대학으로서 역시 명문으로 알려져 있다. 그러나 『김교신 전집』을 모두 읽고 기타 관련자료를 보아도 도쿄고등사범학교의 학제나 커리큘럼에 대해서는 거의 언급이 없다. 김교신의 대학시절에 관한 언급도 거의 없어 김교신이 청년시절 대학생활을 어떻게 했는지 알 수 없다. 뿐만 아니라 7년의 유학생활 동안의 가정사에 대해서는 거의 언급이 없다. 다만 추정 할 수 있는 것은 그가 세상일 보다는 하나님의 일을 더 중시했던 것 같다.

그러므로 캠퍼스 안에서의 써클활동보다는 캠퍼스 밖에서 훌륭한 스승 우치무라 간조의 신앙지도와 그리스도 안에서 한 형제된 6인의 동지(同志)와의 우정을 최고의 가치로 여겼던 것으로 추측된다. 조국을 상실한 애달픈 상황 속에서 그러나 아이러니하게도 적국 일본의 심장부에서 또한 일본인 스승 밑에서 장래 동족을 위해 사용할 수 있는 영력(靈力)의 비축에 최선을 다하는 조선청년의 숭고한 모습을 엿볼 수 있다.

V. 김교신의 스승: 우치무라 간조(內村鑑三)*

1. 우치무라 간조의 영적 순례와 무교회의 출현

우치무라 간조(內村鑑三)는 1861년 3월 23일 도쿄에서 사무라이(武士) 출신 노부유키의 장남으로 태어났다. 1868년 명치유신(明治維新)이 단행되자 우치무라 간조의 삶에 적지 않은 영향이 있었다. 메이지(明治) 정부가 도쿠가와 막부 체제를 무너뜨렸을 때 가장 고통받은 이들은 하위(下位) 무사계급에 속한 사람들이었다. 그들 대부분이 일자리를 잃었고 적은 퇴직금을 받았다. 맏아들이던 '우치무라 간조'는 당시 도쿄제국대학교의 예비학교인 '도쿄외국어학교'에서 공부하고 있었으나 우치무라의 아버지는 우치무라를 졸업시킬 형편이 못되었다. 우치무라는 이러한 가정 형편상 어쩔 수 없이 '삿포로 농학교'로 진학해야 했다. 삿포로 농학교는 학비가 무료였고, 사관학교처럼 학생들의 일상을 통제하는 학교였다.

이 학교에서 우치무라는 예기치 않게 기독교를 접하게 되었다. 이

---

* '우치무라 간조'에 대한 자료의 한계 때문에 주옥같은 10편의 논문으로 구성된 책 *Living for Jesus and Japan: The Social and Theological Thought of Uchimura Kanzo*, 양현혜·한송희 역, 『우치무라 간조의 사회사상과 신학사상』, 서울 홍성사, 2018을 중심으로 제V장을 작성하였음.

학교 초대교장 미국인 클라크 박사(W.S. Clark)는 개교 첫 해에 입학생 전원을 기독교로 이끈 독실한 평신도 복음주의자였다. 삿포로 농학교는 메이지(명치)유신 이후 새로 생긴 학교였고 우치무라는 개교 이듬해에 입학했다. 클라크 박사는 일본에 8개월 간 체류했다. 우치무라가 삿포로 농학교에 입학했을 때, 클라크 박사는 이미 미국 매사추셋츠 농과대학학장으로 복귀하기 위해 일본을 떠나 미국으로 간 상태였다. 삿포로 농학교의 첫 해 신입생 전원은 클라크 박사가 만든 '예수를 믿는 자들의 맹약'에 서명했다. 우치무라는 잠시 저항했지만 결국 받아들였다.

우치무라는 자신의 '첫 번째 개종'이 다소 미성숙하고 사려가 부족했다고 시인했다. 그러나 서약서에 서명한 것이 단순한 형식적 행위는 아니었다. 서명 후 그는 친구들과 함께 치열하게 기독교 교리를 공부하기 시작했다. 우치무라와 그의 학교 친구들은 미국 소속 감리교 선교회에서 세례를 받았다. 무사계급은 유교윤리에 깊이 젖어 있었는데, 학생들 대부분이 무사계급 출신이었다. 게다가 '예수 믿는 자들의 맹약'은 거의 청교도(Puritan) 윤리를 담고 있었다. 삿포로 농학교는 대체로 기독교를 일종의 윤리적 유일신교(Ethical Monotheism)로 그려냈다 해도 과언이 아니다. 우치무라는 비윤리적인 다신교(多神教)의 도덕적 모순을 인식할 만큼 매우 민감한 종교적 감수성을 지닌 소년이었다. 따라서 윤리적 기독교는 오히려 그에게 해방감을 주었다.

우치무라는 농학사 학위를 받고 졸업했다. 그는 삿포로 농학교에서 전문적인 수산학 연구를 한 수산기술자로 홋카이도(북해도) 민사국에서 근무하기도 했다. 공무원으로서 그의 주목할만한 업무는 바다 생물학 분야로 전복의 난세포를 발견하는 일이었다. 현미경으로 난세포를 발견했을 때 그는 연구소 뒤 언덕에 올라 눈물을 흘리며 창조주 하나님께 감사의 기도를 드렸다. 생물학도였던 우치무라는 새로운 생물학 이론인 진화론과의 대면을 피할 수 없었다. 무엇보다 그는 하나님 한 분만이 진화의 과정을 결정하고 이끄신다는 유신론적 진화론을 받아들였다.[1)]

대학(삿포로농학교)을 졸업하고 공무원으로 일하던 우치무라 간조는 결혼까지 하였으나 얼마 지나지 않아 이혼하게 되었다. 결혼에 실패한 우치무라는 자신을 다시 한 번 되돌아보는 계기를 맞이하였다. 23세의 젊은 우치무라는 자신의 정체성을 재구성하기 위하여 미국이나 유럽의 명문대학에 가서 더 공부하고 싶어하던 중 마침내 미국으로 떠나게 된다.[2)]

우치무라는 마침내 미국의 애머스트(Amherst) 대학을 선택하였다. 그리고 이 대학에서 진정으로 거듭나는 체험을 하게 된다. 애머스트 대학은 정통적인 청교도적 전통을 고수하는 대학이었다. 아울러 독일 할레대학에 유학하면서 독일의 경건주의에 영향을 받은 실리교수가 총장으로 재직하고 있었다. 우치무라는 이 총장으로부터 구원의 확신을 배웠다. 실리는 우치무라에게 스스로를 정화하려는 노력을 하지 말고 십자가 위의 그리스도가 주는 구원에 온전히 의지하라고 충고했다. 이에 힘입어 우치무라는 도덕성을 넘어서는 기독교의 진리를 체험한 것이다.[3)]

우치무라는 애머스트 대학에서 인문학 교과과정에 집중했다. 독일어, 역사, 히브리어, 유신론과 세계종교, 지리학, 광물학, 철학, 기독

---

1) 양현혜·한송희 역, 『우치무라의 사회사상과 신학사상』, 16-19쪽.

2) 전게서, 106-107쪽.

3) 전게서, 111-113쪽.

교 교리문답 등이 그것이었다. 이 과목들은 우치무라가 이전에 가졌던 목회자가 되려는 꿈을 회복시켜 주었다.

대학 수업보다 우치무라에게 더 큰 영향을 준 것은 실리 총장의 수업과 채플 설교, 그리고 그 외의 대화에서 전해진 그의 경건함과 기독교적 인품이었다.

실리 총장의 경건하고 독실한 신앙과 헌신적인 지도로 우치무라는 예수의 구원에 대한 확신을 가지고 깊은 회심(回心)을 하였다. 삿포로 농학교에서의 첫 번째 회심보다 애머스트 대학에서의 두 번째 회심이 그에게는 더 컸었다. 우치무라가 회심한 다음 날, 삿포로 농학교 총장이었던 클라크는 오랜 투병 끝에 애머스트에서 세상을 떠났다.

애머스트 대학에서 우치무라는 마침내 그의 영적·직업적 소명을 발견하기에 이른다. 그는 종교학을 더 연구했으며 1887년 초가을, 하트포드 신학교(Hartford Theological Seminary)에 진학하기 위해 애머스트를 떠났다. 우치무라는 목회가자 되려고 신학 공부를 시작했다. 그러나 우치무라는 하트포드에서 4개월 밖에 공부하지 못했다. 왜냐하면 신학공부에 실망해서라기보다 건강상의 문제, 즉 신경계 문제로 인한 피로와 만성불면증 때문이었다.

우치무라가 미국에서 보낸 시간은 그의 인생에서 가장 중요한 시기였다. 신학교에서 학업을 마칠 수 없었기에 계획에 차질을 빚었지만 그에게는 유익한 시간이었다. 그러나 동시에 미국 사회의 현실은 우치무라가 가졌던 미국에 대한 인상을 흔들어 놓았다. 그는 미국인들의 세속적이고 불경한 언사, 범죄율, 도시에서 보이는 물질만능주의 등에 충격을 받았다. 이런 현상은 우치무라가 거룩한 나라로 생각했던 미국의 이미지에 커다란 균열을 일으켰다. 그동안 미국은 우치무라에게 문명과 진보의 완벽한 본보기였었다. 그러나 이제 그는 자신의 미국관을 재고해야 했다. 우치무라는 기독교 국가인 미국이 팽창주의를 내세운 제국주의 국가처럼 행동하는 것을 이해할 수 없었다.

우치무라만큼 심도있게 미국을 논한 당대 일본 지식인이 없었다는 것은 전혀 과장된 말이 아니다. 그러나 그런 우치무라에게도 미국을 분석하고 설명하는 것은 쉬운 일이 아니었다. 기독교 사회로서 미국의 이상적 이미지와 현실 사이의 모순은 항상 그를 괴롭혔다. 우치무라에게 미국을 논한다는 것은 깊이 각인된 미국적 가치를 재검토하는 것이었다. 이 어려운 과제는 그의 노년기까지 이어졌다.[4)]

우치무라가 다음과 같이 말한 것으로 미루어 볼 때 아직 확신있는 소명에는 이르지 못한 것으로 보인다.

> 나는 그리스도와 성서를 믿지만 어떤 교회나 교파에도 속하지 않는다. 또한 교황이나 감독이나 성직자의 통솔도 받지 않는다. 따라서 설교하라는 허락을 받은 적도 없다. 개종자가 생겨도 그들을 초대할 교회 건물이 없다. 사실 나는 오늘날 까지 어느 한 사람에게도 세례를 베푼 적이 없고 지금 내 밑에서 제자로 공부하는 사람도 없다.[5)]

하지만 이 인용문을 통해 우리는 그가 장차 '무교회'의 선구자가 될것이다라는 암시를 느낄 수 있다. 아닌 게 아니라 드디어 '성서연구회'(Society for Bible Study)가 발족되는데, 이때부터 그의 제자들은 안식처를 찾은 셈이다. 1904년(43세 때) 가을 이후 도쿄 외곽에 있는 우치무라 자택에서 한 달에 한 번 〈성서의 연구〉를 간행하고 주일마다 '성서연구회'를 지도하는 것이 우치무라의 규칙적인 일상으로 자

---

4) 양현혜·한송희 역, 『우치무라의 사회사상과 신학사상』, 67-83쪽 참조.
5) 전게서, 31쪽 재인용.

리잡게 되었다. 그러나 불행하게도 1914년 7월 제1차 세계대전이 발발했는데 이 전쟁은 서양의 지성인들과 우치무라에게 큰 충격이었다. 우치무라는 힘든 시기를 깊은 신앙으로 버텼고, 마침내 혼돈의 상황에서 빠져나갈 길을 발견했다. 이런 상황에서 그를 지탱해 준 신앙의 한 축은 '그리스도 재림'에 관한 신앙이었다.

미국에서 돌아온 후, 우치무라의 삶은 결코 순탄치 않았다. 동포들로부터는 그가 기독교를 믿는다는 이유로, 외국인들로 부터는 그가 애국심이 너무 심하다는 이유로 양쪽 모두에게 미움을 받았다. 특히 외국 선교사들이 일본 교회를 통제하고 있었기 때문에 그에게 '무교회' 말고는 선택지가 없었다. 그래서 결국 우치무라는 '무교회 복음주의' 의 길을 가게 되었던 것이다. 그리고 우치무라는 이 '무교회'의 뜻을 전달하고 펼치기 위해 『성서의 연구』 라는 잡지를 발행하게 된다. 『성서의 연구』간행이 순조롭게 이루어지자, 비로소 우치무라는 자신의 추종자들에게 눈을 돌릴 수 있게 되었다. 1901년 3월에 8쪽짜리 작은 『무교회』라는 책자를 선보이게 되는데, 이 책자의 발간사에서 우치무라는 '무교회'를 다음과 같이 정의하였다.

> 만약 그들이 무교회에 대하여 듣는다면 무정부주의자나 허무주의자의 영역에 있다고 생각할지 모르겠다. 그러나 이는 전혀 그런 것이 아니다. 무교회는 '교회없는 사람들의 교회다.' 그것은 마치 노숙자들을 위한 임시 숙소, 즉 영적 위탁 가정이나 영적 보육원과 같다.… 세상에서 우리의 교회는 무엇이고 어디에 있는가? 그것은 바로 하나님이 만드신 우주이고 자연이다. 사실 무교회(교회없음)는 바로 유(有)교회(교회있음)이다. 교회가 없는 사람들이야 말로 가장 좋은 교회를 가지고 있다.[6]

6) 양현혜·한송희 역, 『우치무라 간조의 사회사상과 신학사상』, 181쪽.

여기서 중요한 점은 이렇게 하여 우치무라를 따르던 사람들 안에서 무교회 공동체가 탄생했다는 사실이다. '삿포로 독립교회'와 일본 '조합교회'에서 배제된 우치무라는 '무교회'가 될 수밖에 없었다. 따라서 우치무라는 『성서의 연구』(1904년 3월호)에 '교회 문제'라는 제목의 글에서 다음과 같이 천명한다.

> 알다시피 지구상에 있는 교회는 천국의 이상적인 교회와는 달리 역사적 특성이 있다(예 : 로마 가톨릭 교회, 장로교회, 감리교회 등).… 오늘날 일본 신자들이 기독교의 진리를 진심으로 받아들이고 하나님의 구원의 은혜에 깊이 감사한 결과, 외국의 간섭없이 저절로 생겨난 교회가 있다. 우리가 아무리 열망한다 해도 영국인이나 미국인의 육체가 우리 것이 될 수 없듯이 우리가 아무리 열망한다 해도 그들이 만든 교회는 우리의 교회가 될 수 없다.[7)]

여기까지 우치무라 간조의 영적 진리 탐구 과정을 살펴보았고 '무교회'가 어떻게 출현하게 되었는가를 살펴보았다.

우치무라 간조(内村鑑三, 1861-1930)는 일본 메이지 다이쇼 시대의 대표적인 기독교 지도자이자 사상가이다. 일본에서 그는 통찰력 있는 사회비평가로도 알려져 있다. 그리고 성서주석가, 평화주의 기독교사상가, 기독교의 한 유형인 무교회주의의 주창자로도 유명하다.

우치무라는 일본의 문화적 특징은 영향력 있는 보편종교인 기독교와 연결시키고자 부단히 노력했다.[8)] 우치무라가 살아있을 동안 일본인들은 동아시아 이웃나라들과 좋은 관계를 유지하지 못했고, 미국을 비롯한 서방국가와도 마찬가지였다. 미국과 외교 관계를 맺은 이

---

7) 전게서, 179-183쪽.

8) 전게서, 5쪽 편집자 서문.

래 일본은 일방적으로 계속해서 상당히 많은 것을 받아들이기만 했다는 것이 우치무라의 생각이었다. 대표적으로 일본은 기독교라는 보편종교와 많은 세속적·과학적·기술적 발명품을 받아들였다. 그러나 역수출은 거의 일어나지 않았다.[9)]

예수(Jesus)와 일본(Japan)이라는 두 개의 중심을 회전하는 타원으로서의 우치무라의 사상적 틀은 기독교에 대한 그의 이해에도 결정적인 영향을 미쳤다. 그는 기독교로부터 형식적인 것과 본질적인 것을 구별하고, 그 본질적인 것에 자신을 직결시키고자 했다. 이때 우치무라가 이해한 기독교의 본질적 핵심은 '속죄 신앙'이었다. 자신이 무자격자임에도 신(神)의 조건없는 사랑에 의거하여 구원받았음을 실존적으로 깨닫게 하는 '속죄 신앙'이 기독교의 본질이라고 보았다. 속죄 신앙은 자기를 초월한 절대자의 존재를 승인하고 그가 바로 '조건없는 사랑' 그 자체임을 승인하는 것이었다. 이 승인에 의해 인간은 비로소 자기 존재를 그 자체로 긍정하고 신뢰하며 사랑할 수 있게 된다. 절대자의 '대긍정'에 의거해 자신을 넘어서는 존재의 근거를 갖게 되기 때문이었다. 우치무라는 이러한 새로운 존재의 근거를 실존적으로 획득하는 것은 기독교 신앙의 본질적 핵심이라고 보았다.

그렇다면 속죄 신앙을 통해 거듭난 자아가 일상의 삶에서 현실화할 때 어떤 모습으로 귀결되어야 하는가. 이에 대한 우치무라가 제시한 것이 절대자에 의거한 '의뢰적 독립'이다. 즉 신(神)만을 의지하고 그 외 어떤 것에도 무릎을 꿇지 않는, 자립하는 인간으로서 책임을 지며 사는 것이다. 그는 일상(日常)에서 얼마나 '의리적 독립'을 실천할 수 있는가가 기독교 신앙의 깊이를 증명하는 핵심적인 척도라고

9) 양현혜·한송희 역, 『우치무라 간조의 사회사상과 신학사상』, 7쪽 편집자 서문.

보았다. 길고 '의리적 독립'의 삶을 실천하기 위해 평생을 씨름했다. 기독교인이지만 동시에 철저하게 서구(西歐)의 힘과 권위로부터 독립된 '일본인'으로 살기를 원했다.

우치무라는 서구의 전통적인 교회 형식을 거부했다. 따라서 그는 무교회(無教會)를 주장한 것이다. 이러한 태도는 곧 '교회'라는 집단, 조직, 의례 혹은 성직자라는 대리인의 등 뒤에 숨기 보다는 스스로의 실존적 체험을 통해 그리스도와 자신을 일치시키고 이를 다름 아닌 일상(日常)의 삶에서 증거하자는 것이었다. 그러므로 우치무라가 주장한 '무교회'의 핵심은 교회를 비판하거나 조직을 거부하는 것보다는 '일상성'을 살아가는 주체적 신앙에 있다고 볼 수 있다.[10)]

우치무라는 자유와 독립 그리고 스스로의 노동에 의거해서 살아가는 '평민'들을 역사의 주체로 보고, 그러한 '평민'들을 억압하는 일본의 제국주의와 군국주의를 비판했다. 그래서 인간의 주체성을 암살하려는 일본의 천황제 권력의 '우상성'에 저항했다. 단, 절대자에 의거한 '의뢰적 독립'에 근거하여 권력의 우상화에 저항한 것이다.

2. 우치무라 간조의 신학(神學) 사상

우치무라 간조(1861-1930)는 근대 초기 일본에서 공인(公人)으로서 중요한 역할을 한 인물이다. 기독교 교파를 배제한 무교회주의의 창시자, 기독교 복음을 새롭게 전한 유명한 선구자, 설교자였다. 그는 메이지, 다이쇼 시대의 사회비평가였으며 예언자적 애국자였다. 또한 그는 서양의 과학, 문학, 역사, 사상을 일본에 소개하며 많은 영향

10) 양현혜·한송희 역, 『우치무라 간조의 사회사상과 신학사상』, 298쪽.

을 끼쳤을 뿐만 아니라 성서학자 주석가로도 왕성한 활동을 하였다. 그러나 우치무라는 전문신학자는 아니었다. 그는 결코 신학적 함의나 개념으로 가득한 자신만의 기독교 신학이나 교의학을 쓰지는 않았다. 오히려 자신을 '평민'이라 칭하면서 일본 기독교인들이 성서를 쉽게 접근할 수 있는 평이하고 유려한 일본어를 사용하려고 무던히 애썼다.

근대 초기 일본이 끊임없이 안팎으로 문제를 겪을 동안 우치무라는 글을 쓰고 강의를 하였다. 그가 전개했던 확고한 사상과 관점의 일부는 20세기 세계 기독교 신학의 동향과 필적할 만하다. 특히 주목받은 것은 제2 종교개혁의 필요성, 그리스도의 재림, 인류와 우주의 종말론적 구원을 다룬 그의 후기 사상이다. 우치무라는 말년에 자신의 기독교를 '십자가교'(Crucifixianity)라고 표현했는데 이 용어는 1921년에 처음 사용되었다. '십자가교'에 대한 우치무라의 사상, 즉 '속죄적 종말론'이라고 칭하는 이 사상은 19세기 말과 20세기의 서양 개신교의 개혁적 신학조류와 기본적 특징을 공유한다고 할 수 있다.

물론 우치무라가 1910~1919년에 이러한 종말론적 주제에 관해 글을 쓸 때, 그는 서양의 신학적 동향을 거의 알지 못했었다. 역사적으로 돌아보면, 그의 속죄적 종말론 및 그의 태도는 이후의 본회퍼(Dietrich Bonhöffer), 몰트만(Jürgen Moltmann) 같은 독일 신학자들의 사상과도 부분적으로 유사했다. 우치무라의 구원론의 중심에 속죄적 종말론이 있음은 분명하다. 여기에는 그리스도의 세 번의 대사건, 즉 십자가, 부활, 재림이 불가분하게 연결되어 있다.[11]

우치무라의 속죄적 종말론의 특징은 '만인구원론'이라고 할 수 있

11) 양현혜·한송희 역, 『우치무라 간조의 사회사상과 신학사상』, 269쪽.

을 것이다. 왜냐하면 그는 신자들 뿐 아니라 온 인류가 그리스도의 통치아래 구원될 가능성을 제기하였기 때문이다. 다시 말하면 역사의 종말에는 온 우주와 피조물이 완성된 가운데 구원을 받을 것이라고 주장했기 때문이다

하지만 '만인 구원론'은 미묘한 문제일 뿐만 아니라 접근 방법에 따라서는 위험하기도 하다. 물론 우치무라는 이 주제의 위험성을 잘 이해하고 있었다. 그럼에도 그는 때로 만인 구원의 가능성을 긍정적으로 넌지시 언급하기도 했다. 우치무라는 그 사상이 왜곡되고 남용될 수 있으리라는 것을 충분히 알고 있었기에 교리화하기를 꺼렸다. 그는 이와 관련된 모든 문제는 인간의 이해와 이성 밖, 그리고 인간의 권한 밖의 일이라고 생각했다. 만인 구원과 관련된 사상은 인간이 판단할 영역이 아니라 모든 피조 세계에 대한 하나님의 자유와 절대 주권의 범주에 있다고 판단했기 때문이다. 그는 어디에서도 만인 구원에 대한 찬반 양론을 표명하지는 않았다. 그러나 분명한 사실은, 그가 만인 구원의 가능성을 넌지시 암시하고 있는 듯한 인상을 준다.

우치무라는 그리스도 재림의 최종목적은 구원에 있음을 지속적으로 주장했다. 그렇다면 '오직 믿음으로 의롭다 여김을 받는 것'과 '만인 구원론'의 논리적 관계는 어떻게 설명될 수 있을까? 이 문제와 관련하여 우치무라는 포괄적인 '이신득의(以信得義)'와 제한적인 '예정론'의 신학적 연관성을 분리시켰다(루터와 칼빈은 유기적으로 연결하려 했는데). 하나님의 일방적인 구원의 은총, 인류와 전 우주에 대한 하나님의 구원은, 인간의 이성적 인식 능력이나 지식을 넘어선 하나의 커다란 신비이기 때문에 보편적 구원(만인구원)의 가능성에 관한 모든 논의는 불가피하게 논리적 불완전성을 띨 수밖에 없다. 그럼에도 바르트(Karl Barth), 브룬너(Emil Brunner), 그리고 우치무라 간조

(內村鑑三)는 신비스러운 보편적 구원의 가능성을 배제하지 않은 것으로 볼 수 있다.[12]

우치무라가 강조했던 복음주의는 예수 십자가를 중심으로 하기 때문에 '십자가교'(Crucifixianity)(Crucifixion + Christianity의 합성어) 라고도 한다. 그렇다면 좀 더 구체적으로 '십자가교'의 내용은 무엇인가?

1921년 1월(60세 때) 우치무라는 '십자가교'라는 제목의 짧은 글을 발표하였다. 기독교는 그 중심이 십자가에 못 박힌 그리스도를 선포하는 것이기 때문에 기독교를 '십자가교'라고 부를 것을 제안했다. 우치무라의 십자가교 주창은 그리스도의 십자가, 부활, 재림을 통합적으로 파악하는 것이 필요하다는 앞선 주장의 심화 차원으로 볼 수 있다. 따라서 어쩌면 '무교회'나 '무교회주의'같은 표현들과 더불어 '십자가교'는 우치무라의 기독교를 표현하는 적절한 명칭일 수 있다. 재림신앙을 확고하게 갖게 된 후 무교회(주의)를 보다 적극적으로 표현하는 것일 수 있다.[13]

우치무라 간조의 '십자가교'(Crucifixianity)는 크게 보아서 다섯 가지 특성을 지닌다.

첫째, 우러러 봄의 기독론 - 자기성찰과 더불어 오직 대속하신 십자가의 예수를 바라보는 것이다.

둘째, 만인구원론 - 우치무라는 종교개혁자들(루터, 칼빈)의 이중예정론(구원받은 자와 저주받은 자의 구분)을 거부하고 보편적 구원으로서의 만인 구원의 가능성을 지지했다.

셋째, 사랑과 정의의 동시적 성취 - 예수의 십자가 사건은 하나님의 사랑과 정의의 요구를 동시에 충족시킨 사건으로 본다. 그리스도

12) 전게서, 287-291쪽.

13) 전게서, 275-276쪽.

의 십자가에는 하나님의 사랑, 정의, 분노, 형벌, 용서 같은 여러 가지 의미가 담겨 있다고 본 것이다. 즉 하나님의 사랑과 정의 사이에는 긴장이 있음에도 불구하고 연속성이 존재한다는 것이다.

넷째, 종말론적 삶과 영생 - 우치무라는 그리스도의 재림을 외적 방향과 내적 방향이 있다고 주장했다. 외적 측면은 요한계시록에 나오는 대재앙, 최후의 심판, 새 하늘과 새 땅의 도래 등 다양한 사건과 이미지를 뜻한다. 그런가 하면 내적 측면은 그리스도의 재림을 대망하는 각 신자의 마음에 일어나는 영적 움직임으로서 신자의 일상생활을 인도하는 종말론적 영성을 뜻한다. 즉 종말론적 삶을 살려는 신자들의 일상생활의 토대가 되는 희망을 의미한다.

그런데 외적 현상으로서의 재림은 인간 이성의 영역을 벗어나는 거대한 사건이므로 이것을 대망하는 신자는 마음의 평정과 침착함을 잃기 쉽고 신앙이 극단화될 가능성이 크기 때문에 재림 사건을 내면화함으로써 신앙의 건강을 유지하기 위해 노력해야 한다고 보았다. 따라서 결국은 외적 재림과 내적 재림이 결합되어야 건강한 신앙을 유지할 수 있다는 것이다.

다섯째, 자연의 구원과 우주의 완성 - 우치무라의 속죄적 종말론(십자가교Crucifixianity)에서 찾을 수 있는 또 하나의 특징은 그리스도의 구원이 인류에게만 미친 것이 아니라 하나님이 창조하신 전 우주와 자연을 포괄한다는 커다란 스케일이다. 우치무라는 이를 두고 종종 '우주적 사건'이라 했다. 1930년 3월 임종이 가까워질 무렵 우치무라는 일본의 번영과 인류의 구원만이 아니라 '우주의 완성'을 위해 기도했다고 한다.

이러한 우치무라 신학의 논리의 배경은 사도 바울이 쓴 로마서 8장 18절~25절이라고 볼 수 있는데, 우치무라의 논리와 영감은 실로 대단하다고 아니할 수 없다. 우치무라는 다음과 같이 썼다.

> 따라서 인간과 자연은 함께 구원되며 만물은 완성되고 완벽해질 것이다. 그리하여 평화와 기쁨이 온 하늘과 땅에 충만할 것이다. 이 원대한 희망 없이는 복음이 복음일 수 없다. 구원에 대한 이런 철저한 깨달음 없이는 하나님이 하나님일 수 없다. 만약 복음이 이보다 덜하다면 복음일 수 없다. 인간과 자연은 함께 구원될 것이다. 이것이 다름아닌 구원이다. 인류의 희망이 여기에 달려있다.[14)]

그럼 우치무라가 의미하는 '십자가교'의 종말론은 어떤 내용일까? 그것은 '속죄에 역점을 둔 속죄적 종말론'이다.

우치무라가 강조한 종말론적 삶과 영성에 대한 논의는 그리스도의 내적 재림이라는 측면을 강조한다. 이러한 견해는 종말론적 내면성, 종말론적 실존주의, 종말론적 영성에 관한 20세기의 신학적 논의와 유사하다. 즉 19세기 후반에서 20세기에 세계 각지에서 전개 되었던 다양한 신학적 학파와 유사하다. 예컨대 키에르케고르(S.A.Kierkegaard 1813~1855)나 불트만(R.Bultmann)의 실존적 종말론, 초기 바르트(K.Barth)의 화해의 신학과 구원의 신학, 또는 톨스토이(L.Tolstoi)의 '원시 기독교'로의 귀환과 하나님 나라에 대한 논의, 가가와 도요히코의 하나님 나라 운동, 몰트만(Moltmann)의 희망의 신학 등이다. 따라서 종말론적 내적 차원을 강조한 우치무라의 견해는 종말론적 실존주의 계보에서 선구적인 위치를 차지하며 이는 종말론적 실존주의에 대한 동양적 해석이라고도 볼 수 있을 것이다.

우치무라는 한 때 자신이 이해하는 그리스도 중심적인 종말론적

---

14) 전게서, 285쪽.

삶을 표현하기 위해 '믿음의 자동화'(Believing Automation)라는 말을 사용한 적이 있다. "정말로 내 안에 사는 분은 그리스도이시다. 믿음으로 내 안에서 그리스도를 살게 하고 일하시게 하면 나 자신은 신앙적 자동기계가 되어 그분이 사용하시기에 적합한 의(義)의 도구가 될 것이다. 이리하여 만사가 단순하고 또 선하게 될 것이다."(고전 1:30)[15]

그런데 우치무라의 속죄론을 분석해 보면 3단계로 구성되어 있음을 볼 수 있다.

1단계: 우치무라는 삿포로농학교에서 처음으로 우주의 유일한 하나님을 경험했다. 메이지 정부의 초대로 일본에 온 클라크 총장(애머스트 대학)은 삿포로에 8개월간 머물며 삿포로 농학교에서 신입생들에게 농학과 성서를 강의했다. 우치무라는 클라크총장이 만든 '예수를 믿는 자들의 맹약'에 서명했었다.

2단계: 1886년 미국 매사추세츠주에 소재한 애머스트 대학에서 십자가에 못박힌 예수의 구원의 능력을 믿게 되었다. 그는 애머스트 대학 5대 총장인 쥴리어스 실리(Julius Seelye)의 영적 지도를 받으며 속죄 신앙을 갖게 되었다.

3단계: 1918년 도쿄에 있는 가시와기에서 기독교 신앙의 핵심으로 그리스도의 재림을 믿으면서 마치 옛 세상을 떠나 새 세상으로 들어간 체험을 하였다. 아울러 재림신앙을 통해 우주가 더 넓어짐을 느끼게 됐다.

1918년, 우치무라가 그리스도의 재림을 믿게 된 결정적 계기는 성결교회(Holiness Church)의 나카다 쥬지(中田重治), 조합교회(회중교

15) 전게서, 277-287쪽.

회)의 기무라 세이마쓰(木村淸松)를 비롯한 여러 사람들과 '재림신앙' 운동을 펼치면서 심화되었다. 우치무라는 재림신앙을 통하여 삶의 의미와 죽음의 고통을 깊이 이해할 수 있게 되었다.[16]

당시 '에비나 단조' 같은 일본의 저명한 지도자들은 우치무라가 주장하는 재림신앙뿐만 아니라 '재림'에 대하여 비과학적이고 유대교적 망상이며 성서의 몇몇 구절에 대한 지나친 문자적 해석이라고 비판했다. 이러한 비판에도 불구하고 우치무라는 십자가, 부활, 재림을 하나의 통일된 구속사(구원사)로 이해해야 된다는 것을 주장했으며, 당시 일본의 주류 신문과 잡지들은 '재림 논의'를 긍정적으로 보도했다.

애머스트 대학 시절, 인류 역사에 대한 모스(Morse) 교수의 통찰력에 큰 감명을 받은 우치무라에게 세계사는 인류 진보의 기록이었다. 그러나 우치무라는 근대적이고 난폭한 제1차 세계대전(1914-1918)과 미국의 참전을 지켜보면서 인류 역사와 세계사 속의 하나님에 대한 견해에 깊은 회의를 품게 되었다. 역사가 인류 진보의 기록이며 궁극적으로는 신적 창조의 목적에 도달할 것이라는 생각을 우치무라는 포기했다. 그는 영적 곤경에서 벗어나기 위해 인류의 진보와 신적 섭리를 분리할 수 밖에 없었다. 이 중요한 순간 우치무라는 '파루시아'(그리스도의 재림)교리를 다시 생각했다.

1918년 1월, 그는 도쿄, 오사카, 교토, 고베를 비롯한 대도시에서 재림에 관한 강연을 시작했다. 우치무라는 일본 성결교회(Holiness Church)의 나카다 쥬지(中田重治) 목사와 조합교회(회중교회, Congregational Church)의 기무라 세이마쓰(木村淸松) 목사와 함께 강연했다. 강의를

16) 전게서, 270-272쪽.

듣기 위해 매번 2천~3천 명이 모였다. 우치무라는 재림 신앙을 신봉했지만 광적인 종말론자는 아니었다. 따라서 그는 단 한번도 주님이 오시는 시기와 방법에 대해 예언하지 않았다. 중요한 사실은 재림교리를 재평가 하면서 우치무라의 신학이 그리스도론에 집중하게 되었다는 점이다.[17)]

끝으로, 우리는 우치무라 간조의 신앙과 신학적 입장을 어떻게 정리할 수 있을까? 그것은 한마디로 '복음주의(Evangelism)'라고 말할 수 있다고 본다. 우치무라는 1919년 5월 30일 「아사히 신문」과의 인터뷰에서 그의 신앙 노선을 다음과 같이 피력하였다.

> 제 종교의 요점은 복음주의 기독교로서 신앙은 '오직 믿는 것'이며 절대로 궤변을 늘어 놓는 일이 아닙니다. 저는 외국 교인들의 도움을 바라지 않습니다. 그들은 제가 복음주의자라는 점을 좋아합니다. 그러나 저는 애국자여서, 일본 기독교는 일본인들이 소화할 수 있는 기독교여야한다고 생각합니다.[18)]

시부야 히로시는 '복음주의'를 설명할 학자는 복음주의 신학자 맥그래스(Alister McGrath)라고 말하면서 맥그래스가 제시한 복음주의의 특징 네 가지를, 우치무라가 주장한 복음주의에다가 연결시킨다.

① 회심주의(개인적 차원에서의 삶의 변화)
② 행동주의(기독교 신앙 = 삶속에서의 현실화)
③ 성서주의(성서 = 기독교인의 생활과 사상의 근본적 요소)
④ 십자가 중심주의가 그것이다.[19)]

17) 전게서, 127-128쪽.
18) 전게서, 185쪽.

우리는 우치무라 간조의 신앙과 신학이 복음주의적이라는 사실을 그의 저서 '구안록(求安錄)'에서 확인할 수 있다.

우치무라의 저서 『구안록』은 우치무라가 평안을 찾아가는 내용의 1인칭 기록이다. 그는 죄에 대한 확고한 신념이 있었고, 그 죄에서 벗어나 내적인 평안을 찾고자 애썼다. 1858년 미·일 수호통상조약 체결에 따라 통상수교거부정책이 철회되고 기독교에 대한 박해가 끝나면서, 개신교 선교사들이 처음으로 일본에 입국했다. 그리고 유럽과 미국의 현대 사상이 일본에 소개되기 시작했다.[20]

『구안록』의 출판 당시 일본 기독교는 어떤 상황이었을까? 1885년 복음주의 개신교 총선교회(독일) 소속 스피너(W.Spinner) 선교사가 일본에 입국했다. 그의 신학적 입장은 19세기 후반 유럽을 풍미했던 자유주의 신학과 역사주의 입장에 있었다. 게다가 당시 일본교회는 미국의 유니테리언교(Unitarianism)에서 파송한 선교사들의 가르침에 큰 영향을 받고 있었다. 앞서 언급한 자유주의 신학과 유니테리언교는 일본에서 신신학(新神學)으로 불렸다. 신신학은 1890-91년 일본에 적잖은 파문을 일으켰다. 특히 조합교회(회중교회) 신자들이 신신학을 환영했다. 이에 비해 우치무라는 예수의 신성, 삼위일체론, 원죄와 그리스도의 속죄 교리를 옹호했다. 우치무라의 정통신학과 신신학 논쟁은 1890년대에 '신신학 문제'라고 불렸다. 『구안록』은 '신신학'이라는 새로운 신학을 신봉하는 사람들에게 대응하기 위해 출판된 책이다. 『구안록』의 배경에는 우치무라가 미국 애머스트 대학에 있을 때 경험한 속죄 체험도 포함된다.

---

19) 전게서, 185-187쪽.

20) 전게서, 195쪽.

> 나는 지난날의 죄를 깊이 회개했고 나 자신의 노력으로 나 스스로를 구원하는 것은 내 능력 밖이라고 느꼈다.[21]

우치무라는 『구안록』의 마지막 장의 제목을 '최종문제'라 하고 기독교 신앙의 핵심을 다음과 같이 술회했다. 매우 복음적 입장으로 보인다.

> 나는 평안을 얻는 길을 알았다. 그러나 길을 안다고 반드시 그 길에 들어가는 것은 아니다. 그리스도를 믿는 신앙은 나를 죄에서 구원한다. 그러나 신앙 또한 하나님의 선물이다(엡 2:8). 나는 믿어서 구원을 얻을 뿐만 아니라 믿게 되어서 구원을 얻었다. 그리하여 내게는 '스스로를 구원할 힘이 전혀 없었음을 깨달았다. 그러나 나는 어떻게 할 것인가? 나는 내 믿음마저도 하나님께 구해야 한다. 기독교 신자는 쉴새 없이 기도해야 한다. 그렇다. 신자의 생명은 기도다. 아직 불완전하므로 기도할 것이다. 아직 믿음이 부족하므로 기도할 것이다. 아직 기도를 잘하지 못하기에 기도할 것이다. 은혜를 받아도 기도할 것이다. 저주를 받아도 기도할 것이다. 하늘에 올라가도 음부에 떨어져도 나는 기도하리라. 힘 없는 나, 내가 할 수 있는 것은 오직 기도 뿐이다.[22]

3. 우치무라 간조의 애국심과 평화 사상

우치무라에게 애국심은 인간 본성에 있는 최고 진정성의 표상이었다. 사람은 조국을 사랑하도록 강요받아서가 아니라 사랑할 수밖에 없기 때문에 사랑한다는 것이다. 따라서 우치무라가 보기에 학교에

21) 전게서, 195-199쪽.
22) 전게서, 210쪽.

서 애국심을 가르치는 것에는 문제가 있었다. 이때 우치무라는 공공교육을 통해 국민에게 부과된 하나의 정책으로 사용된 애국심에 대해서는 비판적이었다.

애국심은 우치무라가 작가활동을 시작했을 때부터 천착한 주요 주제였다. 우치무라의 첫 번째 애국심 논쟁은 '교육칙어'(1890)와 관련된 것이다. '교육칙어'는 메이지 천황의 통치 시대에 일본 정부가 설계한 일본 제국의 교육 정책이었다. '교육칙어'는 315자(字)의 짧은 포고문으로 충효(忠孝)를 비롯한 16개 덕목을 명시했다. 일본 정부는 교육 규범을 지도하기 위해 모든 학교에 '교육칙어'를 배포했다.

그런데 우치무라는 '교육칙어'를 노골적으로 반대했다. 이것이 이른바 '불경'(不敬)사건이었다. 불경사건은 1891년 도쿄 제일고등중학교에서 우치무라가 '교육칙어'를 향해 머리를 조아리는 봉배를 거부한 사건이다. 당시 우치무라의 행동은 언론 기관의 공개적 비난을 불러일으켰다.[23)]

애국심에 대한 1920년대 우치무라의 논의는 구약성서 이사야서와 예레미야서에 관한 연구에 근거한다는 점에 특징이 있다. 우치무라는 이 두 예언자(이사야, 예레미야)를 진정한 애국자라고 강조했다. 실제로 우치무라는 1909년에 이미 신약성서를 편애하는 일본기독교인들을 비판했다. 구약성서는 우치무라에게 애국심의 중요한 원천이었기 때문이다. 우치무라는 예레미야를 예언자적 정신의 극치로 보았던 것이다.

또한 이사야, 에스겔, 다니엘을 애국자로 본 우치무라의 예언서 읽기는 신약성서의 예수 그리스도에게로 확장되었다. 예수의 애국심은,

---

23) 전게서, 134-135쪽.

구원받기를 주저하는 동포(유대인)를 보며 흘린 눈물에서 나타난다. 우치무라는 예수가 애국자로서 예루살렘을 사랑했고 동시에 전 인류를 사랑했다고 본다. 그래서 우치무라는 예수의 애국심을 인류의 본질적인 감성으로 본 것이다.[24)]

우치무라는 외국인을 혐오하거나 호전적인 국수주의적 애국심을 진정한 기독교적 애국심으로 대체했다. 이것은 자기 조국의 죄악을 기독교 신앙의 힘으로 비판하는 것이었다.[25)]

우치무라는 그의 열정적인 민족주의에도 불구하고 천황숭배의 민족주의에는 반대했다. 일본정부는 신도(神道, Shintoism)를 이용해 극단적인 민족주의를 조장하려 했기 때문이다. 우치무라는 일본이 동아시아에서 주어진 임무를 잘 수행하는 것을 보기를 원했지만 급속도로 '제국주의화'하는 일본의 대외 정책에 크게 실망하고 비판하였다.[26)]

우치무라는 미국 애머스트대학 모스(Morse) 교수의 유신론적 역사철학에 감명을 받았다. 이것을 계기로 해서 우치무라는 자신의 조국 일본의 역사적 역할에 대해 깊이 생각하기 시작했다. 그는 우선 일본의 역할을 '동양문명과 서양문명의 중재자'의 개념으로 발전시켰다. 이와 관련하여 그는 세 가지를 생각했다. ① 장차 일본이 아시아의 영성(靈性)으로 기독교 역사에 이바지할 수 있기를 희망했고 ② 동·서양 문명 융합의 산물로 새 역사의 장이 일본에서 시작되기를 희망했으며 ③ 다른 동아시아 국가들이 서양 식민주의의 멍에에서 벗어나 정치적·경제적으로 독립하여 근대화를 이루도록 일본이 도와주

24) 전게서, 140-141쪽.
25) 전게서, 136-138쪽.
26) 전게서, 104쪽.

어야 한다고 생각하였었다.[27)]

우치무라는 무엇보다도 일본의 지정학적 가치에 주목했고, 더불어 더 넓은 일본의 문화적 역할을 전망할 수 있었다. 일본은 "한쪽 팔은 미국을 향해 뻗어있고, 다른 한쪽 팔은 조선과 중국이 내민 손을 향하고 있었으므로 동·서양 대륙 사이의 징검다리가 될 수 있었다. 또 일본은 민주적 서구와 제국적 동양 사이에서, 기독교 사회인 미국과 불교권인 아시아 사이에서 중재자 혹은 중개인으로서의 역할을 할 수 있다"고 보았다.[28)] 좀 더 구체적으로 말하면 우치무라 간조는 "동양의 모든 민족 가운데 일본인이 우선 서구 사상을 이해할 수 있고, 문명화된 사람들 사이에서 일본인이 우선 동양 사상을 올바로 이해할 수 있으며 지적인 면에서나 상업적인 면에서나 일본은 동양과 서양의 징검다리이다."[29)] 라고 말함으로써 동·서양 사이에서 일본의 위상과 역할을 명시했었다.

그래서 그는 또 이렇게 말했다. "신흥국 일본은 유럽의 장점과 아시아의 장점을 모두 가졌으므로 일본이 손을 대면 동·서양의 혼합이 완성되어 지구에 건강한 흐름이 가득차고 넘칠 것이다. 일본의 모든 역사는 이 사명을 위해 준비됐다. 동양과 서양의 화해라는 사명을 위해, 또 일본이 그 사명을 실현하기 위해 부름을 받았다고 믿는다."[30)]고 말함으로써 일본의 지정학적 문화적 가치를 크게 인식하고 있었다.

우치무라는 역사를 연구하면서 하나님이 일본에 기독교를 포함한 종교적 전통을 주신 것이 히브리 예언자들에게 주신 것과 같은 일종

---

27) 전게서, 111쪽.
28) 전게서, 45쪽.
29) 전게서, 45쪽.
30) 전게서, 46쪽.

의 '복음전사적 요소' 라고 주장했다. 즉 일본의 종교적 전통이 권력에 봉사하지 않고, 오히려 권력의 잘못을 지적하고 권력에 도전하며 권력을 비판하는 예언자적 전통과 같은 맥락이라는 것이다. 마틴 루터가 독일에서 잊혀 졌을 때, 미국의 종교가 양적 성장만을 향해 치달은 때, 소위 '서구 문명'이라는 것이 세계의 파괴자가 됐을 때, 예언자적 소수로서 일본 기독교인들은 일본인뿐 아니라 세계를 위한 사명을 갖게 되었다고 보았다. 그리고 일본 기독교 지도자들과 그들을 따르는 이들은 예언자들로서의 시험을 거쳤다고 보기도 했다.[31)]

그런데 그 결과는 어떠했는가? 이웃나라들과 세계에 봉사하기보다는 자국의 이익만을 추구하는 제국주의의 근성을 발휘하여 특히 인근 약소국가를 괴롭힌 것이다. 이러한 관점에서 볼 때, 일본의 우월 의식이 그의 뇌리에도 깔려있는 것으로 보이며 아전인수격 해석도 엿보인다.

우치무라의 평화주의는 직접적인 사회적 행동주의가 아니라, 주일예배 때 설교하고 성서연구에 관한 작은 잡지를 발간하는 복음적 실천에 집중했다. 그리고 그의 비전론은 성서연구 강의를 통해 발표되었다. 우치무라는 반전운동의 걸출한 영웅적인 지도자는 아니었으나 그래도 그의 평화사상은 양심적인 일본 시민들에게 잔잔하게 그리고 꾸준히 영향을 미쳤다. 야나이하라 다다오같은 우치무라의 제자는 스승의 입장에서 한걸음 더 나아가 일본 군국주의에 대한 저항운동에 참여했고 이로 인해 제 2차 세계대전 중에는 군 당국의 박해를 받기도 했다.[32)]

그렇다면 애국심 및 평화문제와 관련하여 하나의 본보기로서 전쟁

---

31) 전게서, 51쪽.

32) 전게서, 94-95쪽.

에 대한 우치무라 간조의 견해와 태도는 어떠하였는지 살펴보자.

1894년 7월, 조선을 가운데 놓고 청·일 전쟁이 시작되었다. 우치무라는 일본 국내와 국외를 향해 전쟁을 정당화하기 위해 「청·일전쟁의 정당성」이라는 글을 썼다. 역사의 문명진보론, 일본의 사명, 그리스도 중심의 우주론적 관점이 그의 논지였다.[33] 우치무라는 일본이 동양의 평화를 수호하고, 중국의 압제로부터 조선의 독립을 앞당기고, 새로운 문명을 거부하는 중국의 야만성을 벌해야 한다고 말했다. 따라서 이 전쟁은 많은 이들의 생명이 희생되더라도 필요한 전쟁이라고 호소했다. 당시 일본 대부분의 대중매체와 기독교인들은 청·일 전쟁을 지지했다. 일본에서는 야만을 상징하는 중국과 문명을 상징하는 일본이라는 틀에서 청·일 전쟁을 문명과 야만 사이의 전쟁이라는 공감대가 형성된 것이다. 이런 이유로 대다수 일본인은 전쟁의 정당성을 의심하지 않았으며, 우치무라 역시 이런 대중적 시각과 거의 일치했다.

그러나 청·일전쟁 이후 우치무라의 전쟁관이 바뀌기 시작했다. 그는 전쟁이 끝나고 조선에서 일본의 제국주의 정책이 시행되는 것을 보면서 자신의 견해가 잘못된 것임을 알게 되었다. 그래서 우치무라는 청·일전쟁 이후의 상황을 이렇게 설명했다.

> 일본인은 전쟁에서 무엇을 얻었는가? 일본은 전쟁을 위해 엄청난 돈을 낭비했고 100만 명의 일본인이 희생되었다.… 전쟁의 목적이었던 조선의 독립은 점차 희미해지고 중국의 분열이 시작되었다. 일본의 부채는 엄청나게 늘었다. 일본인의 도덕성도 심각하게 훼손됐다. 이런 이유로 동양 전체가 위기에 빠졌다.[34]

---

33) 전게서, 213쪽.

과거 일본과 우치무라 자신의 세계관에 문제가 있음을 자각한 우치무라는 10년 후 러·일전쟁이 발발하자 일본인 대다수의 의견에 반대하며 절대 평화주의를 주장했다.

우치무라는 19세기 후반 제국주의와 식민주의 시대에 태어나고 자랐으므로, 당시의 시대사조는 우치무라의 초기 사상에 큰 영향을 미쳤다. 미국 애머스트 대학에서의 사회진화론에 깊은 영향을 받은 우치무라는 청·일(中·日)전쟁을 사회진화론적 민족주의의 발현으로 여기고 이를 열렬히 지지했었다. 우치무라는 뒤처진 아시아의 문명을 해방하고 계몽해야 하는 일본의 명백한 사명에 따라 청·일전쟁이 발발했다고 생각했다. 그러나 전쟁 이후, 그는 승리를 자랑하며 비열하고 부도덕하게 행동하는 일본의 모습을 보았다. "일본은 이 전쟁을 통해 어떤 이익을 얻었는가? 이 전쟁으로 조선의 독립을 보장한다는 원래의 목적은 이루어지지 않고 오히려 점점 사라지고 있지 않은가? 이 전쟁은 청나라를 분열시키고 일본인들에게 더욱 더 무거운 짐을 부과하며 사기를 떨어뜨리고 극동 전체를 위험에 빠뜨리고 있지 않은가?" 이러한 물음은 우치무라가 기독교적 평화주의로 돌아서게 된 전환점이었다. 그는 자신이 청·일전쟁의 정당성을 공표한 것을 깊이 후회했고, 앞으로는 어떠한 전쟁도 옹호하지 않기로 굳게 결심했다. 몇몇 학자들은 평화주의를 받아들인 그의 결정을 '회심' 또는 '사회지향적 회심'으로 해석한다.[35] 독실한 무교회주의자 우치무라 간조는 결국 그리스도인으로서 성서에 입각한 반전론 내지 평화주의를 지향한 지성인이 되었다.

---

34) 전게서, 213쪽.

35) 양현혜·한송희 역, 『우치무라의 사회사상과 신학사상』, 85-86쪽.

> 전쟁은 사람들을 비이성적이고 비인간적으로 만든다. 전쟁만큼 비인간적으로 공동체를 파괴하는 것은 없다. 전쟁은 사람들을 짐승으로 만든다.[36]

전쟁의 승리는 인간의 양심을 마비시키고 인격을 타락시킨다. 그래서 우치무라는 더 이상 어떤 전쟁도 정당화하지 않기로 결심했다.[37]

비폭력주의(Non-violence)는 우치무라의 신중한 사고(思考)를 보여준다. 우치무라는 마태복음 5:38-42의 잘 알려진 예수의 말씀을 언급하며, 이것이 바로 무저항주의 및 평화주의의 성서적 근거라고 말한다. 바로 이런 가르침을 실천하기란 어려우나 불가능 하지는 않으며, 의지와 용기가 있는 곳에 길이 있다고 보았다. 왜냐하면 기독교는 우리에게 초자연적 힘을 주고 높은 수준의 도덕을 실천할 수 있는 동기를 제공한다고 보았기 때문이다.[38] 우치무라 간조의 평화주의(론)는 두 가지 특징을 지닌다고 볼 수 있다. 하나는 일본민족의 사명으로서의 평화주의, 다른 하나는 과학적 평화주의(론)이다.

1) 일본민족의 사명으로서의 평화주의

일본의 사명이란 서구문명과 동양문명의 중재자가 되는 것, 진취적인 서양의 도움으로 보수적인 동양의 문을 여는 것이었다.

그러나 일본이 동아시아 이웃 국가들을 침략하는 데 성공하면서 우치무라의 꿈은 무참히 짓밟혔다. 그러므로 우치무라는 일본의 도덕적 타락을 개탄했다. 우치무라는 호전적인 조국 일본에 환멸을 느

36) 전게서, 91-92쪽.
37) 전게서, 92쪽.
38) 전게서, 92-98쪽.

켰지만, 그의 조국이 추구해야 할 이상에 대해서는 끊임없이 언급했다. 말년에는 일본의 사명에 대한 비전을 제시했는데 그것은 국민 전체가 '종교적인 사람들'이 되는 것이었다.[39]

2) 과학적 평화주의

우치무라는 원래 수산학을 전공함으로써 과학도로서 첫 발걸음을 내디뎠다. 그러나 평화주의를 선언한 후 그의 과학적 지식을 자신의 사상적 토대로 사용하여 효율성과 생산성을 높이려고 하였다. 그의 의도는 19세기 후반의 지배적인 에토스(Ethos)인 다윈(Darwin)의 투쟁적 세계관을 부인하면서 그의 평화 개념을 걸고 '자연법'과 상충하지 않는다고 주장했다. 즉 자연 세계에서는 전쟁뿐만 아니라 협동과 일치도 일어난다고 본 것이다.[40]

4. 우치무라 간조의 조선관(觀)

『성서조선』의 동인들(6인)과 우치무라 선생은 밀접한 관계가 있었는데 특히 6인중 한 사람인 김교신과는 불가분리의 관계를 맺고 있었다. 그럼에도 불구하고 우치무라 선생을 향해 '종교의 독재 제국 건설자' 혹은 '조선의 영계(灵界)를 호시탐탐하는 영적 제국 주의자'라고 혹평하는 사람도 있었다(예: 최태용). 이와 같이 우치무라 간조에 대하여 혹평하는 자를 향하여 김교신은 아주 점잖게 충고한다.

39) 전게서, 87쪽.
40) 양현혜·한송희 역, 『우치무라의 사회사상과 신학사상』, 86-88쪽.

> 대전도를 하려고 시도하지 말고, 대기적을 행하려고도 말고 오직 신명(神命)을 중히 여기고 그 말씀이면 다만 준행하고 하나님을 믿는 것이 곧 사업인 줄로 믿고 무위(無爲)에 유사한 생애를 보내는 것이다. 신앙생애의 대부분은 인내와 정숙이다. 그러므로 활동 비약을 사랑하는 이 세상과 이 세상의 교회에서는 칭찬받지 못하는 생애다. 하지만 이것이 하나님과 함께 걷는 생애이다. 이세상의 교회로부터는 칭찬받지 못할지라도 하나님으로부터 칭찬받는 생애이다. 하나님이 깊은 것처럼 깊은 생애다. 하나님에 거하여 자기의 충족한 생애다. 또 하나님으로부터 그 무엇을 받지 않을지라도 그 자신을 몸소 주셨으므로 그 외의 다른 것을 불요하는 생애이다.41)

이와 같은 김교신의 진술은 조선인들로부터 오해받고 있는 우치무라 선생의 속마음과 그의 진실한 의도를 대변하고 있는 것으로 짐작된다. 이 메시지의 진의(眞意)는 우치무라 선생은 결코 '종교의 독재제국 건설자'도 아니고 '조선의 영계를 호시탐탐하는 영적 제국주의자'도 아니니 오해하지 말아달라는 뜻이 담겨있는 것으로 읽힌다.

우치무라 선생과 조선의 관계에 대해서는『김교신 전집』제1권(인생론) 273-275쪽에 뚜렷하게 명기되어있다.

1) 우인관계

> 우리가, 아는 범위 내에서 우치무라 선생과 참으로 우인관계로써 교제한 조선인은 故 김정식(金貞植)선생 한 분이 계셨다고 기억한다. 당시 비전론(非戰論)때문에 우치무라 선생은 국내에 머리를 둘 곳이 없었고 또 그 닫힌 문을 찾는 우인도 매우 드물었다고 하는 시대에, 김선생도 또한 망명의 객으로서 해외에 유랑의 몸이 되어 있었기 때문에 공통한

41)『김교신 전집 2』, 285-286쪽.

구주 예수 그리스도를 주로 앙모하는 데다가 그 경우의 근사는 서로 두터운 동정을 보내고 깊은 이해로 돕고 굳센 격려를 주고받아 세상에도 드문 깊은 우정을 맺게 하였다고 한다. 이 두 분의 교우의 사실을 들을 때마다 젊은 시절에 삿포로에서 요나단(Jonathan)이라는 크리스찬 네임을 택하신 우치무라 선생을 생각하지 않을 수가 없었다. 그러므로 김정식 선생도 평양신학교 기관지에 「무교회주의자 우치무라 간조에 대하여」 라는 욕설이 나왔을 때 분연 변박하신 것이다. - 우치무라 선생은 많은 조선 기독교도에 대하여 선한 사마리아인이었다고.[42]

2) 독자관계

우치무라 선생 주필의 『성서의 연구』가 제300호 때 경성에서 그 독자회가 개최되었다. 그 기록에 의하면 4인의 조선인 독자가 출석하여 각각 깊은 감화를 받은 사실을 고백하였다. 물론 그 밖에도 독자의 수가 상당히 있었을 것이라고 생각이 된다. 특히 무교회주의와는 상당히 거리가 먼 듯한 조선의 장로교회, 감리교회 등의 지도자들 중에서까지도 우치무라 선생의 잡지 및 전집 등이 깊이 미독(味讀)되고 있었다는 것은 놀라운 일이다.[43]

1926년 10월 당시 『성서의 연구』 제303호의 발행부수는 4100부였는데 이 가운데 조선으로 보내진 것은 64부 였으며 이 가운데 일부가 조선인 독자였다. 그러나 이렇게 적은 숫자였지만 이들에 대한 우찌무라의 기대는 정말 컸었다.

당시 우찌무라의 강의를 동경에서 열심히 듣고 있었던 김교신, 함석헌, 송두용 등 『성서조선』 동인 및 조선인 독자에 대한 우찌무라

---

42) 『김교신 전집 1』, 274쪽.

43) 전게서.

의 기대와 사랑은 컸었다.[44]

일본인 모리야마 고오지(森山活二)는 그의 저서 『우치무라 간조와 조선』에서 당시 조선에 대한 우치무라의 관심을 다음과 같이 전해준다.

> 듣건대 조선국에 현저한 성령의 강림이 있었다고. 행복할진저 조선국, 그녀는 이제 정치적 자유와 독립을 견지하는 듯. 원컨대, 일찍이 동양 문화의 중심이었으니 이제 그 빛을 사방에 발하기를. 하나님은 조선국을 업수이 여기지 않음이여, 하나님은 조선인을 사랑하심이여, 그들에게 군대와 군함을 주지 않았으나, 그것보다 더 힘센 성령을 내려 주심이여, 조선국이여 실망하지 말지어다.…[45]

5. 우치무라 간조의 계승자들

우치무라는 1930년 69세의 나이로 세상을 떠났다. 그가 세상을 떠난 후에도 '난바라 시게루'나 '야나이하라 다다오' 같은 제자들이 스승 우치무라의 '예언자적 민족주의'의 이상(理想)을 지속적으로 발전시켰다.[46]

우치무라가 세상을 떠난 후 '예언자적 민족주의' 사상은 사회과학을 전공하였던 제자들에 의해 심화되었다. 그의 제자 난바라 시게루와 야나이하라 다다오는 자신들의 믿음을 지키기 위해 사회적 지위도 내려놓고 때로는 목숨도 바쳤다. 야나이하라는 일본 제국주의와 천황제에 연유한 천황제 파시즘을 비판해 1938년 교수직(도쿄大)을 잃고 대학에서 쫓겨났다.[47]

---

44) 김정환, 『김교신』, 60쪽.

45) 전게서, 392쪽.

46) 양현혜·한송희 역, 『우치무라의 사회사상과 신학사상』, 105쪽.

야나이하라는 직업적 전도자가 되기보다는 평신도로 머물기를 원했다. 1920년대와 30년대에 도쿄제국대학의 식민정책학 교수로 활동한 야나이하라는 이후 사회과학대학장, 전쟁이후에는 도쿄제국대학 총장에 임명되었다. 야나이하라는 우치무라의 애국사상을 계승했고 구약시대의 예언자 이사야와 예레미야의 애국심을 진정한 애국심의 모델로 삼았다. 야나이하라에게 우치무라의 무교회주의는 제도화된 사제직에 반대하는 기독교 신앙의 표현일 뿐만 아니라 애국심에 뿌리내린 기독교 신앙이었다. 애국심은 무교회의 필수 요소였다. 우치무라는 무사의 아들이었을 때보다 기독교로 회심했을 때 더 애국적이었다. 그는 그리스도의 사랑을 통해 조국을 사랑하는 법을 배웠다.

야나이하라는 일본의 식민정책이 경제적으로 불합리할 뿐만 아니라 식민지를 지나치게 착취하고 있음을 비판적으로 분석했다. 야나이하라는 우치무라의 예언자적 애국심의 이상을 평화주의와 연결시킴으로써 한층 더 발전시켰고, 정치·경제적 지식과 통찰력에 근거한 사회과학적 분석력을 갖춘 애국심으로 무장했다.[48]

난바라와 야나이하라는 학생 때부터 우치무라가 세상을 떠날 때까지 우치무라의 성서공부모임에 참석했다. 난바라는 도쿄제국대학 정치사상사 교수였다. 그는 독일의 나치사상과 1930년 이후 천황제 파시즘이라 불리는 일본의 제국주의를 날카롭게 비판했다. 야나이하라는 같은 대학교에서 식민정책을 가르쳤는데, 그는 공격적인 일본의 식민정책과 파시즘에 맞서 싸웠다.[49]

우치무라는 일본이 아시아에 일으킨 재앙들이 부메랑처럼 자신에

---

47) 전게서, 129쪽.

48) 전게서, 148-153쪽.

49) 전게서, 106쪽, 각주 3 참조.

게 되돌아오기 전에 세상을 떠났다(1930년 3월 28일 심장병으로). 반면 우치무라가 무교회에서 만든 '십자가교(Crucifixianity)'의 핵심교리는 커다란 횃불처럼 타올라, 1945년 이후 일본의 지적·영적 부흥기에 그 역할을 감당했다. 야나이하라 다다오를 비롯한 여러 사람과 함께 '난바라'가 그 역할을 감당했다.

우치무라와 난바라에게 '그리스도'는 모든 인류의 궁극적인 이상적 모델이었다. 그래서 일본의 독특한 문화적 환경에 적합한 복음 전도 방식이나 종교적 양식을 '무교회'안에서 발전시키고자 했다. 난바라는 우치무라를 '일본인으로서 하나님 앞에 섰던 자'로 표현하며 그를 키르케고르보다 위대하다고 보았다. 우리는 여기서 '난바라'가 우치무라의 입장을 이어받고 있음을 알 수 있다. 이렇게 본다면 우치무라에게 '제자'는 없을지 몰라도 '후계자'는 있다고 볼 수 있지 않을까?[50)]

우치무라에게는 쓰카모토 도라지(1885-1973)라는 제자가 있었다. 쓰카모토는 도쿄제국대학 재학시절인 1909년에 우치무라의 제자가 되었다. 주일모임에서는 우치무라에 앞서 설교를 하고『성서의 연구』에 원고를 기고하는 충실한 제자였다. 그러나 양자간에는 차이점이 있었다. 단적인 예를 들면 우치무라에게 '무교회'는 기성 교회에 대한 무관심에서 비롯되었지만 쓰카모토는 '무교회주의'를 신앙 지상주의, 즉 진정으로 구원에 이르는 길은 행위가 아닌 믿음이라는 '오직 믿음으로'의 교리와 동일시했다. 쓰카모토에 따르면, 이 믿음을 지키는 것이 곧 무교회를 받아들이는 것이었다. 이밖에도 양자간에는 의견의 차이가 꽤 있었던 것으로 보인다. 그리하여 마침내 1929년 12

---

50) 전게서, 51-56쪽.

월, 우치무라는 쓰카모토로 하여금 독자적인 노선을 취하도록 하였다. 이렇듯 우치무라는 직계 후계자를 남기지 않은 채 1930년 3월 28일 심장병으로 타계하였다.[51]

우치무라의 원칙은 무교회(Non-church)였기 때문에 우치무라와 그의 제자들의 모임은 교회가 아닌 다른 이름이 필요했다. 따라서 우치무라는 메이지 시대 말기부터 이 모임을 칭할 때 '집회'라는 단어를 사용했다. '집회'라는 말은 공동목적으로 함께하는 사람들의 모임이라는 의미이다. 그렇다면 '우치무라 집회'라는 용어가 더 적절하지 않을까?[52]

쓰카모토는 스승 우치무라가 생각하는 애국심을 인지하고 있었으나 그의 애국심을 계승하기를 의도적으로 거부했다. 쓰카모토가 스승 우치무라의 예언자적 애국심에 관심을 두지 않은 주된 이유는 신약성서에 치우친 그의 기독교 신앙으로 설명될 수 있다. 쓰카모토의 학문적 연구는 신약성서를 중심으로 이루어졌다. 쓰카모토는 신앙을 얻기 위해 구약성서를 반드시 읽을 필요는 없다고까지 생각했다. 신약성서에 대한 그의 편애는 구약성서를 애국심의 원천으로 인식하는 우치무라의 예언자적 애국심의 의의를 확실히 약화시켰다.[53]

일본 도쿄에서 우치무라 간조가 이끄는 '성서연구회'에 참석한 조선인 학생 '6인동지회'(김교신, 함석헌, 정상훈, 송두용, 유석동, 양인성)의 멤버 중 김교신과 함석헌이 우치무라 사상을 가장 잘 흡수하여 후일 조선에 귀국한 후에도 '무교회' 및 '무교회주의'를 가장 많이 소개한 것으로 여겨진다. 그런데 이들 중 함석헌은 나중에 무교회와 아

---

51) 전게서, 34-35쪽

52) 전게서, 35쪽, 각주 10 참조.

53) 전게서, 147쪽.

주 비슷한 영국의 퀘이커교도가 되었고, 김교신은 변치 않고 우치무라 간조의 무교회 및 무교회사상을 가지고 일생을 마쳤다. 김교신과 함석헌에 의하여 조선 및 한국에서도 무교회 신자들 및 그 모임이 전국적으로 꽤 있었다. 그들은 주로 종교의식이 강한 지성인들이었다. 예컨대 필자가 알고 있는 부산의 장기려 박사, 전북 순창의(복흥) 국희종 선생(의사) 등이다 그러나 우치무라 간조 선생의 직계제자로서의 조선인은 단연코 김교신 선생(1901-1945)이었다고 말 할 수 있다. 김교신의 경우는 우치무라 선생의 제자이자 조선의 계승자라고 볼 수 있다.

『성서조선』 발간 동인들(6인)이 스승으로 모신 일본의 무교회주의 지도자 우치무라 간조는 조선과 조선기독교에 대해 어떤 성향을 가지고 있었을까? 그리고 그 증거는 무엇일까? 이 물음은 비단 우리나라에서 뿐만 아니라 일본에서조차 연구의 대상이 되고 있다.

우치무라의 많은 논설 중에서 몇 구절을 뽑아 그도 결국 조선의 식민화에 찬동하는 사람이었다고 몰아붙이는 사람도 있고, 큰 흐름을 보면 그는 일본 제국주의에 저항하고 조선의 식민화에 반대한 반제국주의자라고 평가하는 사람도 있다. 그러나 역시 후자편이 훨씬 우세하다고 한다. 윤경로 역시 그렇게 생각하거니와 역사가 그것을 증명하고도 남는다. 사실 1911년 12월, 조선의 독립운동을 탄압하기 위하여 날조한 소위 〈데라우찌 총독 살해미수 사건〉이라고 불리운 〈105인 사건〉에 대해, 우찌무라는 조선의 도쿄기독교 청년회 창설시의 총무를 지낸 김정식(金貞植)으로부터 소개받은 평양장로교회 장로였던 임종순 씨를 통해, 이 사건으로 억울하게 핍박을 받고 있는 조선의 기독교인들에 대해 동정하고, 바로 코베(Kobe)의 영자 신문 The Japan Chronicle에다 직접 이를 소개하여 세계에 알림으로써 여론을 불러일으켰다. 이 사실은 뒤에 함석헌·김교신 공저의 『내촌감삼과 조선』의 부록에도 담긴, 김정식의 "내촌감삼을 추모함"이라는 글에 분명하고, 이 영자신문사는 이 일로 당시로는 거금인 7,000원이나 썼다는데, 윤치호도 그 증인이라 한다. 105인 사건에 대한 우치무라 간조의 태도 하나로도 우리는 그가 '일본제국주의 옹호자'가 아니었음을 확인할 수 있다. 그러므로 우치무라 간조를 '일본적 기독교의 교조' 로서 조선기독교의 침략자로 여긴 몇몇 조선 교계 지도자들의 인식은 분명히 재고의 여지가 있다고 하겠다.[54)]

54) 김정환, 『김교신』, 390쪽.

Ⅵ. 교육자로서의 삶

김교신은 다양한 직업 중 장래희망 직업으로 교육자의 길을 선택한 것으로 보인다. 물론 심사숙고한 후 그 길을 택하였을 것이다. 더 아나가 어떤 과목을 전공할 것인지에 대해서도 깊게 생각하였던 것 같다. 단적인 예를 들면 도쿄고등사범학교에 진학했을 때 맨 처음 지망학과는 영어과였으나 1년 다녀본 후 지리-박물과로 전과한 것을 보면 짐작할 수 있다.

대개의 경우, 지리학은 인문지리학과 자연지리학으로 분류되는 것을 우리는 알고 있다. 물론 김교신 선생은 지리학의 양 분야에 걸쳐 강의하였겠지만 그의 전공을 고려할 때 인문지리학 보다는 자연지리학에 역점을 두었을 것으로 짐작된다. 왜냐하면 그가 대학에서 전공한 것이 '지리·박물학'으로서 이것은 이과(理科)에 속한 학문분야이기 때문이다. 따라서 김교신은 지표(地表)에 존재하는 인문 사상(事象)을 대상으로 하여 그것을 지역적 관점에서 연구하기 보다는 인간활동의 자연적 배경을 대상으로 하는 자연지리학적 접근을 시도했을 것으로 짐작된다. 즉 일반지리학을 비롯해서 기후학, 육수(陸水)학, 토양지리학, 생물지리학까지 포괄하는 지리·철학적 접근을 했을 것이다. 즉 한반도를 세계 혹은 아시아의 다른 지역과 비교 검토하면서 조선지리를 소고(小考)함과 동시에 조선 지리의 지정학적 특성 및 세계사적 의미에 대하여 특별히 유념했을 것으로 생각된다. 김교신은 당시의 조선반도의 면적을 220,740㎢으로 가르쳤으며 인구는 2,000만 명으로 제시하였다. 그리고 조선의 위치를 극동의 중심이자 심장으로 기록하였고 희랍반도, 이태리반도, 덴마크 반도와 비교 하면서 중요성을 설명하였다. 아울러 한반도(조선반도)의 위치를 불평하기보다는 오히려 만족과 감사를 표하지 않을 수 없다고 하였다. 즉 조선반도야말로 넉넉히 한 살림살이를 부지할만한 강산이요 넉넉히 인류역사에 공헌할만한 생활무대로 보았다.[1)]

김교신은 조선반도를 다음과 같이 긍정적으로 평가하고 자부심을 가졌었다.

> 조선 역사에 편안한 날이 없다 함은 무엇보다도 이 반도가 동양 정국의 중심인 것을 여실히 증거하는 것이다. 현세적으로 물질적으로 고찰할 때 조선반도에 지리적 결함, 선천적 결함은 없는 줄로 확신한다. 다만 문제는 거기에 사는 백성의 소질, 담력 여하가 중요한 근본 원인인가 한다.[2)]

김교신 선생은 지리 담당 뿐만 아니라 박물학(일종의 자연과학)도 담당했던 것으로 보인다. 그의 전집을 읽어보면 박물학 내지 자연과학에 대한 언급과 그 분야의 고급스런 내용과 설명이 자주 눈에 띈다. 그러나 지리학 분야의 「조선지리소고」와 같은 박물학 분야에서의 전문적 소재에 대한 논문이나 저서 같은 것이 눈에 띄지 않는다.

여하간에 김교신 선생의 경우 지리·박물학 교사로서 고정적인 월급을 받으면서 대식구를 부양하고 또한 그것을 토대로 하여 『성서조선』도 발행했고 소록도 환우들에게 이따금 축구공 등 선물도 보낼

1) 『김교신 전집 1』, 51, 59, 62쪽; 김정환, 『김교신』, 37쪽.
2) 김정환, 『김교신』, 38쪽.

수 있었다. 그러나 아이러니하게도 필자가 보기에 '성서연구회' 인도 및『성서조선』발행 그리고 무교회 신앙의 전파가 교육자의 일 못지 않게 비중이 컸던 것으로 생각된다. 그렇다고 해서 본직이었던 교육직을 추호도 소홀하게 수행하지는 않았다고 믿어진다.

또 김교신 선생은 훌륭한 교사로서 모든 학생을 공평무사하게 대우해주었겠지만 그래도 그의 일기나 글을 접하다보면 재능이 뛰어난 그의 제자들이 있었음을 알 수 있는데 예컨대 류달영, 손기정, 윤석중 등이다. 김선생은 그의 제자 류달영에 대하여 다음과 같이 평가한 것을 읽을 수 있다.

> 류달영군은 현재 수원고농에 재학중. 저가 양정고보 제1학년에 입학하였던 해에 나는 저들의 담임교사로 임명된 대로 저들이 졸업하고 나가는 것을 전송하였다. 저는 재학 5년간에 그 학업에도 가장 우수하였거니와 그 심정의 건실 충직함을 타인에게 소개하고자 할 때마다 나로 하여금 눈물이 앞서지 않고는 말하지 못하게 하였다.[3)]

다음은 1939년 4월 4일(화)에 쓴 김교신 선생의 일기(日記)내용인데 여기에서 우리는 김선생의 교육철학을 여실히 읽어낼 수가 있다.

> 생도 제군은 엄격·공정한 시험을 통하여 '자력입학' 된 것을 확신하라. 첫째로 천하에 요행이라는 것이 없다는 것을 알라.
>
> 비판하는 태도보다는 배우려는 태도가 우선이다. 신식교육이라하여 별 수나 있는 듯이 떠드는데, 우리는 한마디로 구식이요, 독서백편에 의자통이요, 땀에 의복이 썩도록 노력해야 할 것이며, 파괴보다는 건설이요, 상해(Shanghai), 시베리아에서 하는 일이 아니라 서울 조선총

3)『김교신 전집 5』, 249쪽.

독부 법령 하에서 하는 일이요, 무책임한 공상이 아니라 현실적인 교육을 하는 것이요, 무리한 주문은 당초부터 사절한다.(1939.4.4.화)

이렇게 짧은 글 속에서 그는 자신의 교육관, 제자에 대한 사랑, 험난한 시국관을 남김없이 토로한다.… 이렇게 그들 스승과 제자는 5년간 서로 인생과 진리를 배웠다(당시 양정고보는 5년제로서 한 번 담임을 맡으면 5년간 이끌고 갔다).[4]

따라서 5년 동안 김선생 반의 어떤 학생은 선생이 역점을 두었던 교육이념으로 다섯 가지를 요약·정리하였는데 첫째 신의(信義), 둘째 우애(友愛), 셋째 정의(正義), 넷째 서로 사랑, 특히 동포사랑 다섯째, 인격적 감화였다.[5] 매우 진지하고 심도있는 인간관계의 덕목들이었다.

당시 김교신 선생이 학생들에게 꼭 읽어야 할 책으로 추천한 것들은 다음과 같다. 이것으로 미루어 보아 '독서'를 아주 중시했던 것 같고 수준 높은 인문학적 도서를 추천하였다.

① 신약성서(기독교의 경전, 예수와 사도 바울(Paul)의 중핵적 가르침 내용)
② 존번연의 천로역정
③ 롱 펠로우의 에반젤린
④ 방애인 소전
⑤ 위고의 레미제라블
⑥ 루소의 에밀
⑦ 피히테의 독일국민에게 고함 등[6]

---

4) 김정환, 『김교신』, 49쪽.
5) 전게서, 50-52쪽.
6) 『김교신 전집 6』, 72쪽.

김교신 선생의 훈화(담임반 생도들에게)는 짧지 않고 매우 길었다. 요즘 같은 우리나라 학교분위기에서는 상상할 수 없을 정도로 진지하고 길었다. 1936년 11월 3일(화)에 기록된 선생의 일기(日記)를 보면 이 사실을 확인할 수 있다.

〈1936년 11월 3일(화) 일기〉

메이지절(明治節)식후(式後)에 담임반 생도들에게 만 2시간 훈화. 식만하고 쉬는 시간을 이용하여 지식 이외의 훈련을 하고자 함이니 월사금(月謝金)계산 이외에 배우는 일이라고 고마워하는 자도 전무(全無)하지는 않을 테지마는, 대다수에게는 이런 잔소리가 후일 원한의 재료가 되는 모양. 이번이나 어떨까 해서 때때로 과외의 잔소리를 해 왔고, 오늘도 시간과 정력을 경주해서 속 진정을 털어 일렀건마는 지나간 경험을 기억하고는 오늘일도 회한이다. 오리알 깐 암탉이 오리알인 줄 모르고 어저께도 꼴꼴꼴, 오늘도 꼴꼴꼴, 내일도 꼴꼴꼴 하리라. 그 결과는 하나도 남는 것이 없어도 가(可)하다. 나의 직업을 통하여 하나님의 사랑과 주 예수의 비애를 맛보고 내가 그 품에 돌아가기를 힘쓰면 내 사업은 선취된다. 밑져야 본전이다.[7)]

김교신 선생은 교과수업 외에 학생들의 진로지도에도 성심성의껏 임했던 모습을 엿볼 수 있다. 음력설날(1937년 2월 11일(목))의 일기(日記)를 보면 그것을 익히 알 수 있다.

음력 정월 초하루(설날)라고 세배꾼들이 버스, 전차에 만원이었다. 11시에 조용히 만나기를 청하는 생도 한 사람. 그는 자신 일신의 욕망과 가정의 기대를 단념하고 오로지 그리스도를 따라서 조선형제들의 영

7) 『김교신 전집 6』, 124쪽.

> 혼을 구원하는 일에 헌신하기로 결심하기까지 이르게 된 신앙 경로를 고백하고, 금후 성서 연구할 방침을 지시하여 달라는 것이었다. 말하는 생도도 눈물이요 듣는 교사도 눈물. 하나, 베드로처럼 담대히 장담하지 말고 겟세마네 동산 예수처럼 최후까지 겸손하게 기원할 것. 둘, 연문학(軟文學)에 탐닉하지 말고 우선 중학교의 난(難)학과인 수학, 이과(理科), 어학 등에 주력하여 우수한 성적으로 졸업할 것. 셋, 신학교(神學校)에 입학하지 말 것 등을 부탁하다. 저는 다른 학교에 입학되지 않고 양정학교에 입학된 것이 하나님의 섭리로 된 일이었다고 감격에 넘쳐 울음으로써 표현하였으나 그보다도 이처럼 고귀한 결심을 가진 생명을 접촉하는 교사의 심중에는 5년, 10년의 적막과 후회도 일시에 소산하는 듯. 깊이 반성하여 새롭게 결심하지 아니치 못하다.[8]

김교신 선생의 교육 방침 중 하나는 학생들로 하여금 일기(日記)를 거의 강제로 쓰게 한 점이다. 이와 관련하여 김교신 선생의 제자 이경종(전 양정고교 교감)은 다음과 같이 그 이유를 설명하였다.

> ① 사람은 하루의 일을 되돌아보아 반성할 기회를 가져야 한다는 것
> ② 글씨 공부와 작문 공부의 공덕이 있다는 것. 따라서 학급 반원 누구나가 다 일기쓰기를 하라는 말씀인데, 그 권장하시는 방법은 강제적이었다. 아울러 일주일에 한 번씩 검열하시므로 일기를 쓰지 않을 수 없었다.[9]

김교신 선생 자신은 10세 때부터 일기를 쓰기 시작하여 1938년 까지 썼는데 그 분량은 30여권이었다고 한다. 김교신 선생은 자기가 담임하고 있던 학생들 모두에게 일기 쓰기를 강권했다. 아니 의무화했

8) 『김교신 전집 6』, 179-180쪽.
9) 김정환, 『김교신』, 312쪽.

다. 그래서 일주일에 한번 씩 제출받아 검열하고 조언까지 해 주었다. 그러니까 이 일기는 사적인 비밀일기가 아니라 교육상 공개일기라고 볼 수 있겠다.

하지만 김교신 선생의 경우 일기(日記)때문에 문제가 발생하여(아마 불온한 내용)소각해 버렸다.(스스로 소각했는지 당국에 의해 소각당했는지 불분명). 그런데 불행 중 다행히도 두 권은 소각되지 않아 김교신의 일기가 어떤 것인지를 엿보게 해 준다.[10)]

이 사건과 관련한 일기(1938년 2월 22일자)내용은 다음과 같이 서술되어 있다.

> 이번 졸업하는 5학년 반을 담임한 후로 한 가지 저들에게 유익하게 일한 것으로 은근히 자신했던 것은 저들에게 일기 쓰는 습관을 양성해 준 일인 줄로 알았다. 그런데 그 중 한 학생의 일기가 문제되어 화(禍)가 그 생도의 일신에 미쳤을뿐더러 그 담임교사와 학교에까지 미치리라고 한다. 명령에 의하여 제1학년 이래로 권려하면서 써 왔던 저들의 일기를 모조리 소각하기를 설유하고, 나 자신의 일기도 10살 된 때부터 『성조』에 공표하기까지 기록한 부분 약 30여 책을 모조리 소각하기에 동의하다. 생각할수록 애석하기도 하나 북지(北支)[11)] 혹은 중지(中支)[12)]의 전장(戰場)지역에 살다가 병화(兵火)에 소실된 셈만 잡으면 그만이다.[13)]

중도에 퇴학한 불량 생도로부터 보내온 진지한 편지를 받고 김교신 선생은 큰 보람을 느끼기도 하였다. 그 편지 내용은 다음과 같은

---

10) 김정환, 『김교신』, 194-195쪽.
11) 북지(北支) = 중국의 북부지방.
12) 중지(中支) = 중국의 중부지방.
13) 『김교신 전집 6』, 347쪽.

것이었다.

> 처음이라면 모르겠거니와 두 차례나 학교에서 처분 당한 저는 부모님께 대한 면목도 없거니와, 부모님도 저를 자식같이 생각지 않으시오니 자식으로서 대할 수가 없습니다. 오직 행인(行人)과 같이 지내게 되었습니다. 모든 사람에게 버림을 받은 저는 '고독'이라는 것을 느꼈습니다. 고독을 느끼는 자는 사회에나 모든 사람에게 버림을 받은 자를 말함이라고 생각하였습니다. 그러하오나 고독한 자가 갈길을 발견하였습니다. 그때에 선생님 생각이 났습니다. 소생이 학교에 결석만 하고 있었을 때 선생님께서 하숙을 이사하라시던 말씀이 생각납니다. 그 당시에 곧 순종하여 선생님 댁으로 갔었더라면 어찌 되었을까 하면서 선생님이 말씀하시옵던 예수 믿는 일에 대하여 생각이 났습니다. 선생님의 책망과 훈화는 순종치 못하였사오나 선생님이 믿으시는 예수에 대하여 저도 믿기를 작정하였습니다. 그리하여 충실한 교인이 되고자 힘써 왔습니다. 소생이 선생님께 이러한 말씀을 올리게 된 동기를 말씀드리고자 합니다.
>
> 수일 전에 경성에서 오다(織田)목사께서 오셔서 일주간 부흥회를 하였습니다. 그중에 자기의 입지전(立志傳)을 말씀하옵는데, 그는 중학시절에 불량자여서 각지로 돌아다니면서 좋지 못한 짓을 행하였다고 말하오며, 이상한 기회에 종교라는 것을 알아 기독교에 들어가서 참 신자가 되고, 그리하여 그는 모든 죄를 자백하고 신학교에 입학하여 목사가 되어서 참다운 사람이 되었다고.(중략)그리하여 소생은 제 자신의 모든 과거에 행한 바를 생각지 않을 수가 없었습니다. 저에게는 아직 배우지 않으면 안 되겠다는 것을 확실히 느꼈사옵니다. 그리하여 갑자기 선생님께 되지 못한 글로써 몇 자 올리게 되었습니다.[14)]

김교신 선생의 반응:

---

14) 『김교신 전집 6』, 345-346쪽.

> 그야말로 양 99마리보다 한 마리가 더 반갑다. 양정 재학생도(生徒) 600 명의 편지보다 이 퇴학생 1인의 편지가 반가운 것이 사실이다.[15]

김교신 선생은 당시 매우 유명했던 정치인 몽양 여운형 선생이 양정고보 제19회 졸업식에서 했던 축사의 핵심을 그의 일기(1935년 3월 5일(화))에 남기고 있는 것을 볼 수 있으며 그에 대한 김교신 선생의 진귀한 촌평(寸評)도 읽을 수 있다.

> 인생은 각자의 달음박질할 코스를 택하여야 할 것이요, 일단 택정한 코스는 종생토록 변함없이 뛰어서 파울하지 말라.

이에 대한 김교신의 논평:

> 정조(貞操)없는 사회에서 이런 말 한마디 들을 수 있음도 행복[16]

김교신 선생의 교육방식은 다음과 같은 특징을 지니고 있었다.

> 첫째, 학생들에게 날마다 일기를 쓰도록 강권함; 둘째, 자신의 계획을 한치의 오차도 없이 시계바늘처럼 엄정하게 지킴; 셋째, 원리 원칙대로 살려고 최선을 다함; 넷째, 그가 두려워했던 대상은 오직 하나님뿐이었음; 다섯째, 그의 모습에는 항상 비장함이 있었음; 여섯째, 수업시간에 교과서 내용은 깔끔하게 요약정리해 주고 출사표, 3.1(운동)독립선언문 등 정신교육 내용을 많이 제시함.[17]

---

15) 『김교신 전집 6』, 345-346쪽.
16) 『김교신 전집 5』, 274쪽.
17) 김정환, 『김교신』, 60-61쪽.

그러나 정작 김교신 선생이 진정 큰 의의를 부여하고 정성으로 한 일은 무엇이었을까?

그것은 종교의 진리를 이 민족을 위해 밝히는 일, 그리고 그것을 전하는 일이었다. 이러한 스승의 종교적 인생과 태도는 필연 생도들에게 깊게 전해지고 또 선생의 수업에도 반영되었다.[18]

위와 같은 교육방침은 대체로 훌륭하다고 볼 수 있지만 수업시간에 교과 내용은 대충 정리케 하고 주로 출사표, 3.1(운동)독립선언문 등 다른 이야기를 많이 함으로써 교과 내용의 불충실성을 야기하지는 않았는지 모를 일이다. 그러나 당시 국권을 빼앗긴 상황에서 국권회복을 위한 애국정신 고취이상으로 중요한 것은 없었을 것으로 생각되기도 한다.

김교신 선생은 졸업생들에게 성서연구의 중요성을 강조했다. 서울의 양정고보는 기독교 학교가 아니었음에도 불구하고 졸업생들에게 '성서연구'의 중요성을 강조하였다. 40~50명의 졸업생은 무종교인과 종교인 등 다양했을 텐데 특정종교의 경전을 단순히 읽어보라는 권면에 그친 것이 아니라 연구하라고 까지 말했으니 요즘 같은 종교다원사회에서는 '종교편향'이라고 해서 큰 문제가 되었을 것이다. 그는 다음과 같이 성서연구의 방식을 제시하였다.

> 단독으로라도 가하나 될 수 있거든 두셋 친구가 모여서 소인(素人,풋내기)들끼리 성서연구를 시작하라. 적당한 친구가 없는 것을 탄식하지 말고, 없거든 친구를 만들라. 아무리 훌륭한 교회에 속해있고 고명한 교사의 강의를 들었다 할지라도 자기 스스로 성경 본문을 읽어 거기서 참 생명의 영량(靈糧)을 무궁하게 뽑아 마시지 못한다면 저는 아직 자

18) 김정환, 『김교신』, 62쪽.

> 립한 신자는 못되었느니라. 그 하는 말은 풍월에 지나지 않는 것이요, 그 드리는 기도는 모방 이외에 아무것도 없느니라. 그러므로 몸소 성경 본문에 접전하라. 문의(文意)가 틔어지고 흥이 나오도록 연구하라(1941년 5월).[19]

김교신 선생은 체육교사가 아니고 지리·박물학 담당교사였지만 운동 가운데 '마라톤'에는 관심이 많은 분이었다. 그리고 실제로 양정의 마라톤을 지도하여 역전마라톤 경주대회에서 3년 연속 우승을 하게 하였다. 오사카-코베 간(間)중등학교 역전 경주에서도 연 3년 우승을 했고, 도쿄-요코하마 간(間)역전 경주에서도 우승으로 쾌승을 올리게 하였다. 이것은 곧 관서, 관동에 걸쳐 전(全)일본 중등학교에서 제패(우승)한 것을 의미했다. 그래서 당시 조선의 지도자 윤치호와 송진우 선생이, 그리고 아펜젤러 선생이 축사와 함께 조선반도의 장래를 위해 경하할 일이라고 격찬하였는데 이 모습은 참으로 눈물겨운 모습이었다고 김교신은 그의 일기(1932년 5월 14일(토))에 기록하였다.[20]

이와 같은 양정고보 마라톤의 저력은 마침내 1936년 8월 독일 베를린에서 개최된 세계 올림픽에서 양정고보 5학년 손기정 군(담임 김교신)이 참으로 큰 일, 즉 조선인의 저력을 세계 만방에 알리게 되었다. 하지만 당시 조선은 일본의 식민 지배하에 있었기 때문에 손기정의 가슴엔 태극기가 아닌 일장기(일본국기)가 부착되어 있었다. 참으로 원통하고 기가 막힐 일이었다. 그래서 손기정은 축하 꽃다발로 가슴의 일장기를 가리었다고 한다. 누가 뭐래도 손기정군은 조선인

19) 『김교신 전집 1』, 76쪽.
20) 김정환, 『김교신』, 240쪽.

으로서 조선인의 실력을 세계만방에 과시한 것이다. 그는 슬픈 조선 동포들의 한을 풀어주고 풀죽어 있던 기(氣)를 살려낸 것이다. 이 어찌 쾌거가 아닐손가, 그런데 이 쾌거 배후의 인물은 곧 김교신 선생님이었다. 김교신은 5년 동안 손기정 군의 담임을 하면서 손기정을 지도했던 장본인이었다. 손기정 선수의 마라톤 세계 제패 소식을 듣고 맨 먼저 김교신 선생에게 축하메세지를 보낸 사람은 김교신의 절친 함석헌 선생이었다. 그때 함선생의 단신 내용은 다음과 같다.

> 주 안에 건재를 빕니다. 오늘 아침 손기정 군의 마라톤 1등의 소식을 접했습니다. 실로 나약한 조선을 위하여 만장(萬丈)의 기염을 토한 것이라 하겠습니다. 양정의 그 집과 그 운동장이 세계 1등의 마라톤 선수를 내었다면 우리 조선이 영원의 경주장에서 용자(勇者)의 관을 쓰게 될 것을 믿음이 더욱 두터워 갑니다.[21]

아울러 김교신 선생은 그의 담당과목 지리시간에 손기정 선수로부터 마라톤 우승 후 독일과 주변 유럽 국가들을 순방한 경험담을 발표케 했는데 그 내용을 간략하게 선생의 일기에 다음과 같이 기록한 것을 볼 수 있다.(1936년 11월 2일자 일기 내용 중)

> 지리 시간에 손기정에게서 베를린, 파리(Paris), 런던, 덴마크, 이태리 각지 및 수에즈 운하, 봄베이 등지 유람담을 들어 유익하다. 독일인은 전체적으로 검박하고 부녀들까지도 화장보다 천연적 건강미를 귀히 여긴다는 것, 독일이나 덴마크나 자전거 타는 사람이 많더라는 등 더욱 쾌(快)소식이었다.[22]

21) 『김교신 전집 6』, 84쪽.
22) 전게서, 123-124쪽.

다음 내용은 베를린 올림픽 마라톤 제패 손기정 선수에 대한 마이니치신문 보도 내용이었다.

> 1936년 8월 10일 조조(早朝)에 독일의 베를린으로부터 손군 마라톤 일착(一着)의 전파가 다다른 순간부터 비등하기 시작한 온 조선의 기쁨은 각 신문이 최대의 문자로써 그 공을 상(賞)하며 감사를 정(呈)하고 각종 잡지가 신영웅을 그리고(그리워하고)또 그렸건만 아직도 다하지 못한 바 있으니 이 감격의 고조도 가연(可然)한 일이다. 올림픽 경기 유래를 아는 이는 마라톤 우승이 곧 그 대회를 정복하는 일인 것을 잘 안다.", "올림픽에서 마라톤에 우승하는 것처럼 화려한 일은 없다. 마라톤에 이기면 올림픽을 정복했다 해도 과언이 아니다. 그런 의미에서 손군은 정말 행복하다.『오사카 마아니치』[23)]

이와 같은 의의(意義)와 기쁨과 자랑과 칭찬은 세론(世論)으로써 족하다고 하고, 김교신 선생은 다음과 같은 소감을 피력하였다.

"첫째로, 손군은 우리학교(양정고보)의 생도요, 우리도 일찍이 동경-하코네 간(間)역전경주의 선수여서 마라톤 경주의 고(苦)와 쾌(快)를 체득한 자요, 손군이 작년 11월 3일 동경 메이지 신궁 코스에서 2시간 26분 41초로써 세계 최고 기록을 작성할 때는 '선생님 얼굴이 보이도록 자동차를 일정한 거리로 앞서 모시오' 하는 요구에 생도는 교사의 심장 속에 녹아 합일되어 버렸다. 육향교 절반 지점에서부터 종점까지 차창에 얼굴을 제시하고 응원하는 교사의 쌍협(두 뺨)에는 제지할 수 없는 열루(몹시 감해서 흘리는 눈물)가 시야를 흐리게 하니 이는 사제 합일의 화학적 변화에서 발생하는 눈물이었다. 그 결

23) 『김교신 전집 1』, 36쪽.

과는 세계 기록이었다. 이런 처지에서 베를린 전파를 잡을 때에 남다른 감격이 없지 못하였다.

둘째로, 올림픽 우승의 감화로 보도된 바에 의하건대 '작전에 있지 않고 정신에 있더라.'는 체험을 손군은 고백하였다. 교만은 패망의 선봉이요 거만한 마음은 넘어짐의 앞잡이니라(구약성서 잠언 16장 18절)는 것이 성서의 교훈이요, 하나님이 개인과 민족과 국가와 제왕을 향하여 교육하시는 중대(重大)교재의 한 과목이다. 전회 올림픽 마라톤 우승자 아르헨티나 자발라(Zabala)군이 방약무인한 행동을 하다가 무참 패망하는 광경을 목도한 손군이 '승패는 작전과 체력에 있는 것이 아니라 정신의 겸허함에 있더라'는 진리를 체득하여 전 세계에 입증한 것은 큰 일이다.

셋째로, 하나님의 존재를 새롭게 인식하게 된다. 마라톤에는 절대한 체력을 요한다. 그러면 조선인보다 체력이 우월한 민족이 없던가? 있다. 유한한 근력을 최대 효과로 분배 사용함에는 과학적 연구가 필요하다. 그러면 과학적 연구에 우리보다 나은 나라가 없는가? 있다. 마라톤에는 무엇보다도 인내력이 제일이다. 그러나 조선인이 인내력으로 세계 제일 이라는 것은 세계 열강이 불승인하는 바이다. 그러면 어째 손기정 군에게 우승의 영예가 돌아왔을까? 식자에게는 일대 의문이다. 때에 공중에 소리 있어 가로되 "그의 팔로 힘을 보이사 저의 심사(心思)에 교만한 자를 흩으시고… 높은 것을 낮추시고 낮은 것을 높이시며, 강한 자를 꺾으시고 약한 자를 세우시느니라(누가복음 1:51-53)고, 이것이 하나님의 속성이시다. 손군의 우승은 우리에게 심술궂은 여호와 신(神)의 현존을 설교하여 마지않는다."[24]

---

24) 『김교신 전집 1』, 36-38쪽.

손기정 군도 기독교인이었는지 모르겠다. 하지만 손기정의 마라톤 코치였던 김교신은 독실한(무교회)기독신자였기 때문에 하나님이 손기정을 도운 것은 말할 것도 없겠거니와 김교신의 기도를 응낙하신 것으로 볼 수도 있다. 따라서 김교신은 그가 지도한 기적 같은 마라톤 우승에 매우 감사하고 있는 것으로 보인다.

김교신 선생은 손기정군 뿐만 아니라 담임하고 있던 반(班) 학생들을 골고루 사랑했던 것으로 알려져 있다. 담임반 학생 중 한 명이 안타깝게도 어린 나이에 세상을 떠나게 되었던 바, 이에 대한 그의 제자 사랑과 애도를 표하는 진심어린 다음과 같은 글을 남겼다.

〈병헌아, 병헌아〉

… 안군은 입학 당초의 모자, 양복, 양화를 졸업까지 가졌다 하거니와 그 모자, 제복, 내복, 양말까지 항상 형언할 수 없이 남루한 것이었다. 그러나 그렇게 초조한 외양 속에 인수봉처럼 우뚝 솟은 고매한 기품을 간직한 안군을 볼 때마다 의식(衣食)의 빈핍을 부끄러워하지 않는다고 공자님께 칭찬받던 '안연'을 연상하지 않고는 못 견디었다. 천연스럽고 태연하였다.

안군은 50~60명의 동급 학우 중에서도 가장 가난한 자의 한 사람이었다. 그런데도 불구하고 수백 원 되는 학급비의 회계는(학급자치) 언제든지 안군이 피선되는 것을 보고 또한 기이하지 않다 할 수 없었다. 예수쟁이요, 고집불통인 안군에게 사람마다 호감을 가졌다 할 수는 없었으나 금전을 저에게 맡기는 것이 안전하다는 신임에 이르러는 전반 일치하였던 모양이다. 작은 일에 충실한 자는 큰 일에도 충실하다. 가난하면서도 오히려 타인의 금전을 맡는 신임을 볼 때 불우한 시대의 에이브러햄 링컨(Abraham Lincoln)대통령을 목도하는 감을 금할 수 없었다.

음악에 관한 소양이 없는 우리는 안군의 음악적 기능이 얼마나 한 것이었는지는 평할 수 없으나 악기를 휴대한 군의 모습이야말로 속에 반석같은 개혁적 신앙을 가지고서 능란한 음악으로써 아동들의 찬양을 인도하던 광부의 아들 마르틴 루터(Martin Luther)의 풍채도 저렇지나 않았을까고 생각하기를 마지 않았다. 음악으로써, 위로는 하나님을 찬양하고 아래로는 아동을 순화하는 일은 부러운 일이다.

안군은 진심으로 하나님을 두려워한 외에 아무것도 두려운 것이 없었다. 생도들 중에는 담임교사의 얼굴이 두렵다 해서 경이원지(敬而遠之)한 이도 있고, 학교가 두렵다, 그 밖에 무엇이 두렵다 하는 이도 있었으나 안군은 할 말을 하고 행할 것을 행하되 정정당당하였다. 안군이 정의감에 대하여 예민하게 감응하는 태도는 마치 철편이 자석에 흡수되는 것 같았다. 의(義)에 감촉하는 순간 양과 같이 유순하던 저의 눈동자는 포효하려는 사자의 그것같이 변하였다. 기독교계는 물론이요, 오늘날 인류 사회에 긴급히 요구되는 것은 저와 같은 참 인간인데 홀연히 이 세상을 떠났으니 이 무슨 뜻인가? 백이나 천이라도 많다 할 수 없거든 하나마저 떠났느냐. 군(君)으로 더불어 할 일이 많은 때에 아아. 병헌아. 병헌아!(1938년 5월).[25]

당시 양정고등보통학교는 5년제였는데 담임을 맡게 되면 5년간 계속해서 담임이었다. 학생들이나 담임선생님 모두 지루하였겠지만 어찌보면 장점도 있었을 것이다. 류달영, 손기정, 윤석중 등 50명은 5년 동안 김교신 선생의 제자들이었다. 드디어 5년간 모든 과정을 마치고 졸업하는 날이 왔다. 1938년 3월 3일 목요일이었다. 이때의 일기 내용은 매우 진지하고 꽤 길다. 다음 일기가 이것을 말해준다.

기상하여 냉수마찰하고 오늘의 졸업식을 위하여, 특히 5개 년간 담임해서 졸업하고 나가는 50명 학생의 장래를 위하여 호명하여 주 예수

25) 『김교신 전집 1』, 290-291쪽.

께 각별한 부탁을 드려 기도하다. 평일보다 한 시간 일찍 등교하여 준비, 오전 10시부터 식을 거행. 예(例)에 의하여 형(型)에 부은 듯이, 판에 박은 듯이 식을 마치다. 예년보다 한 가지 다른 것은 '황국신민서사'를 창송(唱誦)하는 일이었다. 공개한 식을 일단락지어 내빈과 학부형과 재학생을 돌려보낸 후에 교장 이하의 제(諸)선생과 97인의 졸업생만 따로 모여서 예전 시대에 이른바 '사은회'라고 할 만한 회(會)가 시작되다. 첫째는 졸업생 일동으로부터 모교에 기념식수용 종묘 30그루 증정, 둘째로 갑조 생도로부터 담임교사에게 사진기 1대, 셋째로 을조 생도로부터 그 담임교사에게 탁자 1좌 증정, 넷째로 학교장으로부터 졸업생 일동에게 경축 과자 주는 일이 순서의 둘째 번이었다. 갑조 50명을 대표하여 일어선 생도 하나가 포켓에서 지편(紙片)을 꺼내 들고 낭독하기를 시작했다.

'사은기념품 증정문'이라고. '증정문'을 낭독할 줄은 도무지 예기치 못한 일이었기 때문에 받는 나 자신이 놀랐을 뿐더러 배석하신 제(諸)선생이 또한 당황한 빛을 감추기 어려웠다. 낭독하는 자의 일구일절이 진행할수록 어조는 엄숙하고 또 절실하여 사람의 폐부를 찌르는 듯, 영대(靈臺)를 에이는 듯하니 이는 의식(儀式)의 축문을 봉독하는 유(類)가 아니요, 상관의 고사(告辭)를 대독하는 따위도 아니다. 이런 광경은 지나간 10년 동안 양정에서는 못 보았다. 타지 타교는 모르나 낭독자의 감격이 일단 일계로 승진함을 따라 생도 중에도 흐느끼는 소리 들리고 나 자신은 드디어 감격을 제어할 재갈을 놓쳤다.

오후에는 적십자 병원에 입원 중인 송두용 씨의 3남을 심방하고, 저녁에는 교장 선생이 주시는 위로연에 참석, 두 졸업반의 담임교사가 주빈 대접 받음도 황송한 일. 밤엔 숙직.[26]

손기정 군이 1936년에 세계올림픽에서 마라톤 우승을 차지했는데 그 일이 있은 지 3년 후부터 제2차 세계대전(1939-1945)이 벌어지게

---

26) 『김교신 전집 6』, 350-351쪽.

된다. 그 무렵 일본의 식민지 조선의 분위기가 어떠했는지를 우리는 김교신 선생의 일기(1939년 9월 23일(토))를 통해 조금은 알 수 있다. 특히 학생들의 고통이 극심했음을 엿볼 수 있다.

> 오전 7시까지 용산 집합 - 중등학교의 연합 대연습을 참관하기 위함이다. 오전 8시부터 동·서 양군이 연병장에 접근하여 나중에는 백병전(白兵戰)까지 하고 휴전 나팔 소리. 미나미 조선 총독이 전선 순시. 모 장관의 강평. 청소년에게 하사한 칙어(勅語)봉독식으로 끝마치니 때는 오정(午正)지나서 20분.[27]

김교신 선생은 그리스도교의 복음 전도에 전념(?)하기 위해 1940년 3월 31일자로 그렇게도 정들었던 양정고보를 사임하게 된다. 양정에서 12년의 교편생활은 어쩌면 그의 짧은 인생의 황금기였을 것으로 추정된다. 양정에서의 사임이유가 복음전도에 전념하기 위함이라 했는데 사실은 그것이 아니라 『성서조선』 잡지 발행 때문에 일제(日帝)로부터 압력이 계속 있어오다가 이 무렵에 종교탄압이 최고조에 달하지 않았을까 생각된다. 1940년 4월 26일자 절친 함석헌 선생이 보낸 편지를 보면 김교신 선생의 고뇌가 얼마나 컸었겠는가를 가히 짐작할 수 있다. 함석헌 선생이 보낸 편지 내용은 다음과 같다.

> 혜함[혜서] 받자왔습니다. 전일 드린 글 보시었고 교정도 받으셨지요? 그런데 일이 그리 어려워질 줄은 참 몰랐습니다. 얼마나 노심하시었습니까? 그러나 아버지를 믿는 믿음 안에서 안심하옵기 비옵니다. 벌써 며칠 되었으니 이 글이 가는 때는 이미 결정을 하시었을 때일 줄 아오나 제(弟)의 의견으로는, 정말 그렇게 어렵게 굴면 전사(戰死)하는 것

27) 『김교신 전집 7』, 138-139쪽.

이 좋을 줄 압니다. 이미 관계가 그렇게 된 마당에, 설사 이번에 어떻게 하여 발행을 한다기로 그 후에 계속 또 있을 주문을 다 치러 나갈 수가 어찌 있습니까? 온 세상이 다 어두워져도 성경이 없어질 리는 없고, 내가 말을 못하기로 주(主)의 말씀이 어찌 죽는 일이 있으랴 하는 믿음으로 안심합니다. 길가의 돌덩이로 하여금 부르짖게 합니다. 정말 내가 안으로 살펴 부끄러움이 없이 하면 하나님은 자기 경륜대로 하시는 것이 있겠지요. 기어이 내가 말하지 못해서 섭섭해 하고 염려할 것은 없지 않을까요? 40년간을 양 치라면 치지요. 아무려나 꺼리실 것 없이 마음이 쑥 가시는 대로 결행하시오.… 주께서 형의 우편(右便)에서 계시기 간절히 바랍니다. 1940.4.26. 함석헌 재배(1940.4.29.(월)김교신의 日記中).[28]

김교신 선생으로 하여금 일제(日帝)의 어려움을 극복하게 한 것은 2세 교육에 대한 열정, 하나님에 대한 돈독한 신앙, 그리고 절친(切親) 함석헌과의 끈끈한 우정(友情)이었을 것으로 생각된다. 김교신과 함석헌은 구약성서에 나오는 '다윗(David)과 요나단(Jonathan)의 관계'처럼 매우 깊은 신뢰를 지닌 친구사이였었다.

요즈음은 직업이 다양하고 정치·경제·사회·문화적 기능이 활발하기 때문에 교(사)직이 다소 주목받지 못하나 일제 강점기에는 교사직의 인기 및 사회적 지위가 상당했을 것으로 생각된다. 더구나 김교신 선생과 함석헌 선생이 다녔던 '도쿄고등사범학교'는 소위 '명문'이었기 때문에 그 학교를 졸업한 사람들은 자부심과 카리스마가 적지 않았을 것으로 짐작된다. 예를 들면 우리나라의 유명한 외무부장관을 역임한 후 대통령까지 수행한 고(故) 최규하 같은 분도 도쿄고등사범학교 영어과 출신이었다.

---

28) 김정환, 『김교신』, 265쪽.

Ⅶ. 성서연구자로서의 삶

김교신의 '무교회' 모임은 '성서(일본인들은 '聖經' 보다는 '聖書'라는 표현을 선호하는 경향이 있음)' 공부를 하기 위한 것이며, 예배·찬송은 그 절차에 지나지 않는다. 그러기에 예배·찬송이 주(主)가 되며 그 과정에 목사의 설교가 짜여져 있는 일반 교회모임과는 근본적으로 성격을 달리한다. 무교회 신자들은 모두 하나님이 위탁하신 각자의 직업을 충실하게 수행하는 일이 하나님을 향한 가장 귀중한 예배라고 여기며, 그러기에 하루 24시간 전부가 예배의 연속이라고 생각하는 것이다.

따라서 주일(主日)에 가족들이 모여 성서를 읽으면서 기도하고, 그 가운데 한 사람이 성서를 해석하는 모임이 있다면 이것이 바로 이들에게는 가장 모범적인 '주일예배'인 것이다.[1)]

이러한 성서연구를 중심으로 하는 무교회의 예배방식은 어떤 회당이나 장소에 구애를 받지 않는다. 그러므로 어느 가정, 학교 교실, YMCA강당, 그 어느 곳도 예배당이 될 수 있다.[2)] 따라서 교파나 제도, 빌딩(건물)으로서의 교회에 구애받지 않고 어디에서나 예배를 할 수 있는 것이다. 그래서 무교회(Non-Church)라고 하는 것이다. 초막이나 궁궐이나 주예수 모신 곳이 교회요 하늘나라인 것이다. 그러므

1) 김정환, 『김교신』, 138쪽.

2) 전게서, 139쪽.

로 호화빌딩이나 고층빌딩이나 비싼 붉은 벽돌로 지은 건물을 중시하지 않는다. 그런 의미에서 '무교회'는 희랍어 εκκλησία(ecclesia)의 뜻, 즉 '하나님의 백성(people of God)' 즉 하나님의 이름으로 모이면 족하다.

이러한 의미에서 무교회는 학습문답이 무엇인지, 교리, 교파가 무엇인지, 세례와 성찬이 무엇인지, 기도와 찬송가의 격식도 잘 모른다. 무교회는 외국이나 외부의 원조를 거부하며 자력갱생을 신조로 한다. 왜냐하면 경제적 지원이란 반드시 이로운 것만은 아니며 오히려 해로울 수도 있다고 보기 때문이다.[3)]

무교회주의 운동은 오로지 '성서'를 기독교 생활의 중심으로 받아들이고 있다. 그래서 무교회주의가 그들의 집회를 '성서연구회'라고 명명한 것은 극히 시사적이다. 그것은 그들의 집회가 다른 형태의 교회가 될 것을 우려했기 때문이기도 했지만 보다 근본적인 이유는 그것이 원시 기독교(Primitive Church)의 신앙적 현실로 되돌아가 그리스도와 살아 있는 만남을 가지기 위한 유일의 방법이라고 간주되었기 때문이다. 아울러 김교신은 하나님의 살아있는 말씀으로서의 성서의 권위를 대단히 중시했다. 그럼에도 불구하고 그것은 기본적으로 근본주의나 축자영감설적 성서주의자와는 다르다. 왜냐하면 무교회의 성서 연구방법은 진보적이고 역사 문헌학적 연구나 급진적인 비판의 성과도 받아들이기 때문이다. 그런 의미에서 무교회주의자 김교신은 성서를 자유로운 입장에서 학문적으로 분석함으로써 성서해석의 객관성을 확보하고자 힘썼던 사람이다. 동시에 그는 성서를 통해 신(神)앞에서 자신의 삶 전체를 투신할 주체적·실존적 결단에

3) 김정환, 『김교신』, 140-141쪽.

직면하고자 했다.

이러한 생각과 실천은 실존주의(Existentialism) 철학의 비조 키엘케고르(S.A. Kierkegaard, 1813-1855)를 매우 많이 닮았다. 그러한 의미에서 성서는 그에게 단지 '이해하는 책' 이 아니라 '그의 삶 전체를 인도하는 교과서' 이다. 그래서 결국 김교신에게 기성 교회냐, 무교회냐 하는 것은 역시 궁극적으로 기독교 신앙과 구원에 있어서 부차적인 문제였다. 이렇게 보면 김교신은 어느 교회인가 라는 문제에 매이지 않았던 무교회주의자였다.[4] 따라서 그는 장로교회, 감리교회, 성결교회, 복음교회 등 차별없이 이따금 그들 강단에서 설교도 하였으며, 심지어 북한산 약사사(사찰) 밑에 살면서 새벽 스님의 목탁소리를 듣고 깨어 냉수마찰을 하고 산에 올라가 새벽기도를 드리곤 했었다.

다음과 같은 김교신의 진술은 그가 이끌었던 '성서연구 모임'의 성격을 적나라(赤裸裸)하게 보여준다.

> 우리의 이 모임은 성서(Bible)를 연구하는 모임이다. '예배집회'도 아니요, '전도집회'도 아니요, 물론 '부흥회'도 아니다. 인체의 열이 40도를 넘으면 위험한 것처럼 신앙의 열도 그 도를 지나치면 대개는 위험한 일이 많다. 그러므로 우리는 인공적으로 부흥의 열을 가하지 않을 뿐만 아니라, 될 수 있는 대로 냉수를 치면서 냉정한 중에서 성서를 배우려는 것이다. 때로는 배운 바 어학적 지식의(부족한 대로)전량을 털어 붙이고, 전치사 일어(一語)를 논구하기도 하며, 때로는 아는 바 과학적 지식을(무식한 대로)총동원하여 성서를 비판하기도 하면서 풍금도 없고, 찬양대도 없는 데서, 약 두 시간의 강의를 연속한다. 무미건조하기가 모래밥보다 더하다.[5]

---

4) 양현혜, 「무교회주의와 일상성 속의 증거로서의 신앙」, 『기독교사상』 2015. 5, 51-52쪽.

김교신이 특히 성서를 중시하고 신성시했다고 해서 그 공부방법이나 연구 방법에 있어서 특별한 비법이 있었던 것은 아닌 것으로 생각된다. 김교신의 '성서연구반' 특징은 옛 조선의 '서당식' 공부였다(김교신 선생는 어린시절 한학(漢學)을 공부하기 위해 서당(書堂)에 다녔으므로 '서당식'에 익숙했을 것이다). 다만 교실에서 교과서를 차분하게 공부해 나가듯이 냉냉한 학습방식으로 꾸준히 읽어나가며 음미하고 분석하고 나의(혹은 우리의)삶에 적용하려는 노력 외에 다른 것이 아니었다. 성서연구반의 인도자였던 김교신의 소신은 확고했다.

> 우리집회의 출입구는 대문이 아니요 소문으로서 아주 작은 문이다. 무단결석, 지각은 대금물이니 여타는 짐작해서 알 일이다. 진리의 탐구에 진실이 없이는 피차에 흥미없다. 구약성서를 휴대할만한 열성이 없는 모든 신도는 처음부터 오지말기를 권한다.(『성서조선』 제34호, 1931. 11월호)[6]

김교신은 영어, 독어는 물론 헬라어까지 심도있게 공부하여 성서 이해의 폭이 넓었던 것으로 보인다. 그 예를 하나만 들어보자. 요한복음 제 21장 15~17절에 나오는 수제자 베드로에게 던졌던 예수의 질문 "네가 나를 사랑하느냐?"에 대한 헬라어 성경 본문의 말씀 강해의 경우 : 여기서는 편의상 헬라어 대신 영어 번역을 살펴본다. 첫 번째 질문(21:15) "Simon son of John, do you love me more than these?" 두 번째 질문(21:26) "Simon son of John, do you love me?" 세 번째 질문(21:17)도 두 번째 질문과 동일했다. 예수님의 세 번의 질문은 동

5) 『김교신 전집 2』, 71-72쪽.
6) 김정환, 『김교신』, 237쪽.

일한 것 같지만 그것은 단계별로 각각 다른 대답을 기대하신 질문이었다. 이와 같은 김교신의 성서연구 접근법은 굉장히 진보적인 것이었다고 아니할 수 없다. 헬라어에 대한 깊은 지식이 없이는 접근하기 어려운 대목이기 때문이다. 예수님의 첫 번째와 두 번째 질문의 사랑은 아가페(Agape)이다. 이러한 예수의 질문에, 베드로는 아가페가 아니라 필리아(φιλία)(philia)로 대답하였다. 베드로의 대답은 끝까지 아가페가 아니라 필리아였다. 어떤 의미에서 베드로는 솔직한 사람이었다. 왜냐하면 그는 '무조건적 사랑 아가페'를 실천할 수 있는 자신이 없었기 때문이었으리라. 그러나 '필리아'는 아가페보다 한 단계 낮은 사랑이다. 그러므로 예수님은 세 번째 질문을 할 때는 베드로가 선호하는 '필리아'로 물었다.

첫 번째 질문 의도: 베드로(시몬)가 자기의 선구(船具), 가옥, 그 밖의 재산을 사랑하기보다 예수를 더 사랑하느냐의 의미(물건(재산)보다 더)

두 번째 질문 의도: 베드로가 다른 사도(동료), 그 밖의 친구들을 사랑하기 보다 예수를 더 사랑하느냐의 뜻(동료보다 더)

세 번째 질문 의도: 베드로가 예수를 사랑하는 정도가 다른 이들이 예수를 사랑하는 것보다 한층 더 사랑하느냐의 뜻(타인들의 예수 사랑보다 더)(1942년 2월)[7)]

이처럼 예수님은 베드로의 연속적인 동일한 대답과 관련하여 세 번째 질문은 베드로가 선호하는 필리아(φιλία)로 물으셨다. 요샛말로 베드로의 눈높이에 맞춘 교육을 했다고나 할까!

---

7) 『김교신 전집 2』, 67-68쪽.

아울러 김교신에게는 '성서연구'의 '목적'이 뚜렷하였음을 명약관화하게 간파할 수 있다. 그의 지론은 다음과 같이 소박한 것이었다.

> 우리가 연구에 연구를 거듭해서 큰 식자(識者)가 되거나, 혹은 유현심원(깊고 오묘함)한 오도(悟道)의 경지에 도달하여 홀로 그 도심(道心)을 농락하려 함인가? 결코 아니다. 물론 성서를 역사나 문학으로 배워도 무익한 일은 아니나 그것은 차라리 달리 유리한 방편이 있을 것이다. 우리가 성서를 공부하는 것은 사람이 사람다운 생활하기 위하여, 또 그 생활하는 능력을 얻기 위하여서다. 이 목적이외의 것으로써 성서를 공부한다면, 두 시간 연속 강의는 고사하고 1년, 2년, 혹은 10년, 수십 년을 계속 연구한대도 결국 다대한 소득이 없을 것이요, 이 목적을 분명히 세우고 날마다 살기 위하여, 살 힘을 얻기 위하여 성서를 공부한다면, 비록 우리의 어학(語學)이 빈약한 것이요, 우리의 지식이 불완전한 것일지라도, 성서에서 얻을 것은 무한부진할 것이요, 자타를 유익케 함이 많을 것이다.[8)]

이와 같은 성서연구의 목적에서 한 걸음 더 나아가 심층적이고 실존적인 목적도 있다는 것을 김교신은 아래와 같이 심도있게 진술하고 있다.

> 그러므로 신앙생활에 있어서 가정 안으로서 혹은 밖으로서 환난 핍박이 발생하는 것은 두려워하기보다 차라리 반가워할 일이다. 이를 인하여 성서연구의 목적을 달할 수 있는 까닭이다. 조만간 한번은 적나체(赤裸體)로서 심판대 앞에 서서 진위허실을 가리울 수 없이 심판 받을 것임을 확신하는 우리는 원컨대 하루라도 속히 과학으로서든지, 핍박으로서든지, 국가적 압박으로서든지 우리의 신앙이 헛된 것이라면 그

---

8) 『김교신 전집 2』, 72쪽.

도금(鍍金)을 벗겨 주기를 바라지 않을 수 없다. 풍파여 오라!… 우리는 바울과 함께 누가 능히 우리를 대적하리요… 누가 능히 죄를 정하리요… 누가 능히 우리를 그리스도의 사랑에서 끊으리요. 환난이나 곤고나 핍박이나 기근이나 적신이나 위험이나 칼이랴(로마서 8:31)고 장담할 수 있고, 비록 우리가 한숨과 눈물의 골짜기를 지나가는 경우를 피치 못한다고 할지라도 종당에는 "이 모든 일에 우리를 사랑하시는 이로 말미암아 우리가 이김을 얻고도 더욱 남음이 있느니라"는 확신이 있는 까닭이다.… 승리는 벌써 확연하다. 요한도 이에 응하여 "대개 하나님께로 난 자마다 세상을 이기나니, 세상을 이기는 이김은 곧 우리의 믿음이라."(요일 5:4)하였으며, 그리스도께서도 친히 "세상에 있을 때에 너희가 환난을 받으나 안심하라. 내가 세상을 이기었노라"(요한 16:33)고 적게 믿는 무리들에게 힘을 주시었다. 우리가 무미건조한 듯한 성서 연구를 또다시 시작하는 것은 이 승리생활에 진취하는 걸음걸이다.(1932년 2월)[9]

김교신의 성서연구 모임은 '영원'을 사모하는 마음에서 하나님의 말씀을 깊이 연구하고 묵상하여 현세에서의 모든 환란과 핍박과 모든 고난을 이겨내는 데 궁극적 목적이 있지마는 당시 일제 식민지의 고난의 삶 속에서 핍박과 시련을 극복하려는 의지도 담겨 있다. 따라서 아래의 서술은 효도, 충도, 신의(神意, 하나님의 뜻)에 대한 언급인데 이 셋 중 '신의'가 최고임을 암시하는 바, 이것은 곧 일제강점기의 고난 속에 처해있는 자신의 처지를 암시하며 그것의 극복방안을 제시하고 있는 것으로 읽을 수 있을 것이다.

기독신자는 어떤 태도를 취해야 할까. 물론 우리는 오래 인습된 우리나라 재래의 교훈에 의하여 어디까지든지 힘을 다하여 부형께 혹은 교

9) 『김교신 전집 2』, 75-77쪽.

회에 순종하기를 힘쓸 것이다. 경솔한 반항은 용기도 아니요, 진리도 아니다. 재간 삼간하여 듣지 않거든 우선 곡이종지(曲而從之)[10]하면서라도 사랑과 덕으로써 오해를 풀고, 진리를 입증하도록 힘쓸 것이다. 그러나 곡이종지는 최고 이상의 도덕률은 아니다. 충절을 다하기 위하여는 효도를 희생하지 아니치 못하였음은 어찌 우리 충무공(이순신)한 분 뿐이었으랴. 효도 위에 충도가 있는 것은 효자국 사람들이 다 잘 아는 사실인 것처럼 신의(神意, 하나님의 뜻)를 위하여서는 타(他)에 아무것도 주저할 바 없었던 것은 일찍이 이스라엘 백성들이 실행(實行)하던 것이다. 인생의 도(道)는 '곡이종지'에 그칠 것인가 혹은 그 위의 길이 있는가. 예수는 어린 시절부터 후자의 길을 택했었다.[11]

어느 독자는 김교신 선생에게서 '곡이종지' 하지 않고 스승 '예수'를 따라가는 모습을 발견하고 그에 따른 존경의 편지를 보냈다.

… 오늘부터는 선생님의 저서인 『산상수훈 연구』를 숙독하는 중입니다. 그저 미쳐, 평범하게 보이는 성구(聖句)절절이 전부 생명의 혈맥이 뻗어 있어 어느 구(句)나 절(節)을 베어도 피가 날 것 같이 생생함을 느꼈습니다. 소생이 선생님의 저서를 탐독하고 선생님의 가르침을 받아(다만 한 시간이라도)절감한 것은 성경이 이렇게 귀하고 중한 것이었구나 하는 것과 크리스천은 적어도 사회 일원으로 떼어 놓고 평가한대도 무흠(無欠), 성실, 정직하고 모범적이어야 한다는 것, 입 끝으로 믿는 현대 유행신자 말고 생활화, 체험화하는 신앙자가 되어야 하겠다는 것을 깨달았습니다. 3~4년 전에 『성조』지를 보고서 '이 글 쓰신 양반은 꽤 날카롭고, 엄하고, 무섭고, 또 아주 뼈마른 모습을 가지신 이로구나…'하며 지금까지 그런 선입관념으로 선생님을 상상하여 그리고 있었습니다. 그러나 선생님을 배면(拜面)하고선 글과 딴판 아주

10) '굽은 것이어도 일단 따른다'는 의미.
11) 『김교신 전집 2』, 73-74쪽.

온화히 보이고 어쩐지 도인(道人)앞에 앉은 것같이 엄숙하였고 말씀은 퍽 부드럽고 힘이 있었습니다.[12]

동계성서 강습회는 매년 초(1월 1일~7일(1주간)) 정기적으로 모이는 특별 성서연구의 집회로서 크게 세 가지 의의(意義)를 지니고 있었다.

첫째, 친교를 두텁게 하는 일이었다.
둘째, 일반 독자들이 『성조지』의 주필(김교신)을 비롯한 주요 인물들과 얼굴을 맞대고 사귐을 갖는 일이었다(신앙의 문제, 학문의 문제, 직업의 문제, 시국에 대처할 기본적인 신자의 자세 등을 중심으로).
셋째, 성경공부를 집중적으로 하여 일 년간의 영혼의 양식을 풍족히 얻고 성서연구과제를 얻어가는 일이었다.[13]

학문적 수준으로 보거나 청강자의 진지한 태도로 보거나 당시 교회의 사경회 보다 수준이 월등히 높은 것이었다. 그래서 이 무교회 모임의 성경연구 방식의 기본 입장을 복음적(Evangelical), 윤리적(Ethical), 비신학적(Non-Theological), 체험적(Empirical), 과학적(Scientific)이라고 특징 지우는 사람도 있다.[14]

1933년 정월 초에 실시되었던 제 1회 동계성서강습회의 면모는 다음과 같은 것이었다.

12) 『김교신 전집 7』, 246쪽.
13) 김정환, 『김교신』, 141쪽.
14) 전게서, 145쪽.

1. 강사 및 과목명

함석헌 - 사도행전연구
양인성 - 성서 동물학
김교신 - 성서 지리학
유영모 - 노자사상
김종흡 - 중세철학과 신앙
유석동 - 영어史
송두용 - 농사법

2. 장소와 기간

장소: 정상훈 자택(경성부외 용강면 공덕리 활인동)
기간: 3박 4일[15)]

제2회 동계성서강습회

장소: 송두용의 오류동 학원
기간: 1933.12.30. ~ 1934.1.5.(6박 7일간)
참석자: 약 20명(함남, 평양, 전북, 경북, 경남 등 전국 각지에서 참석)
강사 및 연구주제 혹은 성경공부 내용: 김교신 - 복음서연구, 유석동 - 로마서연구, 이덕봉 - 성서 식물학, 양능점 - 구약성서의 사적 가치, 함석헌 - 조선역사, 송두용 - 기도회[16)]

제3회 동계성서 연구회(1934.1.1.) : 아마 제3회 강습회는 사정상 하루만 한 것으로 추정된다.

강사: 함석헌
주제: 성서적 입장에서 본 조선역사

15) 김정환, 『김교신』, 142쪽.
16) 전게서, 142쪽.

청강소감: 김교신의 경우

보통학교부터 20년 가까운 교육을 받았어도 한 시간의 조선사를 배울 수 없었던 신세를 한탄하여 왔으나, 이제 조선 제일의 조선사, 따라서 세계 제일의 조선역사 강좌에 참석할 수 있는 은혜를 두려움으로써 감사하다. 조선을 이렇게 보는 자는 이렇게 살아야 하겠다는 까닭이다. 기독교가 들어오기 전에 조선을 바르게 볼 줄 아는 역사가가 났을 리 만무하며, 기독교의 빛이 비추인 후에 아직 기독교적 역사가의 출현을 듣지 못하였었다. 빛이 이 반도를 비춘 지 반세기에 비로소 반도의 진상을 드러냈도다. 반만년에 감추었던 오의(숨은 비밀)가 나타나게 된 것이다. 기독교와 관계없이, 빛에 비추임 없이 아무리 단군 천년사에 정통할지라도 그것은 흥분이 아니면 장난이다. 역사는 지울 수 없다. 허무한 것을 만들어 가지고 한 민족, 한 국가가 왕성한 예도 없지 않다. 그러나 그것은 적어도 진(眞)은 아니다. 참이 아닌 역사에 취한 백성은 깨는 날에 그 멸망, 심하다. 범사가 다 그렇지만 특히 역사에 관하여서는, 성서적 입장에 서지 못하는 역사는 그 대소를 물론하고 만주 광야에 기복하는 마적단의 역사에 불과하다는 것이 더욱 느껴진다. 사론(史論)은 어찌했든지, 성서에 비추어 볼 때에 반도의 반만년 역사라는 것이 전 세계와 또 전 우주적 상호관련에 있어서 이렇게도 의의가 있구나, 이렇게도 줄기가 있구나 하는 것을 밝히 깨닫게 된 것만은 사실이다.(1934.1.1.(월), 맑음)[17]

제5회 동계강습회(1936.12.29.(화) ~ 1937. 1. 4(월))

○ **1936.12.29.(화) 오후 2시 시작(제1일)**

'새 계명'이라는 제목으로 요한복음 제13장에 의하여 이번 집회의 주지(主旨)와 신년도의 기도(企圖)와 성조지(聖朝誌) 금후의 방침을 아

17) 김정환, 『김교신』, 246-247쪽.

울러 피로(披露)함으로써 회(會)가 열리고, 저녁에는 그립던 정화(情話)에 밤이 깊어감을 깨닫지 못하다.(1936.12.29.(화) 김교신의 日記)[18]

○ 동계성서강습회 제2일(1936.12.30.(수))

새벽기도회

오전 - 사도 요한의 생애

오후 - 함석헌의 교육강화: 함선생이 교육문제를 깊이 생각하게 된 동기에 대해 일동이 깊이 감격하다.

저녁 - 문제 백출(百出), 담론 풍발(風發)(1936.12.30.(수) 김교신의 日記)[19]

○ 동계성서강습회 제3일(1936.12.31.(목))

새벽 - 기도회

오전 - 요한복음의 서론(2시간)

오후 - 함석헌: 성서적 세계관과 교육(2시간)[20]

○ 동계성서강습회 제4일(1937.1.1.(금))

새벽 - 기도회

조반 - 다같이

오전 - 여러 사람의 희망으로 오전 모임은 쉼

오후 - 함석헌:「人子의 교육」이라는 주제로 강화[21]

○ 동계성서강습회 제5일(1937.1.2.(토))

오전 - 요한복음의 서문 제1장 1-18절 소개

오후 - 함석헌의 교육강화

---

18)『김교신 전집 6』, 151쪽.

19) 전게서, 151쪽.

20) 전게서, 151쪽.

21) 전게서, 153쪽.

저녁 - 오후에 류영모 선생이 내참하여 밤늦도록 담론이 불식(不息)[22]

○ **동계성서강습회 제6일(1937.1.3.(일))**

오전 - 함석헌: 출애굽기 제2장에 관한 '나라'강의

오후 - 요한복음 공부: 류영모선생의 독특한 요한복음관(3장 16절)을 듣고 일동의 논의가 분분+놀람

○ **동계성서강습회 제7일(마지막 날)(1937.1.4.(월))**

오전 - 함석헌 강의 마감

이번 교육의 특성 - 성서에 입각, 신앙에 입각

오찬 - 공탁(共卓)

※ 송두용형 댁의 수고(1주일간)에 감사

※ 금번 회기는 일기가 온화했던 점에 감사

※ 함석헌 外 2~3명이 오후 5시에 춘원 이광수 선생댁 방문, 춘원의 과거 신앙생활을 듣고 많은 것을 배웠으며 특히 그의 겸허한 태도에 감격(밤 10시까지)

※ 밤 10시 해산 - 경성역두에서 형제들 전송하고 귀가하니 자정[23]

김교신과 함석헌을 중심으로 한 연례행사인 「조선성서연구회」는 '성서'를 통한 진리탐구, 회원 상호간의 코이노니아 및 일본제국주의에 의한 국권상실상태에서 국권회복을 위한 성회(聖會)라고 볼 수 있을 것 같다.

뜻을 같이 하는 전국의 동지(同志)들이 연초의 한 주간 숙식을 함께 하면서 '성서'를 배우고 토론하고 성도의 교제(코이노니아)를 하는 것, 이것이야말로 초대교회 마가의 다락방(Mark's Upper Room)

22) 『김교신 전집 6』, 153쪽.

23) 전게서, 154쪽.

분위기가 아니었을까? 사경회도 아니고 부흥회도 아닌 온전한 이성(理性)을 가지고 지·정·의(知·情·意)를 다해 진리(眞理)의 말씀을 상호 배우고 논의하는 것, 이것이야말로 '學而時習之 不亦說乎'의 경지가 아니었을까. 이러한 모습이 곧 김교신이 의도하던 것이었으리라!

Ⅷ. 『성서조선』을 통한 무교회 전파 및 민족의식 고취

김교신은 유교집안에서 태어나 어린 시절 한학(漢學)과 유교경전을 공부한 경력을 가지고 있었다. 그렇다면 그는 다른 종교의 경전은 몰랐다하더라도 유교의 경전 사서삼경(四書三經)에 대한 이해정도는 꽤 높았을 것으로 추정된다. 특히 『논어(論語)』에 대해서는 잘 알고 있었을 것이며 유교에 대한 신심(信心)이 상당했을 것으로 짐작된다. 이러한 배경을 가진 그가 20세 무렵 일본 도쿄에 유학을 가서 새로운 종교 '기독교'를 조우하게 되고 『성서(성경)』를 만났을 때 경이감(驚異感)을 갖고도 남음이 있었을 것이다. 그에게 익숙했던 유교경전에서는 느끼지 못했던 색다른 매혹과 신비감을 느꼈을 것이다. 그래서 그는 이른바 '절대 의존감정'을 가졌을지도 모른다. 성서(성경)는 원래 그 이름이 단지 '책(冊)'이었는데 그것을 '경(經)'으로, 게다가 그 앞에 '거룩'의 의미를 지닌 '聖(holy)'이라는 형용사를 부가하여 '성경(聖經)'이 된 것이다. 이것이 곧 영어로는 'Holy Bible'이다. 그런데 일본에서는 '성경'이라는 말보다는 '성서'라는 호칭을 선호하는 경향이 있다. 그리고 'Bible'이라는 영어 명칭은 그리스어(희랍어) βίβλος(두루말이, 문서)에서 비롯되었으며 또 이것은 에집트(Egypt) 나일강변에서 자라는 식물 Papyrus(paper의 뜻)에서 유래하였다고 한다.

김교신은 세상에서 『성서(聖書)』를 가장 귀한 책으로 여기고, 그러기에 이 『성서』의 참뜻을 풀이하여 조선에 전하는 것이 조선에 대한 최상의 선물이며, 『성서』의 진리사적 의의(意義)를 다하고, 하나님에게 영광을 바치는 민족과 국가가 될 것이라 생각하였다.[1]

김교신은 우선 성서의 귀중성을 그의 전공 지리학적 관점에서 다음과 같이 설명한다.

> 성서 한 권 속에는 데칸 고원의 면화와 갠지스 강가의 엽차뿐이 아니라 메소포타미아의 풍요함도 그 속에 있고 양자강 기슭의 영고성쇠와 미시시피 유역의 웅대함도 그 속에 함축되었으니 셰익스피어의 작품이 인도제국보다 귀중하다면 성서 한 권은 세계 전체보다 중차대한 것이라 아니할 수 없다. 이 세계의 서책 중에서 그 무진장으로 풍요한 부의 원천을 인식하고 그 보고를 개척함으로써 극도로 수척한 조선반도의 영혼으로 하여금 영(靈)이 넘치도록 하고자 하는 희망에서 본지 『성서조선』의 존재가 발원된 것이다. 그러므로 성서에 대한 우리의 인식은 단순한 이론이 아니라 전(全) 신앙과 전 생명과 전 생활이 그 동정을 성서와 함께 한다.[2]

이와 더불어 김교신은 『성서』가 매우 특별하고도 성스러운 책이라는 점, 그러기에 『성서』를 대하는 태도와 접근방법도 각별해야 함을 역설한다.

> 이는 성서가 사람의 사상으로 편찬 된 것이 아니라 하나님의 계시로 된 것임을 나타내는 무엇보다도 현저한 사실이다. 그러므로 성서연구는 부분적으로 세밀히 공부하는 동시에 전체를 통해서 큰 뜻을 파악하

1) 김정환, 『김교신』, 30쪽.
2) 『김교신 전집 3』, 14쪽.

> 고 있어야 광명을 얻을 수 있다.[3]

따라서 다음과 같은 김교신 주필의 『성서조선』간행 취지는 단순히 하나의 평범한 월간잡지를 문화사업상 간행하는 것과는 판이하고도 의미심장 하다는 것을 말해준다.

> 공부자(孔夫子)의 말씀에 '朝聞道而夕死可矣'(조문도이 석사가의)라는 것이 있음은 누구나 다 잘 아는 바이며, 이 말은 자고급금(自古及今)에 거역할 수 없는 진리를 도파한 것이다. 도를 들은 자는 일생을 성공한 사람이요, 못 들은 자는 일생을 실패한 인간이다. 또한 성서에 '사람은 빵으로만 살 것이 아니요 하나님의 입으로 나오는 모든 말씀으로써 살 것이니라.'(마태 4:4)고 함도 이 뜻이다.
>
> 그러나 사람은 도를 듣는 데에 그칠 것이 아니라 도를 행하는 데까지 나아가야 할 것이다. 하지만 도를 행하는 일은 용이한 일이 아니다. 옛날부터 역행(力行)이라 하거니와 논어(論語)에도 見義不爲無勇也(견의불위무용야)[4]라고 하여 용기가 필요함을 말하였으며, 신약성서에 나타난 사도 바울의 말씀도 '선행하기를 원하는 마음은 나에게 있으나 그대로 이루는 것은 없는지라. 내가 원하는 선은 행치 아니하고 도리어 원치 아니하는 악은 행하는도다. 오호라. 나는 괴로운 자로다. 누가 이 사망의 몸에서 나를 구원하랴.'(로마서 7:23-24)고 비명을 절규한 일이 있다. 이와 같이 도를 행할 용기의 결핍을 깨달으며, 선을 행할 능력의 전무함을 자각하여 고통과 번민을 느끼는 일은 동서고금에 인류의 공통된 경험이다. 다소와 강약은 차치하고 이러한 체험이 전무한 인간이 있다면 그는 인형(人形)을 썼을 뿐이지 실상 인간은 아닌 자이다. 그러므로 이 고통을 체험할 뿐만 아니라 심각하게 체험하면 할수록 그는 심원하고 고귀한 인생을 생활하는 자이다.

---

3) 『김교신 전집 3』, 15쪽.

4) 정의(正義)를 보고 알면서도 실천하지 않음은 용기가 없는 것이다.

도를 듣고 선을 행하려고 용력(勇力)을 다하다가 고민을 체험함은 귀한 일이나 거기에 그쳐서는 역시 실패이다. 그 난관을 돌파하는 일이 일층 더 귀한 일이다. 난관을 돌파함에는 신앙(믿음)이라야 된다. 신앙이라고 하면 과학적 교양도 없고 근대 사조(思潮) 특히 유물론적 사상을 호흡치 못한 사람들이나 운위할 것인 줄로 아나 이는 대단히 천박한 인사들의 소행이다. 그러므로 소위 인텔리층의 경박과 유물론자들의 반(反)종교운동에 대하여 신앙의 입장을 프로테스트(Protest, 항변)하고자 함이 본지(本誌) 발간의 일대 취지이었다.[5]

이하의 글은 『성서조선』 발행의 연혁으로서 초기와 중기, 그리고 김교신 본인이 맡아서 발행하게 된 계기를 설명하고 있다.

1927년 7월 1일에 『성서조선』의 창간호가 (조선)반도를 향하여 첫소리를 외치기 시작하였을 때는 독자들이 이미 아는 바와 같이 6인의 동인(同人)으로 되었었다. 당초에는 연 4차로 정기출판이던 것이 1929년 8월 (제8호) 이후로는 매월 1회 발간케 되었다가 1930년 4월에 이르러 동인제(同人制)로의 『성서조선』은 일단 폐간하게 되었었다. 그러나 그 폐간된 이유는 일시적 사변에 의한 것이므로 혹은 불원한 장래에 이 일을 전담할 자가 나타나기를 기대하는 마음으로써 동년(1930) 5월(제16호)부터 내 (김교신)가 단독 책임으로 계속 출판하는 일을 능사(能事)로 삼아 온 것은 당시와 그 후 제25호에 발표한 대로였다. 본지에 성명이 관계된 자 중에는 성서와 신학의 지식에 소양이 있는 이도 있었다. 외국어에 능통한 이도 있었고 사람으로서 가히 의롭다 할 만한 이도 있었고 전도자의 난관인 생활문제에 궁핍을 면한 이도 있었고, 특히 전도자의 소질을 남보다 넉넉하게 이어받은 이도 있었다. 복음을 조선에 전하기 위하여는 본래 소원이 없음은 아니었으나 조선을 위하여, 예수를 위하여 『성서조선』을 위하여, 원컨대 가장 완미(完美)한 자

5) 『김교신 전집 1』, 315-316쪽.

로써 제단에 바치어지옵소서 하고 기원치 아니치 못하였다 마는 인간의 소원은 무시되고 그 중에 아름다운 것, 유능한 것은 각기 상당한 이유로써 달리 사용하시고, 성조지(聖朝誌)를 위하여는 달도 차지 못한 내(김교신)가 포로 되어 버렸다. 화 있을진저, 노둔한 자여!

이전까지는 사람을 기대하는 『성서조선』이었으나 금후로는 잘 됐으나 못됐으나 다시 더 기다릴 수 없이 되었다. 생각하면 본지(本誌)를 위하여 가엾은 일이다. 나의 무학(無學)함과 둔필을 생각하면 전도(前途) 오직 캄캄하다. 그러나 이스라엘의 불신으로써 구원이 이방(異邦)에 있게 하신 하나님께서 나의 차질과 추태를 인하여 많은 십자가 군병을 일으키시면 다행. 오직 비료나 되기를. 신학(神學)은 모르나 약간의 어학과 박물학으로써 백합화와 포도나무의 이치를 공부하겠고, 설교술은 알 수 없으나 교수법으로써 성서의 진리를 분배하게 하고, 떠들고 선전하기보다 고요히 연구한 결과의 냉정하고 정확한 진리를 실어 보내는 편지가 되기를 기원이요, 전도한다기보다 학구(學究)가 위주될 것이다.(1932년 2월)[6]

이 글은 6인의 동인회에 의하여 1927년 7월에 역사적 사명을 띠고 출범한 『성서조선』(월간지)의 의미심장한 창간사이다(6인의 명단: 김교신·함석헌·정상훈·송두용·유석동·양인성).

그때 발표되었던 역사적이고 획기적인 '창간사'는 다음과 같다.

『성서조선』 창간사, 1927年 7月

과연 학문적 야심에는 국경이 보이지 않았다. 사랑으로는 온 세상이 가슴 속에 있었다. 이상(理想)을 실현해 보자는 나의 앞길은 양양하기만 하였다. 그러나 이때에 들리는 소리는 무엇인가? '아무리 그래봐야 너는 조선인이다!' 아! 어찌 이보다 더 많은 의미를 갖는 말이 또 있으

6) 『김교신 전집 1』, 317-318쪽.

랴? 이 뜻을 깨우치니 모든 것이 헛되었다. 또한 이 헛됨을 이해하니 모든 것을 이룰 수 있었다. 드디어 눈빛은 빛났고 그 초점은 하나로 명확해졌다. 우리는 감히 조선을 사랑한다고 큰 소리치지는 않는다. 그러나 조선과 나와의 관계에 대하여 겨우 '그 어떤 무엇'을 알게 되었다.

나를 위하여 무엇을 하며 조선을 위하여 무엇을 꾀할까? 오직 슬픔과 분노로 세상을 개탄하는 것만이 최선일까? 요즈음 우리 동포들 사이에 평소의 사상과 취향이 다르더라도 서로 자기를 굽히고 같은 목표를 추구하려는 움직임이 있으니 우리가 함께 기뻐할 바이다. 그러나 이것은 참으로 어버이가 돌아가신 후에 효성이 생기는 것과 같은 이치이니, 우리같은 불효자들이야 두말해서 무엇하랴? 상황이 기적을 행하는가 보다. 다만 아무리 같은 사랑이라도 그 표현의 방법이 서로 다른 것은 어쩔 수 없는 일이다. 우리는 그동안의 경험과 확신을 가지고 말한다. 오늘 조선에 줄 가장 귀한 선물은 별로 신기할 것도 없는 '신·구약 성서' 한 권이라고. 그리하여 같이 모여 걱정하고 같은 소망을 가진 어리석은 친구 대여섯 명이 동경 시외에 있는 스기나미 마을(杉並村)에서 처음으로 모임을 가졌고 '조선성서연구회'를 시작하였다. 매주 때마다 모여서 조선을 염려하고 성서를 공부하면서 지내 온지 반년 남짓 지났을 때, 누군가가 그 동안 스스로 연구했던 것의 일부라도 세상에 공개할 것을 제의하니 그 이름을 '성서조선'이라 하게 되었다. 그 이름이 좋은지 나쁜지, 그 시기가 적절했는지는 우리가 신경 쓰지 않는다. 다만 우리 마음의 전부를 차지하는 것은 '조선'이라는 두 글자이고, 사랑하는 사람에게 보낼 제일 좋은 선물은 '성서' 한 권뿐이니 둘 중의 하나를 버릴 수 없어서 된 것이 그 이름이었다. 소원하기는 이를 통해서 뜨거운 사랑의 순정을 전하려는 것이며, 정성을 다한 선물을 그녀에게 드리려는 것이다.

'성서조선'아, 너는 우선 이스라엘 집집으로 가라. 소위 기성신자의 손을 거치지 말라. 그리스도보다 사람(外人)을 예배하고, 성서보다 예배당을 중시하는 사람의 집에서는 그 발의 먼지를 털지어다. '성서조선'아, 너는 소위 기독교신자보다는 조선의 혼을 가진 조선사람에게

> 가라. 시골로 가라, 산골로 가라, 거기에서 나무꾼 한 사람을 위로함을 너의 사명으로 삼으라.
>
> '성서조선'아, 네가 만일 그처럼 인내력을 가졌거든 너의 창간 일자 이후에 출생하는 조선인을 기다려 면담하라. 서로 담론하라. 한 세기 후에 동지가 생긴들 무엇을 한탄 하겠는가.[7]

기성 신도를 위한 교회잡지가 아닌, 조선혼을 가진 조선 사람을 위해, 산골의 한 나무꾼을 위해 발행한다는 숭고한 정신 속에서 창간된 것이 『성서조선』이었고, 이는 후에 함석헌 선생에 의한 『씨알의 소리』, 김재준 목사에 의한 『제3일』, 그리고 안병무 선생에 의한 『야성』과 『현존』이라는 잡지에 그 정신이 이어지게 된다.

이하 박상익 교수의 글 「김교신 전집을 복간하면서」에서는 당시 김교신 선생이 전적으로 책임을 지고서 간행할 『성서조선』의 목적을 밝히고 있다는 것과 그 핵심은 '진리추구'외의 그 어떤 것도 아님을 천명하고 있다.

> 김교신 선생은 '진리'를 생명과 같이 사랑하는 분이었으며, 그가 추구한 진리는 '무교회주의 기독교 신앙의 진리'였다. 그가 제158호까지 『성서조선』을 간행한 것은 성서의 진리 위에 조선을 세우고자 하는 강력한 의지의 실천에 다름 아니었다. 1942년 '성서조선' 사건으로 선생과 그 동지들이 옥고를 치를 때 취조에 나섰던 일본의 경찰들이 그들에게 한 말은 역설적으로 선생이 일생 추구한 목표가 무엇이었는지를 잘 요약해 주고 있다.
>
> '너희 놈들은 우리가 지금까지 잡은 조선놈들 가운데 가장 악질적인 부류들이다. 결사(結社)니 조국이니 해가면서 파뜩파뜩 뛰어다니는 것들은 오히려 좋다. 그러나 너희들은 종교의 허울을 쓰고 조선 민족의

7) 『김교신 전집 1』, 19-21쪽.

> 정신을 깊이 심어서 백년 후에라도, 아니 5백년 후에라도 독립이 될 수 있게 할 터전을 마련해 두려는 고약한 놈들이다.'
>
> 후일 선생은 일본 경찰의 힐난에 대해 '일본 경찰이 보기는 바로(제대로) 보았거든'하고 털어놓았다고 한다. 선생이 일생 심혈을 기울인 것은 『성서조선』을 위해 실로 자신의 모든 것을 다 바쳤다. 『성서조선』은 전호(全号)에 걸쳐 적자로 출판되었다. 『성서조선』은 그야말로 선생의 삶에서 최대의 것이요, 전부였던 것이다. 김교신 선생이 타계한 후 『성서조선』에 수록된 선생의 글은 선생의 신앙적 제자이자 한국 무교회 신앙의 제2세대 지도자인 노평구 선생의 손으로 편집되어 1975년에 『김교신 전집』으로 완간되었다. 곡학아세와 가치관의 전도(顚倒)로 얼룩진 우리 현대사에 이런 인물이 있었다는 사실에 많은 이들이 신선한 충격을 느꼈다. 사리사욕과 당리당략을 위해 양심을 내팽개치기가 다반사인 현대사의 한국 현실에서, 김교신 선생은 과연 민족의 교사, 스승으로서 손색이 없는 인물인 것이다.[8)]

이와 같은 무교회운동(이념)은 월간지 『성서조선』을 통해서 이 민족의 가슴에 서서히 그리고 깊게 스며들어 갔다. 그러나 『성서조선』의 정기구독자는 끝내 300명을 넘지 못했고, 그들의 모임은 교회측의 냉대 때문에, 심지어는 YMCA 강당마저 사용을 거부당할 정도로 이단시 되었고, 잡지발행은 밖으로는 일본 총독당국의 철저한 검열과 안으로는 재정의 궁핍에 시달렸다.

그러나 『성서조선』은 한 두 달을 제외하고는 약 15년 동안 158호까지 문자 그대로 월간으로 계속 간행되었었다. 독자들은 남강 이승훈처럼 모두 당대의 일기당천(一驥當千)의 지사(志士)에 가까운 인물들이었고, 간간이 주필 김교신을 도와 기고한 필진 역시 함석헌처럼

8) 『김교신 전집 1』, 11쪽.

당대 최고의 지성인이었음을 상기할 때, 그 영향력이 얼마나 컸던가를 넉넉히 짐작할 수 있다.[9)]

『성서조선』은 오로지 성서에 관한 내용만을 다루는 것이 아니라 자연스럽게 '성서'를 경전으로 삼는 '기독교'에 대해서도 이따금 기사(記事)를 게재했었다. 그러기에 『성서조선』 애독자 중에는 기성 기독교에 대해서 비판적 태도를 지녔던 『성서조선』에 찬사를 보낸다는 내용의 편지를 보내주기도 하였다. 다음의 편지가 그러한 사례이다.

> 처음 말씀드리나이다.… 나도 기독자의 한 사람이오나 현대교회는 김이 나가고 몰락 퇴폐하는 현상이라 도무지 그 안에서 신앙을 생명으로 삼는 성도로서 견딜 수 없는 바이오며 큰 낙망을 갖게 되었나이다. 과연 이대로 나아가다가는 조선교회의 운명도 며칠 못 남았다고 할 밖에 없습니다. 하여튼 예수는 믿으면서 소위 교회라는 데는 발을 들여 놓기가 싫어 얼마나 적막한 눈으로, 어디 반가운 소리는 없는가, 어디 동지가 없는가고 두루 살피던 중에 귀지(貴誌)를 만나오니 몹시 즐겁습니다. 신앙의 동지가 모여 주(主)의 복음을 그대로 전하는 것 얼마나 고귀한 일이오리까! 귀지는 어느 교파에 속한 것은 아니겠지요. 여러 가지를 들음으로써 나는 앞으로 귀하의 말씀에 따라 여러 신우와 함께 공동전선에 나설까 합니다.[10)]

또 어떤 독자로부터는 『성서조선』의 중요성과 주필 김교신 선생의 노고를 예찬하는 긴 편지가 있었다.

> 경애하는 교신(敎臣)형, 몹시 답답하고 심히 염려되며 진심으로 기다려지던 『성조지』는 오늘에야(10월 15일) 배수하였습니다.… 『성서조

9) 김정환, 『김교신』, 44쪽.
10) 개벽사 內 최경화(崔京化) 1931년 10월 15일.

선』! 그것은 작은 존재이며 변변치 못한 것에 지나지 못할 것입니다. 그러나 그 작고 변변치 못한 것이 왜 이렇게 소제(少弟)에게는 중차대하게 문제가 됩니까? 그 이유는 심히 복잡할 것입니다. 그러나 무엇보다도 먼저 한마디로 말하면 나는 조선 사람인 동시에 기독신자인 때문입니다. 일언이폐지하고 성조(聖朝)는 언제나 소제의 마음을 움직이고 있음을 부인할 수 없습니다. 성조가 주필 김교신의 명예심을 만족시키기 위해서 하는 일인지 소제는 알지 못합니다. 그러한 눈치를 볼 줄 아는 지혜와 민첩을 가지지 못한 소제는 불행하게도 잘하나 못하나, 많거나 적거나 주님을 위하여 하나님의 영광을 드러내려는 것으로만 알고 있으니 오직 축복하여 위에 계신 분에게 감사할 뿐입니다. 성조를 손에 들 때마다 오직 두려운 생각이 가슴에 가득할 뿐입니다. 성조야, 누가 무엇이라 하거나 말거나 너는 너의 할 일만 하고 묵묵히 때를 기다리고 있으라. 성조야, 네가 만약 주필 단독의 명예심에서 자라난다 할지라도 또한 무엇이랴. 너의 존재, 그것은 결코 무의미, 무가치 하지는 않으리라. 성조야. 너의 주필은 자기의 명예를 위하여 매월 그 수고, 그 환난, 그 곤란, 그 고통, 그 슬픔, 분함, 억울함, 답답함을 달게 받고 참으며, 넉넉지 못한 생활도 불고하고 많지 않은 것이나 번번히 지출할 만한 그런 똑똑한, 영리한, 꾀 있는 사람도 되지 못하리라. 그런즉 성조야, 너는 오직 건전하게 성육(成育)하라. 다만 위만을 바라보고 오직 한 분이신 그이만을 상대하여 흥하고 망하고 성하고 쇠하고 또 살고 죽으라! 김형, 못생긴 자는 역시 못생긴 자다운 말밖에 하지 못합니다. 용납하시고 읽으실 줄 믿습니다.(1934년 10월 21일)[11]

김교신의 『성서조선』 발간의 사명과 기쁨은 진정으로 어디까지나 '자발적 유희'였었다. 그래서 그는 1934년 12월 16일(日) 그의 일기(日記)에 다음과 같이 기록하였다.

---

11) 『김교신 전집 5』, 223-225쪽.

> 우리는 다만 십자가를 쳐다보기만 하면 인생의 일원(一員)으로 살아갈 권리가 있는 자이다. 만일 할 사업이 있다면 학교 교사 노릇이나 충실히 하면 사회의 일원된 의무는 다하는 셈이다. 성조(성서조선) 발간 같은 일은 누구에게 부탁 받은 것도 아니요, 감독 받는 일도 아니다. 발행일자가 늦어도 할 수 없고 폐간된대야 체면 관계될 것은 없다. 오직 참으려 해도 제지할 수 없는 충동에 의하여 마지못하여 하는 일이다. 이를테면 '유희'라는 요소가 다부분(多部分) 개재한 일인 것은 사실이다. 고로 초조할 것이 없이, 마치 일요일마다 '물에 산에' 소요하는 이들처럼 슬금슬금 쉬지 않고 걷고자 할 따름이다.[12]

아마도 1935년을 전후하여 『성서조선』에 대한 부정적인 말들이 많았던 것 같다. 이러한 분위기를 알고 있었던 주필 김교신은 오해를 불식시키기 위해 애를 썼다. 이 『성서조선』에 게재된 내용은 신비주의를 추구하는 것도 아니고 그렇다고 냉냉한 신학(神學)도 아니며 오로지 성서의 진리를 평탄, 담백, 당연하게 표방한다는 것이다. 이러한 사실은 소록도 한센병(나병) 환자들이 입증해 주고 있다는 것이다.

> 『성서조선』이 전하는 주조가 무엇인가. 과연 복음이라고 할 만한 '복음'을 전하는가, 않는가. 『성서조선』의 필자들은 개인적 신비한 체험을 말하거나 글쓰기를 즐겨하지 않는다. 그러므로 성조지(聖朝誌)상에는 선다 싱(Sundar Singh, 1889-1933)이나 스베덴보리(Swedenborg, 1688-1772)같은 이들의 선경(仙境) 소식을 전함이 희귀할뿐더러, 차라리 그 이름들까지도 경원하는 바이니, 이는 저러한 성도들을 무시하여서가 아니라 단지 『성서조선』의 어찌할 수 없는 경향이 그렇달 것뿐이다. 우리가 믿는 대로는 독특한 신비경을 배회함이 없고라도, 공전

12) 『김교신 전집 5』, 244-245쪽.

절후(空前絶後)[전무후무]한 새 진리를 자랑함이 없더라도, 평평대로를 행하는 것처럼, 현대의 당연한 과학적 교양을 받은 청년으로서, 보통 인간의 도덕적 양심을 소유한 자이면 능히 기독교의 오의(매우 깊은 뜻)에 통달할 수 있는 줄로 확신하는 바이며, 따라서 이 평탄하고 담백하고 당연한 도리가 본지의 전달하고자 하는 바이었다. 물론 '사람이 거듭나지 않으면 천국에 들어가지 못한다' 하나, 거듭나는 것은 성령으로 인하여 거듭나는 것이지, 인위적으로 환장하는 것은 무용유해할 따름이다. 종교를 논하는 자 중에 자작 거듭난 곡예자가 어찌 그리 많은고. 우리는 비록 기독교의 오전(가장 깊은 곳)에 입참하지 못한대도 가하고, 차라리 지옥에 떨어진대도 가하니 천품의 이성과 인간공유의 도덕적 양심을 포기하고는 살 수 없는 자이다. 그러므로 바울과 같이 "하나님 앞에서 각 사람의 양심에 대하여 스스로 천거하니" (고후 4:2), 이는 가장 평범한 길이다.

『성서조선』의 필자들은 신학(神學)을 논평할 줄 모른다. 전에 신학교 출신이 집필할 때에도 신학적 논설을 즐겨하지 않았거니와, 현금 본지의 필자들은 그 주필을 위시하여 모두 신학에는 인연이 없는 자들뿐이니, 바르트(K.Barth)신학이 전 세계를 휩쓴 지 이미 오래인 이때까지도 바르트 신학을 한번 지상에 소개할 여백이 없었다. 이 역시 신학의 무용을 주장하고자 하여서가 아니라, 성조지(聖朝誌)의 본령이 아닌 까닭이다. 본지는 성서 그것을 깊이 미해(味解)하여 그리스도의 말씀과 사도들의 신앙 그대로를 전달하면 족하여 한다. 새로운 것도 없이 2천년 전의 기록 그대로에서 영혼의 양식을 발굴하고자 한다.

그러나 『성서조선』의 내용을 유치하다, 천박하다고 멸시하기는 우리의 친근한 우인-남들이 한 덩어리로 비(非)교회파라고 몰아치는 자 중에서 시작하였고, 본지의 외모만 보고서 위험시하며 질투하기는 황평지방과 영남지방을 위시하여 전반도의 교권자 사이에 파급되었다. 본지를 강대 위에서 소개한 목사는 이단자로 몰리우고, 구독하던 신도는 교회에서 축출되고, 본지로써 위안을 얻던 환자는 병상에서 핍박받았다. 스스로 반성하고도 우리는 답답한 지가 오래였다. 조선을 위하

> 여 생각할진대 차라리 '성조지'는 없느니만 같지 못하다고. 마는 이제 나환자의 입증을 보니, 우리를 괴롭게 하던 의운은 비산하였다. 신학자가 멸시하려거든 하라. 교권자가 핍박하려거든 하라. 죽음에 임한 나환자가 읽고 기뻐 하나님을 찬송할 만한 문자가 『성서조선』의 주조로 기재되어 있다 할진대 그것이 복음이다. 죽음을 승첩한(이겨낸) 음신(音信)을 천국의 복음이 아니라고 할 자가 누구냐. 기독교계의 여론이야 여하하였든지, 고통의 극, 비수의 단(端)에 처한 형자(兄姉)가 본지(本誌)로 인하여 함께 주 그리스도를 송영할 때에 『성서조선』발행자로서의 양심의 평정을 비로소 느낀다.(1935년 5월)[13]

하지만 그 당시(1930년대)만 하더라도 한센병 환자가 많았었고 그것은 불치의 병이라고 해서 집에서 쫓겨나고 돌아다니다 발각되면 사람들이 즉시 피하거나 심지어 구타하는 일이 많았었다. 그리고 『성서조선』은 소록도의 구독자가 많으므로 '문둥이 잡지'라고 까지 폄훼되고 있었다. 그러므로 이들이 선호한다는 사실이 그 속에 진리가 내재해 있다고 단언할 수 있느냐라는 부정적 심리가 있었던 것도 사실이다. 이러한 나환자들에 대한 몰이해에 대하여 김교신은 다음과 같이 단적으로 표현함으로써 한센병 환자들을 껴안아 주었다.

> 『성서조선』은 문둥이 잡지라고(?) 지당한 말씀! 고마운 말씀! 영예의 극!(1935.12.26.)[14]

이처럼 김교신 선생은「성조지」비난에 대처하는 솜씨가 보통이 아니었다.

13) 『김교신 전집 2』, 95-97쪽.
14) 『김교신 전집 5』, 440쪽.

다음의 서간문은 자유롭게 신앙할 수 없는 형편이었지만 『성서조선』지(誌)를 통하여 성서의 진의(眞意)를 깨닫게 되어 감사하고, 신앙생활은 인간의 삶에 있어서 무상(無上)의 가치임을 깨닫게 해 주신 김교신 선생께 진심으로 감사드린다는 내용의 편지이다.

> 성조지를 숙독하는 가운데에서 신앙생활은 인간에 있어서 무상(無上)의 기초공사임을 깨닫고 그를 통해서 저의 생활을 대조하곤 합니다. 생(生)은 성조지와 성서를 통해서 신앙의 필요를 깨달으므로 다행한 자라고 생각하오나 그러나 저는 남과 같이 자유스럽게 내놓고 신앙의 길을 밟을 자 못 됩니다. 부모의 금지, 동리 사람의 방해, 비난 등등이 무한합니다. 그럼에도 우리의 일은 그러함으로써 전투의식을 가지게 되고 본래의 사명을 깨닫게 되는 것이라고 생각합니다. 생은 아직도 신앙이 굳지 못함을 스스로 깨닫습니다. 선생님의 문병(門屛)[15]을 출입함으로써 광야에서 목자없이 생육한 양(羊)이 주인을 얻은 격으로 성서의 진의(眞意)를 맛볼 수 있었고, 기도를 배웠사오니 이보다 더 큰 배움이 어디에 있겠습니까. 그 은혜는 백골난망이로소이다.[16]

다음 편지는 매우 성실하고 정직한 독자의 서신으로서 김선생이 매우 흡족하게 생각하고 「성조지」 선교활동에 보람을 크게 느낀 것으로 생각된다.

> 그간 안녕하십니까. 소제(少弟)가 작년 7월 귀지(貴誌) 『성서조선』을 구독할 뜻이 있어서 청구할 때에 지대(誌代)는 후일에 보내겠다고 하였더니 7월호 한 책이 온 후 8월호는 아니 오게 되므로 마음은 있었으

15) 문병(門屛): 밖에서 집안을 들여다보지 못하도록 대문이나 중문 안쪽을 가로막아 놓은 담이나 널빤지.

16) 『김교신 전집 6』, 87쪽.

> 나 보지 못하고 지금까지 왔습니다. 다행히 오늘은 돈이 생기어 1원 5전을 보내오니 15전은 작년 7월호 대금으로 청장(淸帳)하옵고 90전은 6개월분 지대(誌代)로 기장하시고 1월호부터 6월까지 하송하시기를 바라옵고, 기타 귀지 구독자로서 부담할 금액이 있사오면 하교(下敎)하시오면 천력(賤力)을 다하여 순종하겠습니다.

이 편지에 대한 김교신 선생의 코멘트는 다음과 같다.

> 이런 형제가 10인만 있는 성읍(城邑)은 멸망을 피할 수 있으리라.[17]

다음 편지는 소록도에서 온 것으로서 매우 어려운 처지에 있는 상황 속에서 병환 중에 있는 고향의 노모를 찾아 가는데 필요한 최소한의 교통비를 심히 정중하게 요청하고 있다. 참으로 안타까운 사연이다. 이러한 난처한 상황을 김교신 선생은 어떻게 처리하는지 살펴보면 시사하는 점이 많을 것이다.

소록도에서 오는 편지만은 미납이든지 우세(우편요금)부족 편지든지 받아두기를 가인(家人)들께 일러두었더니 '편지를 종종 하여도 잘 가지 아니하옵기 미납 편지 하오니 용서하시오'라는 서언으로 써 다음과 같은 의미의 글월이 왔다.

> 김선생님, 받아 살피옵소서. 가진 바 없는 저는 70노모가 병중에 있다 하오나 한푼 없는 저로서 어찌하오리까? 선생님이여, 세상을 떠나기 전에 모친을 가 뵈올 마음은 있으나 금전이 없어서 갈 수 없나이다. 아무쪼록 가서 만나 보도록 하여 주시옵소서. 거리가 800여 리라 내왕 여비 약소해도 10원이나 되어야 할 터이나 10전도 없으니 어찌하오리

17) 『김교신 전집 6』, 168쪽.

까? 오, 선생님이시여, 나를 도와주시옵소서. 죽기 전에 가서 한 번 뵙도록 하여 주시면 이 은혜는 예수님 전에 아뢰리다.

이 편지에 대한 김교신 선생의 반응은 다음과 같았다.

이런 뜻인데 한글도 잘 만들어 쓰지 못하였고, 이전에 신앙 관계로 통신한 일도 없었던 형제이다. 그 사정은 실로 동정 불금(不禁)인데 이와 동양의 간청을 근일에 받은 것만 하여도 두 세건 뿐이 아니다. 남편에게 속은 결혼생활을 청산하고 친정의 병모를 봉양하겠다는 자매의 눈물, 고학(苦學)수 개년에 최후의 점정(点睛)[18]을 원하는 고학생의 부탁, 골육의 의지(依支), 기업의 자금 등등. 이런 사건을 당면할 때마다 거의 방정식으로 나오는 우리 대답은 '은과 금은 내게 없거니와 내게 있는 것을 네게 주노니 『성서조선』을 받으라'는 것이다. 천사같이 쳐다보고 왔던 사람도 이 말 한마디에 사탄의 괴수를 발견하였다는 듯이 신발의 먼지까지 털고 나가 버리는 것이 예사이다. 모든 아귀를 축출하는 주문으로서 이보다 유효한 문구는 다시 없다. 『성서조선』에 얼마나 한 진리의 복음이 발표되었으며, 이것을 발간함으로써 조선에 과연 유익했던지, 혹은 어떤 논자들의 평과 같이 그 주장은 전혀 주관뿐이었고 그 공격은 기독교회에 상처낸 것 뿐이었는지, 이런 일들은 우리가 알 바가 아니며, 실상은 알 수도 없는 일이다. 우리가 확실히 아는 바가 하나 있다 그것은 창간 10주년을 당한 오늘까지 제 99호인 금월호까지 모조리 결손 출판이라는 사실이다. 우리가 천국에 입참할 아무 자격도 구비치 못해서 지옥에 떨어지게 된대도 이 『성조지』 출판의 결손 보고서만은 인간 앞에나 예수 앞에나 내가 휴대하리라.

거액의 자금을 자선사업에 제공할 수 없는 자임을 미안히 알거니와, 또한 월급생활자가 매삭 몽땅 결손하는 일을 계속하는 일도 용이한 일이 아닌 것을 우리는 배웠다. 희생 없이는 안 된다. 자신의 일은 말할

18) 화룡점정의 줄임말.

것도 없고 불효를 각오하고 자녀교육을 제한하고 친척 고우에게 인정미를 단절하지 않고는 1개월도 불가능한 일이다. 귀부의 문(門)에 비굴하지 않고는 친구와 사회에 누를 끼치지 않고서 자립하여 『성서조선』을 발간하기 위하여서는 돌보다도 냉정해져서 경제적 전 세력을 이에 집주(集注) 하여야 한다. 의식(衣食)의 여분으로 되는 것이 아니라, 출판한 여잔(餘殘)으로써 생활하여야 된다. 그러므로 『성조지』는 나의 최대의 것이요, 전부이다. 이 이외의 것을 현재의 나에게 요구하는 자는 나의 혈액을 요구하는 자이다. 내가 구제 자선을 으레 거절할 뿐더러 의리 예절까지도 당연히 유린하는 것은 맡은 종가의 임무 있음을 확신하는 까닭이다. 주 예수여, 이 오만을 잠시 용납해 줍소서. (1937년 4월)[19]

아래의 짤막한 편지 내용을 통해 그 암울한 시기 일제 치하에 『성서조선』은 조선민중의 희망이었고 횃불이었음을 능히 짐작할 수 있다.

〈영남소식에〉

어느날 등사판에 박힌 엽서 한 장을 받아 읽었는데, 귀지가 휴간되겠다고 지대(誌代)를 반송한다는 기별을 접하던 찰나 말할 수 없는 통탄이 부지중 연발되었나이다. 산간벽지에서 사업을 위하여 원숭이 놀음을 계속하는 소생으로서도 1개월에 1차씩 찾아오는 귀지의 면목을 보고는 반가운 울음, 감사의 눈물이 없던 바 아니옵다가 이 비보를 당한 즉시에는 세상이 캄캄하고 모두가 공허한 듯하여 과연 광명은 사라지고 암흑만 닥쳐오는 말세인 것을 알고 '아버지여 우리들을 버리시나이까, 아버지여 우리들을 버리시나이까' 하는 비명이 연발되옵다가 이제 귀지를 받으오니 반가움이 배전(倍前)이로소이다.[20]

19) 『김교신 전집 1』, 211-213쪽.
20) 『김교신 전집 6』, 299쪽.

다음 편지는 어느 순사(경찰)로부터 김교신 선생에게 보내진 것이다. 진리를 찾고 있던 이 순사는 당시의 기독교계의 잡지 『활천』(성결교회에서 발행하는 잡지)을 구독하고 있었으나 만족하지 못하고 있던 중 어떤 분이 소개해준 『성서조선』을 받아보고 놀라움과 기쁨을 금치 못해서 그 이후에는 『성서조선』을 구독하게 되었다는 내용이다. 『활천』구독 이전에도 이미 진리와 구원의 문제를 추구하던 중 우치무라 간조의 저서들도 읽었다고 한다. 이 기쁨의 편지를 읽은 김교신 선생은 매우 흐뭇하여 이에 대한 멋있는 코멘트도 하였다. 이 편지는 한 독자와의 잡지 발행인(주필) 간의 진정한 교감(交感)이 무엇인지를 예시하고 있다.

> 선생님 전 상서, 녹음이 승화한 이때에 주은(主恩) 중 평강하시옵니까. 선생님께서는 주님으로부터 받으신 사랑 그대로 전연 미지의 소생을 사랑하시려고 주(主)안에서 거룩히 발간하시는 저 『성서조선』을 아낌없이 혜송하심으로 참말 소생은 기쁨이 넘치는 하루하루를 보내고 있습니다.… 소생은 한낱 평(平)순사 노릇을 하는 자이온데, 1935년 1월부터 비로소 예수님을 믿게 되었습니다. (그 입신의 동기는 이번에 아뢰지 않겠습니다.) 그래서 처음으로 기독교 서적을, 즉 우치무라 선생의 저(著), 『기독신도의 위로』를 읽고 다음에 『구안록(求安錄』, 『기독교 문답』 등을 읽은 후에 조선어 성서 신구약을 사 보게 되었으나, 당초 무미하고 지명(地名), 인명(人名)이 어려워 탐독하지 못하고, 주보(週報)이던 『기독신보』를 사 보면서 기독교에 대한 인식을 가져오다가 1936년부터 일본의 구로사키 고키치 씨 주필 『영원한 생명』을 구독하면서 일본의 무교회(無敎會) 선생들의 저서를 구독해 왔습니다. 그러나 조선어로 되고 순복음적 입장에서 발간하는 월간지가 있지 않는가 하고 『기독신보』의 서적 광고란을 뒤져본 결과 『활천』 지(誌)를 발견하여 한 2년간 보다가 비위에 맞지 않아서 집어치우고 다른 방안

을 찾고있던 차 어떤 선생에게 문의했더니 복음적 조선문(文) 월간지에 대해서는 추천해 드릴만한 것이 없어 유감이라고 하시면서 그러나 그 중에서도 신앙적인 내용으로 보아 제일 낫기는 김교신 주필의『성서조선』과 최태용 씨가 주간으로 되어 있는『영과 진리』가 제일 낫다고 하면서 물론 그들은 조선교회에서 이단(異端)이니 무엇이니 하는 욕설을 듣는 사람들이지만 그 산 신앙, 그 은총에 대하여는 그 누구보다도 나은 이들이며 또 우치무라 간조씨 제자라고 할 수 있는 분들이다라는 것이었습니다.… 게다가 지난 5월 10일에 전남에 있는 A의원(병원) 선생님 댁을 심방하여 기쁨으로 담화하는 가운데 돌연히『성서조선』을 내놓으면서 우리 조선에도 이러한 선생님이 계시다고 말씀하시기에 소생은 너무 기뻐서 즉일 귀소하여『성서조선』을 금년 1월호부터 주문했던 것입니다. 그래서 읽어본 즉 물경 10년 전부터 우리 땅에 빛나고 있었는 줄을 알게 된 동시에, 하마터면 폐간 문제로 못 살뻔 했다고 생각했습니다. 참으로 아슬아슬하였습니다. 이제는 만족합니다. 작년부터는 성서도 미독(味讀)하고 있습니다. 소생이 선생님과『성서조선』을 알기까지의 유래를 무식한 소치로 이렇게 지루하게 썼습니다.… 부디 관서지지 복망(寬恕之地伏望)이오며 내내 주은(主恩) 중 평강하시기를 비옵고 불비 백(白) 하나이다. 1938년 6월 3일 한 독자 재배.[21]

이 편지를 받은 김교신 선생의 코멘트는 다음과 같다.

이 필자와 같은 직업의 사람이 본지(本誌)같은 성질의 잡지를 갈급히 찾아 읽는다는 것도 의외요, 전남 모 의원의 A의사께서 이처럼 호의로 소개해 주셨다니 역시 의외. 세상에, 특히 기독교계에 악의(惡意)의 사람만이 아닌 것을 알고 주께 감사하는 동시에 공자(孔子)님의 '불환인지불기지 환부지인야(不患人之不己知, 患不知人也)[22]'라는 교훈이 연

21)『김교신 전집 6』, 390-392쪽.

상되어 나의 불민(不敏)함을 깊이 회한(悔恨)하다.[23]

당시 조선인들에게 매우 어려운 시련의 시기(식민지 시기)를 극복해 내는 데에 큰 힘이 되었던 민족의 얼과 혼이 듬뿍 담긴 월간 종교지 『성서조선』이었건만 이것을 비웃고 조롱하는 자들이 있었다. 일본인보다도 정통파를 자처하는 조선기독교인들 중에, 무종교인들 중에도 그런 자들이 있었음은 실로 유감이 아닐 수 없는 일이다. 그러므로 김교신은 일찍이 사도 바울이 전도자로서 겪었던 어려움에 빗대어 『성서조선』 발행의 시련을 다음과 같이 피력하였다.

> 내 생각건대 하나님이 사도된 우리를 미말(微末)에 두시고 죽이기로 작정한 사람같이 하셨으매 우리는 세계와 천사와 사람에게 구경거리가 되었노라. 우리는 그리스도의 연고로 미련하되 너희는 그리스도 안에서 지혜롭고 우리는 약하되 너희는 강하고 너희는 존귀하되 우리는 비천하여 이때까지 우리는 주리고 목마르며 헐벗고 매를 맞으며 있을 곳도 없고 또 수고하여 친히 손으로 일하며 후욕(詬辱)을 당한즉 참고, 비방을 당한즉 착함으로 권하니 우리가 지금까지 세상의 더러운 것과 만물의 때 같으니라.(고린도전서 4:9-13)
>
> 크고 작으나, 복음을 전하는 이에게 위와 같은 대접이 부대물이다. 세상의 구경거리요, 만물의 때라는 의식은 말소할 수 없다. 공개 판매하는 잡지이면서도 될 수 있는 대로 여러 사람에게 보이지 않고자 원함은 '세상의 구경거리' 되는 의식 때문이다. 필요불가결이 아닌 이는 제발 본지(本誌 = 성서조선』)를 보지 말라. 그것이 최대 동정이니라.[24]

---

22) "남들이 나를 모른다고 걱정하지 말고 내가 남을 모르는 것을 걱정하라."

23) 『김교신 전집 6』, 392-393쪽.

24) 『김교신 전집 2』, 207쪽.

아래의 글은 『성조』지 (1939년 3월호)를 딱 한 번 본 어떤 독자의 편지 내용이다.

선생님 안녕하십니까. 소생은 『성조』지 3월호만 본, (그래서) 선생님의 주의(主義)와 사상(思想)에 대단히 얕은 사람입니다. 그러나 선생님이 강의하시는 주창(主唱)이 우리 기독교계의 경종처럼, 마치 독일의 루터처럼 신정(新正)하고, 중점을 가르침을 깨닫고 조선에도 이만하신 선생이 계시구나 하는 안심의 생각이 나서 희망이 넘치는 것입니다. 선생님, 천견불학(淺見不學)의 이러한 편지를 잠깐 더 보아 주소서.

조선의 기독교는 부패하였나 봅니다. 이 도(道)에도 천주교회와 감리파교회가 있습니다. 소생이 항상 품는 불평은 기독교계의 가르침이 정도(正道)를 밟지 못하는 데 있습니다. 우리 주(主)의 진리는 이 우주의 유일한 구도(救道)일 것인데, 소위 세상의 각종 종교나 마찬가지로 말하면 불교, 유교 중의 하나로서 그 중의 한 종교라는 느낌만을 갖게 합니다. 직언하면 부처(佛)는 우리 기독의 빛(光) 아래에서는 아무것도 아니요, 오직 주 밑에서 우리들과 마찬가지로 심판을 받을 인간이라고 믿습니다. 진정한 의미의 종교는 기독교뿐이라야 합니다. 그런데 목사나 모든 교역자들의 지도는 그렇지 않고 기독교도 불교, 유교, 회교나 마찬가지의 세상을 구하는 도(道)라 합니다. 소생은 절대로 불평이어서 선생님께나 상서하는 것이옵니다.…

선생님의 『성조』 3월호의 「선의인(鮮矣人)」의 기사, 주(主)의 진리와 공자교(孔子教)를 비교 비판하심은 선생님, 참으로 선생님의 가르침에 충심의 감사를 표하여 마지않는 것입니다. 또 많은 목사가 '하나님'을 '하느님'이라고 부릅니다. 조선에 선생님 같이 순정(純正)하신 가르침을 가지신 교사가 계신 것을 생각하고 내심 감사하였고, 『성조』지가 금후로도 존속하여 지도하여 주시면 하는 희망이 넘치는 것 같습니다.(1939년 4월 26일(수))[25)]

---

25) 『김교신 전집 7』, 70-71쪽.

당시는 조선에 기독교(개신교)가 전래된 지 약 55년 쯤 되었기 때문에 '종교다원주의'적 포괄적 개념이 알려지지 않고 "오직 예수, 오직 기독교"적 견해가 기독교 내에 중심적 사고(思考)였음을 짐작할 수 있다. 그러나 최근에는(기독교 전래 약 135년) 다종교, 다교파 사회이기 때문에 의견이 분분한 상황이어서 종교차별 내지 종교편향은 용납되지 않는 상황이다.

오늘날 종교학에서는 종교에 대한 태도의 세 유형들을 가지고 종교갈등을 극복해 보고자 노력하고 있다. 그것은 곧 배타주의, 포용주의, 다원주의이다. 시대와 지역에 따라 이웃종교를 보는 눈이 다양하며 많이 변하고 있는 것을 참작할 필요가 있다고 본다. 필자가 보기에 김교신 선생님은 이웃종교에 대한 배타주의자는 아니었던 것으로 짐작된다. 그런데 이 편지를 발송한 독자는 김교신 선생님의 '무교회주의'를 배타적인 것으로 보며 동감을 표시한 듯하다.

『성서조선』의 어느 독자는 이 월간지를 보고 '이 땅의 기적' '영(灵)의 보약'이라고 극찬(격찬)하면서 여러모로 어려움가운데서 『성조지』를 발행하는 김교신 선생에게 힘을 실어주고 있다.

> 매월 『성조』지를 통하여 항시 주은(主恩)중 선생님과 존댁 제절(諸節)의 두루 평강하옵심을 배찰할 때마다 감사하나이다. 선생님께서 원고를 쓰실 때나, 이것을 인쇄에 붙이실 때나, 또 발송하실 때나, 전부가 혈루 흘리신 기도로써 시종하옵신 『성서조선』, 이것을 배수할 때 역시 소생도 기도로써 정독하나이다. 오늘 우리 땅에 한 기적이 있다면 매월 나오는 『성서조선』일 것입니다. 이것을 묵고할 때 참으로 주님께 감사 않을 수 없으며 따라서 선생님께, 또 이에 조력하옵신 함선생님, 송선생님께 감사 않을 수 없나이다. 『성서조선』은 성하(盛夏)엔 청량작용, 엄동엔 보온작용을 일으키며 기진역퇴한 메마른 영(灵)에게는

무한한 흥분제가 되나이다. 영원불변한 진리의 결정인 만큼 신구(新旧)의 별(別)도 없으며 음미할수록 신미(新味)가 우러남을 깨닫게 되니 중독성이 절무(絶無)한 영(靈)의 보약으로 우리 땅 뭇 영계(靈界)에 권장할 마음 간절하나이다.(호남소식)[26]

다음 서간문은 『성서조선』이 곧 폐간될지 모른다(폐간될 수 있다는)는 소문이 있다는 내용이다. '외국 냄새'가 없고 '조선심(心)'이 가득 담겨있고 조선말로 쓰인 월간지 『성서조선』이 폐간되면 참으로 애석하고 통탄할 일이니 어떻게든 폐간되지 않도록 힘써 달라는 간곡한 메시지이다. 참으로 슬픈 현상이 도래할 것에 대한 조선동포들의 염려가 가득하다.

… 인류 역사에 예수나 석가의 이름을 부르고 떠드는 자 몇 억만일지 모르지만 정말로 하늘나라, 불(佛)의 세계를 맛 본자 우리의 손가락으로 헤아릴 수 있는 정도가 아닙니까. 이런 의미에서 나는 귀(貴) 그룹의 적은 수를 많은 대중 이상으로 평가하고 싶습니다. 또한 귀여운 영(灵)의 보물을 쓸데없이 무식한 대중 앞에 내어 던져 더러운 발에 밟힘이 되는 것보다도 그 지보(至寶)의 무상가(無上價)를 감상할 줄 아는 다만 몇 사람이라도 모여 앉아 그 보물을 닦고 빛내며, 그 광명이 세상에 더욱 빛나고 그 성가(聲價)가 배전(倍前) 증가 된다면 이것이야말로 진리를 위하여 이것의 진정한 광포(廣布)에 큰 역사가 됨이 아니리까.

김선생, 한 가지 더 귀지 발간에 대하여 이것이 폐간되기 쉽겠다는 말을 들었는데 이야말로 유감천만의 일입니다. 조선 종교지(誌) 중에 외국 냄새가 없고 진부한 소리가 적은, 생각 있는 조선심(朝鮮心)에서 우러나오는 신앙의 고백을 엿볼 수가 있는 귀지가 없어진다면 참으로

26) 『김교신 전집 7』, 117쪽.

> 애석하고 통탄할 바입니다. 아무러한 수단을 써서라도 이것의 속간을 계획하시면 하고 축원하여 마지않나이다. 지우(誌友)들의 촉망을 저버리지 마시고 만난(萬難)을 배제하면서라도 이것을 살리옵소서.[27)]

드디어 1940년 2월호 『성서조선』이 갑자기 중단되다보니 설상가상 격 현실이 되어가는 듯 하였다. 아직은 일제 측의 노골적인 폐간 압력이 아니라 놀랍게도 (의외로) 인쇄공장의 임시휴업 때문이었다. 그러나 이 편지 내용은 올 것이 드디어 온 것으로 생각하고 멘붕(멘탈붕괴라는 뜻의 속어) 상태에 빠졌던 듯 하다. 『성서조선』 2월호가 설상가상으로 중단되다보니 독자들의 아우성이 이만저만이 아니었다.

> 선생님 기체 후 만강하시옵나이까? 2월도 벌써 일순(一旬)이 지나려 하옵는데 『성서조선』은 왜 소식이 없을까요? 오늘이나 하고 편지통을 살펴도 보이지 않습니다. 아! 영영 안 나오게 되었는지요? 선생님께서 동경 가셨더랬다는 것은 알았습니다. 혹 『성조』지(誌) 일로써 였는지요? 『성조』지의 달초(회초리로 때린다는 뜻)가 그립습니다. 영혼이 극히 혼미해져 관념적 신앙에서 헤매이며 아직도 완전히 자아를 버리지 못하고 망설입니다. 도덕적 신경쇠약에다 정신이상을 가미한 물건이 되었습니다. 선생님의 잔소리 들을 때가 살 값어치 있는 때였습니다. 하루에 세 번 식탁에서 감사하는 외에는 변변한 기도도 못하도록 타락했습니다. 이 영혼 구원해 주옵소서.[28)]

실제로 『성조』 폐간을 유도하는 일제의 압력이 있었다. 다음 내용은 김교신이 발행하는 『성서조선』을 중지하라는 압력의 사례들이다. 첫째, 검열의 극심 둘째, 『성서조선』의 표지 뒷면에 「황국신민의 서

---

27) 『김교신 전집 7』, 169-170쪽.
28) 『김교신 전집 7』, 201쪽.

사」 게재 명령 즉 ① 우리는 황국 신민(臣民)이며 충성으로 보함. ② 우리 황국 신민은 서로 신애(信愛)협력하여 단결을 공고히 함. ③ 우리 황국신민은 인고(忍苦)단련 힘을 배양하여 황도(皇道)를 선양함. 셋째, 관제 시국 표어 '내선일체'(內鮮一體)(조선과 일본은 하나라는 것)[29]

『성서조선』에 대한 폐간 위협이 있었을 때 주필 김교신에게 전해진 어느 독자의 격려 편지는 비상한 일이 벌어지더라도 최후의 일순간까지 십자가의 깃발로 진리를 수호하고 그것을 용기있게 전하자는 것이었다.

> 실로 비상한 시대가 되었습니다. 그러나 이런 때에 더욱 진정한 복음이 필요하다고 생각합니다. 각기 최후의 일순간까지 십자가의 깃발로 전진합시다. 어떤 권력과 폭력과 위협의 압박에도 변절, 침묵될 수 없는 중대한 진리만을 전합시다.[30]

『성조』가 마침내 폐간된 것은 제158호(1942.3.1.일자 발행)의 권두문 「조와(弔蛙)」 때문이었다. 「조와」는 어떠한 혹한에도 견디고 살아남는 개구리의 생명력을 빌어 민족의 생명력과 새봄을 대망하는 희망을 암시한 것이다. 이로 인해 전국의 약 300독자들이 검거되었고, 그 중 김교신, 함석헌, 송두용, 류달영 등 12인은 서대문 형무소에서 1년간 미결수로 옥고를 치렀다. 이것이 이른바 '성서조선 사건'이다.[31] 다음은 '조와' 본문 내용이다.

---

29) 김정환, 『김교신』, 164쪽.
30) 전게서, 163쪽.
31) 전게서, 169쪽.

작년 늦은 가을 이래로 새로운 기도 터가 생겼었다. 층을 이룬 바위가 병풍처럼 둘러싸고 가느다란 폭포 밑에 작은 담(潭)을 이룬 곳에 평탄한 반석하나 담 속에 솟아 나서 한 사람이 꿇어 앉아서 기도하기에는 천성의 성전이다. 이 바위 위에서 혹은 크게 기구하며 또한 찬송하고 보면 전후좌우로 엉금엉금 기어오는 것은 담 속에서 암색에 적응하여 보호색을 이룬 개구리들이다. 산중에 큰일이나 생겼다는 표정으로 이 낯설은 손님에게 접근하는 개구리 무리들, 때로는 5,6마리, 때로는 7,8마리.

늦은 가을도 지나서 담상에 엷은 얼음이 붙기 시작함에 따라서 개구리들의 기동이 하루가 다르게 느려지다가 나중에 두꺼운 얼음이 투명을 가리운 후로는 기도와 찬송의 음파가 저들의 귀고막에 닿는지 안 닿는지 알 길이 없었다. 이렇게 격조하기 무릇 수개월 남짓!

봄비 쏟아지는 날 새벽, 이 바위틈의 얼음 덩어리도 드디어 풀리는 날이 왔다. 오래간만에 친구 개구리들의 안부를 살피고자 담속을 구푸려 찾았더니 오호라, 개구리의 시체 두세 마리 담 꼬리에 둥둥 떠 있지 않은가!

짐작컨대 지난 겨울의 비상한 혹한에 작은 담수의 밑바닥까지 얼어서 이 참사가 생긴 모양이다. 예년에는 얼지 않았던 데까지 얼어붙은 까닭인 듯, 동사한 개구리 시체를 모아 매장하여 주고보니 담 속에 아직 두 마리 기어 다닌다. 아, 전멸은 면했나보다!(1942년 3월호)[32]

물론 이 '조와'의 핵심 메시지는 일본의 압제와 핍박이 아무리 심하더라도 한민족(韓民族)은 결코 멸하지 않고 끈질기게 살아남을 것이라는 함의를 내포하고 있다.

김정환 교수는 이 '弔蛙'에 흐르고 있는 심층적 기본사상을 세 가지로 구조화하여 외연을 넓혔다. 첫째, 외국의 선교사업비에 의해서

32) 김정환, 『김교신』, 23쪽 재인용.

유지되는 교회는 진정한 우리의 교회가 될 수 없다는 것; 둘째, 국적이 뚜렷하지 못하고 민중의 가슴과 생활에 파고들지 못하는 기독교는 우리의 기독교가 될 수 없다는 것; 셋째, 성서(聖書)를 통하여 민족의 혼을 일깨워 앞날의 진정한 독립의 정신적 기틀을 만드는 것이 진정한 민족교육이라는 것이다. 따라서 김정환은 이것을 무교회 기독교의 세 가지 기조, 즉 민족적·민중적·토착적 기독교라고 우선 개념정리하였다.[33)]

김정환 교수(고려대 교육학과)는 『성서조선』의 변천사를 일목요연하게 정리한 바 있는데 이것은 매우 귀한 자료라고 사료된다. 그 내용은 다음과 같다.

①「城西통신」 - 6인(양인성, 유석동, 송두용, 정상훈, 함석헌, 김교신) 합작(정상훈 外 5인 합동 운영)

성서(城西)통신 제16호에 실린 짤막한 社告(사고)

> 지금까지 6인의 합작으로 경영하여 오던 '성서조선社'는 이번에 형편에 의하여 해산하였습니다. 이번호까지 정상훈 명의로 발행되었으나 금후의 경영은 김교신 단독으로 당하겠습니다.[34)]

②「聖朝통신」 - 1936. 1월호부터 변경된 명칭, 김교신 선생 단독 운영 체제

33) 김정환, 『김교신』, 23-24쪽.
34) 전게서, 191-192쪽.

이러한 변화의 과정을 거쳐 거듭난 『성서조선』은 다음과 같은 다섯 가지의 특성을 유지하게 된다.

> 첫째, 동인지(同人誌)에서 김교신 개인이 총책임을 지는 개인 잡지로의 전환이다(단독성).
> 둘째, 전문적인 신학(神學)논의를 삼가하고 서당식 성서공부를 중심으로 그리고 믿음으로 살아가는 모습을 담는다(비신학성).
> 셋째, 사업보다 말씀이다(성서중심성).
> 넷째, 농부나 어부들의 벗이 되는 잡지 지향(민중성)
> 다섯째, 무교회(無教會)적 전도를 중시한다. 즉, 주로 예수 십자가를 중심으로 그리고 교회 밖의 사람들을 주요 전도대상으로 삼는다(무교회성).

위와 같은 정신에 입각한 결과가 1930년부터 1941년까지 장장 12년에 걸친 김교신의 '공개일기'다. 이 일기는 『김교신 전집』 제5~7권에 수록되어 있다. 따라서 이 일기를 읽지 않고서는 ① 『성서조선』, ② '김교신', ③ '무교회'를 이해할 수 없다. 이 일기를 통해 김교신의 믿음, 교육, 애국이 통합된 실존적 삶의 멜로디를 들을 수 있다. 그러나 이 공개적 일기는 제 145호(1941년 2월호)를 마지막으로 그 자취를 감춘다. 그 이유를 『성서조선』 146호에 게재된 「성조통신의 폐지」라는 다음의 글을 통해 이해할 수 있다.

> 달마다 본지(本誌)의 끝부분을 차지하던 「성조통신」은 주필[김교신]의 개인적 일기인 동시에 '성서조선사'의 공적 역사요 독자로서의 소식난도 되었으나 그런 것보다도 실생활에 응용한 성서주해의 의미로서 여러 가지 거북한 일도 무릅쓰면서 이것을 연재하여 왔다. 그러나 살아 있는 사람의 일기인 탓으로 그 안에는 하늘의 일, 사람의 일, 사회의

일에 대한 관찰도 있었고 감상이나 비판도 때로는 없지 않았다. 이제 당분간은 '성조통신'을 폐지하고 오로지 성서주해 같은 순 학구적인 것으로만 지면을 채워서 속간하기로 한다.[35]

노평구는 위와 같은 사실에 대해 다음과 같이 단언하고 있다.

… 이는 '일기(日記)'에 의한 일제(日帝)의 전쟁, 식민지 정책 등에 대한 저자(김교신)의 심한 비판이 총독부 검열 당국의 비위를 거슬러 잡지[성서조선]의 존폐에 관계되므로 일기(日記)의 붓을 꺾었던 것이다.[36]

이렇게 日記의 붓을 꺾게 했던 일제는 이로부터 꼭 1년 뒤인 제158호(1942년 3월호)를 끝으로 『성서조선』의 붓까지 영원히 꺾게 해 버렸다.

김교신선생이 교직 생활 이상으로 천직이라 생각하며 혼신의 힘을 쏟았던 것은 월간지 『성서조선』의 발행 및 '성서연구'집회였다. 『성서조선』은 선생을 비롯하여 함석헌, 송두용, 정상훈, 양인성, 유석동 등 우치무라 간조 문하의 신앙 동지들에 의해 동인지로서 1927년 7월에 창간되었었다.

『성서조선』 발행과 표리일체를 이루었던 또 하나의 활동은 일요일마다 열린 '성서연구회' 였다. 이것은 1930년 6월부터 주로 가정집회 형식으로 약 10년간 계속되었다. 성서연구회와 동시에 1932년 이후 매년 연말연시에 1주일간 전국 각지의 신앙 동지 및 『성서조선』 독자들이 함께 모이는 '동계 성서집회'를 약 10년 동안 자택에서 개최하였다. 성서연구회 및 성서 집회에서 행한 강의와 강연 내용은 『성

35) 김정환, 『김교신』, 193쪽.
36) 전게서.

서조선』에 게재되었었다. 선생은 무교회주의를 통해 '참된 기독교'를 천명하고, 성서에 의해 새롭게 거듭나는 인간을 양성하여, 조선의 참된 독립을 추구하는 것을 이러한 종교 활동 및 집회의 궁극적인 목표로 삼았었다. 그 때문에 『성서조선』은 일제로부터 불온한 책으로 지목되어 오다가 마침내 1942년 3월호(제158호)에 실린 권두언 「조와(弔蛙)」가 조선의 민족혼을 찬양했다는 이유로 폐간처분을 당하였던 것이다.

15년간 지속되던 『성서조선』이 폐간되던 1942년 4월은 일본군국주의 침략 전쟁이 가장 맹위를 떨치던 시기였다. 이보다 6개월 전 1941년 12월 7일 일본 가미가제 편대는 미국 하와이 주력 해군을 선제공격한다. 물론 아직도 수백 대의 비행기가 태평양 상공을 수 시간에 걸쳐서 날아온 그 전시 상황을 어떻게 몰랐는지 왜 그날 일요일 아침 레이다 기지의 책임자는 미상의 비행기 수백 대가 날아온다는 보고를 받고서도 아무런 조치를 취하지 않았는지 지금도 미궁에 빠져 있지만, 하여간 내선일체(內鮮一體)를 부르짖으며 조선반도의 힘께나 쓰는 남자는 모조리 징병과 징용으로, 얼굴께나 빠진 여자는 공장으로 정신대로 몰아가던 암흑의 시대였으니 『성서조선』의 독자들을 족치는 일쯤이야 그게 무슨 대수였을까? 독립의 씨앗이란 씨앗은 모조리 찾아내어 뿌리까지 박멸하던 탄압의 절정기였던 것이다. 일경은 호시탐탐 그 기회를 노리고 있다가 〈아 전멸은 면했나보다〉라는 희망의 단초마저 자르고자 김교신, 함석헌 선생을 비롯한 『성서조선』에 관련했던 주요 인사들을 감옥에 가두었던 것이다.

이와 같은 어려운 시국과 상황에서도 매월 혼신을 다해 연구·편집한 우리말로 엮어진 월간지 『성서조선』이야말로 그 가치(價値)를 환산할 수 없이 진귀한 것이었다. 김교신은 무엇 때문에 이러한 어려운 일을 자발적으로 하였을까? 하나님을 진심으로 신봉하고 동족과 나라를 진정으로 사랑하는 마음에서 우러나오는 심혼(心魂) 외에 다른 것이 아니었을 것이다. 그러므로 김교신은 신약성서 요한복음 제1장에 나오는 나다나엘(Nathanael) 같이 순수한 '조선인(한국인)'이었다고 생각한다.

저자는 이 대목에서 애국애족자 김교신 뿐만 아니라 또 하나의 참 순수하고 윤리·도덕적인 한국인 김교신을 발견한다. 물론 그 바탕은 '무교회 그리스도교'이지만.

Ⅸ. 무교회신앙 운동

1. '무교회주의'(無敎會主義)개념

'무교회주의'는 '무교회운동'(Non-Church Movement)과 같은 개념이어서 이 두 용어는 상호교환적(interchangeable)으로 사용될 수 있다고 본다. 우선 『새국어사전』에 따르면 '무교회주의'를 다음과 같이 정의하고 있는 것을 볼 수 있다.

> 세례·성찬식 등 교회 제도에 따르지 않고 성서의 올바른 연구와 그에 따른 새로운 인식을 바탕으로 하여 성서 속의 복음, 곧 진리에 입각한 신앙에 의해서만 인류가 구원될 수 있음을 강조하는 주장[1)]

그런가 하면 『국어대사전』(이희승 편, 민중서관, 1970)에는 아래와 같이 정의되어 있다.

> 현재의 교회제도에 반대하고 성서(聖書)의 올바른 연구와 인식으로부터 출발하여, 성서 속의 복음 곧 진리에 입각한 신앙에 의해서만 인류가 구원됨을 강조하는 주장. 19세기 일본 기독교계의 지도적 사상가 우치무라 간조(內村鑑三)에 의하여 제창되었음.[2)]

1) 이기문 감수, 『동아 새국어사전』, 동아출판사, 1996. 730쪽.
2) 이희승 편, 『국어대사전』, 민중서관, 1970. 1009쪽.

따라서 '무교회(Non-Church)'는 (유)교회(Church)에 대한 'Anti-thesis'(反定立)이라고 볼 수 있다. 무교회의 주장은 대체로 교회제도나 '건물교회'에 대한 지양(止揚, Aufheben)으로서 교권조직과 건물(빌딩)을 배제한 개념이라고 할 수 있다. 이렇게 본다면 '무교회(無敎會)'는 초대 그리스도교 때 그리스도인들이 모였던 곳의 명칭 '에클레시아(ecclesia)'에 해당되지 않을까 생각된다. 왜냐하면 '에클레시아'의 뜻은 제도나 건물 같은 표층적 구조 보다는 '하나님의 사람들'(People of God)이라는 심층적 구조의 의미이기 때문이다. 그러면 왜 김교신은 '무교회'에 방점을 두었을까?

> 교회라고 하면 '천국'이라는 말과 혼동하여 곧 신성한 곳으로 속단하는 신도가 있을뿐더러 저들을 교도하는 교사들까지도 언필칭 성당이니 성회니 성찬이니 또는 하나님 말씀의 교회성이니 운위한다. 그러므로 '교회'라는 데가 특히 하나님을 예배하는 성소(聖所)인 듯이, 거기서 예배하여야만 되는 것같이, 거기라야만 하나님의 말씀이 특별히 나타나며, 성령의 은혜가 특히 임한다는 듯이, 따라서 교회를 통과하여야만 구원에 참여한다든지, 적어도 더 유리한길, 편리한 길이라는 듯이 오해하게 만든다. 우리는 교회에 관하여 전심·전력으로 이에 관심한 경험이 없는 자이니 이렇다고 논단하기를 주저하거니와 교회에 문외한인 소인의 견해를 기탄없이 말하게 한다면 오늘날 기독교회의 부진(不進)은 전혀 거룩하지 않은 '교회'를 거룩한 것이라고 거짓말하여 잘못 믿게 한 데에 기인한다고 일러주고 싶다. 교회당이라는 건축물이 거룩한 것이 못 될 것은 "하나님은 이 산이나 저 산에서 예배할 것이 아니오 오직 영과 진리로써 예배할 것이니라"는 주 그리스도의 말씀으로써 명백한 일이니, 교회에서 드리는 기도만을 특별히 가납(嘉納)하실 리가 만무한 것이며, 현실 교회란 것은 본래부터 세리, 창기, 죄인들이 회개하고 모여 시작한 것이요, 전(全)가산을 팔아 헌납할 때에

도 그 반분(半分)은 감추는 자들이 모인 곳이다. 사도시대의 교회에도 사회의 하층 계급의 인물들이 모였거니와 우리 조선교회의 역사도 마찬가지로 상민(常民)이 모인 곳이요, 빈자와 무교육한 자가 모인 곳이요, 죄인들이 모여서 통회하던 자리가 즉 교회였다. 이렇게 말함은 교회를 욕하고자 함이 아니라 오직 그 진상을 말하고자 할 뿐이다.

교회에서 '거룩'이라는 개념을 제거하고, 교회당이라는 것은 부엌간이나 공장이나 마찬가지 건물인 줄 알고 아무데서 기도하여도 들으시는 신(神)이시니 교회당에서 응답하시려니 생각할 때에 교회에 축복이 임할 것이다. 거룩한 교회에만 하나님의 말씀이 나타난다는 고집을 버리고, 선악인의 구별없이 한결같이 우로(雨露)와 양광(陽光)을 주시는 하나님이시니 죄인의 괴수들이 모인 이 교회에도 그 말씀으로써 길러 주시려나 하고 겸비하게 본연의 자리에 설 때에 참 하나님의 음성을 들을 것이다. 현실 교회는 계(契)나 조합이나 회사 모양으로 서로서로의 편익을 도모하는 곳이라고 본다면 교회를 모독한다고 할까.(1936년 6월)[3)]

그러면 '조선무교회'의 창시자로 볼 수 있는 김교신 선생 자신은 '무교회'를 어떻게 정의하였을까? 김교신은 「무교회(주의)론」이라는 제하에서 다음과 같이 설명하고 있다.

무교회주의이면 교회와의 대립 항쟁에만 그 존재 이유가 있는 것이라."함은 무교회주의에 대한 천식(얕은 식견)이요 독단이다. 이는 무교회주의를 크게 그릇되게 하는 견해이다.… 우리가 알기로는 무교회주의자란 것은 종교 전문학자 또는 직업적 종교가가 아니요, 보통 사람이요, 소인(素人)이요, 문외한이다. 저들은 통상 인간이요, 신학자가 아닌 까닭에 악의가 없다. 무교회주의 본령은 소극적으로 대립 항쟁함에

3) 『김교신 전집 2』, 221-222쪽.

있지 않고 적극적으로 진리를 천명하며 복음에 생활하는 데 있다. 때로 항쟁이 없지 못하나 이는 진리가 현현하며 생명이 성장하는 길에 장애물을 봉착한 때의 일시적 불가피의 현상이다. '무교회'라고 해서 '기독교회'만이 그 항쟁의 대상이 아니다. 무교회자는 개념에 사는 학자가 아니요, 현실 세계에 생활하는, 살아있는 사람인 고로 그 시대 그 사회의 현실에 착안하여 싸운다. 오늘날 조선 교회를 공격함에는 용자(勇者)가 필요치 않다. 각자 교파의 내분에 빈사의 상처를 입은 조선 교회들을 추궁함이 통상 인간 심정으로는 쾌사(快事)가 아니다. 무교회는 '교회'와만 싸울 것으로 아는 데에는 승려적 편협이 있다. 교회 이외의 것과도 싸우는 데에 무교회의 정신이 있다. 과연 누가 선한 싸움을 싸울 것인가는 주 예수의 은총을 기다려 볼 것이다.(1936년 11월)[4]

양현혜교수(이화여대 기독교학과)는 김교신이 왜 '무교회주의'를 택하게 되었는지에 대한 이유를 다음과 같이 설명하고 있다.

김교신은 자신의 신앙을 담아내는 교회 형태로 '무교회'를 선택했다. 성직자, 성례전, 조직이라는 매개 없이 성서 강해를 중심으로 한 평신도의 성서공부라는 형식으로 자신들의 집회를 운영하였다. 김교신이 우치무라의 무교회주의를 받아들여 기성 교회를 거부한 것은 교회의 부패에도 원인이 있으나, 보다 본질적인 이유는 기독교 신앙에서 '교회'는 비본질적인 것이라고 생각했기 때문이다. 그에게 기성교회의 오류는 그리스도를 생활에서 만나는 본질을 버리고, 그것을 하나의 기관과 그것에 부수하는 조직, 교의(教義), 예배 형식으로 대체하는 것이었다. 그가 생각한 '무교회'의 핵심은 기독교 신앙에서 본질적인 것은 '그리스도와의 일치'를 일상생활 속에서 실천하고 증거하는 것이고, '교회'는 기독교 신앙에서 제 2차적인 문제라는 주장이었다. 따라서 그에게 '교회 외에는 구원이 없다.' 라는 원칙은 타당하지 않았다. 김교신은

4) 『김교신 전집 2』, 256-257쪽.

"교회 밖에는 구원이 없다고 단언하는 교회주의자에 대해서 교회 밖에도 구원이 있다."고 항의하는 것이다.[5)]

다음 내용은 '무교회' 개념과 맥락을 같이하는 '무교회 클럽' 개념이다. 이것을 통해 우리는 조선무교회가 추구하는 것이 무엇인지에 대해 한 발자국 더 나갈 수 있다고 생각한다.

무교회 클럽은 루터의 종교개혁 정신을 이어받으면서 그 이념을 극한적으로 실현하기 위해 눈으로 보이는 회당(會堂)으로서의 교회를 비판하고, 세속적 조직으로 비대해져 가는 교회의 갖가지 제도, 권능, 겉치레 의식을 경시하고, 오로지 성경연구만을 중시함으로써 루터의 만인사제관에 근거한 종교개혁의 이념을 오늘날에 보다 철저하게 수행하고자 한다.[6)]

1982년 1월 15일자 '중앙일보'에 소개된 '무교회'에 관한 기사는 '무교회'에 대한 지식을 한 층 높여준다.

교회라는 조직을 거부하고 성서연구를 중심으로 한 기독교 신앙방식의 하나인 무교회주의 운동은 김교신 선생(1901-1945)에 의해 주창되고 확산되었다. 가정 집회 등으로 신앙방식을 택하고 있는 기독교 신앙인은 약 5,000명(1946년에는 약 300명, 1982년에는 약 5,000명), 무교회 신앙 집회가 활발히 전개되고 있는 지역은 서울, 부산, 대구, 인천, 광주, 대전, 전주 등 대도시. 이 집회에 참석하는 사람들은 주로 대학교수, 의사, 교사 등 지식인들이 주축을 이루고 있다. 이 같은 무교

---

5) 양현혜, 「김교신의 무교회주의와 '일상성 속의 증거'로서의 신앙」, 『기독교사상』 2015. 5, 51쪽.

6) 김정환, 『김교신』, 82쪽.

회 신앙의 확산은, 교회를 중심으로 한 기독교 신앙이 너무나도 형식화, 조직화, 형해화 되고 있기 때문.

김교신 - 함석헌 - 노평구 씨 등으로 이어진 한국 무교회주의 신앙을 이끌고 있는 주요 인사는 서울 - 유세희(고려대 교수), 김정환(고려대 교수), 고병려(연세대교수), 최선근(한양대교수), 최태사(의사), 이진구(『성서신애』 편집인), 부산 - 임능빈(부산대교수), 대구 - 박노훈(학원강사), 인천 - 송문호(교사), 광주 - 국희종(의사), 박석현(신앙인), 대전 - 성주학(교사) 등. 무교회주의자들이 이끄는 신앙방식은 대체로 가정집회, 주일모임 등의 형식을 취하고 있으며, 예배는 찬송가, 기도 등 최소한의 의식만을 가질 뿐 절대적으로 성경연구와 토론에 중점을 둔다.[7]

앞에서 논의된 여러 가지 사항을 종합 정리해 보면 무교회 클럽과 일반 교회 신자와의 신앙생활 방식에는 몇 가지 점에서 차이가 난다. 첫째, 눈에 보이는 회당으로서의 교회를 진정한 교회로 보지 않고, 신자들이 성서를 읽고 기도하는 모든 자리가 교회일 수 있다고 본다. 둘째, 교회의 목사, 또는 각 교파의 지도자들이 가지고 있는 권한, 즉 교권을 인정하지 않는다. 셋째, 세례식·성찬식 등 교회에서 행하는 예식에 별 의미를 부여하지 않는다. 넷째, 하나님이 우리 민족에게 위탁하신 귀한 섭리사적 사명이 무엇인가를 한국의 쓰라린 역사를 바탕으로 찾아내는 일을 신학의 가장 중요한 과제로 삼는다.

다음 자료는 미국 시카고 대학에서 김교신 연구로 박사학위를 받은 정준기 박사의 지적으로서 일본 무교회의 창시자 우치무라 간조와 조선에서 무교회를 시작한 김교신을 비교설명함으로써 '무교회 개념'을 좀 더 선명하게 부각시켜주고 있다.

---

7) 김정환, 『김교신』, 331쪽.

우치무라는 서구세력의 일본지배를 거부했고, 김교신은 일본세력의 한국지배를 거부했다. 한국의 '무교회적 기독교'의 발생은 많은 점에서 이같은 저항적 투쟁들의 표현이다. 서구세력과 일본세력의 영향에 저항하기 위해서는 - 이 둘은 다 자기네가 보편적 문화의 '중심'이라고 여겼다 - 우치무라와 김교신은 '일본적 기독교'와 '조선적(한국적) 기독교'를 각각 구축하지 않으면 안 되었다. 이로써 그들은 그들 자신들의 '중심'을 다져야만 했다. 우치무라는 서구 기독교의 중심적 역할을 부인했다. 그들의 때는 이미 지났으므로 새로운 중심이 필요하다는 것이다. 일본이 바로 이 몫을 맡아야 한다고 우치무라는 생각했다. 김교신도 비슷한 논리로 한국을 생각했다. 그러나 김교신에게는, 일본은 이 중심적 역할을 수행하는데 꼭 필요한 고난에 대한 체험이 없다. 바로 이것이 있는 곳은 조선이었다.… 김교신은 일본이 서구 대신에 새 중심이 되는 것을 거부하고 조선을 중심으로 세우려 했다. 이 둘은 다 자기네의 특수한 문화로 이 세계사적 사명을 감당하려 하였다.… 특수성의 형태로 보편성에 이바지한다는 이 논리는, 세계의 모든 민족에게도 널리 이같은 몫을 수행할 수 있는 길을 열어야 한다는 논리로 이어진다. 제3국의 나라들도 이 같은 논리를 좇아 세계적 종교의 새 주인으로 자신들을 세우게 될 것이다.… 특수성과 보편성은 한 동전의 앞면과 뒷면 같은 것이다.[8)]

2. 무교회 신앙론

흔히 '무교회'라 하면 교회건물을 제대로 갖고 있고 전통을 지닌 제도적으로 튼튼한 유교회(有敎會)를 염두에 두고 그러한 교회를 타파하거나 대립 항쟁하는 일을 사명으로 생겨난 '새교회' 쯤으로 생각할 수 있으나 결코 그렇지 않다는 것이 조선에 무교회를 창시한 김

8) 김정환, 『김교신』, 333쪽 재인용.

교신 선생의 견해이다. 따라서 '무교회'(Non-Church)라는 뜻은 교회를 없애거나 반대한다는 뜻이 아니라 경직되고 생명력을 상실한 기존 교회의 굴레를 벗는다는 의미이며 껍질만 남은 교회에 대한 저항(Protest)의 뜻이다. 그러므로 이것은 갈릴리 호반의 어부들이 가졌던 순수한 복음신앙, 루터의 종교개혁 정신을 조선에 실현하자는 것 외에 다른 것이 아니다.[9)]

좀 더 구체적으로 말하자면 무교회 신앙이란 고독, 핍박, 비애, 희생의 길이며 조직도 없고 통제도 없으나 하나님의 통치를 직접 받는 거룩한 교회, 순전히 우리의 양심이 언제나 주님과 직결되어 있는, 그리하여 흔들리지 않는 신앙이 무교회 신앙, 또 이런 신앙으로라야 어느 때까지든지 속화(俗化)되지 아니할 전투적 기운이 농후한 의병(義兵)의 사(士)로서의 크리스천이 되는 것이다.[10)]

그런데 김교신의 '무교회신앙'을 깊이 들여다보면 네 가지 특징을 지니고 있다는 것이 김정환 교수의 관찰이다.

첫째는 가시적 공간과 회당만이 교회라는 생각을 배제한다. 두 세 사람이 모여 기도드리는 바로 그곳이 교회인 것이다. 성경을 읽는 곳 바로 그 자리가 교회이다. 기독자가 봉사하는 온 생활의 마당이 교회이다. 둘째는 성직제도에서 비롯한 갖가지 교회의 권능을 인정하지 않는다. 관료화된 계층 구조, 비본질적 구속·규제를 거부(불인정)한다. 성직자를 통한 물세례만이 참 세례라는 생각을 인정치 않는다. 대신 각자가 회심을 통해서 영으로 받는 세례가 진정한 세례라고 본다. 셋째는 '교회'만이 갖고 있다는 성서해석권을 인정치 않는다. 그러므로 천국의 열쇠를 쥐고 있다는 교황의 권위나 목사 및 신학자들

9) 김정환, 『김교신』, 33-34쪽.
10) 『김교신 전집 6』, 25-26쪽.

만의 성서 해석이 옳다는 생각도 배제한다. 신자 각자가 하나님으로부터 받은 믿음의 분수와 은총의 분수대로 가르침을 받는다고 믿는다. 성서해석에 따른 분열, 중세기적 종교 재판을 무의미한 것으로 여긴다. 넷째는 신의 섭리사관에 입각한 민족 고유의 사명, 세계사적 사명을 중요한 신앙적 과제로 삼는다.[11]

따라서 김교신은 무교회 신앙의 구체적 표상으로서 '홀로 신앙' 즉 '단독자의 신앙'을 강조한다. '모이기를 힘쓰라'는 말씀이 없는 것은 아니지만 줏대 없이 모인 패거리 문화를 달갑게 생각지 않는다. 그 대신 '하나님 앞에 홀로' 대면하는 신앙자세를 김교신은 강조한다. 이러한 주장은 19세기 전반에 덴마크에 출현했던 실존주의 철학의 비조 킬케고르(S.A. Kierkegaard, 1813-1855)를 연상케 한다. 킬케고르는 우리가 하나님 앞에 나아갈 때 '단독자'로서 나아가는 것이 바람직하다는 입장이었는데 이것이 곧 그가 가장 귀하고 높은 실존으로 여겼던 '종교적 실존'(Religious Existence)이었다. 이러한 견해와 맥이 통하는 김교신의 말을 들어 보자.

> 온 지구의 표면은 문야(文野, 문맹과 야만)의 구별이 없이 기독교의 천지가 되었다. 바야흐로 기독교도의 황금시대가 출현한 듯하다.
>
> 그러면 그리스도를 믿는 것은 세계 최대 부강국이 기독교국인 까닭인가. 영, 독, 불 등 선진 제국과 전 세계의 대다수 민중이 그리스도를 숭배하는 까닭인가. 아니다. 결코 아니다. 비록 세계 종교분포도의 색채가 오늘과 상반하여 기독교국이 극소하여지더라도, 아니 지구상에 오직 홀로 남은 때에도 신앙하는 것이 신앙이다. 홀로 설 때라야 참 신앙이다. 아브라함은 홀로 믿었다. 노아도 독실한 신도들의 단체 속에서 신앙을 부지(扶持)한 것이 아니었다. 루터도 시국의 대세를 살피

11) 김정환, 『김교신』, 43-44쪽.

어 하나님을 믿는 것이 아니었다. 전 세계 대(對) 한 사람으로 저는 신앙한 자다. 알지 못하거니와 우리는 이 각오가 있는가. 없는가.(1932년 7월)[12]

김교신은 또 하나님을 대하는 방법에 대해 우리에게 말해주고 있다. 예컨대 시편 제 62편을 펴고 낭독해보라는 것이다. "나의 영혼이 오직 하나님을 묵묵히 대망하나니 나의 구원이 하나님께로 나는도다. 오직 그는 나의 반석이시오 나의 구원이시다. 또 나의 높은 성(城)이시니 내가 요동치 아니하리라."(시편 62:1-2) 고. 참말 나의 영혼의 본색은 부르짖어 소리치는 데 있지 않고 묵묵히 주(主)를 대망하는데 있다는 말씀이다.[13]

김교신의 무교회주의 신앙의 핵심은 보이는 교회(Visible Church)에 매달린 교조적 신앙이 아닌 조선민족의 그리스도교를 뿌리내리는 일이었다. 그러기에 그의 신학은 서양 교회의 모방에 대한 강력한 비판으로서 시종 반(反)선교사적 색채로 차 있었다. '조선산 그리스도교'의 수립이라는 목표는 예수의 복음에 토대를 둔 그리스도교적 애국심으로 발현되었다. 김교신은 조국에 대한 애정(조국독립)과 그리스도교적 신앙을 일체화(一體化)하려고 노력하였다. 그러므로 그의 신앙은 개인적 구원의 차원에서 한 걸음, 한 사람의 조선인 그리스도교인으로서 민족적 과제의 인식과 시대의식을 명확히 지니고서 조선민족의 해방과 조국의 독립을 달성하려는 것이었다.

우리가 알고 있는 대로 '기독교', '예수교', '그리스도교'는 모두 '예수그리스도'가 중심이다. '그리스도'에 해당하는 한자는 '基督'(기독)

12) 『김교신 전집 2』, 122쪽.
13) 『김교신 전집 2』, 121-123쪽.

이다. 그럼에도 불구하고 '장로교', '감리교', '안식교', '성결교'라는 호칭이 '예수' 혹은 '기독'보다도 더 우선시 하는 명칭으로 쓰이고 있다. 이러한 조선기독교의 모순된 현실을 김교신은 매우 안타깝게 생각하고 그 사실을 다음과 같이 신랄하게 지적하고 있다.

> 우리는 학문적으로 제7일 안식교회가 참 기독교회인지 아닌지를 연구해 본 일이 없다. 다만 저들의 집회에 참석하여서 기이한 감에 못 견디는 것은 저들도 기독교도라고 자칭할뿐더러 장로교보다도 감리교보다도 가장 정통의 신앙을 가졌노라, 가장 정당한 성서 해석을 하노라고 장담하는데, 저들은 아침이나 저녁이나 밤에나 낮에나 설교 내용이 '안식일'이요 연설도 '안식일'이요, 주도자에게도 '안식일'부터 설명이요, 수십 년 다니는 자기 교회원에게도 '안식일'로써 단속한다. 안식일론은 주 예수의 "안식일은 사람을 위하여 있는 것이요 사람이 안식일을 위하여 있는 것이 아니니, 이러므로 인자(人子)는 또한 안식일의 주인이 되느니라."는 말씀으로써 이미 결론된 줄 알았더니, 저들은 '제자가 스승보다 나아서' 안식일에 관하여는 주 그리스도의 설을 보충 전개하지 않고는 '안식'하지 못한다.
>
> 또 '성결(聖潔)'이라는 것이 기독교의 큰 요소의 하나인 데 이의(異意)가 없을 것이나 '성결'에 이르는 특별한 첩경이나 있다는 듯이, '성결'의 일수판매권이나 장악한 듯이, 새벽기도회도 '성결'이요 저녁 사경회에도 '성결'이요, 평신도들에게도 '성결'을 종용하며, 교역자에게도 '성결'을 자부하게 함은 도리어 치우치게 함이요 병되게 함이 된다. 그리스도가 나타나는 곳에 성결이 따르나니 성결교회에서 주 그리스도를 고창(高唱)한다면 누가 성결교인이 되기를 꺼려하랴.
>
> 교회니 조직이니 하는 것이 필요하다고 가정하라. 오늘 조선의 큰 교파들처럼 제직회와 당회로부터 연회, 총회에 이르기까지 밤낮 조직이니 헌법이니 십일조니 하여 보라. 신자에게 남는 유익이 무엇인가. 그러므로 주일(主日)과 3일(수요일)예배에서도 예수를 역설하며, 연회

와 총회에서도 그리스도를 전하며 나타내는 일을 주로 하고, 다른 사무처리를 부업적으로 하라. 장·감 교인도 예수를 고창하며 성결교, 안식교인도 그리스도를 주역으로 하라. 그리하면 우리도 각파의 소이(小異)를 양보하면서 장로교인도 되고 안식교인도 되리라. 너 나 없이 예수 그리스도를 뚜렷하게 전하라. 그 일이 기독교의 알파요 오메가니라.(1936년 8월)[14]

김교신에 따르면 '무교회'란 곧 '민족교회'를 의미하며 좀 더 구체적으로 말하면 ① 민족적 기독교, ② 민중적 기독교, ③ 토착적 기독교를 말한다.[15] 그러므로 이것은 제도적 기독교도 아니고 의식적(儀式的) 기독교가 아니라 16세기 유럽의 종교개혁자들이 부르짖던 체험적 기독교, 영적(Spiritual) 기독교인 것이다.[16]

단, 이 대목에서 꼭 유의해야할 사항이 하나 있다. 그것은 '체험적' '영적'인 것을 강조하게 되면 마치 '비이성적'인 것처럼 생각할 가능성이 있으나 무교회주의자 김교신의 경우는 결코 비이성적인 종교체험을 용납하지 않는다. 그는 철저하게 인간의 이성(理性)을 매우 중시했다. 김교신은 신앙이 신비주의나 영광주의로 흐르는 것을 경계했다. 당대 부흥사였던 김선주 목사는 1930년대에 이르러 종말론에 심취해 있었으나 김교신은 그에 영향받지 않았다. 또한 당시 떠오르던 감리교회의 젊은 부흥사 이용도 목사는 김교신과 만나 서로를 위해 기도하는 처지였지만 김교신은 이용도의 신비주의적 접근에 유보적 태도를 취했었다.[17] 임마누엘 칸트(Immanuel Kant, 1724-1804)가

14) 『김교신 전집 2』, 233-234쪽.
15) 김정환, 『김교신』, 32쪽.
16) 전게서, 33쪽.
17) 김교신 선생 기념사업회, 『김교신, 한국사회의 길을 묻다』, 서울: 홍성사, 2016, 94쪽.

신비한 것을 완전히 배제하면서 '도덕적 이성 신앙'을 아주 중시했는데 이것은 김교신의 견해와 동일한 것인지, 아니면 다른 것인지 필자는 이 문제에 대하여 명확하게 논급하기가 어렵다. 이러한 필자의 입장에도 불구하고 혹 틀리더라도 말해보라고 촉구한다면 칸트와 김교신의 입장은 같은 입장일 것 같다는 생각이다. 칸트는 이성을 중시하는 계몽시대의 철학자이었기 때문에 당연히 그러했는지는 몰라도 그가 바라던 종교는 어디까지나 이성(理性)을 벗어나면 그것은 허구요 미망이라는 엄숙한 주장이다. '다만 이성(理性)의 한계 안에서의 종교'였었다.

김교신의 신앙론을 보면 매우 이성적이었고 합리적이었다고 보여진다. 그 증거로 그는 진리탐구에 매우 열정적이었다는 점을 말하고 싶다. 지리·박물학 교사로서 매우 탐구적이었고 무교회 신자로서 성서공부에 최선을 다한 것으로 생각된다. 왜냐하면 성경을 보다 정확히 이해하기 위하여 헬라어, 히브리어, 영어, 독일어, 한문공부를 부단히 했던 것으로 알고 있다. 그러기에 그는 학자 및 선비의 모습이 물씬 풍겼던 것으로 상상된다. '성서연구회'를 이끈 것도 그의 학자적 성품의 발현이었지 않나 하는 생각이 든다. 그래서 필자는 그를 일컬어 '중등학교 교사(教師)'라기 보다는 '중등학교 교수(教授)'(?)라고 부르고 싶다.

조선 무교회의 지도자 김교신 선생은 그의 목표를 다음과 같이 피력하였다.

> 오직 성서의 진리를 배우며 자신을 초달쳐서 그리스도의 족적을 따르려는 것이 우리의 일이다.[18]

18) 『김교신 전집 2』, 250쪽.

이렇게 보면 김교신 선생의 궁극적 관심은 '무교회', '무교회주의', '무교회신앙'이 아니라 '그리스도 예수를 따르는 자'(Follower of Jesus Christ), 토마스 아 캠피스(Thomas a Kempis)가 말한 '그리스도 닮기(Imitation of Christ)'가 아닐까 하는 생각이 든다. 이러한 생각과 태도는 과연 그리스도교의 핵심을 제대로 짚은 것이 아닐까. 왜냐하면 무교회 신앙 내지 무교회주의는 곧 '그리스도의 정신'이고 '무교회주의자'란 다름 아닌 '진정한 크리스천'을 의미하기 때문이다.

3. 무교회 신자들의 삶

김교신 선생이 추구한 무교회(주의)의 진정한 삶이 무엇인가를 여실히 그리고 명명백백하게 보여준 요약된 진수는 바로 1939년 5월에 쓴 이 글이 아닌가 생각한다. 이 글 속에 참다운 그리스도의 길을 일목요연하게 요약해 주고 있다. 필자의 견해로는 이 글이 김교신의 삶과 가르침의 총체적인 요체라고 믿는다.

> 기독교는 타력종(他力宗)이다. 신자의 자력으로 되는 것이 아니라 예수 그리스도의 공로를 힘입어서 구원을 얻는다는 것이다. 유대교인들이 율법을 역행(力行)하고서도 얻지 못하던 것을 예수의 십자가만 믿음으로써 얻을 수 있다는 것을 가르친다. 그러므로 예수교를 일명 '복음(福音)'이라고 일컫는다. 이교(異教)에서 숭상하는 난업 고행과 적덕을 쌓은 것이 없이라도, 회개하고 예수의 이름을 믿기만 하면 된다는 것이다. 인간의 무거운 짐을 지고 가는 자에게 이보다 더한 기쁜 소식은 없을 것이다.
>
> 그러나 복음은 결코 무위(無爲)의 생활과 방종의 생애를 긍정하는 것은 아니다. 구약시대의 선인(先人)들과 불도(佛徒), 유가(儒家)의 선

철(先哲)들이 애타게 힘써도 용이히 도달할 수 없던 자리까지 비교적 쉽게 달할 수 있다는 것이요, 그와 같은 노력이 아주 불필요 하다는 것은 아니다. 그러므로 예수께서 말씀하시기를 "내가 율법이나 선지자를 폐하러 온 줄 생각지 말라. 폐하러 온 것이 아니라 완전케 하려 함이로다.… 내가 너희에게 이르노니 너희가 서기관과 바리새인보다 더 낫지 못하면 결단코 천국에 들어가지 못하리라."(마태복음 5:17-20)고 하였다. 복음이니 신앙이니 운위하면서 불도(佛徒)의 규모도 좇지 못하며, 유가(儒家)의 역행도 본받지 못하고, 한갓 방종 안일의 생애를 일삼음으로써 복음의 진수를 파지(把持)한 듯이 자변자위하는 무리가 적지 않은 것은 실로 한심한 일이라 아니 할 수 없다. 특히 젊은이들 중에까지 이 병이 만연된 것은 통탄할 일이다. 기독교에서 말하는 기도는 필요한 것을 기구하는 일 뿐이 아니라, 그보다도 성령의 소금으로써 생생한 자아를 절여 죽이는 역사(役事)이다. 소금으로써 김장을 절이듯이 몽매 중에 갱생한 자아를 새벽 첫 시간에 또 한 번 매장하는 일이다. 예수 믿는 일의 최대사는 이 자아를 죽이는 일인 고로 실로 북한산을 옮기기보다 더 어려운 일이다.

성구 암송의 일이 또한 중차대하다. 신앙생활의 풍성 여부는 하나님의 말씀의 풍성함에 비례하는 법으로서, 말씀은 몽매 중에라도 암기하게 되는 것이 제일 첩경이다. 그러므로 일일(一日) 일구(一句), 혹은 수일에 일절씩이라도 성구(聖句)를 암송하도록 노력을 다 해볼 것이다. 그 밖에 신앙 정진의 방법이 한 두 가지뿐이 아닐 터이니, 형제여 자매여, 원컨대 하루라도 정진 없는 죽은 날을 두지 마사이다.(1939년 5월)[19]

필자는 『김교신 전집』 7권 모두를 정독하였다. 문장 하나하나가 너무 진지하고 심각하여 웃음이 없어 보였다. 일제의 잔인무도함 속에 묻히고 억압된 조선인의 삶이 오죽하였겠는가, 게다가 청·일 전

19) 『김교신 전집 1』, 166-167쪽.

쟁, 러·일 전쟁, 급기야는 세계 제2차 대전까지 체감하고 직접 목격한 조선인 김교신에게 무슨 기쁨이 있었겠는가! 하지만 김교신은 놀랍게도 참 크리스천의 삶이란 기뻐하는 삶이라고 자신있게 말하고 있다. 그 대표적인 사례로서 사도 바울(St. Paul)을 예거한다. 이런 식으로 우리의 생각을 넓히면 예수님도 때로는 통쾌하게 웃으셨고 유모어가 있었을 것으로 생각한다. 그래서 필자는 거실에 '웃는 예수'의 초상화를 오래전에 구입하여 걸어놓고 살아왔다. 다음 글은 이와 관련한 김교신 선생의 진언(眞言)이다.

> 신앙생활의 가장 현저한 특색은 기뻐하는 생활이다. 기독교를 오해하는 이는 기독교 교사가 다과 먹는 것을 보고 의외임에 놀라는 이가 있다. 그는 기독교라고 하면 밤낮 찡그린 면상으로써 고심 분투하는 도덕의 훈장인 줄로만 알고있었기 때문이다. 그러나 참 기독교는 기뻐뛰노는 약동의 생명에 넘쳐 사는 것이 그 진면목이다. 주위 환경의 여하에 불구하고 참으로 천국을 소유한 자에게는 기쁨이 있다. 그 적절한 예는 사도 바울이었다. 파선, 질병, 가난, 핍박, 오해, 훼방, 투옥 중에서도 저는 천국 발견자의 기쁨에 넘쳤고 또한 능히 타인까지도 기뻐하게 하였다. 기쁨을 산출하는 복음이라야 참 복음이다.(1938년 3월)[20]

> 예수를 믿는 사람의 생활은 하루하루가 기쁨이 넘치는 삶이요, 일평생 싫증이 생기지 아니하는 달콤한 생애다. 세상 사람들은 장수하기를 간절히 원하지만, 정직한 선배들의 고백하는 말을 들으면 40이 넘어 50이 가까울 때부터 도무지 더 살고 싶은 욕심이 없어지고 인생에 대한 흥미가 소멸하여지는데, 그렇다고 자살이라도 하여 버리면 좋을 듯하나, 그렇게는 차마 못하니 이를테면 죽지 못하여 사는 삶이라고 할 수 밖에 없다고 한다. 그리스도인은 원래 이 세상에서 오래오래 살기를

20) 『김교신 전집 2』, 185쪽.

> 그다지 소원하는 바가 아니지만, 그러나 이 세상에서 사는 날까지는 마치 갈한 사람이 달콤한 샘물을 삼킬 때의 그 맛처럼, 한 모금 한 모금이 모두 맛나고 시원하고 만족하고 달콤하고 긴장되고 소생하여 기뻐 뛰노는 하루하루요 일평생이다.… 우리가 예수를 믿는 것은 예수와 함께 하루를 살고 보니, 거기는 달콤한 석청(石淸)이 흐르는 곳이요, 어머니의 풍족한 유방이 있는 데요, 무진장한 보화가 쌓인 창고요, 어둠을 헤치는 광명이요, 죽음을 다시 살리는 능력이요, 내가 당하는 사변을 환희와 찬송으로 변화시키는 누룩덩어리가 있는 곳이다. 그러므로 우리가 예수 믿음은 억지로 참고 견디는 것이 아니라, 마치 지구의 큰 자기(磁氣)에 나침(羅針)이 끌리는 것처럼 어찌할 수 없이 붙잡힌 것이요, 설령 천당으로 못 가고 지옥에 떨어진다고 해도 크리스천 되지 않을 수 없어 믿는 것이다. 마시고 마셔도 무진장으로 솟아나는 샘물을 발견한 자의 기쁨은 크도다.(1935년 7월)[21]

김교신에 따르면 기독교 신앙생활의 본질은 결단과 각오라고 한다. 기독교인 철학자 키엘케고르(Kierkegaard)도 신앙이란 순간순간의 '결단'으로 보았다. 그의 유명한 저서 『이것이냐 저것이냐』(Entweder-Oder, Either/Or)는 김교신이 말하는 것과 완전히 일치한다고 볼 수 있다. 셰익스피어(Shakespeare, 1564-1616)와 관련해서 자주 회자되는 'To be or not to be'라는 유명한 명구도 결국 결단과 각오, 순간순간의 삶에 있어서 선택을 요청하는 뜻을 담고 있다. 이런 의미에서 김교신의 신앙과 삶은 매우 진지한 실존주의적 맥이 흐르고 있는 것이다. 구약성서에 나오는 '에스더'의 이야기는 이러한 실존적 삶의 '전형(Paradigm)'이라고 할 수 있을 것이다.

---

21) 『김교신 전집 2』, 193-194쪽.

유대인 고아, 그 숙(叔)을 따라 정처 없이 방랑하던 한 소녀 에스더(Esther)가 천만의외에 당시의 대국 바사(Persia)왕의 황후로 선정된 후 얼마 안 된 때의 일이다. 하만(Haman)의 간계에 의하여 200여 만 이스라엘 백성이 일조에 잔멸당할 운명이 처마 끝에 급박하였을 때에, 연수(軟手)로 능히 한 민족의 비운을 전환하게 한 것은 과연 에스더의 '망하면 망하리라' (If I perish, I perish)(에스더 4:16)는 한 마디 말의 힘이었다.

에스더가 무릅쓴 모험이 얼마나 위험한 일이었던 것은 바사 궁실(왕궁)전범(典範)을 보아야 한다. 에스더는 적어도 사(死)를 모험한 것이다. 미대륙을 발견한 콜럼버스(Columbus), 독일의 보름스(Worms) 회의에 임한 루터(Luther), 남북전쟁을 선언한 링컨(Lincoln), 암흑대륙을 탐험한 리빙스턴(Livingstone)등은 다 에스더와 같이 '망하면 망하리라'는 표지(標識)로 생활한 자들이었다. 그것 외에 남보다 별다른 것이 없었으나 그것이 귀한 것이었다.… 기독교의 신앙생활을 요약하면 기실은 '망하면 망하리라'는 생활이 그 전부다. 아브라함이 그 독자(獨子) 이삭(Isaac)을 제단에 바칠 때, 모세(Moses)가 이스라엘의 어리석은 군중을 거느리고 출애굽 할 때, 저들은 후세에 우리가 읽는 바와 같은 신기한 이적이 으레 있을 것을 미리 알고 행한 것이 아니다. 다만 알기는, 망하면 망하더라도 절대 명령에 순종할 것뿐이었다. 다니엘과 하나냐와 미사엘과 아사랴 등의 유대 소년들이 당대의 바빌로니아 왕 느부갓네살의 위풍에도 불복한 것은 저들이 무슨 술법이나 꿈으로나 혹은 성신(聖神)으로써, 사자굴에서도 안전히 생환하며 철용로에서도 무사히 구출될 것을 미리 보장 받은 후에 감행한 것이 아니었다. 다만 망하면 망할지라도 의(義)에 합당한 것, 신의에 합한 일이면 감행하고, 땅 짚고 헤엄치듯이 안전한 일이라도 불의한 것은 거절한 것뿐이다. 그렇게 행한 결과에 하나님 편에서 특별한 능력으로 저희를 구출하였다. 신앙생활이라 하여 복술자(卜術者)처럼 길흉화복을 예측하거나 특별한 청탁으로써 하나님의 총애를 편취하는 것을 능사로 아는 것은 대단한 오해이다. 신앙생활은 기술(技術)이 아니라 천하의 대도공의(大

道公義)를 활보하는 생활이다. '망하면 망하리라'는 각오로써.(1934년 4월)[22]

김교신선생의 '신앙생활론'에는 도가(道家)적인 측면도 드러난다. 무위(無爲), 인종(忍從), 자기충족적 삶 등이 그러한 요소가 아닐까 생각한다. 다음과 같은 그의 글이 이러한 성질을 내포하고 있다고 본다.

> 신앙생활의 첫째는 '무위(無爲)'에 있다. 스스로의 수완을 부리는 것이 아니라 하나님 자신의 경륜이 성취되어 가는 것을 기다리는 생애다. 그리고, 보는 눈으로 볼진대 인위(人爲)보다 신위(神爲)가 건실할뿐더러 또한 신속 과감하기도 비할 데 없다. 그러므로 신앙의 사람은 정숙하다. 저는 외치지 아니하고 소리를 높이지 아니하여 거리에 들리지 아니하며 상한 갈대를 꺾지 아니하며 꺼지는 등불을 끄지 아니하므로, 활동과 비약을 사랑하는 세상과 세상 교회의 칭찬을 받으며 명성이 일세를 진동하는 자는 못 된다. 그러나 하나님의 정(靜)한 것 같이 정하며 그가 깊은 것같이 깊어서 하나님의 칭찬을 받는 생애다. 저는 쇠하지도 아니하며 낙담하지도 아니하여 세상에 공의(公義)를 세우기에 이르리니 섬들이 그 공의를 앙망하게 되는 진정한 대사업을 하되, 심히 정숙한 중에 한다.
>
> 둘째, 신앙 생애의 대부분은 '인종(忍從)'이다. 대거 전도로써 대중을 교화하지 못할지라도 가하며, 큰 이적으로써 세상을 놀래지 못하여도 족하다. 오직 신명(神命)이면 중히 여기고 그 말씀이면 무조건으로 순복하고 하나님이 보내신 독생자를 믿는 일이 곧 평생의 사업인 줄로 알고 무위에 유사한 생애를 보내는 것이다. 지식으로 이해 못할 문제라도 믿음으로 순종할뿐더러, 암흑한 세대에 억울한 경우를 당하였을지라도 인간의 소량의 정의감으로써 영육을 아울러 소진하지 말고 공

22) 『김교신 전집 1』, 158-160쪽.

의의 근원이요 권능의 주재자이신 하나님을 믿어서 다시 동요함이 없고 초조함이 색(色)에 나타나지 않는 생애이다.

셋째, 신앙 생애는 자기에 충족한 생활이다. 놀랄만한 사업을 남긴 것이 없어도 감히 불만을 느끼지 않으며 자랑할 만한 학식을 가지지 못했을지라도 부끄러워 안 하며, 의지할 만한 건강을 누리지 못할지라도 다시 발악함이 없이, 하나님이 자신을 사(賜)하신 이상 다른 아무것을 받지 않을지라도 불만을 느끼지 않는 생애이다. 하나님의 뜰에 거하여 자기의 심령을 그 독생자의 지배에 종속시킴으로써 무상(無上)의 영광을 느끼는 생활이다. 그리하여 바울(Paul)과 함께 육체의 병약함도 지족(知足)의 재료가 되고 자랑의 근거가 될 것이며(고린도후서 12:5-10), 근심하는 자 같으나 항상 기뻐하고 가난한 자 같으나 많은 사람을 부요하게 하고 아무것도 없는 자 같으나 모든 것을 가진 자로다(고린도후서 6:10)라는 지경에 처하는 것이다.

오척단신이 족함을 앎으로써 차고 넘치며 찬송의 덩어리로 화(化)하는 일이 신앙의 도(道)인저.(1939년 5월)[23]

김교신은 유교집안에서 태어나 어린시절 한학(漢學)을 공부해서인지 몰라도 그의 도덕·윤리사상은 매우 선비적이고 도덕군자적인 성격을 띠고 있다. 하지만 그것보다도 구약성서의 예언자들이나 신약에 등장하는 세례요한이나 독일의 피히테(Fichte)(『독일 국민에게 고함』이라는 책의 저자) 등은 예언자적인 성격을 띠고서 윤리와 도덕을 강조했던 사람들이다. 김교신도 이를테면 예언자적 성격을 다분히 띠고 있어서 일제말기의 조선인 예언자 역할을 해냈다고 할 수 있을 것이다. 그의 예언자적 말씀을 눈여겨보자.

23) 『김교신 전집 1』, 152-153쪽.

이스라엘 최후의 예언자라고 일컫는 세례 요한(John the Baptist)이 광야에서 외치기를 '독사의 종류들아, 누가 너희를 가르쳐 장래의 노하심을 피하라 하더냐. 그러므로 회개함에 합당한 열매를 맺고 … 이제 도끼를 나무뿌리에 놓았으니 좋은 열매 맺지 아니하는 나무는 다 찍어 불에 던지리라'고 재촉하기까지 시대가 격(隔)하고 인물이 달랐어도 이스라엘 예언자의 일관 불변한 슬로건이 있었으니 그는 즉 '도덕생활에 귀환'하라는 것이었다. 최종편의 예언서인 말라기(Malachi)서에 한 가정의 구원은 부부의 경건한 생애와 부모에 대한 효도에서부터 시작한다고 했으며, 사회와 국가의 중흥은 당시 지도자 계급이었던 제사장(Priest)들의 성결한 생활에 달린 것이라고 경고한 것도 역시 마찬가지다. 개인과 가정의 구원, 사회와 국가의 융성은 모두가 건전한 도덕생활의 기초 위에 서지 않으면 안 된다는 것이다. 건실한 도덕적 생활에 돌아오기만 하면 난마같이 된 당시의 유대 민족이라도 갱생의 업이 땅 짚고 헤엄치기보다 용이한 일이라는 것이 저들의 확신이요, 기독교의 항구불변하는 원칙이다. 그러면 도덕이란 무엇인가? 한 두 가지의 과오 실책의 문제가 아니다. 생활의 근본 방침에 있어서 하나님께 대한 태도, 곧 신앙이 도덕이다. 하나님을 경외하고 이웃을 자기처럼 사랑하는 것이 도덕의 시작이요 신앙의 완결이다. 하나님과의 바른 관계, 이것이 도덕의 총화요, 갱생 융성의 원동력이라고 고래의 예언자가 번을 갈아 서면서 외치는 소리다. '의는 나라를 융성케 하고 죄는 백성을 욕되게 한다.'(잠언 14:34)는 것이 기독교의 국가도덕이다. 이스라엘의 역사는 이 자명한 공리(公理)의 실험록 이거니와 세계 역사, 이방 역사도 이 철칙에서 예외를 지을 수는 없다.… 옛날은 말할 것도 없고 근대에 이르러 19세기 초두에 '독일 국민에게 고함' 이라는 피헤테(Fichte)의 강연이 베를린에서 들릴 때에 지상에 건실한 국가가 생길 것 같았다. 과연 독일의 융창은 일진월보하였다.… 이때에 우리는 예언자의 소리에 경청하면서 세계사의 변전을 주시하고자 한다.(1937년 9월)[24]

24) 『김교신 전집 1』, 196-198쪽.

예수님은 늘 '진실'을 추구했던 분이기 때문에 그가 가장 싫어했던 것은 '위선'이었다. 그래서 예수당시 종교지도자들이었던 바리새인, 사두개인, 서기관들의 이중성, 위선을 자주 질타하셨던 것이다. 김교신 선생도 예수님과 똑같은 생각이었다. 다음 글이 이것을 잘 말해주고 있다.

> 예수님이 서기관과 바리새인들을 향하여 '화 있을진저'(마태복음 23장)라는 저주를 속사포처럼 연발하신 것은 그들이 외식하는 자 즉 위선자들이었기 때문이다. 비둘기처럼 순하시고, 창기나 세리는 오히려 용납하시던 예수님이 위선자를 대할 때만은 마치 동성(同性)의 자극(磁極)이 반발하듯이 격퇴하지 않고는 마지않으셨다. 가증한 것이 많다 할지라도 예수 그리스도에게 가장 가증한 것, 아주 견딜 수 없이 가증한 것은 '위선'이었다. 따라서 성서를 읽는 자에게도 그리스도와 아울러 생각할 수 없는 것이 위선자인 줄 알게 되었다.
>
> 하지만 위선자의 표본으로 지목받던 서기관과 바리새교인들의 언행을 상고하면 저들에게는 기특한 것이 많았다. 저들은 말만 하고 행치 않는(마태복음 23:3) 것이 결점이었으나 그 하는 말은 옳은 말이었으므로, 예수님도 자기 제자들에게 '바리새인이 명하는 말은 준행하라'고 가르치셨다. 저희는 헛된 맹세로써 책임을 회피하려고 하였으나 맹세란 것이 신성한 것인 줄은 알았던 고로 지시할 물건을 고려하였다. 저희는 '잔과 소반의 거죽은 깨끗이 하되 그 안은 토색함과 불의함으로 가득하게 하는도다.'(마태 23:25)라고 책망 받았으나 그래도 깨끗이 할 줄은 알았고 규모는 있는 사람들이었다. 저희는 선지자의 무덤을 만들고 의인의 비를 세움(마태 23:29)으로 책망 받았으나 저희 스스로는 의인이 못 되면서라도 의인의 공적을 인식하는 안식(眼識)만은 우리 조선 사람들보다 훨씬 나았다. 저희는 범사를 사람들에게 보이려는 허영심이었으나 그래도 선(善)이라는 표준이 있는 백성이었다. 선을 행하지 못할지라도 선을 행할 것이라는 도(道)는 알았고 그 '도'에서 어그

러지는 일은 두려운 일인 줄 알았다.

돌이켜 20세기의 문화를 자랑하는 현대인은 어떠한가. 현대인은 언행의 일치를 기(期)하므로 행실뿐 아니라 말까지도 선하지 않음을 귀히 여기며, 위선을 꺼려하는 고로 공연하게 불의를 말하고 비례(非禮)를 행하면 도리어 솔직하고 철저하다는 사회의 찬탄을 받는 세상이다. 현대인은 도의(道義)의 근본을 파괴하고 선의 표준을 전복함으로써 청천백일하에 불의(不義)를 횡행하여 위선의 필요성을 없이하였다. 오호라, 이제는 위선도 그리운 세대로다.(1933년 9월)[25)]

그런데 무교회신자였던 김교신 선생은 자신을 포함한 무교회 신자들의 생활태도에 대해 다음과 같이 자평하였다. 친절미가 부족하다는 점, 늘 항의적이라는 점, 무표정하다는 점 등이 그것이다. 그러면서 그 요인을 '-척'에서 찾고 있다. 즉 내심(內心)의 울분을 처리하는 하나의 방법으로서 '-척'하면서 살다보니 친절미가 부족하게 보일 수도 있다는 뜻인 듯하다. 김교신의 말에 귀를 기울여 보자.

무교회 신자의 일대 결함은 저들에게 친절미가 없는 일이라고 한다. 다정한 표정이 없을 뿐인가. 항상 항의적(protest)이요 쟁탈적 불손한 태도가 보임은 사실이다. 무교회 신자는 활동사진 같은 농후한 구미식 표정보다 유교 전래의 담박미(淡薄味)를 좋아하며 기독교회 내의 현금 거래식 표정보다 불교도의 목석 같은 무표정을 존숭하나, 그보다도 간사한 현세에 처하여는 위표정(僞表情)의 필요를 느낌이 심대한 자이다. 신뢰치 않은 척, 애지중지 않는 척, 경모하지 않는 척, 미워하는 척, 효도하지 않는 척, 애국심이 없는 척하지 않고는 내심의 울분을 처치하지 못한다.(1936년 4월)[26)]

---

25) 『김교신 전집 1』, 194-195쪽.

26) 전게서, 192쪽.

앞에서 여러 가지 논의를 거쳤지만 김교신 선생이 말하고자 하는 무교회 신도들의 삶의 중핵은 다음과 같은 그의 짤막한 일기(1934년 11월 24일자)에 함축적으로 언표(言表)되어 있다.

> 교파 근성을 버리고 다만 그리스도 중심으로 살며 진리를 진리라고 판별할 줄 아는 사람이면 가하다.[27]

김교신은 서양출신 유명 인사 가운데 프랭클린(Benjamin Franklin, 1706-1790, 미국의 정치가, 사상가)을 무교회 신자(像)으로 보았다. 이 내용은 1929년 10월에 쓴 글이다.[28]

> 목사의 설교는 흔히 자기 교파의 독특한 교리의 논쟁적인 의논이거나 설명이었다. 그러므로 나에게는 심히 건조, 무미, 무익한 것이었다. 도덕적 원칙이라고는 하나도 역설치 않으므로 우리를 선한 시민으로 만들기보다 차라리 장로교인(교파인)으로 만들려 함과 같이 보였다. 목사는 빌립보서 4장 8절을 찾았다. : '형제들아 무릇 진실하며 무릇 공경할만하며 무릇 의로우며 무릇 순결하며 무릇 사랑할만하며 무릇 칭찬할만하며 무슨 덕이 있든지 무슨 영예가 있든지 이것을 생각하라.' 나는 이러한 절구로써 하는 설교 중에는 많은 교훈을 받지 않을 수 없을 것이라고 상상하였다. 그러나 목사는 '사도신경'과 같은 5개 조목만으로 국한하여 버렸다. ① 안식일을 성수하라. ② 성서를 열심히 읽으라. ③ 의무적으로 공회에 출석하라. ④ 성찬예식에 참석하라. ⑤ 목사에게 상당한 경의를 표하라. 이 5개조에는 그 구절에서 내가 예기(예상)하였던 종류의 선한 것이라고는 하나도 없었으므로 나는 절망하였고 혐오가 생겼다. 그러므로 공회의 설교에는 다시 참석치 않았다.(자

---

27) 『김교신 전집 5』, 240쪽.

28) 『김교신 전집 1』, 279-281쪽.

서전에서)[29]

프랭클린은 목사의 그 무식과 그 불신과 그 허위에 못 견디어 드디어 교회에 실망하고 혐오하게 되었다고 한다. 이와 관련해서 김교신은 다음과 같이 설파했다.

> 우리도 역시 프랭클린과 함께 자초(自初)부터 교회에 반대한 것이 아니었다. 될 수 있으면 출석을 계속하려 하였다. 그러나 우리는 열심 있는 장로교도 혹은 감리교파인 되기보다도 선한 조선 시민 되기를 더 원한다.… 성구를 함부로 인용하였다가 자아의 교리와 양식을 건축하려는 노력보다도 성구(聖句)자신이 포함하고 있는 그대로의 생명 샘에서 진리를 마시고자 한다. 그러므로 우리는 프랭클린과 함께 교회 참석을 부득이 단념하지 않을 수 없고 에머슨, 칼라일, 키에르케고르, 밀턴, 크롬웰, 테니슨, 단테 등과 같이 교회와 교파권 외의 사람 되고자 하노라.(1929년 10월)[30]

또 김교신 선생은 세계 역사상 매우 유명한 미국의 제16대 대통령 링컨(Abraham Lincoln, 1809-1865)을 전형적인 무교회 크리스천으로 보고 있다. 그렇다. 넓은 의미에서 그렇게 말할 수 있다고 생각한다. 왜냐하면 링컨은 젊었을 때 장로교회에 출석했지만 나중에는 교회를 떠나 종교사회학자 벨라(Robert Bellah)가 규정한 'Civil Religion'(시민종교)적 신앙을 갖고 살았기 때문이다. 그래서 김교신은 1936년 2월 4일자 일기(日記)에 다음과 같이 기록하였다.

---

29) 『김교신 전집 1』, 279-280쪽.

30) 전게서, 281쪽.

> 『대영백과사전』에 링컨의 사적을 읽다가 그분도 교회에 참가하지 않은 기독신자였던 것을 알고 나의 의지를 강하게 하였다.[31]

그리하여 1936년 3월에는 다음과 같이 링컨의 무교회신자성(性)을 길게 서술하였다.

> 에이브러햄 링컨(Abraham Lincoln, 1809-1865)은 평생에 성서를 애독하여 그 문장과 웅변에까지 성구(聖句)의 영향이 농후하였다하며 조상 이래의 독실한 신도였으나 그는 종생토록 교회에 참석한 일이 없었다고 한다. 그 이유는 이렇다. 교회 신자들의 신앙개조와 신앙고백을 표명하는 번다하고 착잡한 기독교회 교리 진술에 대하여 정신상의 보류함이 없이는 응낙할 수 없는 까닭이라고.
>
> 그리고 만일 어떤 교회에서든지 율법과 복음의 본질을 압축한 주 예수의 진술, "네 심정을 다하며 성품을 다하며 힘을 다하여 주 너의 하나님을 사랑하며, 또한 네 이웃을 네 몸과 같이 사랑하라"는 말씀을 교회 회원이 되는 전적 자격으로 하여 교단 위에 써 붙이는 교회에는 나의 심정을 다하며 성품을 다하여 참가하리라고 하였다.
>
> 조선 교회들의 모(母)교회가 있는 미국, 교회주의의 조국인 북미주에 이와 같은 무교회 신자가 있을 수 있었으랴고 의아하기도 할 터이지마는, 미국을 대표하는 가장 사람다운 사람이요, 결백한 양심과 건실한 생애를 가졌던 링컨에게 교회가 그렇게 보였던 것도 당연한 일이라 할 것이다. 미국 과학계의 은인 벤저민 프랭클린의 무교회 신앙과 함께 건전한 미국인의 생애에 주의할 것이다. 번다하고 복잡한 교리와 감독, 목사니, 장로니하는 '중신(重臣)블록'의 존재에 추호의 의문도 생기지 않는 이는 필경 믿지 않고라도 천당 갈만한 호인들일 것이다. 마는 건전한 인간에게는 당연한 의문이 있고 정당한 보류를 주장함이 있다.(1936년 3월)[32]

31) 『김교신 전집 6』, 19쪽.

이 글을 쓰지 1년 4개월 후 다시 김교신은 링컨을 생각하며 다음과 같은 글을 남겼다.

> 북미합중국(United States of America)을 영원한 반석 위에 재건한 국부(國父) 에이브러햄 링컨(Abraham Lincoln, 1809-1865) 대통령은 부모에게서 받은 유산이라고는 구·신약성서 한 권밖에 없었다며 그 성서 한 책으로써 저의 영성(靈性)을 연마하였을 뿐더러 저의 독특한 웅변과 미문(美文)까지도 그 성서에서의 소득이라고 하였건만, 저는 종생토록 기독교 회원에 참입(參入)하지 않았다고 한다. 그 이유는 교회신도의 신앙개조의 교리가 번장(煩長)하고 복잡하여 양심상의 보류함이 없이는 그대로 납득할 수 없는 까닭이라고 하였다. 그러므로 링컨 대통령도 "만일 어떤 교회에서든지 율법과 복음의 실질을 압축한 주 예수의 진술 '네 심정을 다하며 성품을 다하며 힘을 다하여 주 너의 하나님을 사랑하며 또한 네 이웃을 네 몸과 같이 사랑하라.'는 말씀을 교회원(敎會員)되는 전적(全的)자격으로 하여 교단 위에 써 붙이는 그 교회에는 나의 심정을 다하며 성품을 다하여 참가하리라"고 민망한 심정을 하소연 하였다. 이러한 베드로(Peter), 링컨(Lincoln)의 무리와 함께 간단하고도 명백한 진리를 납득한 사격만으로써 참가할 수 있는 교회가 어디 있는가. 아직도 없는가.… 반세기 전에 복음이 처음 이 땅에 전해졌을 때는 '예수 믿는다'는 한 마디로써 친형제보다 더한 애정을 느꼈다고 하건마는, 이제 다시 그 소박한 정으로 복구할 길은 영원히 없을까. 또한 이런 생각은 (素人)의 사상이라 하여 소쇄(笑殺)할 것뿐일까. 그러나 우리는 베드로, 링컨 등의 소인적(素人的) 믿음을 한없이 그리워하는 자이다.(1937년 7월)[33]

32) 『김교신 전집 1』, 282-283쪽.

33) 『김교신 전집 2』, 116-117쪽.

김교신은 한걸음 더 나아가 영국의 유명 공리주의 철학자(질적 공리주의자) 밀(John Stuart Mill, 1806-1873)을 무교회적 크리스천으로 알고 그의 일기 1936년 2월 7일자에 다음과 같이 언급하고 있다.

> '존 스튜어트 밀'의 전기를 읽다가 그도 무교회 신자임을 발견하고 놀라다. 미국, 영국의 대표될만한 인물들은 거의 모두 교회 밖의 기독교도들인 일이 기이하기도 하나 또한 의당한 일이다. 한 번 구미 각국의 무교회 신자 열전을 써서 조선 기독교도의 경성을 촉구하고 싶은 생각이 불무하나, 무익한 일인 줄 알고 단념.…[34)]

이제 국내의 무교회 유명 신자 몇 사람을 예로 들어보자. 한국의 슈바이쳐로 알려진 장기려 박사, 한국의 톨스토이로 알려진 송두용 씨(오류동 농장주), 광주(광역시)출신 국희종 의사, 전남출신 모범적 무교회 신자 박석현 씨 등이 필자가 자료를 수집하는 과정에서 발견한 무교회신자들이다. 김정환 교수는 그의 저서 『김교신』에서 박석현 씨를 왜 모범적 무교회신자로 볼 수 있는가(그 이유)를 다음과 같이 적시하고 있다.

> 첫째, 인간적으로 성실했다. 거짓이 없었다. 둘째, 믿음에 성실했다. 셋째, 역사 앞에 성실했다. 넷째, 26세에 기독교에 입신, 27세에 안학수로부터 『성서조선』을 소개 받아 눈이 번쩍 뜨였다. 다섯째, 끝까지 창씨개명을 거부하고 『성서조선』을 계속 애독하다가 1942년 『성서조선』 사건의 해인 7월 3일 드디어 파면 당함. 아침엔 상처하고 정오에는 파면 당했다.[35)]

---

34) 『김교신 전집 6』, 19쪽.
35) 김정환, 『김교신』, 380쪽.

아울러 김정환 교수는 무교회신자 박석현 씨의 훌륭한 모습을 풀무공동체 원경선(元敬善) 이사장에게 보낸 다음과 같은 편지에서도 읽을 수 있었다고 한다. 자연농법과 자연식품의 개척자 풀무 공동체의 원경선(元敬善) 이사장에게 보낸 편지의 한토막은 매우 진지하다.

> 원형! 우리는 직수입된 구미식 기독교의 외형에 대해서는 전혀 괘념치 말고 순수한 기독교의 본 정신만을, 즉 생명의 씨만을 우리 조선인의 가슴 속 깊이 뿌려서, 이것이 싹트고 성장하여 어떠한 고르지 못한 기후에도 능히 감당하고 씩씩하게 발달할 수 있는 조선적 기독교의 전도에 노력해야 할 것 같습니다. 형은 이미 그렇게 염원 노력 중이시므로 저는 이 땅의 기독교에 희망을 갖는 바 올시다. 저는 최근에 와서 그런 생각이 자주 납니다.36)

4. 무교회운동의 약화요인

조선기독교회의 교인들이 김교신이 이끄는 '무교회'를 적대시 내지 이단시하는 상황에서 한없이 고독을 느꼈던 김선생은 소록도 나환자들에게서 위로를 받았다. 소록도 나환자들 중에는 김교신이 발행하는『성서조선』구독자가 꽤 있어 소통이 잘 되고 있었기 때문이다. 이 무렵에 쓰여진 글이 바로 다음 같은 내용이다.

> 이제 온 반도의 그리스도교회가 우리를 이단시하고, 그 기관으로 조성된 기독교 청년회가 우리를 적대시하며, 우수한 청년들도 우리에게 경청하지 않고 우리의 친우들에게까지 조소거리가 되고 보니, 소록도의

---

36) 전게서, 380-381쪽.

나인(나환자)들만이 '우리의 문둥이요! 우리는 저들의 문둥이다'. 오, 문둥아![37]

보통 일반교회가 아닌, 그래서 교회보다는 유연한 자세를 취하고 있던 기독교사회단체로 알려진 서울 YMCA마저 무교회의 강당사용 신청을 거부한 사례가 있었던 것 같다. 이러한 상황을, 당시 교섭자였던 무교회 담당자가 김교신 선생께 다음과 같은 내용의 전갈을 보냈다.

선생님, 은혜 중 그간도 무고하실 줄 믿습니다. 어제 기독청년회(YMCA) 종교부장을 찾아 갔었습니다. 오히려 가지 않았던 것이 나을 뻔하였습니다. 어둠이 빛을 알 리가 만무합니다. '무교회'라는 까닭에 교회연합기관인 기독청년회에서는 손을 잡을 수 없다는 것입니다. 그의 말 중에서는 일종의 공포심을 발견할 수 있었습니다. 저는 이 공포가, 비진리가 진리에 대한 태도인 것을 의심할 수 없었습니다. 인간들의 무(無) 이유로 말미암아 더욱 그리스도에게 가까이 갈 수 있으니 이것까지도 감사할 수밖에 없습니다. 생명과 진리의 사업의 길이 주(主)안에서 자랄 수 있기를 축원하옵나이다.[38]

위와 같은 전갈에 대하여 김교신 선생의 반응은

무교회자 한 사람의 존재가 전(全)교회 연합기관의 중추를 위압함이 대개 이러하다 한다.(1940년 7월 30일(화))[39]

---

37) 김정환, 『김교신』, 134쪽.
38) 『김교신 전집 7』, 264-265쪽.
39) 전게서, 264-265쪽.

다음의 글에서 김교신은 무교회(주의)를 비방하는 자에 대한 선생의 불편한 심기 및 그 정도가 심할 경우 단호히 대처하겠다는 굳은 의지를 1940년 5월에 "건드리지 말라"는 제목으로 표출하였다.

> 무교회주의자는 건드리지만 않으면 아주 무난한 존재자이다. 건드리지 않는 한 저는 결코 남의 교회를 방해하려고 안 할뿐더러 기회 있으면 교회를 도와주려고 하며 좌석을 빌려주면 남과 같이 예배에 참석하고자 한다. 그러나 저(무교회주의자)를 향하여 세례와 성찬예식이 어떻다느니, 교회 안에서만 하나님의 말씀이 임한다느니, 교회 밖에는 구원이 없다느니, 일요일보다 토요일을 지켜야 되느니 운운의 모든 거짓말과 허튼수작으로써 승인을 강요할 때는 무교회자는 온순한 대로 수수방관하지 못한다. 저는 비상한 폭격력으로써 주위를 진동시킬 것이다. 우리를 향하여 우치무라의 제자니 운운하는 반가지(半可知)한 주제넘은 비평이 없었을진대 우리는 누구에게서 배웠노라고 공고할 필요도 없이 오직 유일한 스승님 예수만을 나타내고자 하였을 것이요, 교회 밖에 구원이 없다는 등 허무맹랑한 주관으로써 우리에게 도전하는 자가 없었을진대 우리는 무교회라는 용어까지 사용할 필요없이 오직 유일한 복음을 믿었을 것뿐이다. 우리는 누구보다도 '무교회'라는 문자를 즐겨하지 않는다. 마는 혼잡 되기를 피하기 위하여 부득이 사용한다. 우리 친구 중에서 다른 신앙 운동에 참가하는 것을 우리는 시비하지 않는다. 친구가 유익됨을 따라 우리도 그 익(益)에 참여할 것만 기대할 따름이다. 그러나 우리를 향하여 무교회자인 입장과 의무까지 제쳐놓고서 새로운 운동의 신기한 맛에 피리 부는 대로 장단 맞추어 춤추지 않는다고 재촉하려는 태도를 당면할 때는 우리는 단연코 무교회주의자인 골수를 드러내 노출시켜 버리고야 만다. -가로되 나는 무교회주의자이다. 나의 무교회주의는 사상 유희로 된 것이 아니요, 경제적 밑천이 톡톡히 걸린 것이요, 이것 때문에 받은 조롱과 핍박과 손실은 뼈에 맺힌 것이라고. 이 무교회적인 입장에서 용이히 유리(遊離)

할 수 있을 것같이 추측하는 이가 있다면 그는 아직도 무교회적 그리스도신앙의 깊이를 만분의 일도 맛보지 못한 사람이라고 할 수밖에 없다. 이런 때는 오직 '나는 무교회자'라고 다시 언명(言明)하는 것밖에 별도리 없다. 그러므로 제발 우리를 건드리지 말라.(1940년 5월)[40]

김교신 선생은 의외로 일본국 내에 있는 무교회주의자들에 대하여 무교회 간판을 철거할 것을 다음과 같이 제안하였다. 뚜렷한 이유를 이 글에서는 찾기 어렵고 다소 애매하나마 '진리를 거스르는 자', '심히 강대한 괴물'이라고 표현하고 있으며 이들과의 전투에 있어서 순교까지 각오하고 있다. 무교회의 목적이 마치 거대한 유교회(有教會, 기존 기독교회)에 대항하는 것으로만 생각하는, 즉 무교회의 존재의 진정한 의미를 파악하지 못하고 있는 명목상의 무교회인은 의미가 없으니, 또 그러한 왜곡된 무교회는 존재의미가 없으니 간판을 내리라는 뜻으로 생각할 수도 있지 않을까 생각된다.

우리는 과거에 '무교회인'으로 행세하였던 것처럼 장래에도 '무교회인'이라는 별명으로써 신앙의 길을 시종(始終)할 것을 예상하며 또한 기원한다. 그럼에도 불구하고 우리는 근일에 본산지(일본을 가리킴)의 무교회자들을 향하여 무교회 간판을 취하하자고 제의하였다. 그 이유는 이러하다. 무교회라는 데 대한 오해가 깊고 딴딴하여서 용이히 본연의 뜻대로 통용되기 어려운 것이 그 이유의 하나이다. '교회와의 대립 항쟁에만 그 존립 이유가 있다.'는 듯이 생각함은 무교회를 고의로 훼방하려는 자만 아니라 무교회를 이해하지 못하는 천박한 일부의 사람들이 그렇게 납득하여 버렸다. 기독교의 제일 대지(大旨)는 하나님과 사람의 화평을 도모하는 동시에 사람과 자기의 이웃 사랑을 중히 여기는 교훈인 것은 너무나 명백한 일이다. 예수를 믿지 않는다면 모

40) 『김교신 전집 2』, 286-287쪽.

르거니와 예수 믿기를 원하는 이가 어찌면 '대립 항쟁에만 존재 이유가 있다'는 일을 평생의 사명으로 알고 짊어질 수 있으랴. 이렇게 사람을 곡해하는 자의 심지에는 크게 왜곡된 무엇이 잠재하여 있다고 자증(自證)하는 것밖에 아무것도 아니다. 교회 만능을 주창하는 자, 교회 바깥에는 구원이 없다고 단언하는 자, 즉 '교회주의자'에게 대하여 '교회 밖에도 구원이 있다'고 프로테스트(protest)한 것, 구원은 교회 소속 여부의 문제가 아니라 신앙의 문제라고 정정한 것이 루터(Martin Luther)의 프로테스탄트주의(Protestantism)요, 또한 우치무라 간조 선생의 무교회주의이다. 그러므로 로마 천주교회가 교회주의에 타락하지 않았다면 루터의 프로테스탄티즘이 생길 필요가 없었고, 신교(新教)교회가 교회지상주의로 기형화하지 않았다면 무교회주의가 생길 필요가 없었다. 무교회주의는 일명 '전적(全的) 기독교'이다. 그 증거로는 우치무라 선생과 그 밖의 무교회자의 저서가 순진한 평신도와 조선기독교회 교역자들에게까지 좋은 영량(靈糧)이 되는 일로써 알 수 있고, 순(純)조선산 예수쟁이 선배가 동시에 순조선산 무교회주의자인 것으로써 증명된다. 예(例)하면 평북교회의 초석(礎石)이라는 칭호를 받는 강제건 선생 같은 이를 보라. 무교회자가 대립 항쟁하는 대상이 따로 하나 있다. 그는 '무릇 진리를 거스르는 자를 향하여 선전 포고'하는 일이니, 그 대상자는 시대와 장소를 따라 변한다. 오늘날 우리 기독교도의 앞에 진리를 거역하는 역할을 메고 대립한 자는 심히 강대한 괴물이라. 여호와를 경배하면서 가이사(Caesar)의 것은 가이사에게 주되 하나님의 것은 하나님 아버지께만 바치고자 하는 무리는 모조리 - 교회 안에 있거나 밖에 있거나 함을 다하여 싸워야 할 시대를 당하였다. 순교의 피를 뿌려야만 진리의 종교를 판별하게 된 세태이다. 이런 세대인고로 구원이 교회 '안에'있다, '밖에'있다 하는 논쟁에는 우리는 흥미를 잃었다. 그리스도를 위하여 박해를 감당하는 자, 그대의 무덤을 우리가 예비하고자 하거니와 또한 우리 시체가 보이거든 그대가 취십(?)하라.(1937년 5월)[41]

41) 『김교신 전집 2』, 260-262쪽.

무교회에 대한 무지, 오해, 편견 등이 꽤 있는 상황에서도 오히려 '무교회'를 그리워하고 사모하는 사람도 있었다. 다음과 같은 김교신 선생을 향한 서신의 경우가 하나의 좋은 사례라고 볼 수 있다.

> 저는 농촌에서 10여년 동안 농사를 하다가 몇 해 전에 오산 함석헌 선생님을 찾아뵈옵고 그분의 가르침에 많은 감화로 오늘껏 선생님의 한 동지로, 제자로 있었습니다. 평생의 소원이 이 귀한 복음을 위하여 살고자 주야로 원이옵더니 어떤 기회에 성신(聖神)의 부름을 받아 지금은 만주 이 쓸쓸한 벌판에 헤매이는, 우리 동포들을 위하여 복음을 전하며 회개를 외치고 있습니다. 복음을 위하여 이 만주에 와서 당하는 고생은 본래부터 저의 소원이었거니와 한 가지 남모르게 우는 것은 다름 아니올시다. 본래도 짐작은 대략 하여 왔거니와 이 '교회'라는 무겁고도 굳은 쇠사슬에 얽매여서 가고픈 데 가지도 못하고, 하고 싶은 말도 못하고, 하고 싶은 일도 마음대로 못하고 울면서 두더지 고기를 먹는 셈으로 자유를 잃고 남모르는 한숨을 길게 쉬고 살게 되었으니 참으로 답답하옵니다. 지난번 선생님의 전도 응원 말씀을 지상(紙上)에서 보았사오나 만약 선생님을 청한다면 목사 양반은 눈을 부릅뜰 것 같아 말도 못 내었습니다. 선생님, 이것을 어찌하리요. 이 사슬을 좀 풀어 버리려면 어찌하여야 할까요? 예수 믿는 일이 이렇게 부자유하고 무거워서야 이것도 은혜라고 하며 구원이라 할 수 있을까요. 의(義)를 위하여 고생당함은 기쁜 일이거니와 교회 규칙을 위하여 고생함은 아무래도 헛된 것 같습니다. 선생님, 저는 잘못 생각한 것인지는 모르오나 꿈에라도 한번 참자유를 얻어 저 봄 동산의 꾀꼬리같이 노래하며 살아볼 수 없을까요. 아무리 생각해도 기독교가 물론 십자가의 도리임은 분명하나 십자가라도 십자가다운 십자가이면 십자가를 지고도 기뻐하려니와, 아무리 보아도 주님의 십자가는 아닌 것 같은 가짜 십자가에 눌려 단련을 받음은 실로 나의 일생이 가석(可惜)한 것 같습니다.… 목사, 전도사, 말만 하여도 끔찍합니다. 한 기계요, 한 종살이가

된 것 같습니다. 함선생님의 농사복음학원이란 어떠한 것인지, 농사하면서 성경을 연구한다면 이는 참으로 신선(神仙)이 부러울 생활이겠습니다. 구로사키 선생의 우치무라 간조 선생 기념 강연회, 말만 들어도 얼마나 기쁜 일인지. 저는 불쌍하게도 이 교회사슬이 나를 결박하여 가 볼 생각 꿈에라도 못하오니 저의 마음이 어떠하오리까. 너무 길게 말씀하여 얼마나 미안합니다. 선생님, 앞으로 사랑하여 주시고 바로 나아갈 길을 가르쳐 주옵소서. 꿈에라도 선생님의 성서강의회에 참석해 보고 싶어 못 견디겠습니다. 내내 평강 빕니다.[42]

만주에 사는 이 서신의 발신자는 '교회'에 얽매여 자유롭게 신앙생활을 하지 못하는 것으로 보인다. 마치 교회가 새의 새장처럼. 따라서 심지어 '교회사슬'이라고 까지 언표하고 있는 것을 볼 수 있다. 평신도인지 교역자인지 구분하기는 쉽지 않다. 아무튼 이 발신자는 김교신 선생과 그의 '무교회'에 대하여 알고 있는 것으로 여겨진다. 아울러 김교신 선생이 외치는 '무교회'를 몹시 그리워하고 있다. 이를테면 교회주의에서 양육된 자로써 무교회주의 쪽을 그리워하고 있다고 생각된다.

그러나 오늘날 무교회는 우치무라와 김교신의 바람(희망)대로 일본과 한국에서 그들의 뜻이 제대로 구현되고 있다고 볼 수 있을까? 필자로서는 일본의 사정을 잘 모르기 때문에 거기에 대해서는 언급할 수 없고, 우리나라의 경우에 대해서는 조금은 말할 수 있는데, 김교신 당대에는 새로운 기독교운동으로서 새로운 희망과 가능성이 엿보였으나 그가 갑자기 타계하고 또 동지이자 절친이었던 함석헌 선생이 영국의 소종파 퀘이커교(Quakerism)로 옮겨감에 따라 동력을 잃

42) 『김교신 전집 7』, 220-221쪽.

게 되지 않았을까 하는 생각이다. 그리고 한국전쟁(1950.6.25.-1953)과 해방(1945.8.15.) 이후 특히 미국에서 들어온 수많은 교파의 선교부와 구호물자, 인적교류 등에 의해 그 나마의 동력이 약화되지 않았을까 라고 생각한다.

X. 소외자(소록도 한센병 환자)를 위한 문서 선교 및 소통

일제치하에서 신음하던 조선 민중들은 정치, 경제, 사회, 문화 등 제 측면에서 어려움이 이만저만이 아니었다. 이러한 난관 속에 있던 조선사회는 특히 나환자가 많았었고 나환자들의 이미지를 손상시키는 각종 루머들이 파다해서 사회가 몹시 불안하기도 했다. 김교신 선생의 일기는 그러한 그때의 사회상을 염려하는 모습을 보여주고 있다.

> 요즘 경성 부근에는 문둥이 소동이 생겨서, 문둥이 3천명이 배를 타고 와서 어디어디에 상륙하였다는 등, 또 여아(女兒)를 유괴하여 갔다는 등 별의 별 허무맹랑한 소문이 일파만파를 일으켜 전파되다. 우매한 민중이 가탄(可歎) 가탄.[1]

'소록도'는 전라남도 고흥반도에 있는 조그마한 남도의 한 관광지 섬이자 한센병 환우들의 요양원이 있다. 아마 지형이 조그마한 사슴을 닮았음인지 소록(小鹿)도(島)라고 불리운 듯하다. 지금은 사정이 조금 달라지긴 했지만 한센병 환자들 외에는 들어갈 수 없는 금단의 땅, 인권 침해의 대명사, 노벨 평화상도 아깝지 않은 천사같은 두 명

1) 『김교신 전집 6』, 59-60쪽.

의 외국 수녀가 평생 봉사했던 섬, 관광자원으로 개발하면 딱 좋을 천혜의 자연, 사람들의 기억에 소록도는 이 중 어디쯤에 있지 않을까?

알려진 대로 소록도는 한반도(조선)가 일제에 의해 강점되었던 기간(1910-1945)에 한센인들을 격리하기 위해 강제 수용했던 곳이다. 한센병 환자에 대한 정책은 일본의 식민지배에 있어서도 중요한 문제 중 하나였다. 근대국가로서 서방과 어깨를 나란히 하길 원했던 일본은 한센병 환자들을 도시의 풍경 속에서 제거하고자 했다. 이때 가장 쉬운 방법은 도시에서 멀리 떨어진 곳으로의 이주와 격리였고 그 결과 소록도에 병원을 세워 한센병 환자들을 수용키로 한 것이다. 징계 검속권을 부여받은 병원장의 감시와 처벌이 합법적이었던 곳, 인종주의적인 낙태와 단종 수술이 시행 되던 곳, 해방 후에도 이런 관행은 지속되어 소록도는 차별과 배제의 거대한 수용소였던 것이다. 이는 소록도를 '인권의 눈'으로 보고자 하면 금방이라도 알아낼 수 있는 것들이다.

그러나 이런 시선으로 소록도를 기억하는 사람들에게 조차 소록도는 주민들이 아니라 한센인들이 살고 있는 섬일 것이다. 한센병이 치료가 가능한 병이라는 것을 알고 있으면서도 비(非)한센인의 기억 속에 한번 한센인이었던 사람은 영원한 한센인인 것이다.

소록도는 1930년대에 이미 전기가 들어온 지역이었다는 사실, 당시 소록도는 '작은 일본', '작은 서울'이라고 불리며, 장도 서고 사람들이 계를 들어 찾아오는 관광지이기도 했다는 사실, 물론 이것은 이른바 '무독지대', 다시 말해서 한센인들에겐 금지된 구역에서 있었던 일이다. 한센인들은 강제 노역을 하면서도 스스로 교회를 짓고, 학교를 짓고, 그 깜깜한 절망 속에서도 희망을 피워내며 살아왔다는 사실

등은 소록도에 대한 우리의 생각이 얼마나 납작했는지에 대해서 다시 생각하게 한다.

열 세 살에 소록도에 들어와서 65년 동안 소록도에서 살아온 한 주민은 "소록도의 모든 것이 우리들의 손으로 되지 않은 것이 없다"고 했단다. 실제로 소록도 주민들은 그동안 고립된 섬에서 생태환경에 최대한 적응하면서 고유한 방식으로 생활공간을 가꾸며 생존해 갔다. 소록도는 아름다운 풍광과 다양한 자원을 제공해 주는 생태환경, 주민들의 고통과 아픔의 역사적·생애사적 맥락, 천주교·개신교 등의 종교문화적 맥락, 그리고 한센병에 대한 차별과 배제의 시선이 교차하는 가운데 독특한 장소성이 형성되어온 곳임에 틀림없다.[2]

1933년 2월(당시) 김교신 선생이 파악한 소록도 나환자 현황과 그곳에서의 종교전파의 한계에 대한 정보는 다음 내용을 통해서 어느 정도 짐작할 수 있다.

> 김교신 선생은 어느 날 학교의 숙직실에서 '조선 나예방협회 개황과 사업보고'라는 인쇄물을 읽었다. 그때 나환자 총수는 12,242명인데 관·사립 병원에 수용된 자는 5,000명 미만임을 알게 되었다. 다시 말하면 수용되어야 할 인원이 아직도 많은데 방치된 상태로 있는 점에 대해 아쉬움을 금치 못한 것이다. 그러나 다행인 것은 소록도에는 어느 특정 종파만의 종교 활동을 원칙적으로 금하고 있는 점에 대해서는 안도한 것으로 보인다.[3](이러한 원칙은 일본 정부가 종교차별을 금하고 있었기 때문이었을까?—본서 저서의 추측)

---

2) 2019년 11월 5일(화) 「한겨레 신문」, 〈소록도를 생각하는 사람들〉 명인(命人), 전남 청소년 노동인권센터 교육활동가.

3) 김정환, 『김교신』, 135쪽.

김교신 선생은 한센병환자(나환자)에 대한 관심을 『성서조선』 독자들과 '서신' 교환을 통해 많이 표명했고 실질적인 도움을 주기도 했었다.

김교신은 소록도 환우들이 진정 원한다면 『성서조선』을 2000~5000부라도 보내겠다며 그들에 대한 관심을 적극적으로 표명하고 또 실천했었다.

> 문둥아, 안심하고 요구하며 대담하게 명령하라. 주 예수로 인하여 나는 그대들의 종이다. 제군을 위하여 인색하려 하며 꺼려하는 것이 남아 있을 진대 불원 나도 소록도에 수용되고 말 자이니라.[4]

고 외쳤다.

하지만 그렇게 많이 수용된 나환자 중 몇 명 쯤 『성서조선』을 구독했는지에 대해서는 정확히 알 수 없으나 5명부터 시작하여 20명 정도가 구독하다가 그 이후 더 증가되었는지 감소되었는지 정확히 알 수는 없다.

김교신의 신앙의 제자이자 『성서연구』 주필로 일했던 노평구는 「레푸라문학」이라는 제목으로 나환자들과 김교신 선생과의 교신(交信)기록을 한 권의 책으로 수록하면, 위대한 신앙적 승리의 책이 될 것이라고 말한 적이 있었다.[5]

그 정도로 소록도 환우들과 김교신은 밀접한 관계를 유지했었다.

1935년 3월 16일에 김교신은 처음으로 소록도의 '나환자'로부터 온 편지를 대하고 이에 큰 충격을 받았다. 이것은 김교신의 일생에 가장

4) 김정환, 『김교신』, 134쪽.

5) 전게서, 137쪽.

큰 사변의 하나이며, 그러기에 이것을 지우들에게 지체없이 전해야 하며, 조선의 유능한 청년들에 대한 전도 사업은 교권자들에게 양도하고 김교신을 포함한 관련자들은 이제부터 소록도 5천여 한센병 환우들에게 복음을 전하고 코이노니아(Koinonia, 상호교제)를 맺는 일에 온 정성을 쏟아야 한다고 다짐하게 된다. 그 후 김교신은 계속 소록도에 대한 관심과 사랑을 쏟았고, 소록도에서 온 편지를 『성서조선』에 게재했다. 예컨대 김교신이 맨 처음 접한 환우의 편지는 문신활(文信活)의 서신이었다. 『성서조선』 주필이었던 김교신으로서는 그의 일생 중 '가장 큰 사변'으로 받아들였다. 그래서 주필 김교신은 "그리스도의 복음 심장에서"라는 제호로 서신 전문을 게재했는데 이것은 무엇보다도 신앙의 승리를 노래한 아름다운 문학적 수작이라고 보고 김정환은 "그리스도의 복음 심장에서" 라는 글 전문을 그의 저서 『김교신』(125-129쪽)에 게재하고 있다. 따라서 그 긴 글을 요약 정리해 보았다.

〈그리스도의 복음 심장에서〉

① 먼저 김교신 선생의 평강을 기원 - 힘없는 무릎을 꿇어 주 예수께 비나이다.
② 영화의 하늘 길을 끊임없이 걸으시는 선생님(선생님은 북에서, 소생은 남쪽 소록도에서)
③ 현대 기독자의 깊은 상처를 무겁게 등에 진 진정한 주님의 종이시여,
④ 소생은 비록 나병에 시들고 있을지라도 『성서조선』(聖朝誌)을 위해 기도하리이다.
⑤ 복음의 나팔인 그리스도의 종이시여, 「성조지」를 통하여, 있는 힘을 다하여 외쳐주소서.
⑥ 지식적으로, 명예적으로, 권력적으로 날뛰기만 하는 거짓 목회자들

을 진정한 복음과 진리로 인도하실 이는 선생님이라고 굳게 믿습니다.

⑦ 이 땅 위의 모든 것을 팔고(sell) 하늘의 것을 전적으로 구매(buy)하시는 그리스도의 충실한 종이시여, 비진리의 그물에 쌓인 불쌍한 그들을 복음의 진리로 해방시켜 주옵소서.

⑧ 아! 조선의 중한 상처를 짊어진 복음의 나팔이여, 이러한 일들이 당신의 할 일이 아니옵니까? 피를 쏟으시고 살을 찢어 주옵소서. 20세기의 순교자는 누구라고 하겠나이까? 소생은 선생님이라고 복음 안에서 믿음으로 확신합니다. 예수 그리스도의 축복 중에서 발생한 『성조지』를 통하여 성령의 불길이 반도강산을 모조리 불살라 복음의 향내 그윽한 꽃동산으로 화하여지기를 간절히 기도하나이다.

⑨ 활석(活石)이 되신 오! 주여, 당신의 진실한 종 김 선생을 통하여 성취할 일이 많사옴을 믿사옵나이다.

⑩ 그리스도의 복음의 나팔인 김선생님, 꽃다운 육체를 나병에 빼앗긴 가련한 자 중의 하나이옵니다. 소생이 소생함을 얻은 것은 1932년 부산 감만리 나병원에서 손양원 목사님이 『성조지』에서 얻은 소감으로써 설교하던 때였습니다. 그래서 비로소 그때부터 부산 감만리 나병원에도 복음의 꽃송이들이 드문드문 피어나게 되었지요.

⑪ 1933년 『성조지』를 받아볼 마음이 간절하였으나 무지몽매한 반대자들의 압박과 물질이 없어 못 받아 보다가 겨우 받아보게 되었는데 그래도 그것을 자유롭게 읽지 못 할 분위기여서 반대자들을 피하여 병원 뒷산에 은근히 모여 소나무를 의지하고 숙독할 때마다 썩어짐이 없는 진정한 부흥이 되었나이다.

⑫ 그러나 『성조지』로 인하여 이단파로 몰려 박해를 받았음. 그 후 청색 빛 책만 보이면(성조지 겉 색깔 = 청색) 조사를 하므로 감추어 두거나 몰래 읽었음.

⑬ 아! 복음의 나팔이신 선생님! 이 소록도에 가련하고 불쌍한 생명이 현재 2000명 그러나 곧 5000명이 될 터인데 - 육이 부패한 것도 원통한데 영혼까지 썩게 되면 얼마나 더 불쌍한 자가 되겠습니까? 인

간의 사랑이 아닌 사랑을 가지신 (김)선생님, 우리 소록도를 잊지 마시고 복음 안에서 돌보아 주시기를 간절히 원하나이다.

⑭ 대금을 보내어 『성조지』를 한 질 더 주문하여 보려고 하나 금전을 구경할 수 없는 우리, 무산자로서 하는 수 없이 주께 맡기고 기도할 따름이옵니다.

⑮ 선생님께서는 변치 않는 주님의 사랑으로 특별히 재량하시와 『성조지』 1, 2부만 힘 자라는 대로 무료로 생각하여 주시기를 간절히 바라나이다.

⑯ 변치 않는 주 그리스도의 사랑 안에서 선생님(들)과 함께 같은 복음, 생명을 호흡하며 기도와 사랑 안에서 영(灵)으로 동고동락하기를 끊임없이 빌고 있나이다. 아멘.

1935년 3월 15일 소록도 갱생원 남부, 철없는 소생 문신활 올림.

김교신 선생님 귀하[6]

이와 같은 나환자들의 편지에 접한 김교신은 모든 수단을 다하여 원조의 손길을 뻗치기 시작했다. 예컨대 ① 그들을 위로하는 글을 썼고, ② 그들이 원하는 『성조지』를 무료로 제공했고, ③ 구라사업 캠페인을 벌였다.

당시 소록도에서 『성조지』를 정기적으로 구독하던 독자는 남녀 도합 20명 정도였는데 다음 글은 한 여성 환우로부터 김교신에게 보내진 편지 내용이다.

철없는 이 계집, 일찍이 불쌍한 병마에 붙들려 꽃다운 청춘을 저주하다가 다행히 전도를 받아 예수를 믿사오나, 의식과 교리에 잡히고 보

6) 김정환, 『김교신』, 125-129쪽.

> 니 심중에 참 평안이 없고 도리어 무거운 짐이 되어, 내심으로 불안을 느끼고 세상을 괴롭게 지내오다가, 1932년에 모 선생님을 통해 기도하던 중 『성조지』를 받고 보니 참 평안이 여기에 있고 참 즐거움이 여기에 있나이다. 하나님의 사랑이 인간에게 주어질 때 꼭 웃음으로만 주어지지는 않습니다.
>
> 지극히 큰 사랑이 지극히 작은 인간에게 부딪칠 때 그것은 혹은 눈물로 혹은 역경으로 혹은 순경으로 시시각각 변모되어 주어지는 것을 알고 보니 인간사실이 다 찬미의 곡이며, 우주에 있는 만물이 다 나와서 합주를 하는 것 같고, 세간의 뭇 괴로움과 닥치는 역경이 나에게 찬송을 지어 주시니 이제 나에게는 불평이 없습니다.[7]

김교신은 이 글 속에서 우주의 주재자이신 신(神)의 정원(Garden)에서 신앙으로 살아가는 아름다운 여인을 보는 듯 황홀한 심정을 금할 수 없었다. 병이 있으나 병이 아니요, 가난하나 풍족하기 이를 데가 없고, 패배한 자 같으나 항상 이기고 넘치는 여력이 있으니, 모든 영광은 주 그리스도께로 돌아가 주사이다 하면서 김교신은 할렐루야를 연거푸 외쳤다. 그는 소록도에 그의 저서 『산상수훈 연구』도 보냈는데 문신활은 이것을 받고 너무 감격하여 가슴에 품고 다녔다. 문신활은 문필에 소질이 많을뿐더러 음악에도 조예가 깊어 다음과 같은 자작 찬송가를 어린 학생들에게 가르치기도 했다.

〈부활의 생명〉 (문신활)

1. 부활의 생명 이땅에 외치세
   사망을 이긴 주 만백성 받으라
   부활의 생명 예수를, 부활의 생명 예수를 만민 받으라.

---

7) 김정환, 『김교신』, 130쪽.

2. 불신의 세력과 암흑의 권세를
부활의 빛으로 깨뜨려 버리자
사망을 이긴 예수가, 사망을 이긴 예수가 늘 힘을 주시네

3. 부활의 주 떠나 암흑에 사는 자
광명의 진리로 급속히 나오라
지옥의 권세를 깨친 주, 지옥의 권세를 깨친 주,
영원한 생명을 주리라.

4. 십자가 사실과 부활의 진리를
부절히 신앙자 무한히 즐기세
생명의 떡되신 예수, 생명의 떡되신 예수,
영살게 하시리

5. 생명에 주린자 주께 나오라.
부활의 생명을 늘 먹여 주리니
부활의 생명 살과 피, 부활의 생명 살과 피 늘 먹고 마시라[8)]

소록도 환우 중에는 엎친데 덮친 격으로 참으로 딱한 경우가 있었다. 예컨대 나환에 겹쳐 맹인이 된 사람들 말이다. 이러한 불우한 소록도 환경에 『성조지』는 매우 귀한 존재였다. 특히 소록도 갱생원에 '성조지 코이노니아'가 생기면서부터는 잡지에 이 안타까운 처지에 있는 사람들의 글이 날로 많아지기 시작했다. 따라서 『성조지』는 마치 소록도 전도를 위한 잡지, 신우(信友)동인지 같은 역할을 하였다. 김교신은 이 소록도의 '성조지 코이노니아'를 통해 많은 신앙의 진리를 다시 새김질 했고, 그들의 아름다운 문장에 감탄하여 "왜 문둥병 환자들 중에는 이렇게 명문가(문장가)가 많으냐? (하나님은)명문가만 모조리 문둥이 만드셨나보다."라고 외치면서 손수건을 몇 장 씩 적셨

8) 김정환, 『김교신』, 131-132쪽.

다고 한다.[9)]

그리스도교의 교조(教祖)이신 예수는 3년간의 공생애(公生涯) 중 ① 설교(Preaching), ② 치유(Healing), ③ 교육(Teaching)에 역점을 두는 삶을 사셨는데 이 셋 중 특히 두 번째 치유(Healing)를 통해 큰 역사(役事)를 하셨다.

앉은뱅이를 일으키기도 하시고, 죽은 자를 살리기도 하시고 불치의 병인 문둥병(요즈음은 한센병)을 고쳐주셨다. 그런데 놀라운 것은 한 번은 열 문둥이를 완치시켜주셨는데 그것에 대해 감사를 드린자는 오직 한명 뿐이었다. 이때 예수님은 '그 아홉은 어디 갔느냐'고 그 한명에게 물으시면서 서운함(?)을 표시하셨다. 옛날이나 지금이나 가장 큰 병은 '나환'일 것이다. 이러한 불치의 병을 낫게 해주신데 대한 감사가 없다고 하는 것은 큰 문제가 아닐 수 없다. 그런데 그것이 일반적 인간의 태도인 것도 사실이다.

아래 편지는 소록도 갱생원 수용자 문신활 씨가 1935년 3월 15일 김교신 선생에게 보낸 편지 내용이다.

> 생명으로 떠남도 만남도 없이 하나가 되어 예수 그리스도의 부활의 형상을 유형무형으로 닮아가시는 선생님, 영화의 하늘 길을 부절하게 걸으시는 선생님, 그리스도의 피와 그의 살로 인하여 인연이 된 김선생님, 아! 현대 소위 기독교도의 심중한 상처를 무겁게 등에 진 진정한 주님의 종이시여, 아! 복음의 나팔인 그리스도의 종이시여, 이 땅위의 것을 팔아 하늘의 전폭을 사서 생활하시는 그리스도의 충실한 종이시여, 아! 조선의 중대한 상처를 등에 진 복음의 나팔이여, 아! 20세기의 순교자는 누구라고 하겠나이까. 소생은 선생님이라고 복음 안에서 믿음으로 선언합니다.

---

9) 김정환, 『김교신』, 132-133쪽.

오! 진리의 신(神) 그리스도시여, 이 『성조지(聖朝誌)』를 통하여 성령의 불길을 강렬히 발하게 하옵소서. 소생이 『성조지』를 통하여 썩어졌던 생명이 소생함을 얻은 때는 1932년 부산 감만리 나병원에서 손양원 전도사님이 『성조지』에서 얻은 소감으로써 설교하던 때이었습니다.(그런데) 불행하게도 소위 목회자라고 하는 몇 사람의 시기로 인하여 손양원 전도사님도 감만리 교회 일을 못 보게 되고 말았습니다. 그래서 그 후 1933년에 『성조지』를 받아 볼 마음은 간절하였으나, 무지한 반대자들의 압박함과 물질이 없어서 못받아 보다가, 겨우 신앙동지 중 한 사람이 원외에 타인의 이름으로 『성조지』를 받아 보게 되었습니다. 그러다가 그것도 반대자들의 조사에 탄로나 아무 조건 없이 이 단파에 속한 자들이라 하여 무수히 박해를 당하였습니다.

아! 복음의 나팔이신 선생님, 이 소록도에 영육이 부패하여 비애에 젖어 죽음의 길을 걷고 있는 사람이 현재 2,000명이 되옵고, 앞으로 5천명이 될 터이오니 가련하고 불쌍한 이 생명들 어찌하겠습니까. 육이 부패한 것도 원통하다 할진대 영혼까지 후폐하게 되면 얼마나 불쌍한 자가 되겠습니까. 인간 의외(意外)의 사랑을 가지신 선생님, 우리 소록도도 특별 잊지 마시고, 복음 안에서 우리주 예수와 함께 힘써 주시고 돌보아 주시기를 간원하나이다. 이곳 동지 일행은 같은 소망으로 문안하옵고 『성조지』의 계속 간행을 위하여 주께 간구함을 마지않습니다. 변치 않는 주 그리스도의 사랑 안에서 선생님들과 함께 같은 호흡을 쉬며 영안(靈眼)으로 기도와 사랑으로 동고동락하기를 주께 부절히 비나이다. 아멘. 1935년 3월 15일 소록도 갱생원 남부, 철없는 소생 문신활 배상[10]

다음 글은 김교신 선생이 소록도 한센병 환자중의 한사람인 문신활씨의 편지를 수신하고 공개한 후 『성서조선』에 투고한 내용이다. 당시 김교신 선생은 조선 무교회(無敎會)의 대표자격인 인물이었으

10) 『김교신 전집 2』, 102-106쪽.

며 기독교의 소위 정통이라는 교단들로부터 이단(異端)이라는 공격을 받고 있었다. 아마도 기독교 선교의 황금어장이나 다름없는 소록도는 당연히 기득권을 지닌 자신들이 선교대상지역으로 삼고 있는데 왜 '이단'이 그 구역을 침투하여 설치느냐는 식의 반대가 있었을 것이다. 그럼에도 불구하고 김교신은 환우들이 자발적으로 선호하는 『성조지』에 대하여 왜 시비하느냐 하는 식으로 대응하면서 『성서조선』을 통한 그리스도교의 복음을 용기 있게 계속해서 진행한 것이다. 따라서 김교신은 소록도의 환우 문신활 씨의 서신을 수신하고 그것을 『성조지』에 공개하고 이에 관련하여 성명서 비슷한 글을 써서 공표하였다. 이 글이 바로 그 내용이다.

> 나환자 문군은 본래 알지 못하는 사람이요, 인간에서는 앞날이 계수(計數)된 처지에 있다는 형제요, 이를테면 저편 세상에서 보낸 음신(音信)이다. 그러므로 주저 없이 공개한다.
>
> 본지(『성서조선』가 조선기독교회의 교권자들에게서 이단시 되고 압수를 당하면서도, 골육이 썩어가는 나환자에게 희망을 전하고 환희를 일으킨다고 증명 받았으니 이보다 더한 영광이 어디있나. 무릇 영광이란 것을 알 만한 사람, 볼 만한 형제는 나의 궤상 위에 놓인 나환자의 편지를 와 보라. 우리는 제 딴으로는 진실하게 주 예수를 믿고 충성을 다하여 천국 복음을 전달하고자 하여 근 10년간에 『성서조선』을 75호까지 발행하고 있다. 그러나 같은 기독교회에서 무조건하고 우리를 이단시하고 우리 친구들을 핍박할 때는 우리도 스스로 의아함을 금치 못하였다. '죄과는 우리 편에만 있는가 보다'고. 마는 이제는 확신을 얻고 용기를 가다듬었다. 총리사가(아마 총무) 반대하고, 총회장이 훼방한다 할지라도 우리는 나환자의 신서(信書)를 가슴에 품고 천국 길을 돌진 하리라. 기성교회의 교권자들이, 우리에게 전도할 교회당을 빌려주지 않은 일도 있었고, 성서 강의할 청년회관을 거절한 일도 있었고,

『성조지』 독자를 교회에서 축출한 사실이 있었음도 알았으나, 대체로 병중의 병인 나환자에까지 위와 같은 위협과 박해를 가하였을 줄은 참말로 몽상도 못하였다.… 하필 나환자의 최후로 남은 영적 생명의 양도(糧途, 생명줄)까지 끊으려 하는가. 천국으로 들어가지도 않고 남이 들어가는 것까지 방해하여 마지않는 교권자 아귀배여, 너희가 회개치 않을진대 최대의 화가 너의 신상에 미치리라. 가장 작은 자와 천한 자를 대접하는 것이 만왕의 왕이신 우리 주 그리스도를 대접하는 것이라고 주(主)는 일러 주셨건만, 불원천리하고 부산부터 사모하면서 상경하여 활인동 근방을 배회하고 있는 다섯 나환자의 모습을 머리속에 상상하고 앉았으니, 참회의 눈물이 끝없이 흐른다. 형자여, 용서하고 위하여 기도하라. 주 예수여, 긍휼을 베푸시옵소서. 그리고 끝까지 아껴하고 탐하는 것이 있을진대 이 죄인부터 나병을 주시사 속사람을 씻어주옵소서. 절망하였을 터인 나환자의 음신(音信)에 생명의 약동함이 어찌 이처럼 저대(著大)한고! 기독교는 능력의 종교라고 한다. 말로 능력의 종교라고 부르짖는 자는 많고, 글로 능력의 신앙을 설명하는 이는 많으나 실제적 '능력신앙'은 이 나환자인 친구에게서 본다. 날로 부상(상처가 썩어감)하여 가는 육체 속에서 나병이나 사망이나 다른 아무것이라도 우리 주 그리스도 예수 안에 있는 하나님의 사랑에서 우리를 능히 끊지 못하리라(로마서 8:38-39)고 외치며 찬송하여 마지않는 저 영혼의 용자(용감한 자태)를 우러러보라. 인류 중에 가장 연민을 받을 자리에 처하여서도, 오히려 넘쳐흐르는 생명의 약동함이 방인(傍人)을 위로하고도 남으니 이러므로 그리스도를 믿는 신앙을 능력의 종교라고 한다.(1935년 4월)[11]

다음 편지는 소록도의 한 여성 환우로부터 김교신 선생에게 전해진 애절한 사연으로서 1935년 4월 12일(금)자 김교신 선생의 일기에 기록되어 있다.

11) 『김교신 전집 2』, 106-108쪽.

영(靈)이신 그리스도의 복음에 전폭으로 찬미의 곡을 지으시며 모든 인간 사물과 사변을 영적으로 취급하여 가시는 선생님, 뵈옵지 못하였사오나 영으로 본자 되었삽고, 진리로 함께 즐겨하는 자가 되었습니다.… 땅에 있사오나 하늘 생활이며, 육에 있사오나 영으로 살으시며, 인간 사변을 통하여 그리스도의 감추인 비밀을 나타내시며, 곯아지고 썩어져 냄새나는 시체 위에 부활의 생명을 부어주사 움직이게 하시는 참복음의 선생님, 쓰라린 가슴을 부여안고 인간의 쓴잔을 얼마나 맛보셨습니까? 세상의 불행은 주님의 참 종이 되는 자입니다. 명예를 손실한 자가 주님의 종이요, 모든 사실에서 실패와 죽임을 당한 자가 주님의 종이로소이다. 이런 줄을 알면서도 주님의 종이 되어 주시는 선생님께 대하여 감사의 눈물을 아니 흘릴 수 없습니다.

참복음에서 인간 밖의 사랑으로써 사랑하시는 선생님, 철없는 여생(女生)은 일찍이도 불행한 병마에 붙들려 꽃다운 청춘을 저주하다가 다행히 전도 받아 예수를 믿사오나, 의식(儀式)과 교리에 잡히고 보니 심중에 참평안이 없고 도리어 무거운 짐이 되어 내면으로 불안을 가지고 세상을 괴롭게 지내오다가 1932년에 모 선생님을 통하여 복음을 듣고 기도하는 중 복음을 받고 보니 참평안이 여기 있고, 참즐거움이 여기 있나이다. 하나님의 대애(大愛)는 인간에게 주실 때 웃음으로만 주시지 않습니다. 지극히 큰 사랑이 지극히 작은 인간에게 부딪칠 때는 혹은 눈물로 혹은 역경으로 혹은 순경으로 시시각각으로 주시는 것을 알고 보니 인간의 사실이 다 찬미의 곡이고, 우주에 있는 만물이 다 나와 합주를 하는 것 같고, 인간 괴로움과 닥치는 역경이 다 나에게 찬송을 지어 주시니 나에게는 불평이 없습니다.…

참 사랑하시는 선생님, 여성이 이런 상서를 올리는 일은 위생상으로 보아 황송하오나, 이 병원 제도는 관청 치리가 되어서 원내에서 출타하는 물품은 무엇이고 소독을 엄하게 하여 보내 드리므로 위생으로는 염려 없습니다.

오 주여, 모든 것을 당신께 부탁합니다. 당신의 종 김선생님을 나팔로 삼아 빼빼마르고 교리와 신조만 붙들고 외모로는 평화를 부르짖으나 내면으로는 불평만 부르짖는 조선 기독교회에 당신의 종 김선생님을 통하여 그리스도의 산 생명을 부어 주사 '진리의 조선교회'가 되게 하시옵소서. 뭇 생명은 당신의 생명수가 없어 목말라 죽게 되었나이다. 어서 당신의 생명수를 던져 주옵소서. 아멘.

1935년 4월 8일 여성(女性) 배상[12)]

아래 글은 1935년 4월 소록도의 한 여성 환우로부터 애절한 사연을 받은 후 그에 대한 김교신 선생의 회신이자 반응이다.

이 글을 일독한 자로서 누구나 다 간취할 것은 중병자의 글, 특히 완치의 의약이 아직도 충분치 못하다는 나병환자의 글월 같지 않다는 것이다. 전도(前途)에 꽃다운 생애를 두고 전망(前望)하는 양가(良家)의 소녀가 주위와 방인(傍人)을 염려하며 애무하며 보살피는 듯한 일점무오의 심정이 지면에 창일하였으니 이는 양가 중에 제일이요, 대가(大家) 중에 첫째인 우주의 주재이신 하나님 아버지의 정원에서 신앙으로 거주하는 자된 이의 심정이 여실히 노현(露顯)한 것이 아니고 무엇인가.

무법무망(無法無望)이 상례라는 나환자의 처지에서도 타인을 위하여 위생을 염려하며, 교회를 위하여, 나아가 '진리의 조선교회' 되어지이다고 기구(祈求)하여 마지못하니 이것이 그리스도의 이적(異蹟)이 아니고 무엇인가. 병이 있으나 병인이 아니요, 가난하나 부유함이 짝없고 패배한자 같으나 항상 이기고 넘치는 여력이 있으니, 모든 영광은 주 그리스도께로. 할렐루야, 할렐루야![13)]

김교신은 『성서조선』을 통한 소록도 한센병 환자들을 위한 복음

12) 『김교신 전집 5』, 289-291쪽.

13) 전게서, 291-292쪽.

선교에 있어서 『성서조선』에 따르는 경비문제를 초월해서 환우들이 그것을 필요로 한다면 얼마든지 지원하겠다는 강한 의지를 다음 글에서 언표하고 있다. 그것을 환우들에게 진심으로 제공하겠다는 뜻에서 다정다감하게 '문둥아!, 안심하고 대담하게 그것을 요구라하'고 호탕하게 그의 속내를 드러내고 있다.

> 영남지방 방언에 가장 사랑하는 자를 반가이 만날 때에 '문둥아!' 하고 포옹한다고 하니, 이는 병약한 자녀가 부모의 애정을 독차지하는 심리로써 유추할 수 있는 사리(事理)일까. 최고의 병환에 최대의 동정을. 그러나 건강한 자로서는 '나병'이라는 개념만 하여도 몸서리치는 일이 아닌가. 꿈자리에서도 놀라는 광경이 아닌가. 본인은 지난 3월 하순에 문신활(文信活)군의 음신(音信)에 접하기까지 나환자와는 직접 통신의 경험도 없었다. 그러나 문군과의 음신 이후 자주 몽중에 나환자를 대한 일이 있었다.…
>
> 돌이켜 생각건대 우리도 본래 나환자인 형제자매를 진심 동정하던 자가 아니다. 오히려 야심이 컸었다. 세상에 가장 유위(有爲)한 청년들에게 전도하여 저들을 사로잡아 주(主) 그리스도께 헌납하려는 욕망은 최근까지도 단념되지 않았다. 마는 이제 전반도의 기독교회가 우리를 이단시하고, 그 기관으로 조성된 기독교청년회가 우리를 적대시하며, 유위한 청년들은 우리에게 경청하지 않고, 우리의 친우들에게까지 조롱거리가 되고 보니, 소록도의 나인들만이 '우리의 문둥이'요, 우리는 저들의 문둥이다. 오, 문둥아!
>
> 『성서조선』의 잔부(殘部) 1,2권씩을 저들은 요구하였으나, 저들이 필요하다 할진대 그 필요를 제(除)한 외의 잔여를 건강한 자에게 돌릴 것이요, 현재 소록도의 2,000 나인(癩人)이 모두 요구한다면 2,000부씩, 일개년 후에 5,000인이 요구한다면 5,000부씩을 성조사(聖朝社)는 공급하리라. 우리 문둥아! 안심하고 요구하며 대담하게 명령하라. 주 예수로 인하여 나는 군등(君等)의 복(僕)이다. 제군을 위하여 인색하여

하며 꺼려하는 것이 남아 있을진대 불원(不遠)에 나도 소록도에 수용되고야 말 자이니라.(1935년 5월)[14)]

아래의 편지는 매우 서정적이며 '시'까지 써서 역경을 살아가지 않은 사람처럼 맑게 소식을 전하고 있다. 물론 독후감이긴 하지만.

김교신 선생에게 보낸 소록도 김계화의 편지(독후감)이다.

'김선생님의 「문둥아!」를 읽고'

「성조지」 제76호를 받은 때는 바야흐로 석양 붉은 놀이 서산에 춤추고, 구슬픈 황혼이 우주를 고요히 덮고, 갈매기들은 제 집을 곱돌아드는 그 어느 날 저녁이었습니다. 필자는 「성조지」를 받아들고 염형과 함께 명상 속에서 머리를 숙여 김선생의 우리 문둥이에 대한 무한한 동정에 우리 환자 일동은 마음 깊이 감사하였나이다. 우리 나환자들은 가정의 꺼림, 일보를 나아가 국가 아니 사회에 기각을 당한 것인데, 우리에게 주신 김선생의 전무후무한 고마우신 그 말씀 '나는 군(君)등의 종' 이라는 인정미가 시내처럼 넘쳐흐르는 일언일구(一言一句)야 얼마나 황송하고도 또 감사하냐! 아 나환자들아, 눈이 있으면 읽으라. 귀가 있으면 들으라. 김선생의 입을 열어 이 애정을 인생에 주신 하나님께 찬미하여라. 비분의 눈물이 흐르도록 울어라. 필자는 감격해서 「성조지」를 재독하였나이다.

선생님, 고독에서 저주에 울고 복음에 주린 우리에게 복음의 뉴스를 방송하고 정의의 화살과 진실한 복음의 나팔로 소록도를 향하여 부시옵소서, 현하 3천명 나환자들의 생령이 움직이고 있습니다. 필자가 만약 시인이 되었다면 선생의 논문을 읊겠고, 문인이었다면 선생의 열정을 사회에 광포하겠으나, 필자는 그도 저도 아닙니다. 아, 선생님, 소생은 다만 우리 나환자들의 친절과 광활한 지상에서 우리 나환자들의

14) 『김교신 전집 2』, 218-219쪽.

유일한 친우라고 선생을 향하여 소생은 찬사와 예사를 드립니다. 선생이여, 소생의 횡설수설한 이 졸문을 그리스도의 사랑으로 하량하소서, 소생은 끝으로 김선생에 대하여 시 한 구절을 읊으려고 합니다. 만천하 독자여, 들으소서.

〈시〉

창공에 반월(半月)아 어디로 가느냐, 활인동을 가려거든 ○○○선생에게 이 말 전하여 다오. 3천 명의 가련한 나환자들을 소생은 감격한 어조로 부르노니 아 선생님, 부드러운 품 안에 우리 나환자들을 안아 주소서. 신께 비오니 선생이 경영하는 사업이 천공에 샛별같이 빛나소서, 영원히 영원히 김선생이여, 우리를 향하여 문둥아!를 우렁찬 소리로 불러 주소서, 영원히 영원히.

1935년 5월 20일 남생리에서 김계화 배상[15)]

다음 서간문은 문장력이 뛰어나고 생각이 매우 깊은 환우 문신활 씨의 사연이다. 김교신 선생님과 서신교환을 활발하게 전개한 분이 시력까지 상실하여 이른바 '나맹'이라는 매우 기구한 상황에 처한 사람이며 그와 똑같은 사람이 그곳에는 무려 200명이나 있다고 한다. 놀랍게도 문신활 씨는 자신의 형편을 차원 높게 '그리스도의 가혹한 사랑'을 경험하고 있는 것으로 표현하고 있다. 사랑이면 사랑이지 '가혹한 사랑'이 무엇인가!

이것은 매우 역설적 표현으로서 '사랑의 파라독스(Paradox)'를 논하고 있다. 문신활 씨는 자신의 삶을 하나님이 주신 그 사랑의 파라독스로 해석하여 실존(實存)하고 있는 것으로 사료된다. 매우 놀라운

15) 『김교신 전집 5』, 321-322쪽.

인생의 경지에 도달해 있다.

> 악착한 나병에 더하여 암매(暗昧)하였으니 고민인들 없사오리까. 이 소록도의 사랑하는 나맹 형자들은 문명 발달한 이 세상에 비추어 가련하기 짝이 없소이다. …(그러나) 조선의 역사(歷史) 위에 역사(役事)하시는 하나님의 섭리가 소록도의 배후에, 절망한 나맹인의 생활 위에 운동하실 줄이야 누가 알았으며, 병중에도 병을 더하여 낙망과 연민의 입장에 처한 나맹인으로서 천국의 희망을 심구할 줄이야 그 누가 알았을까요.… 오, 찬송하리로다, 우주에 충만한 그리스도의 생명, 소록도 배후에 운동하시는 하나님의 섭리, 불행과 비운을 통해 역사하시는 그리스도.… 아, 절망 중 희망을 찾는 나환자에 대한 하나님의 '가혹한'사랑, 혹독한 비운을 통하여 쏟아주는 그리스도의 사랑을 받아 가지는 자, 복 있는 자로다. 나환자가 되었을지라도 맹인이 되었을지라도, 이 사랑의 조화를 아는 자가 영생국(永生國)을 희망한 참 복있는 자로다. 오, 그리스도는 가혹한 사랑이므로 건강을 빼앗고, 인간의 관념적 소망을 빼앗고, 세인의 조롱거리가 되게 하며, 비애의 인간이 되게 하셨나이다. 즉 여기에서 관념적 소망을 버리고 절대 신앙을 굳게 할 그리스도의 사랑이었나이다.… 오, 알자가 누구일까. 그리스도의 사랑은 인간의 사랑에 비견할 수 없는 능력의 사랑이요, 변천이 없는 '가혹한' 사랑이었나이다. 인간으로서는 그리스도의 사랑을 알 수 없도다.… 그리스도는 항상 전부가 사랑이라 하여 역경과 비운의 연단 없이 행복, 만족, 웃음, 순경. 이것만이 그리스도의 사랑이라 하는 것은 우리 주님의 사랑을 깊이 체험치 못한 인간들의 관념 주창이나이다. 아, 그리스도의 사랑은 웃음이라기보다 눈물이었나이다. 오, 이것은 사람의 눈으로 볼 수 없는 오묘이며, 사람의 지혜로 알 수 없는 대(大)비밀이었나이다. 병중에도 병을 더한 소록도 맹인 형자들은 그리스도의 신앙 창조의 묘수에 사로잡혀 불행에서, 울음에서 살아가나이다.…
>
> 아, 나환자와 함께 울으시는 선생님, 철없는 소생이 질서 없는 어린 글을 또 올립니다.… 귀 '성조지'를 대하는 자마다 감사를 아니 돌리는

자 없으며, 감격에 넘치는 환희를 아니 띄우는 자 없나이다. 특별히 감사하옵는 바는 가장 절망되어 연민할 처지에 있는 맹인 형자들이 귀 '성조지'의 내용을 탐문하고 과연 참 진리임을 맛보게 됩니다. 이곳에 있는 맹인 형님들은 200명이 넘습니다.

1935년 5월 21일

소록도 갱생원 북부교회 맹인구락부 염치없는 문신활 배상[16]

소록도 한센병 환자들에 대한 관심과 사랑이 크다는 것을 잘 알고 있던 최광석이라는 환우는 김교신 선생님을 위하여 간절한 기도문을 보내드렸다.

오 하나님, 감사합니다. 주여, 주의 섭리가 아니었던들 어찌 서울 서쪽에 계신 김 선생님을 남단 조그마한 섬 한 모퉁이에 버려진 나병족들이 알 수 있었으리오. 은혜 감사합니다. 사랑하시는 하나님, 선생님 위에 축복에 축복을 더하시와 건강케 하시며 하나님을 더욱 영화롭게 하도록 하소서. 반도의 주린 많은 영혼을 구원하도록 하소서.… 1935년 8월 22일 최광석 올림[17]

다음의 편지는 『성서조선』지(誌)의 소중함에 대한 감사의 내용이다.

영구불변한 하나님의 은총 중 우리 선생님의 영광과 평강을 엎드려 간망합니다. 오! 멀리 경모하는 사랑의 선생님, 그간 편지가 너무 늦어 심히 황송하옵니다. 끝없이 사랑하시는 우리 선생님, 주님의 심장으로 관용하옵소서.… 소생은 한동안 무서운 시련 중에서 헤매옵다가 지금

---

16) 『김교신 전집 5』, 323-329쪽.
17) 김정환, 『김교신』, 251쪽.

에야 겨우 그리스도의 사랑의 지성소(至聖所)에 고요히 숨어 영(靈)을 단장하기에 겨를이 없나이다. 이 무서운 시련 중에서 고민할 때에 달마다 비래(飛來)하는 『성조』는 얼마나 막대한 위로를 주었는지요. 말로 형언할 수 없나이다. 의미심장하게 신년을 맞이하는 우리 선생님, 성령의 역사하심에서 심각한 영감으로 백절불굴의 굳센 신앙과 용맹스러운 의지를 가지고 만장(萬障)을 돌파하고 영원한 신천신지(新天新地)로 돌진하사이다.[18]

다음은 소록도의 환우 윤일심의 『성서조선』에 대한 예찬의 글이다.

세상이 버린 나를 이다지도 사랑하여 주는 『성조』는 나의 부족한 점을 깨우쳐주는 엄격한 동무이옵고, 가슴 풀어 하소연할 수 있는 유일의 임의로운 동무외다.(1938.1.8. 소록도 尹一心)[19]

아래의 편지는 김교신 선생이 보내준 편지와 우표선물에 감사하다는 것과 나병을 주께서 주신 멍에와 시련으로 받아들이면서 감사한다는 수준 높은 신앙고백이 아닐 수 없다.

감격한 마음으로 혜서(惠書)를 봉독하였습니다. 편지 한 장이 그다지 귀한 것이 아니옵건만 선생님 혜서는 저에겐 너무나 귀한 것이었습니다. 나병은 주께서 저에게 주신 멍에요 시련의 채찍이올시다. 저는 이 나병을 통하여 2천년 전에 갈보리 언덕에서 못 박히신 주 예수를 알았사오며, 구속(救贖)의 복음 안에 살게 되었사오니 자기가 나환자임을 추호도 한탄치 않습니다. 나병이 아니었던들 제가 중생(重生)의 은혜를 받지 못하였을 것같이 제가 예수를 믿는다고 해도 나환자 아니었던

18) 『김교신 전집 6』, 323쪽.

19) 전게서, 12쪽.

들 여러 선생님들이 살고 계시는 산 신앙의 별천지를 얻어 볼 수 없었을 것이오며 나환자 됨을 지상(至上)의 기쁨으로 알고 감사 하지 않을 수 없습니다. 이번 하서(下書)엔 신앙으로써 많은 염려를 하여 주시오니 참으로 감사합니다. 주 예수의 놀라우신 은총 내리시기만 간구합니다. 동봉하여 보내주신 우표 고맙습니다. 고향에 계신 어머님에게 편지할 때에만 쓰고자 합니다. 우표의 유래를 들으시는 어머님, 주 예수께 나아오기를 간구하는 심정이외다. 귀댁에 성은(聖恩) 충만 하심을 빕니다. 소록도 중앙리 ○○○ 배상.[20]

김교신 선생은 1939년 12월 성탄절을 맞아 소록도 환우들에게 다음과 같은 정성어린 선물과 편지를 전했다.

① 『최용신 소전』(최용신 양 傳記, 류달영 著) 20여권
② 류달영 선생님의 편지
③ 타월, 양말 등
④ 학용품 다수(어린이 60여명 분)
⑤ 『방애인 소전』(책)[21]

편지 발송자 윤일심이 거주하고 있던 소록도에는 어린이로부터 17~18세 소년 소녀가 500명 이상 살고 있었는데 그 어린 새싹들의 장래를 생각할 때 너무 불쌍한 생각이 들어 오직 주님의 은혜만을 기대한다는 슬픈 내용이다. 참으로 나병이 당대로만 끝나야 하는데 자칫 잘못하면 그것이 전승될까봐 매우 걱정하는 내용의 서신이다.

성조통신(12월 12일)을 읽고 그만 북받치는 울음을 견딜 수 없어 울었

20) 『김교신 전집 6』, 490쪽.
21) 『김교신 전집 7』, 193-194쪽.

습니다. 소학생, 아동이라면 그 이름까지도 희망이 가득한 행복이 넘치건만 어째서 우리 섬의 어린이들은 이렇게 불쌍합니까! 선생님, 참 억울해 못 견디겠습니다. 아직 아장아장 걷는 어린이로부터 17~18세 소년 소녀가 아마 500명이 넘을 것 같습니다. 이들은 한 평생을 이 조그만 섬을 자기의 세계로, 봄도 없고 성공도 없고 향상도 없고 부모의 사랑, 형제의 우애, 가정적 재미를 모르고 일평생을 지내야 하겠으니 이들에게 무슨 죄가 있겠습니까. 이들 중에는 아직 병이 없는 이도 있습니다. 그 부모가 병들었기 때문에 그 일생을 암흑에서 지낼 일을 생각하면 생각할수록 불쌍한 것뿐입니다. 주 예수, 당신만이 이들을 불쌍히 여길 수 있사오며 그 크신 사랑으로 이들을 길러 주소서 할 뿐입니다.(붕대를 칭칭 감은 손으로 써놓으니 읽으시기에 힘도 드시겠습니다. 용서해 주십시오. 1940년 1월 11일 새벽 윤일심 上)[22]

소록도의 윤일심 씨로부터 김교신 선생에게 전해진 아래의 편지는 조국 조선을 위하고, 소록도 나환자들을 위하고, 조선 교회의 목회자들이 당파심과 교파심에 사로잡히지 않고 참 목회자가 되기를 기원하는 가운데 『성서조선』을 통해 참 복음을 전하는 김교신 선생에게 경의를 표하고 계속 정진하기를 바라는 진심어린 서한이다. 구구 절절이 간절한 심정으로 수놓아져 있다.

조선을 망하게 하고 민족을 망하게 하던 당파심은 오늘날 우리 조선 교계까지도 유전되었던가! 우리 기독교계에는 당파심으로 교권자들의 머리를 점령하고 있으니, 뜻있는 신도들로 하여금 부질없는 탄식만 하고 있는 이 세대에, 오 선생이여, 오직 당신만은 썩어진 교파 사상에서 초월하여 계심을 나는 보았습니다. 뿐만 아니라 당신은 오직 홀로 그리스도의 정신을 좀 먹이고 조선교계를 어지럽게 하는 탈선 신앙가들

22) 『김교신 전집 7』, 194쪽.

의 핍박에서도 오히려 매진하고 있는 용사임을 선생의 사상지(思想誌)인, 아니 신앙의 표현인 「성조」를 통하여 알고도 남았습니다. 선생이시여, 생(生)의 불미함을 용서하십시오. 식어진 믿음이나마 주의 참빛을 볼 때 넘치는 느낌에 따라 몇 말씀 감사의 뜻을 표하자는 것이 이 모양입니다.

생(生)은 얼마 전에 어느 독서 동지에게 「성조」의 이야기를 들었으나 그다지 마음이 끌리지는 않았습니다. 왜 그랬냐하면 근일에 우리 교계에서 발간되는 소위 '전도지'라는 것들과 동일시하는 경솔한 생각에서 오해하였던 것입니다. 그 다음에 다른 교형이 빌려주는 「성조」를 실제로 읽어보니 나의 경솔한 생각은 후회로 돌아가고 나의 잠자던 신앙은 비로소 눈뜨기 시작하였으며 내가 찾던 참신앙의 길을 발견하였으니 「성조가 전하는 복음」이라는 한 면 남짓한 글은 참 복음이 되어 식었던 믿음에 부흥이 되었으며 「서생의 유희」라는 한 면의 글은 능히 귀지의 사명을 말하고도 남았습니다. 예수 친히 '병자라야 의사가 필요하다'는 말이 성조로 말미암아 비로소 표현되는 듯 한 느낌을 얻었습니다. 그 병든 자의 한 사람인 생(生)으로서 어찌 그 품 안에 안기지 않겠습니까. 오, 아름답다 「성조(聖朝)」여, 혜성과 같이 나의 앞에 출현한 그대는 참된 복음을 나에게 전하여 주었으며 잠자던 믿음에 부흥이 되었으니 나는 그대를 신앙의 동무로 삼고자 하노라. 아니 내 신앙의 인도자가 되어 겟세마네 동산까지라도 인도하여 주기를 원하노라. 선생이여, 쓰다가 보니 말이 두서가 없으나 이것이 내가 느낀 그대로의 숨김없는 고백이요, 동시에 장식없는 감사입니다. 그러므로 단문졸필이나마 생(生)의 참마음이니 선생에게 드리기를 부끄러워하지 않습니다. 소록도 나환자들만이 '우리의 문둥이'요, 아, 이 과연 이 말이 20세기 사람의 입에서 나올 말일까요. 선생이여, 불쌍한 이 생(生)은 10년이라는 세월을 이 '문둥이'라는 한마디 말에 육과 영이 아울러 증오에서 전율하여 왔으며, 생을 저주할 만큼 인간성을 빼앗기었습니다. 그러나 나는 오늘에 있어서는 나환자 됨으로 '당신의 문둥이'됨을 기뻐하나이다. 동시에 예수 친히 나환자들에게 행하신 행적을 생각 아니할 수 없습니다. 비옵나니 선생이여, 당신의 그 사업이 일익 발전하여 천하의 탈선 신앙가들의 참 빛이 되고 참 길이 되옵소서.

1935년 6월 10일 소록도에서 윤일심(尹一心) 백[23]

아래의 편지는 『성서조선』을 애타게 기다리는 소록도 한 환우의 진리를 향한 목마름이다.

구름 속에서 발하는 하나님의 산 말씀의 강가에서 달로 때로 생명적인 말씀의 세례를 받아 말씀 그대로인 복음, 즉 한 성서 그대로를 나팔 부시는 선생님, 고양(어린양)예수 그리스도의 염통에서 샘같이 솟아 시내처럼 흐르는 생명의 빨간 피, 꿀보다 꿀송이보다 더욱 달콤한 복음의 단젖을 무한으로 먹고 마심을 믿사옵고 멀리서 엿보아 한없이 기뻐하나이다. 선생님께서 하송하신 귀 『산상수훈』과 『성조지』는 또 애독 또 탐독 할 때마다 생명의 약동이 불소하옵나이다. 그러나 이곳에서 소생이 심히 궁금답답하옵는 바는 애모하는 『성조지』 금월 77호가 여지껏 오지 아니하오니 어쩐 일이오니까. 무슨 사고가 있사온지 심히 염려이옵니다. 오, 광야의 여인같이 해산의 수고를 하시는 선생님, 금일의 적룡(붉은용) 즉 법과 조직에게 박해를 받는다고 탄식하지 마옵시고 꾸준히 나아가옵소서, 주 예수께 범사에 비옵나이다. 갑갑한 소생에게 속히 통기하여 주옵소서.[24]

끝으로, 이 글은 '나-맹(나병+맹인)' 구락부를 위한 김교신 선생의 글 내용의 일부이다. 건강한 자들이 '나맹'을 보고도 깨달음이나 배운 바가 없다면, 그리고 교회의 부흥이 없다면 보통문제가 아니고 매우 큰 문제라는 것을 강하게 지적해 주고 있다.

---

23) 『김교신 전집 5』, 336-337쪽.

24) 전게서, 343-344쪽.

> 보이지 않는 눈, 상한 다리에 피곤한 몸을 옮겨 일편단심으로 예배당을 향하는 광경을! 가다가 실족하여 넘어지면 그 자리에서 쓰러진 채 기도하고 다시 가는 그 신앙이야말로 도처 '지성소(至聖所)'이다. 육(肉)은 불과 4척의 지팡이에, 영(靈)은 참 생명인 십자가를 의지하고 매진하는 이 믿음에는 옛날 모세(Moses)를 연상케 된다. 모세가 지팡이 한 개를 의지하고 광야에 나간 것같이 이네들도 지팡이 한 개면 어떠한 풍우에라도 능히 예비하신 성소(聖所)까지 갈 것을 믿는 동시에 구리뱀을 쳐다 본 자는 다 구원을 얻는 것처럼 십자가를 의지함으로 구원을 얻을 것이 소망의 전부이니, 아침에 일찍이 예배당에 가면 점심도 굶고 저녁도 못 먹고 석양 전도회까지 마쳐야 돌아가는 맹인들을 보고도 부흥이 없다면 그는 곧 마귀의 자식이요 다시 서지 못할 것이다.[25]

'나병'만도 견디기 힘든데 '눈'까지 보이지 않는 이른바 '나맹'을 생각해 볼 때 그 난처함에 대하여 위로해 줄 말을 찾을 수가 없다. 한마디로 그들의 처지는 '극한상황'(Boundary Situation)이 아닐 수 없다. 즉 절망적인(Hopeless) 상황이다. 인간의 힘으로는 불가능이다. 예수님 같은 구원자만이 할 수 있는 일이다. 그러므로 당사자로서는 기도할 수밖에 없고 기독자들은 이들에게 관심을 분명히 가져야만 한다. 이러한 경우를 예상하고 신학자 니버(Reinhold Niebnhr)는 '불가능한 가능성(Impossible Possibility)'이라는 말을 했는지도 모르겠다.

소록도 환우 중 김교신 선생에게 가장 많이 서신을 띄운 사람은 문신활 씨가 아닐까 생각한다. 문장력이 뛰어날 뿐만 아니라 사연 속에는 진정성과 간절함이 가득하다. 『성서조선』과 『산상수훈연구』 책은 외롭고 고독한 그에게 유일한 벗이라고 고백한다.

---

25) 김정환, 『김교신』, 137쪽.

… 아, 그리스도의 운동하심과 축복하심 안에서 "성서를 조선에, 조선을 성서 위에" 세우시기에 전부의 전부를 바쳐 노력하시는 선생님, 그 귀구(貴句)를 읽고 또 읽을 때마다 감사와 희열이 충만하옵고 또한 대할 때마다 신(新)면목이어서 생명은 한없이 약동하나이다.…

그리스도의 사랑 안에서 받자 온 이 『성조지』와 귀 『산상수훈 연구집』은 불행한 나병으로 인하여 외롭고 고독한 소생에게 둘도 없는 가장 유일의 벗이었나이다. 고로 밥 먹고 잠자는 시간 외에는 어떠한 경우에든지 기거동작 간에 가슴에 품고 있었나이다. 틈만 있으면 들고 봅니다. 그래서 생명적인 신앙은 자유롭게 자유롭게 성장하여 오르고 있나이다. 아, 철없는 우리들의 답답한 사정을 진정으로 알아주시는 김선생님, 날이 갈수록 부패하여지고 달이 갈수록 부패하여져가는 이 나환자의 쓸쓸한 좁은 가슴에 첩첩이 쌓인 포부가, 선생님께서 진심성의로 노력하시는 일이 하늘 아버지 뜻대로 이루어짐에서 소원 성취되리로소이다.… 선생님께서 하송하신 『성조지』는 배수하였나이다. 친애하여 주시는 선생님께서는 이처럼 사랑과 생명을 던져 주시지만 만사에 철이 없는 소생은 즉시로 배수하였다는 통지를 배상치 못하여 생각할수록 미안 천만이로소이다. 그리스도의 성애로 용서하심을 간원하옵나이다. 1935년 4월 18일 어린 문신활 배상.[26]

소록도의 환우들과 김교신 선생의 교감(交感)은 이루 말할 수 없이 끈끈하였다. 이런 것이 바로 그리스도 안에서의 피차 사랑인가 보다. 이러한 극한상황에서 소록도 나환자들에 대한 전도영역을 가지고 교파 간에 갈등을 일으키고 소록도 나환자들에 대한 김교신의 관심과 사랑을 단절시키려는 작태들이 난무했으니 과연 '기독교의 전도(傳道)'의 참 의미는 무엇인가? 이와 관련하여 사도 바울 선생의 '돌파력'이 상기된다. 김교신 선생도 그러했으리라.

26) 『김교신 전집 5』, 303-306쪽.

누가 우리를 그리스도의 사랑에서 끊으리요 환난이나 곤고나 박해나 기근이나 적신(nakedness)이나 위험이나 칼이랴… 어떤 것도 우리를 우리 주 예수 안에 있는 하나님의 사랑에서 끊을 수 없으리라.(로마서 8:35, 39)

소록도 한센병 환우들에 대한 김교신의 관심과 사랑은 순전히 우연적이고 자별적이었는지, 아니면 동경고등사범학교 유학차 도쿄에 가서 1년간 준비하는 과정에서 '일본성결교회' 부근을 지나가다 노방전도 중이던 한 청년(일본성결교회 교인)의 전도를 받아 그 교회에 입교하여 신앙생활을 하는 가운데 성결교회의 핵심교리인 4중복음(중생·성결·신유·재림) 중 특히 신유(병고침)와 재림(예수의 재림) 사상의 영향을 받아서인지 김교신은 그의 사상에서 '예수의 재림'이 강조되고 있고 나환자들에 대한 관심이 많아『성서조선』을 소록도 환우들에게 보내주고 서신교환도 활발히 했는데 아마 '일본성결교회'에 출석(약 8-9개월)하는 동안에 영향을 받은 것은 아닌지 하는 생각이 든다. 하필이면 소록도에 병동을 지어주고 또 '소록도 성결교회'를 설립한 선교단체는 미국선교사들에 의한 '동양선교회'(OMS, Oriental Missionary Society)에 의하여 선교가 소록도병원 초창기에 이루어졌기 때문이다. 이와 같은 개연성을 이한복 저(著),『한국성결교회 형성사』라는 자료를 통해 발견하였다. 그 내용의 일면은 다음과 같다.

동양선교회(OMS, Oriental Missionary Society)의 설립에 참여한 사람은 미국인 카우만(Charles Cowman)과 길보른(E. A. Kilbourne)과 일본인 나카다 쥬지(Nakada Juji), 사사오 데츠사브로 등이었다. 동양선교회는 1905년 11월, 동경에서 카우만의 기획으로 조직되었다. '동양선교회'는 이름 그대로 일본에서 전개하던 '성결운동'을 한국, 중국, 인도 등 동양 여러 나라에서도 전개할 것을 목적으로 하였다.

'나카다 쥬지'와 그 밖의 몇 사람들이 1917년 10월 31일 '일본성결교회(Japan Holiness Church)'를 설립했다. 나카다 쥬지는 오지의 소외된 사람들에게 복음을 전하는 사역에도 열심이었다. 특히 그는 나환자 사역(Leper Work)에도 헌신하였다. 당시 일본에는 30만명의 한센병 환자가 있었다. '나카다'와 일본성결교회가 이처럼 '나환자 사역'에 집중한 것은 조선(한국)에서의 한센병 환자를 위한 사역, 즉 '소록도 성결교회'와도 연결된다. 조선에서 한센병 환자를 수용하고 치료하기 위해 1915년 2월에 '소록도'가 선정되었다. 그리하여 1916년 1월에 47동의 병동과 병원본관을 준공하고 1916년 5월 17일에 전남도립 '자혜의원'으로 개원하여 치료하기 시작했다.

1922년 10월 8일 '일본 홀리네스 교단' 전도목사인 '다나까 신사부로' 목사가 조선총독부의 포교허가를 받아 전도한 것이 '소록도 성결교회'의 기원이 되었다. '동양선교회(OMS)'는 항상 웨슬레(John Wesley)의 신학을 성결교회신학의 기준으로 삼았다. 그리고 카우만(Cowman)은 신유(Divine Healing)를 강조하던 심슨(A. B. Simpson)의 설교를 듣고 크게 감명받았던 것이다. 따라서 카우만은 예수처럼 5중 복음, 즉 ① 중생(重生, Regeneration), ② 성화(聖化, Sanctification), ③ 예수의 재림(Second Coming of Jesus Christ), ④ 몸 치유(Bodily Healing), ⑤ 세계복음화(Worldwide Evangelism)를 선포하였다(163쪽). 게다가 '나카다 쥬지'를 중심으로 1917년 10월 31일 '일본성결교회'(Japan Holiness Church)를 설립했던 것이다.

그런데 동양선교회(OMS)는 1911년 3월 13일 서울 무교정 복음전도관에 임시교사로 '경성성서학원'(오늘날 서울신학대학교의 전신)을 설립하였다.[27)]

---

27) 이한복, 『한국성결교회 형성사』, 서울: 도서출판 사랑마루, 2018, 141-147쪽, 156-158쪽, 163-165쪽, 222쪽.

필자가 김교신 선생의 지극 정성스런 열정적 신앙과 선교를 성결교회의 중심교리인 4중복음(四重福音)과 열결시켜보는 것은 교회사(史)적 의미와 그 연원에 대한 관심에서 비롯된 것이다. 4중복음(중생·성결·신유·재림)은 성결교회만의 전유물이 아니고 '성서(聖書)'의 중핵적 사상으로서 누구나 공유(共有)할 수 있는 기독교의 핵심가치라고 생각한다. 이것은 사도 바울(St. Paul) 선생이 강조했던 믿음(Faith), 소망(Hope), 사랑(Love)을 모두 포괄하고 있으며 그 삼덕(三德)의 다른 표현이라고도 볼 수 있기 때문이다.

XI. 김교신의 신학(神學)사상

김교신은 신학자가 아니었으며 신학자가 되기를 원치도 않았었다. 다만 그가 원하고 바랐던 것은 어떻게 하면 성서를 제대로 이해하여 그 성서정신에 입각해서 일본제국주의의 식민지였던 그의 조국 조선을 살려 내느냐 하는 것이었다. 그래서 그 뜻을 이루기 위해 제일차적으로 구체화한 것이 1930년 6월 1일 '조선성서연구회'를 결성한 역사적이고도 획기적인 대사건이었다.

'조선성서연구회'의 제 1차적 의도는 다름 아닌 순수한 '조선적 기독교'를 수립하고자 하는 것이었다. 1880년대에 조선에 들어온 기독교는 미국선교사들이 성경과 구호물자와 달러를 가지고 가난했던 조선민족에게 선교의 정책을 펼쳤었다. 그러나 이러한 선교의 이면에는 자기네들의 교파 확장을 통해 선교 영역을 넓히려는 정치적 의도가 깔려있었다. 그렇다고는 하더라도 당시 헐벗고 굶주리던 조선인들에게 큰 도움이 된 것은 사실이며 예수의 정신을 배움으로써 희망을 갖게 된 것도 사실이었다.

하지만 김교신은 일본으로 건너가 일본동경고등사범학교에 입학하여(영어, 지리학, 박물학 공부) 5년(?) 동안 열심히 공부함과 동시에 당시 일본에 유명했던 무교회주의자 우치무라 간조 선생의 '성서연구회'에 참여하여 성서공부에 천착함으로써 새로운 인생관, 국가관, 세계관을 정립하는데에 큰 도움이 되었다. 따라서 김교신의 성서관, 애국관, 신학사상은 우치무라 간조로부터 광범위하게 영향을 받았다고 볼 수 있다.

일본유학 기간에 비교과 영역의 성서공부에도 천착했는데 무교회주의자 우치무라 간조 선생의 주일성서강의에 참가했던 한국인 유학생은 김교신을 비롯해서 함석헌, 양인성, 유석동, 송두용, 정상훈이었다. 또 이들은 우치무라 선생 강의 외에 '우리말성서'를 함께 읽었으며 성서원문(특히 헬라어)을 함께 탐구하기도 하였다.

김교신은 1927년 4월 귀국하여 함흥의 영생여자고등보통학교 교사로 봉직하게 되었고, 그해 7월 이들의 신앙동인지 『성서조선』(聖書朝鮮)이 창간되었다. 연 5회 정도로 발간되던 『성서조선』은 1930년 제16호(5월호)부터 김교신이 주필을 맡으면서 이 연구회는 소박한 성서연구모임에서 한걸음 더 나아가 기성교회의 예배의식이나 직제(職制)를 뛰어넘는 새로운 신앙공동체로 거듭나고 있었다. 이들은 우치무라 선생이 "기독교의 유일한 근거는 성서뿐, 교회와 그 관습은 기독교를 담아내는 껍데기"라고 강조한 것과 맥락을 같이하여, 어디까지나 성서적 관점에서 교회의 제도 및 교리의 모순을 비판하게 되었다. 이와 같이 이들의 새로운 신앙운동은 '무교회주의'로 불리게 되었고, 이 연구회는 '무교회운동'의 중심에 서게 되었다.

그러나 「조선성서연구회」 또는 『성서조선』의 궁극적인 목적은 '무교회주의'라기 보다 '조선적 기독교'라고 할 수 있다. 『성서조선』 '창간사'에서 '성서'와 '조선'에 대한 김교신의 뜨거운 의지를 엿볼 수 있다.

> …다만 우리 염두의 전폭을 차지하는 것은 '조선' 두 자이고 애인에게 보낼 최진(最珍)의 선물은 '성서' 한 권뿐이니 둘 중 하나를 버리지 못하여 된 것이 그 이름(『성서조선』)이었다.…

> 『성서조선』 아, 너는 우선 이스라엘 집집으로 가라. 소위 기성신자의 손을 거치지 말라. 그리스도보다 외인(外人)을 예배하고 성서보다 회당을 중시하는 자의 집에는 그 발의 먼지를 털지어다. 『성서조선』 아, 너는 소위 기독신자보다도 조선혼을 소지한 조선사람에게 가라. 시골로 가라. 산촌으로 가라. 거기에 나무꾼 한 사람을 위로함으로 너의 사명을 삼으라. 『성서조선』아, 네가 만일 그처럼 인내력을 가졌거든 너의 창간 일자 이후에 출생하는 조선 사람을 기다려 면담하라. 상론(相論)하라. 동지(同志)를 한 세기 후에 기(期)한들 무엇을 탄할손가. (『성서조선』 창간사의 일부)[1)]

1930년대 후반부터 『성서조선』이 몇 차례의 내용삭제, 발행 정지 등을 겪다가, 1942년 제158호(3월호) 권두언 '조와(弔蛙)'에서 민족의 부활을 은유적으로 표현한 것이 문제가 되어 결국 폐간 당하였으며, 김교신을 비롯한 편집인과 동지 13명은 구속 기소되어 서대문형무소에서 1년간 옥고를 치르게 되었다. 이로써 주요 관계자가 옥중에 있음에 따라 조선 「성서연구회」는 자연스럽게 해산에 이르고 말았다.

이들에게서 '무교회주의'는 신앙개혁의 한 방편일 뿐으로, 궁극적으로는 성서를 통해 '조선적 기독교'를 추구하는 것이 목적이었다. 그럼에도 불구하고 이들의 무교회적 주장은 필연적으로 기성교회의 반발을 초래하게 되었다. 그러나 「조선 성서연구회」에 대한 직접적인 위협은 기성교회가 아니라 일제의 의한 것이었다. '조선혼'을 강조하는 이들의 민족적 신앙은 일제 말기에 이르러서는 감시와 탄압을 받게 되었다.

'조선산 기독교'의 수립이라는 목표는 예수의 복음에 토대를 둔 그리스도교적 애국심으로 발현되었다. "김교신은 예수보다도 그의 조

---

1) 『김교신 전집 1』, 20-21쪽.

국 조선을 더 사랑했다."고 한 송두용의 회고에도 나타나 있듯이, 그는 조국에 대한 애정(조국독립)과 그리스도교적 신앙을 일체화하려고 애를 썼다. 그의 신앙은 개인적 구제의 차원이 아니라 한 사람의 조선인 그리스도교도로서 민족적 과제의 인식과 시대의식을 명확히 지니고서 조선 민족의 구제와 '조국독립'이라는 데까지 확대되었다. 한편 민족의 고난을 감내하며 투쟁해 나가는 생활 속에서 그의 신앙은 이른바 그리스도교의 전통적 신앙으로 믿어지는 속죄·부활·재림의 중층적 신앙으로 발전해갔다.

『성서조선』의 초기시대인 1930년대 초반까지는 예수의 십자가 속죄신앙이 중심이었으며, 1935년 무렵부터 부활신앙이 핵심으로 등장하게 된다. 그리고 1930년대 후반 신사참배 문제 등 기독교에 대한 탄압이 가혹해지자 많은 신도들이 절망 속에서 개인적 차원의 카타르시스를 구하는 신앙으로 전락하고 있을 때, 그는 부활신앙에서 재림대망신앙(再臨待望信仰)으로 나아갔다. 〈조와〉라는 글은 그의 부활신앙과 재림신앙의 확신을 표명한 것이며, 표현은 극히 성서적이지만 그 속에 투영된 내용은 민족해방을 갈구하는 강렬한 지향을 담고 있다. 결국 그는 하나님이 우리민족에게 위탁한 귀한 섭리사적 사명이 무엇인가를 조선의 고난의 역사를 바탕으로 해서 추구하는 일을 그의 신앙생활의 가장 중요한 과제로 삼았다.

1. 김교신의 성서관

김교신의 신학사상을 이해하기 위해서는 무엇보다도 먼저 그의 '성서관'(觀)이 어떠했던가를 살펴보아야 할 것이다. 이하에 전개되는 내용은 김교신이 정리한 성서(성경)의 대지(大旨)이다. 김교신은 전형적인 보수신앙인처럼 성경을 매우 중시하고 세상에서 가장 보배로운 것으로 여기고 있다. 이것은 마치 종교개혁자들이 강조하던 '오직 성서'(Sola Scriptura) 중시 사상과 직통한다고 볼 수 있다. 그의 '성서관'은 그의 사상의 알파와 오메가임은 물론 중핵(中核)을 차지한다. 이하의 긴 내용은 그의 성서신학사상의 요체라고 볼 수 있다.

"세상에서 가장 귀한 것이 무엇이냐고 물으면 금은미답(金銀美沓)이나 금강석, 라듐 같은 것이라고 대답할 수도 있겠지만, 그래도 뜻있는 이는 서적(책)이야말로 인류가 소유한 물건 중에 제일 귀중한 것임을 부인할 수 없을 것이다. 그러므로 고인(古人)은 '書中自有千鐘粟 書中有女顔如玉'(서중자유천종속 서중유녀안여옥)이라 하여 책 속에 온갖 재산이 있고, 책 속에 미인이 있다고 하여 글이 귀중한 소이(所以, 까닭)를 일찍부터 창도하였고, 근대의 현자 칼라일(Carlyle, Thomas 1791-1881)은 '서책의 집합이 현대의 진정한 대학'이라 하여 서적으로써 대학 건설의 최대 요소를 삼았다. 사실 오늘날 각국의 최고 학부에는 그 심장과 같은 것이 고금의 진서를 수집한 '도서관'이요, 초등·중등의 보통교육이란 것은 실질적으로 문자 해독의 능력을 수련하여 자유롭게 섭열(涉閱)할 독서력을 준비하는 것이라 하여도 과언이 아닐 것이다. 인간의 생활에 교육이 없을 수 없고, 교육의 고저를 막론하고 '서책'을 요치 아니함이 없으니, 동서의 현자들이 서책을 가장 귀히 여김은 그럴듯한 일이다. 서책의 희귀한 것은 고가(高價)를 요하며, 고가를 주어도 얻기 어려운 것이 있을뿐더러 행여 고대의 진서를 많이 수집하여 소위 한우충동(汗牛充棟: 실으면 소가 땀을 흘리고, 쌓으면 들보에까지 가득 찰 만큼 많다는 뜻)의 장서를 가졌다 하여도 이것을 독파하는 인간의 능력과 시간에는 본래 제한

이 있다. 80여세까지 독서를 끊지 않기로 유명하였던 글래드스톤(William Ewart Gladstone, 1809-1898, 영국의 정치가)옹은 그 사후의 조사에 의하여 전생(全生)에 약 1만권을 섭독하였음이 판명되었다 한다. 한 개인이 섭독한 것으로는 그 양이 결코 적은 것이 아니나 동서고금의 명저 진서의 수가 방대함에 비하면, 특히 지식의 진보와 기계의 발달로써 거의 무제한으로 다량 산출하는 현대 신간 서적의 산해(山海)와 같은 수량에 비교하면 1만권 서적도 오히려 호해(湖海)의 일적(一適)에 불과한 것이다. 글래드스톤 옹의 연세는 고희를 넘었고 그 총명과 정력이 또한 절세의 것임에랴.

이러므로 시간과 정력에 제한된 인간 살림에서 서적의 진가를 가장 여실히 향유함에는 양으로 다수한 책자를 독파하기에 급급하기보다 차라리 질로써 만고에 불멸할 대문자를 선별하여 정독 숙독함이 노소(勞少)하고 효대(效大)한 길이 될 것이다. 어떻게 하면 일생에 1만 권 이상을 독파할까 하기 보다 어떻게 하면 일평생에 참으로 유익한 서적 100권 혹은 10권을 발견할 수 있을까 하는 것이 초미의 문제가 되어야하며, 단 한 권이라도 과연 가장 위대한 책 한 권을 발견하였다면 저는 점두(店頭)에 노전(露轉)하는 유해무익한 인쇄물 천만권을 장치(長置)함보다 성공한 자이다. 2000만 동포와 20억 인류 중에서 진정한 친구 한 사람 얻기가 극난한 것처럼 인류의 수보다 더 많은 서적 중에서 일생의 친구 될 만한 한 권의 책을 얻기가 극난한 일이요 일생의 운명을 좌우하는 중대한 사업이다.

문호 칼라일은 "영국이 인도 제국을 상실하고라도 영국임에는 별차 없으나 만일 셰익스피어(Shakespeare)의 작품을 상실한다면 영국의 영국된 소이(所以)가 소실된다." 하였으나 이는 곡언(曲言)도 아니요 반드시 극론(極論)이라 할 것도 없고, 저술품의 진가를 오로지 맛본

자의 당연한 결론이었다. 셰익스피어의 희곡이 과연 인도 제국보다 더 큰 것이라면, 단테(Dante)의 『신곡』은 몽블랑보다 더 높을 것이요, 플라톤의 『대화편』은 지중해보다 더 깊을 것이며, 아우렐리우스의 『명상록』은 남아연방을 덮을 것이요, 마호메트의 코란경(The Koran)은 아라비아 반도보다 지날 것이며, 불교의 팔만대장경은 인도양을 가리우고도 넘치겠고, 공자(孔子)의 『논어』는 곤륜 산맥의 남북 평원을 덮고도 오히려 동해에 뻗칠 터이며, 기타 전기(傳記), 역사, 시가, 과학 등에 혹은 남북미주의 신대륙에 비할 것도 있으며 혹은 호주와 그린랜드에 견줄만한 것도 있으나 나열하면 나열할수록 우리는 금강산 중에서 만이천 봉의 고저를 분별하려 함과 같이 군봉의 위관(偉觀)에 압도되고 말 것이다. 마는 금강을 보는 이가 비로봉을 택하여 산내의 만이천 봉과 산외의 영맥수계(嶺脈水系)를 일별에 통괄하듯이 한 권으로써 백천의 대저작을 통솔할 만한 '세계대(世界大)'의 책이 있으니, 그것이 곧 책 중의 책이라는 '바이블(Bible)' 즉 신·구약성서 한 책이다.

성서 한 권 속에는 데칸 고원의 면화와 갠지스 하반(강변)의 차엽뿐이 아니라 메소포타미아의 풍요함도 그 안에 있고, 양자 강안(江岸)의 번성함과 미시시피 유역의 웅대함도 그 속에 함축되었으니 셰익스피어의 작품이 인도 제국보다 귀중하다 하면, '성서' 한 권은 세계 전체보다 중차대한 것이 아닐 수 없다. 그러므로 성서에 대한 우리의 인식은 단순한 궤상(机上)의 이론이 아니다. 전신앙과 전생명과 전생활이 그 동정을 성서와 함께 한다.

근래에 첨단을 걷는 풍조가 종교계에까지 침입하여 '제3전기 도래'의 경종을 난타하면서 성서에 의거하던 루터(Martin Luther)의 개혁시대는 벌써 지나갔고 고등 비평학에 의하여 성서의 권위는 땅에 타락하였으니, 신자들은 모름지기 성서 신빙의 미몽에서 각성하여 신앙생활의 근거를 성령의 역사(役事)에 임치(任置)할 것이라 운운하는 가장 예민한 개혁운동자가 종속(연속해서 이어짐) 배출하는 모양이나 우리는 의연히 루터의 도배(徒輩)임을 고집한다. 루터야 왔든지 갔든지 성서는 의연히 성서임에 틀림이 없다. 시기를 만났든지 못 만났든지 하나님의 말씀은 여전히 하나님의 말씀이다. 성서가 참으로 성서라면 비록 고등 비평에 의하여 지리멸렬하게 되었다 하여도 그 찢어진 반구(半句)일자(一字)에서까지 생명의 샘이 흐르고 흘러 마지아니할 것이다. 그러므로 우리는 20세기뿐 아니라 30세기가 온다 하여도 차라리 기독교를 믿을진대 '성서'에 의거하는 태도에는 변함이 없을 것이다.

성서의 가치가 다시 비교할 물건이 없으리만큼 특출한 것인 줄은 신자보다도 불신 사회에서까지 널리 인정하는 사실이요, 무릇 500여 국어로 번역되어 명실(名實)이 구비하게 전 인류의 책이 되었고, 동서의 별(別)과 문야(文野)의 차(差)를 논할 것이 없이 모든 백성이 공유하게 되었으나, 과연 구·신약 66권을 통독하는 이는 매우 희소하며, 소위 신자 중에도 유치원과 주일학교에서 이야기로서는 편편을 기억하면서도 성서 전편의 대지(大旨)에 통달한 이는 심히 적다.

성서는 구·신약을 합하여 단권으로 되었으나, 이것은 단순히 외형만 한 책으로 만들었다는 것이 아니라 그 내용까지도 일관한 것이 있다. 필자의 수가 모두 44인이요 처음 쓰기 시작하여서부터 나중까지 약 2천 년의 시일이 걸렸으나, 그 중심 문제가 항상 '그리스도'에 초집(焦集)되어 씌어졌음은 마치 한 개인의 기자(記者)가 고정된 한 사상을 표현하기 위하여 단숨에 집필한 것같이 되었으니 구·신약 전서는 완전히 한 책으로 되었다.

동시에 구약에 속한 39권과 신약에 속한 27권은 비록 그 내용이 유사하고 그 장단이 부동(不同)할지라도 한권 한권이 각각 독립한 단책(單冊)으로 되어있다. 구·신약 전서가 66권으로 되었다함은 대저술을 편의상으로 편, 장, 절에 분배하는 것과는 전연 다른 의의로 완전히 독립한 66권이 모여서 완전히 통일된 성서 전권이 되었다. 이는 성서가 사람의 사상으로 편찬된 것이 아니요 하나님의 계시로 씌어진 것임을 나타내는 무엇보다도 현저한 사실이다. 그러므로 성서의 연구는 부분적으로 세밀히 공부하는 동시에, 전체를 통한 대지(大旨)를 파악하고 있어야 광명을 얻을 수 있다.[2)]

편의상 대관(大觀)하기 위하여 김교신은 아래와 같이 구·신약성서를 구분하였다. 매우 전통적이고 보수적인 접근태도이다.

1. 준비(구약 39권)
   (1) 율법(모세의 5경)
   창세기, 출애굽기, 레위기, 민수기, 신명기
   (2) 사기(史記, 가나안 이후의 생활, 12권)
   여호수아, 사사기, 룻기, 사무엘 상·하, 열왕기 상·하, 역대 상·하, 에스라, 느헤미야, 에스더
   (3) 시가(詩歌, 신앙체험의 기록, 5권)
   욥기, 시편, 잠언, 전도서, 아가
   (4) 예언(실제의 교훈, 17권)
   이사야, 예레미야, 예레미야 애가, 에스겔, 다니엘, 호세아, 요엘, 아모스, 오바댜, 요나, 미가, 나훔, 하박국, 스바냐, 학개, 스가랴, 말라기

2) 『김교신 전집 3』, 11-15쪽.

2. 완성(신약 27권)

(1) 그리스도의 출현(4권)
공관복음 3권과 요한복음 1권

(2) 복음의 전달 - 사도행전 1권

(3) 이론과 실천
로마서부터 유다서까지(서간문 21권)

(4) 총결론 - 묵시록(요한계시록) 1권[3)]

위와 같은 김교신 선생의 성서관(聖書觀) 및 성서의 분류방식은 매우 고전적이고 정통적이며 보수적인 입장이다.

그리스도교의 원조(元祖)라할 수 있는 유대교(Judaism)는 '예수'를 메시아로 믿지 않기 때문에 신약성서는 아예 무시하는 입장이어서 논의조차 하지 않으며 유대교의 성서는 'Tenakh'(테나크)라고 해서 이른바 '구약'에 해당하는 것만 '성서'로 받아들인다. '테나크'는 율법서(Torah), 예언서(Neviim), 성문서(聖文書, Kethubim)를 포괄하는 히브리어(Hebrew)의 복합명사이다.

그러나 그리스도교의 구교(舊敎)라 하는 천주교(天主敎, Roman Catholic Church)는 구약성서가 46권(39권 + 외경(外經) 7권), 신약성서는 개신교(Protestant Church)와 똑같이 27권, 그래서 도합 73권이다. 이에 비하여 개신교는 외경(外經) 7권을 인정하지 않고 39권의 정경(正經)만 받아들이며 신약성서의 경우는 천주교와 똑같이 27권을 받아들여 도합 66권을 '성서' 즉 '정경(正經)으로 채택해 왔다.

그리고 '성서'의 원어(原語)는 구약성서의 경우 히브리어(Hebrew)로 쓰여졌고, 신약성서의 경우 헬라어(그리스어, Greek)로 쓰여졌기

3) 『김교신 전집 3』, 15-16쪽.

때문에 성서를 제대로 이해하려면 히브리어와 헬라어에 대한 지식이 요구된다. 이러한 이유 때문에 학자적 소양을 가졌던 김교신 선생은 영어, 헬라어, 히브리어 등 외국어 공부를 많이 하셨던 것으로 보인다. 따라서 김교신 선생이 접근했던 신학(神學)은 주로 '성서신학'(Biblical Theology)이었던 것으로 사료된다. 일반적으로 신학 중에 '성서신학'이 가장 중요하지만 그 밖에 조직신학, 역사신학, 교육신학, 목회신학, 중세신학, 현대신학 등 다양한 신학이 있으나 김교신 선생은 신학(神學, Theology)을 대학에서 전공하지 않았을 뿐 전공자 이상으로 해박한 지식을 가지셨던 분으로 여겨진다.

2. 김교신의 성서신학 접근 사례

그러면 좀 더 구체적으로 김교신의 「성서신학」의 면모를 개관해 보자. 구약성서의 경우 신명기(申命記)와 시편(Psalms), 신약성서의 경우 '산상수훈'을 예로 들어 보기로 한다.

(1) 「신명기」에 대한 설명

신명기(申命記)는 예수 그리스도가 특히 애독하시던 책이다. 성서 전체를 어느 부분이랄 것 없이 익숙하게 통독하시었을 터이지만, 그 중에서도 신명기는 각별히 애독하시어 거의 그 구절 전문을 암송하시었던 듯하다. 그러므로 광야에서 40일야(日夜)를 악마에게 시유(試誘)당하시었을 때에 조차지간(造次之間)에도 그 입술로 튀어나온 격퇴의 탄환은 전혀 이 책(신명기)에서 나온 성구(聖句)였었다.

'사람은 떡으로만 살 것이 아니요 오직 하나님의 입으로 나오는 모든 말씀으로 살 것이라'(신 8:3). '주 너의 하나님을 시험치 말라'(신

6:16) 하였다. '주 너의 하나님께 경배하고 홀로 그를 섬기라'(신 6:4-5). 기타도 산상수훈으로부터 그리스도의 언행 중에 처처에 인용되었음은 물론이요, 사도들의 서한 중에도 신명기의 구절이 경(經)이 되고 위(緯)가 되었음을 보아도, 그리스도를 알며 신약을 연구함에 신명기가 밀접한 관계 있음을 알 것이다.

그것은 '신명기'라는 명칭이 의미하는 바와 같이 신명기는 즉 '중명기(重命記)'이다. 구약성서의 가장 독특한 점은 그 율법의 엄연함에 있고 그 율법은 모세 5경으로써 근원을 삼는다. 5경 중에서도 「출애굽기」와 「민수기」 등은 각기 현장의 기사(記事)이므로 그 준엄 숭고한 당시의 광경을 그대로 전하는 유익은 있으나, 기사가 너무 세밀하고 번잡하여 율법의 부분만을 상고하기에는 산잡(散雜)한 감이 없지 않다. 그러나 「신명기」는 거인 모세가 200만 대중을 인솔하고 광야 40년의 표랑생활도 거의 끝날 때에 이미 자기 자신은 약속의 땅 가나안으로 들어갈 수 없음을 알았으나 홍해 횡단 이래로 허다한 이적과 은총으로 낮이면 구름 기둥으로 밤이면 불기둥(火柱)으로 선도하여 주시던 여호와 하나님의 체험을 못 가진 제2 국민들을 향하여 40년 간에 발생한 가장 중대한 사실과 제일 번요(繁要)한 교훈을 한꺼번에 요약 집결하여 전하고 간 것이 이 책이 되었으니 인지장사기언야선(人之將死其言也善, 사람이 죽음을 앞두고 하는 말은 선하다는 뜻)이라, 과연 이 신명기는 단지 모세 율법을 발수(拔蒐)하여 중명(重命)하였을 뿐 아니라 실로 구약 전체의 정신을 집결한 것이다. 그러므로 구약성서를 알려면 모세 5경을 알아야 하겠고, 모세5경을 알려면 신명기 한 권을 정독하는 것이 첩경이 될 것이다. 구약 성서 당시의 예수께서 신명기를 특히 숙독하였음은 이유 없는 일이 아니었다.[4]

신명기의 영어 명칭은 'Deuteronomy'로서 '제2의 율법' 혹은 율법의 되풀이(Repetition of the Law)의 의미이다. 그러므로 김교신은 '申

4) 『김교신 전집 3』, 41-43쪽.

命記'(거듭명령)로 보았을까? 아니면 특히 신명기 6:4-9는 'Shema'('들으라'는 뜻)라는 것으로서 출애굽기 20장에 나오는 십계명에 버금가는 중요계명인데 그것을 내포하고 있는 책이라서 그렇게 지칭했을까? 오늘날도 유대인들은 그 말씀을 쓴 양피지 조각을 나무 또는 금속의 용기(容器)에 넣어 집 입구의 문설주 오른쪽에 걸어놓고 외출과 귀가 시에 간단히 기도하면서 손대는 습관이 있는데 이것을 일컬어 Mezuzah(메주자)라고 한다.

그럼 또 〈시편 제 23편〉은 김교신 선생이 어떻게 강해하였는지 살펴보자.

〈시편 제 23편〉

여호와는 나의 목자시니 내가 부족함 없으리로다.(1절)
그가 나를 푸른 풀밭에 누이시며 쉴만한 물가로 인도하시는도다.(2절)
내 영혼을 소생시키시고 자기 이름을 위하여 의의 길로 인도하시는도다.(3절) 내가 사망의 음침한 골짜기로 다닐지라도 해(害)를 두려워하지 않을 것은 주께서 나와 함께 하심이라. 주의 지팡이와 막대기가 나를 안위하시나이다.(4절) 주께서 원수의 목전에서 내게 상(床)을 베푸시고 기름으로 내 머리에 바르셨으니 내 잔이 넘치나이다.(5절) 나의 평생에 선하심과 인자하심이 정녕 나를 따르리니 내가 여호와의 집에 영원히 거하리로다.(6절)

김교신 선생의 시편 제23편 강해가 『김교신 전집 4』, 391-397쪽에 있는 것을 볼 수 있다.

이 시는 필경 다윗 왕이 그의 아들 압살롬의 반란을 당하여 수도 예루살렘에서 급작스럽게 도망하여 유대 황야를 이리저리 방황하고 다닐 때의 작(作)일 것이라 한다(사무엘 하 15장 이하). 반란을 만나 왕성(王城)을 망명, 도주하는 일만 하여도 실의, 비탄할 처지라 할 것인데, 그 역적의 괴수는 자기의 친아들 압살롬이니 그 고통과 실의는 이중삼중의 것이었을 것이다. 아비로서는 아들의 반역인 동시에 왕으로서는 신하의 배반을 당한 것이다. 사적으로는 가정의 파탄이요, 공적으로는 국가생활의 전복이다. 인생에서 당할 수 있는 최대 비참사가 다윗의 일신(一身)에 일시에 겹쳐 임박한 때의 시(詩)인 것을 알고 읽을진대, 우리는 다윗의 비범한 신뢰에 놀랄 것이다. 왕자(王者)의 몸으로써 일조(一朝)에 유랑의 객이 되었건만 그래도 오히려 '내가 부족함이 없으리로다.'라는 깊은 신뢰의 시가(詩歌)를 부르짖었다. 다윗은 자기의 소년 시대에 사자와 싸우며 곰을 때리면서 목양(牧羊)하던, 신뢰할 만한 목자란 어떤 것인 것을 회고하면서, 자신이 목자이던 경험을 통하여 여호와 하나님께 위대한 신뢰를 가졌던 것이다. 이 아름다운 시는 단지 6절로써 된 것인데 2부로 나뉜다. 1~4절과 5~6절로, 처음은 목양자를 주제로 하고, 다음은 여호와의 향연을 주제로 하여 여호와의 애호(愛護)를 찬미한다.[5)]

시편 제 23편에 나타난 다윗의 신앙은 실로 위대한 본보기라 할 것이요, 신뢰하는 자에게 허락된 희망이 과연 절대한 것을 나타내었다. 골육의 반역에 처하고 생명의 위해(危害)가 이마에 박도(迫到)하였을 때에도 하나님만 함께하신다면 안정함이 반석같은 신앙이요, 역경에 역경을 거듭하는 중에서도 하나님의 지순한 사랑을 의심할 수 없을 뿐인가 그 성전에서 영원히 거(居)할 것을 연모하여 마지 못한다. 이러한 순애(純愛)로써 하나님께 의지하였으므로 황야도 오히

5) 『김교신 전집 4』, 391-392쪽.

려 궁전 같았고 인생의 고해(苦海)도 오히려 희망의 원천이 되었다. 참신앙의 발로요 희망의 시(詩)인저!…

이 세상 고난에서 이 시로써 하나님께 신뢰하고 이 인생의 황혼에 최후의 숨을 거두려 할 때에 이 믿음과 사랑과 희망의 노래로써 저 나라 길로 떠난 이는 복 있도다. 원컨대 우리에게도 평생토록 이 시가 입술에 있고 최후의 순간에도 이 시가 힘 되는 생애가 있기를![6]

필자가 생각하기에 시편 23편의 시(詩)와 김교신 선생의 설명이 너무 아름다워서 구약성경 잠언 25장 11절 말씀이 생각난다. "경우에 합당한 말은 아로새긴 은쟁반에 금 사과니라."

〈시편 121편〉은 김교신 선생이 존경하던 남강 이승훈(1864-1930) 선생 영결식 때 읊은 시(詩)이다. 이승훈 선생은 3.1독립선언서 서명자 33인 중 한 사람이며 오산학교 설립자였다.

1. 내가 눈을 들어 산을 바라보니 나를 돕는 것이 어디로부터 오리요.
2. 나를 돕는 것이 여호와께로부터 곧 천지를 창조하신 자(者)시로다.
3. 너로 실족지 않게 하시리니 너를 지키는 자가 졸지 않으시리로다.
4. 볼지어다, 이스라엘의 수호자는 졸지도 않고 주무시지도 안하시도다.
5. 여호와는 너를 지키시는 자시며 저는 네 오른편에서 가리우는 자로다.
6. 낮에 해가 너를 치지 아니하고 밤에 달이 너를 치지 아니하리로다.
7. 여호와 너를 지키사 모든 화를 만나지 아니하게 하시고 네 영혼을 지키시리로다.
8. 여호와께서 네 출입을 지키시되 이제부터 영원까지 하시리로다.

이 시는 하나님에 대한 인간의 절대적인 신뢰를 노래한 시다. 이

6) 『김교신 전집 4』, 397쪽.

시는 특히 아프리카의 전도사업을 사명으로 택한, 그리고 결과적으로 아프리카의 탐험가로 알려진 리빙스톤(Livingstone, 1813-1873)이 1840년 12월 7일 아침에 아프리카로 떠나면서 가족과 함께 읊은 것이기도 하다. 김교신 선생은 이 시를 오산학교를 세워 민족교육에 힘쓰다 서거하시면서 백골까지도 학습자료로, 표본으로 만들어 바친다고 유언하신 오산학교 교장 남강 이승훈 선생의 위대한 영혼을 보내면서 읊은 시이기도 하다.[7]

신약성서(New Testament)의 경우, 예수 가르침의 진수라 할 수 있는 '산상수훈'(산상설교, Sermon on the Mount) 마태복음 5~7장에 대해서 김교신 선생은 깊은 연구를 했었다. 그 연구물이 곧 『산상수훈 연구』이다. 따라서 이것과 관련한 김교신 선생의 성서학자적 모습을 눈여겨보기로 한다. 즉 예수님의 '산상설교'에 나타난 혁명적 교훈의 내용과 그 전개방식을 김교신 선생은 어떻게 풀어내는지 살펴보자.

> 산상수훈은 누가복음에는 30절로 되어 간결하고, 마태복음(5~7장)에는 107절로 되어 길다. 산상수훈은 예수 교훈의 골자요 중추가 되는 것임이 분명하다. 산상수훈은 예수의 일종 '자서전'으로 볼 수 있다. 동시에 이 교훈은 천국 시민의 자격과 의무와 경계를 교시(敎示)하고 있다.
>
> 산상수훈의 명칭은 영어로는 The Sermon on the Mount, 독일어로는 Die Bergpredigt이다. 이것은 천국의 가신(嘉信, 기쁜 소식), 혹은 천국의 복음(福音)으로 볼 수 있다. 이 가신을 전파한 장소는 산(山)이라 하였으나 시나이산(Mt. Sinai)과 같이 높고 위험한 산이 아니라 갈릴리 해변의 한 소구(小丘)였었다. 산에 정관사가 붙어서 토 오로스(τὸ ὄρος)라 하였으니, 예수께서 자주 기도하시던 장소인 것을 규지(窺知, 엿보아 앎)할 수 있다. 이 소구에는 작은 새들이 나무들 사이에서 노래하고,

7) 김정환, 『김교신』, 92쪽.

백합화가 만발하여 천국의 음신(音信)을 전파하기에 적합한 만춘(晩春)의 가경(佳景)이었던 것도 산상수훈 중에서 가찰(可察) 할 것이다.

다음으로 주의할 것은 "복스럽도다, 마음이 가난한 자는" 이라고 하여 발단의 초일성(初一聲)으로부터 코페르니쿠스의 지동설이나 칸트(Immamuel Kant)의 물(物)과 심(心)의 전환보다도 더 위대하게, 더 근본적으로 인생 가치의 척도를 전도(顚倒)한 이 혁명적 교훈의 배후에는 간밤에 기도가 있었던 것이다.(누가복음 6:12) 이것이 예수의 교훈에 항상 권위가 있고 생명이 있어, 학자의 설교와는 다른 바 있었던 까닭이다.[8]

따라서 김교신은 〈산상수훈 연구〉라는 제목 하에 다음과 같은 목차에 따라 그가 연구한 내용을 개진하고 있다. 내용이 길기 때문에 목차만을 소개하고자 한다.

1. 천국 축복
   (1) 심령에 빈자(5:1-3)
   (2) 애통의 복음(5:4)
   (3) 온유한 자(5:5)
   (4) 의에 기갈한 자(5:6)
   (5) 자비한 자(5:7)
   (6) 견신(見神)의 행복(5:8)
   (7) 평화의 복음(5:9)
   (8) 정의의 승리(5:10-12)

2. 기독신자의 사명
   땅의 소금과 세상의 빛(5:13-16)

---

8) 『김교신 전집 4』, 22-25쪽.

3. 율법의 완성

(1) 신(新), 구(旧) 도덕의 충돌(5:17-20)
(2) 살인하지 말라(5:21-26)
(3) 간음과 이혼(5:27-32) 문제
(4) 맹세하지 말라(5:33-37)
(5) 무저항(5:38-42)
(6) 너희 원수를 사랑하라(5:43-48)

4. 행위와 동기

(1) 선행과 동기(6:1)
(2) 구제(대인관계, 6:2-4)
(3) 기도(對神관계, 6:5-8)
(4) 금식(자기수양, 6:16-18)

5. 부(附): 주기도(Lord's Prayer)의 연구

(1) 서언
(2) 칭호(6:9)
(3) 제1기원(6:9)
(4) 제2기원(6:10)
(5) 제3기원(6:10)
(6) 제4기원(6:11)
(7) 제5기원(6:12,14-15)
(8) 제6기원(6:13)

6. 기독신자의 처세 원리

(1) 보물을 하늘에 쌓으라(6:19-24)
(2) 염려하지 말라(6:25-30)
(3) 먼저 그 의를 구하라(6:31-34)
(4) 남을 심판하지 말라(7:1-5)
(5) 돼지에게 진주(7:6)

(6) 기도의 근거(7:7-11)
(7) 대접받고자 하는 대로 대접하라(7:12)-서양에서는 이 말씀을 황금률(Golden Rule)이라고 한다.
(8) 좁은 문으로 들어가라(7:13-14)
(9) 위선자를 삼가라(7:15-23)
(10) 실행하라(7:24-27)

김교신 선생은, 이 혁명적인 예수님의 '산상수훈'을 읽을 때 독자가 지녀야할 마음과 태도에 대하여 다음과 같이 환기 시켜 주고 있다.

> '산상수훈'이라고 통칭하는 마태복음 5~7장의 세 장은 복음서 중에서도 특히 현저하게 그리스도의 완전한 생명이 그대로 약동하는 한 줄로 이어진 주옥같은 부분이다. 거기에는 조직도 없고 가설도 없다. 다만 간단명료한 진리의 빛과 생명의 맥이 샘물같이 흘러 마지않는다. 그러므로 산상수훈을 읽음에 특수한 소질이나 비범한 체험이 필요 없다. 다만 천연한 인간이면 가하고 만일 나다나엘(Nathanael) 같은 순전한 조선 사람의 심장을 가진 사람이면 더욱 가하다. 마음이 정결한 자만이 이 진리를 감당할 수 있기 때문이다. 소위 기독교의 그릇된 우월감과 특수한 신비적인 체험을 물리치고 통상 인간의 입장에 서서 이 참 사랑의 말씀을 맛보려고 힘쓸 것뿐이다.[9]

김교신 선생은 성서의 말씀을 강해하거나 주석할 때 그의 모든 지식과 경험을 총동원하여 최선을 다한 것을 볼 수 있다. 예를 들면 그는 유교적 가정에서 태어나 한문공부를 많이 하였기 때문에 유교사상과 한자를 통하여 성경말씀의 뜻을 깊이 이해하여 보려고 노력한 흔적을 많이 볼 수 있다. 물론 '성서는 성서로 해석하게' 하는 것이

9) 『김교신 전집 4』, 11쪽.

원칙이겠지만 하나님이 주신 각자의 지혜와 지식을 발휘하여 말씀을 더욱 분명하게 하고 풍성하게 하는 것은 하나님께서 원하시는 바 일 것으로 믿는다. 김교신 선생은 '심령이 가난한 자'라는 산상수훈에 나오는 어귀를 가지고 예를 들어 설명하되 선생이 보유하고 있던 한학(漢學)을 동원하여 강해를 더욱 풍부하게 그리고 생동감있게 하는 것을 볼 수 있다. 이 대목에서 우리는 김선생님의 성서해석 접근법을 암시받을 수 있다.

예: 「심령이 가난한 자」 - 이미 가난한 자가 축복받을 자일진대, 가난한 자 중에서도 그 정도의 심한 자가 더 복스러울 것은 명확한 일이다. 가난한 자 중 가장 가난한 자는 물질적으로 가난한 것 외에 정신적으로도 가난한 자다. 물질에 빈핍한 자라도 소위 청빈을 즐기는 경우에 달하면 오히려 부자의 심리를 가지게 된다. 그러므로 마태는 주도면밀하게 '심령이 가난한 자'라 하였다. 심령(Pneuma = Πνεύμα = Spirit)이 가난하다 함은 공자께서 말씀한 이른바 덕지불수(德之不修), 학지불강(學之不講), 문의불능도(聞義不能徒), 불선불능개(不善不能改), 시오우야(是吾憂也)라 하여 학식으로나 여러 가지 덕행으로나 내심에 긍정할 아무 것도 인식할 바가 없는 자를 이름이다. 이렇게 볼 때 우리는 최대의 가난한 자의 하나는 사도 바울(St. Paul)임을 알 수 있다.

… 하늘을 우러러 한 점 부끄러움이 없는 동양적 군자, 교리의 정통을 자랑하는 교회류의 신도, 독특한 체험을 고집하여 신앙적 교만에 자처하는 고등 신자 등은, 몸은 비록 물리적으로는 가난에 처하였을지라도 정신적으로는 거부(巨富)를 장악하고 있는 자들이다. 부자인 점은 물리적, 정신적으로 다 일반이다.[10)]

3. 신(神)의 명칭 문제

'하나님'과 '하느님'이라는 명칭 문제는 꽤 오래된 듯하다. 김교신 선생 당시에도 이 문제가 거론되었던 것으로 생각된다. 이 문제와 관련하여 김교신 선생은 확고한 견해를 갖고 있었음을 다음 그의 글이 입증하고도 남는다. 오늘날 진보적인 생각을 가진 크리스천들과 동일한 생각을 이미 갖고 계셨으니 매우 선진적인 분이었음을 이 대목에서도 확인할 수 있다.

> 예수 그리스도의 아버지이신 신(神)의 이름을 히브리 문자로는 יהוה YHWH 라는 네 글자(Tetragrammaton)로써 표시하였다. 이는 이스라엘 신(神)의 이름을 함부로 입 밖에 내어 부르지 말라는 모세 율법을 문자대로 지키기 위하여 장구한 동안 이 네 글자는 발음하지 않았다. 그렇게 지내는 동안 드디어 그 발음을 잊어버렸다. 즉 이스라엘 백성들은 자기들의 신의 이름을 잊어버렸다. 자기들의 신의 이름을 잊어버렸다면 가련한 백성이라고도 할 것이지마는 그러나 이는 너무 경건한 탓이었나. 제16세기 이후로 학자들의 연구에 의하여 이 4자는 '여호와(Jehovah)'라고 발음할 것이라고 했으나 다시 연구한 결과는 '여호와'가 아니라 '야웨(YHWH)'라고 부르는 것이 본연의 발음일 것이라고 다수의 학자가 일치하였다.
>
> 약 반세기 전에 예수교가 조선에 전래한 이래로 우리 선배들은 이 '야웨'의 신(神)을 조선말로 '하ᄂᆞ님' 이라고 번역(譯)해서 우리에게 전해 주었다. 그 후에 아래 'ᄋᆞ'(字)를 사용치 않음으로 인하여 하나님으로 표시하여 왔다. 그런데 근래에 이르러 '하느님'으로 표기하는 이들이 심히 많아졌음을 보고 우리는 기독교도의 일고(一考)를 촉하지 아니치 못하는 바이다.

10) 『김교신 전집 4』, 31쪽.

하나님을 하느님으로 표기하기 시작하기는 대개 한글 학자들의 설명에 기인한 것인 줄로 짐작되는데, 사실 그렇다면 한글 채용에 대하여 보수적인 고집을 부리기로 짝없는 기독교회가 그 믿는 신(神)의 칭호를 변개하기에는 어찌 그리 민첩한지 놀라지 않을 수 없다. 명칭의 변경은 그 내용의 변개를 의미한다. 불신자인 어학자들이 무엇이라고 설명하건 말건 우리가 알바가 아니다. 이미 그 기관지(誌)나 찬송가 또는 교회 명칭까지 하느님으로 변개한 이들은 그 이유를 명시할 의무가 있을 것이다. 전연 무의식 중에 된 일인가, 혹은 의식하고서 신중한 연구의 결과로 변개한 것인가.

천공(天空)을 가리켜 '하늘' 혹은 '한울', '하눌' 등으로 학자의 설명이 구구하나 우리 신앙의 대상은 공간이나 위치를 표시한 하늘은 아니다. 청색의 '하늘'에다 '님' 자를 붙인 것을 우리가 믿는 것이 아니다. 만일 그렇다면 목석을 믿을 것이다. 한글 학자들의 학설에 경청하며 그 연구 발표의 결과에 추종하고자 하는 열성에 있어서 우리는 남의 뒤에 떨어지고자 하는 자가 아니다. 본지에 한글학설과 어그러진 것이 있다면 그는 미급(未及)한 소치일 것뿐이다. 그러나 한글학자의 소설(所說)로써 하나님을 하느님으로 변개하여야 하는 듯이 주창한다면 우리는 단연코 반대한다. 하나님은 유일신(唯一神)을 표시하는 말로서 구미 제국의 어휘에도 벌써 기입된 문자이요, 세계에 유례없이 귀중한 말인데 신앙의 영역을 침범하려는 자는 누구인가. 반세기의 신앙역사를 까닭없이 매장하려는 자 누구냐.(1939년 3월)[11]

4. 자연신학적 접근

다음의 긴 설명은 김교신 선생이 일본 도쿄고등사범학교 지리·박물과를 졸업한 지 1~2년 후(28세 때)에 쓰여진 글로 보인다. 지리·

11) 『김교신 전집 2』, 11-12쪽.

박물학을 전공하였으니, 그것도 당시의 명문대학에서 공부하였으니 지식이 풍부할 뿐만 아니라 자부심이 매우 컸을 것이다. 대학에서 배운 지식을 총동원하여 '지질학상으로 본 하나님의 창조'에 관한 논설을 쓴 것이다. 매우 설득력이 있고 논리적이며 하나님의 존재와 그의 창조론(진화론이 아닌)을 펼치고 있다.

> 근대 과학이 발달함에 따라 사람마다 자기의 과학 지식에 대한 정확 정도와 총량을 반성하여 볼 겨를도 없이, 또한 성서의 창조설에 경청하여 보려는 인내와 용기도 없이 그저 막연히 과학은 새롭고 참된 것이고 성서—특히 모세(Moses)의 창조설—는 묵고 낡은 것이라고 확신(?)하게 되었다. 그러므로 1851년에 다윈(C.Darwin, 1809-1882)의 『종의 기원(*The Origin of Species*)』이 발간된 이래로 이를 신창세기(New Genesis)라 하여 찬양을 마지아니한 사람은 홀로 헉슬리(Huxley, 1825-1895)한 사람뿐이 아니었다. 근일에 지질학이 과학계열의 일각에 신기히 대두함에 성서의 기록한 바 '신의 창조', '6일간 완성', 인류 발생의 연대, 그 밖의 중요한 문제에 걸치어 일일이 지질학설과는 상용(相容)치 못한 것인 줄로 유포하는 학자가 적지 않으므로 자연과학의 문에 추종하면서 동시에 성서에 신종(信從)하는 것은 과학적 양심의 존부(存否)문제라고까지 이르려 하는 현대 및 현대인이다. 우리는 그 천박을 소쇄(웃어 넘김)하기보다 우선 고생물학의 태두인 퀴비에(Cuvier, 1769-1832) 씨의 직언에 경청하자: '모세는 애굽인의 모든 지혜로써 교육을 받고 그 연세 장성한 후에 우리들에게 변화부절하는 천지개벽론을 끼쳐 주었다. 근래의 지질학적 연구는 생물이 연속적으로 창조된 그 순서에 관하여 창세기 기사와 완전한 일치에 달하였다.'
>
> 10년간 망원경을 모든 천체에 향하고 탐색하였으나 신(神)을 발견치 못하였다고 호언하는 천문학자가 있는 동시에 천문학자로서 신이 없다고 말하는 자는 광인이라고 단언한 현학(衒學)이 있음은 비유하는 말이 아니고 사실이다. 따라서 창세기 제1장 연구의 입문으로 필요한

문제 몇 가지를 지질학(Geology)과 비교하여 해석을 시도하고자 한다. 성서에 의하면 신의 창조는 6일간에 완결되었다고 한다. 즉 제1일에 천지의 창조와 광명 및 암흑의 분리, 제2일에 수계(水界)와 대기의 분리, 제3일에 대양과 대륙의 분리 및 식물의 발생이 있어 창조의 전반 과정을 필하고, 제4일에 일월성신(日月星辰)의 출현, 제5일에 어류와 조류의 출현, 제6일에 가축, 곤충, 수류(짐승)의 출현이 있고서 나중으로 창조의 목적인 인류의 창조로써 대업을 마치게 된다.

이에 창세기는 '일(日)'이라는 시간의 단위를 말하여 천지의 형성으로부터 인류의 발생까지 근근 6일간에 필하였다고 말하나 지질학에서 층서와 화석으로 구분하여 시생대(始生代), 원생대, 고생대, 중생대, 신생대 등으로 계산하는 각기 일생대(一生代)의 기간은 적어도 수십 만 년씩 되리라 하니 이것이 양자 서로 다른 중요점의 하나요, 모세에 의하면 식물이 발현된 후에 동물적 생물이 출현되었다 하나 지질학상으로 탐색한 결과는 식물화석을 에워싸고 있는 최고의 지층 중에 동물화석, 갑각동물, 산호 등이 병존하여 사실과 위반됨을 입증한다 하니 이것이 창세기(Genesis)의 위신에 관한 제2의 중요 난점이다. 그러나 우리가 모세의 기사(記事)를 읽을 때에 주의하여야 할 것은 창세기는 학생이 교실에서 필기하거나 기자가 회의장에서 속기한 것처럼 하여 된 것이 아닌 것을 알아야 할 것이다. 묵시록 혹은 계시는 일언일구씩을 청취한다기 보다도 환영을 통하여 한 폭의 그림을 직관함과 방불하니 모세의 6일 창조기는 6막으로 된 연극을 보고 기록한 것처럼 보면 해석에 대단히 도움이 될 것이요, 그리고 지질학의 탐구한 바에 의하여 그 일생대로부터 변하는 때의 천동지변의 대조화(大調和)의 경이를 실감하여 보니 한무리아기(寒武利亜紀)로부터 이첩기까지 고열다습한 고생대 독특한 장면에서 서식하던 거생물(巨生物)들이 삼첩기의 장면으로 일전(一轉) 함에 거의 모두 그 자취를 소실하고 비교적 평온하였던 중생대 특유의 주역이 등장케 되니 현대에 우리가 목격하는 제(諸) 생물의 선조되는 집합적 동물(Collective Type)은 이 생대에 전성을 극하였다가 백아기(白亜紀)의 종말에 임하여 지구의 표면이 일신하는 때, 즉 일본해와 황해, 지중해 등이 함락하고 히말라야산, 알프스산 등 세계의 거악(巨嶽)이 솟아오르고 태평양 주위의 화산, 온천이 소금을 만드는 가마(솥)보다도 더 자주 토연(吐煙)할 때에 일본이 섬나라가 되고 인도가 아시아에 속하게 될 뿐만 아니라, 그 위에 등장하는 생물도 일신(一新)하여 구생대의 것은 거의 자취를 끊고 신장면(新場面)에 적응할 만한 신종품으로 정용(正容)을 차리고 다시 제3기 말 혹은 제4기 초에 이르러 비로소 인류의 출현을 보았으니 이 최후의 창조도 나이아가라 폭포 생성(약 36,000년 전)보다도 4~5배 고대의 사실이다. 지금이 일변천, 일조화를 신생대로써 중생대에, 고생대로써 원생대에 추고(推古)하여 보라. 모세가 일생대의 연수를 비록 수십만 년씩으로 추산하였다 할지라도 그 일(一)기간에 현시(現示)되는 한 폭의 그림, 연출되는 일장의 극을 하루(一日)라는 시간의 용어로 표시하였다 한들 계시(Revelation)란 무엇임을 짐작하는 자에게 24시간이라는 개념이 하등 장해가 될 것인가.

식물과 동물의 출현 순서에 대하여서도 세밀히 보는 때에 창세기와 지질학과의 모순이 있음을 부인하는 것은 아니나, 지질학상으로라도 대체를 관찰하는 때에 생명발현에 3대시기(Three Great Epoch)가 있었음을 시인치 않을 수 없으니 제1은 석탄기의 식물전성기, 제2는 양서류의 전성기, 제3에 포유동물의 발생에 이르렀으니 대체의 광경으로 보아서 식물이 동물적 생명보다 앞서서 전성을 향락하였다 함은 오히려 지질학이 쾌히 승낙하는 바이다.

창세기에 따르면, 육축류(陸畜類)를 창조한 후에 인류의 출현으로써 위대한 창조의 업은 그 종결을 보게 된다. 만물의 영장이라 말하는 인류가 육축과 곤충류 보다도 나중에 창조되었다 하여 마치 순위가 전도나 된 듯이 생각하게 되지만, 이는 비단 성서뿐 아니라 근대 과학도 동일하게 표시하는 바이다. 제3기까지도 인류는 출현되지 못하였다가 제3기의 종말 혹은 제4기의 초두에서야 비로소 지구의 표면에 서게 되었다.

근대 과학의 교양을 가진 자로 누구나 없이 냉소를 불금(不禁)하는 성서 기사(記事) 중의 일건(一件)은 인류의 선조가 아담, 하와의 한 쌍으로부터 시작된 것이라는 독단일 것이다. 그러므로 오래전부터 과학자는 해부학상으로 혹은 생리학상으로 '인류의 단일성' 이라는 독단을 향하여 공격의 화살을 보내어 왔다. 도저히 전인류가 한 쌍의 부부로부터 나올 수 없는 것이라고 강론하였다. 하지만 그 동일한 과학자의 후예가 이제 와서는 전 인류가 일개 세포에서 발생한 것을 역설하며, 전동물계와 전식물계도 모두 전인류와 함께 일개의 유기적 세포, 유기적 생명의 근원으로부터 발생하였다 함을 변증하게 되었다.

하나님이 명령하고 방편으로 물에게 혹은 땅으로 하여금 협조케 하니, 이에 능력과 재료와의 사이에 생명 성장의 신비한 사실이 현현(顯現)되었다.

창세기 기자(記者)는 제7일 만에 안식일을 명언하였다. 즉 제7일에 이르러서는 신(神)의 창조적 능력이 완전히 중지되었다 한다. 지질학은 인류의 출현 이래로 모든 신종(New Species)의 중지를 사실에 근거하며 증명한다. 인류의 출현으로써 창조의 완결을 지은 후 대안식(大安息)에 들어간 신(神)의 창조의 경륜에 어찌 우연을 더하랴? 이에 모든 자연은 다시 신종(新種)의 출생을 불요(不要)하고 창조의 목적물인 전인류는 안식 시대에 거하여 순전히 도덕적 수련에 힘쓰지며 조물주를 찾아 그의 품을 향하여 귀향의 달음질을 시작할 것이다.

생명의 저편에 능력의 활동이 있고 자연의 방편이 이를 보조하여 생명이 출현 성장할 때에 거기에 순서(Process)가 있고 '시작'이 있은 후에 대(大)안식일의 결말을 보았다. 지질학 및 그 밖의 과학이 비록 완전하지 못한 것이지만 모세의 받은 바 계시를 유조하도록 접근하여 오는 사실은 인류를 위하여 즐거워할 바인 줄 알 뿐이다.[12)]

김교신의 나이 28세 때 이 글을 쓴 것으로 보아 동경고등사범 지리박물과를 졸업한 후 조선에 돌아와 집필한 것으로 보인다. 아마 그

12) 『김교신 전집 2』, 27-33쪽.

때 젊은 그에게는 과학적 지식이 충만했을 것이다. 김교신의 경우 학교 공부는 제쳐 놓고 무교회와 성서공부에만 치중한 사람처럼 생각할 수 있으나 이와 같이 그의 전공분야(지리-박물학)를 중심으로 하나님의 '천지창조'를 설명한 것을 보니 전공분야에 있어서도 대실력가로 여겨진다. 이와 같은 접근방식이 이른바 '자연신학적 접근'이구나 하는 생각이 든다.

5. 십자가의 도(道) 신학

결국, 김교신의 자연신학은 그리스도의 '십자가의 도(道)'의 신학(神學)을 지향하고 있는 것을 볼 수 있다. 왜냐하면 예수의 십자가, 부활, 재림이 우치무라 간조 신학의 중심이었듯이 김교신도 스승 우치무라 간조의 십자가 신학을 중시하기 때문이다. 입, 머리, 가슴으로만 하는 신학은 진정한 신학일 수 없다. 예수처럼 진리에 살다가 예수처럼 진리에 죽을 각오가 있어야 그의 신학이 입증되는 것이다. 그러므로 십자가 신학은 '행동하는 신학'의 클라이막스라고 볼 수 있다. 그런데 김교신 선생이 말했던 '십자가의 도(道)'는 바로 이런 것이다.

> '십자가의 도'가 과연 무엇인 줄을 알지 못하고 세배대의 아들들 같은 야심을 부리는 자도 적지 않다. 저들은 그리스도의 잔이라도 받을 각오가 있다고 뽐낸다. '십자가'라는 말은 특히 사도 바울이 많이 사용한 말인데, 이것은 그리스도의 생애와 사업에서 당한 모든 고난의 모양을 통틀어 말한 것이다. 다시 말하면 그리스도의 전 생애를 궤도와 목적지로 하고서 따라가려는 사도 바울의 삶과 설교의 핵심어(Key Word)라고 볼 수 있다. 그러나 이 길은 결코 용이한 길이 아니다. 그 철저하

게 겸비한 그리스도의 고난의 생애는 모든 통상적 인간의 사상과는 정 반대되는 생애이다. 그 십자가의 도를 개개인이 사모한다, 신앙한다 함은 현대인들의 일개 착각이라고 하지 않을 수 없는 일이다.

흔히 신앙생활이라고 하면 병약하던 자가 건강해지고, 없이 살던 자가 부유해지고, 실직했던 사람이 쉽게 취직이 되며, 지위 낮던 자가 승진되어 신임이 두터워지며, 자녀가 없던 가정에는 옥동자가 생기며, 불화하던 식구가 쉽게 화목해지는 법으로 알아서, 어떤 전도자는 이런 모든 조건을 전도의 미끼로까지 이용하려 한다. 이렇게 되는 것이 하나님의 축복이라 하나 과연 이것이 십자가의 도일까. 예수 그리스도는 자기를 따르려는 사람들에게 "…아무든지 나를 따라오려거든 자기를 이기고(부인하고) 제 십자가를 지고 나를 좇으라. 대개 누구든지 제 목숨을 구원코자 하는 자는 잃을 것이요 누구든지 나와 복음을 위하여 제 목숨을 잃는 자는 구원하리라."(마가복음 8:32)고 우리의 상식을 뒤엎는 역설(Paradox)을 말씀하셨다. '십자가의 도'는 거듭나지 않는 천연산 인간으로서는 도저히 원할 수 없는 길이다. 이 길은 비극을 전제로 한 길이다. 인간 본연의 생각과는 상역(相逆)하는 길이다. '십자가의 도'! 아, 과연 알고 따르려는가.(1938년 6월)[13)]

김교신 선생은 필경 '예수 십자가의 도(道)'를 그의 신학사상의 클라이막스로 장식하는 것을 볼 수 있다. 이러한 입장은 그의 스승 우치무라 간조가 강조했던 '십자가교(Crucifixianity)'와 맥을 같이하는 것으로 보인다. 하지만 이것은 무엇보다도 성서와 진정(眞正)한 그리스도교(기독교)사상의 핵심을 관통(貫通)한 것이다.

---

13) 『김교신 전집 2』, 43-46쪽.

XII. 김교신의 종교철학사상

1. 김교신의 회심(回心, Conversion) 경위

김교신은 한학(漢學)을 공부하고 유교(儒教)의 가르침을 믿고 살아가던 터에 일본유학 초기에 한 청년 전도사의 전도를 받아 입교(入教)한 후 우치무라 간조 선생 문하에서 성서를 연구하며 독실한 기독교인의 삶을 익혔다. 이 과정을 김교신은 아주 소상하게 설명하고 있다.

> 한 사람이 회개하고 나사렛 예수를 주(主)그리스도라고 신종(信從)하게 됨에는 반드시 성령의 다대한 운동이 있었을 것은 물론이다. 그와 동시에 사람 편으로서는 각기 개성과 주위 환경에 따라 특이의 소원과 동기가 없지 못하였을 것이다. '十有五而志于學(십유오이지우학)하고 三十而立(삼십이립)하고 四十而不惑(사십이불혹)하고 五十而知天命(오십이지천명)하고 六十而耳順(육십이이순)하고 七十而從心所欲 不踰矩(칠십이종심소욕 불유구)니라.'라는 일절을 논어(論語)에서 학습할 때에 이것이야말로 나의 인생의 과정표요, 공자(孔子)보다는 10년을 단축하여 六十而 從心所欲 不踰矩라고 불러 보리라고 내심(內心)에 기약하고 일야초심(日夜焦心) 하였었다. 그러나 초심하면 초심할수록 '德不修 學不講'이 나의 근심임을 수탄하게 되어 60은 고사하고 80에도 '종심소욕불유구'의 역(域)을 천답(밟음)할 희망이 불견(不見)하여

자못 낙망의 심연에 빠지려는 순간 나에게 다시 새로운 희망과 용기를 주어 서게 한 것은 청년 전도사(傳道師)를 통하여 온 기독교 복음의 소리였다. 저는 간증하기를 비단 70후에 완성할 것이 문제가 아니라, 지금 현장 20세의 청년이라도 신앙에 입종(入從)하는 동시로부터 원하여 불취(不就)할 것이 없다 하였다. 그러므로 이것이야말로 나의 일생의 소원인 '종심소욕불유구'에 달하는 제일 유일의 도(道) 인줄 자해(自解)하고 작약흔희(雀躍欣喜)(너무 좋아서 기뻐함) 하였음이 어찌 무리(無理)이었으랴. 그로부터 다시 한번 노력하기를 시작하였다 마음의 소원인 바 유교(儒敎)의 도덕을 기독교 전도사가 술(述)하는 바 성령의 권능을 빌어 속성하여 보려는 노력이었다. 뿐만 아니라 '見義不爲無勇也'라는 공자의 말씀과 '의(義)를 보고 행하지 아니함은 죄(罪)니라.'는 그리스도의 말씀에는 그 심각한 정도의 대차가 있음을 보았고 '以直報怨 以直報德'하라는 인간적 교훈과 '적을 사랑하며 오른뺨을 치는 자에게 왼뺨을 돌려대라'는 초인적(超人的) 교훈을 비교함은 마치 연지(蓮池)의 폭과 대양(大洋)의 그것을 견주는 것이었다. '己所不慾 勿施於人'과 '己所慾 施於人' 양구(兩句)를 생각할 때 기독교 전반이 무엇임은 미지(未知)하면서도 도덕률로만 보아도 기독교의 교훈에는 유교의 그것보다 훨씬 심원한 무엇이 있음을 규지(窺知)하였다. 원대한 도덕률을 발견할수록 기독교에 대한 나의 열심은 점고유절(漸高愈切)(점점 높아지고 더욱 정성스러워 짐) 하였다. 그리하여 산상수훈(산상설교)의 가구(佳句)는 일점일획의 여지없이 성취할 것이라고 자신한 때에 도덕봉을 향하는 나의 순례의 전도(前途)에는 양양함이 있었다.

때에 신뢰할만한 기독교 교사에게서 산상수훈 해설을 청강하게 되어 나의 기독교관이 그 근저로부터 동요케 되었다. 공자의 언행보다도 더 완미장엄한 기독교 도덕률을 신자 각인이 살아생전에 실행 대성하는 데에 기독교의 기독교인 소이(所以)가 있는 줄로 믿는다는 나의 감화(感話)에 대하여 교사는 솔직하고 대담하게 이를 부정하고 성서에 그 근거가 없음을 지적하였다. 나의 실망이 비상(非常)할 것을 염려하여 친절한 선배는 내세성화(來世聖化)의 약속이 있음으로써 나를 위로

하려 하였다. 그러나 사후(死後)혹은 내세(來世)운운의 구는 나를 위로하지 못할뿐더러 실망이 아니면 분개를 더할 뿐이었다. 떡을 청하는 자에게 돌을 던지니 무슨 만족이 있으며, 고기를 구하는 자에게 뱀을 주니 어찌 위안이 되랴. 내가 원하는 것은 사후의 성화(聖化)가 아니라 내세의 약속이 아니라, 이 육신 이대로가 살아생전에 일 년이라도 혹은 1일이라도 완전의 역(域)에 달하기가 소원이로다. 이 이상의 것을 내가 불요(不要)하며 이 이하의 것에 내가 불만하였다. 기독교가 만일 이 요구에 응하지 못한다면 나는 더 오래 기독교에 머물러 있을 필요가 없는 것이었다. 그러나 공자에게로 돌아가는 것은 심각한 절망을 다시 한 번 반복할 것뿐임을 잘 알았다. 오호라, 나의 구도(求道)생활은 이에 이르러 진퇴유곡이었다.

노력에서 절망에, 번민에서 포기에 떨어지려 할 즈음에 나는 다시 한번 자아를 굽어보았다. 전에는 내가 '의(義)를 보고 행치 못함은 용기가없음이라'는 구(句)를 볼 때에, 과연 현금(現今)의 나는 소용(小勇)의 인(人)이나 점차 수양 단련하면 나중에는 대용(大勇)의 인(人)을 이루리라고 생각하였었다.

'용기'란 무엇인고, 전에 가졌던 개념대로는 나도 잘 수련하면 보불(독불)전쟁의 발발에 즈음하여 불국(佛國)함대를 일거에 인천만에서 격퇴하고서 의기양양하였던 대원군의 용기만큼은 발육할 소질을 소지한 줄로 자임하였었다. 그러나 모세와 이사야, 예레미야의 용기를 배우고 스테반과 사도 바울의 용기를 듣고 예수 그리스도의 용기를 우러러볼 때에 이러한 종류의 용기는 천성(天性)된 대로의 나에게는 추호도 내재함이 없음을 발견하였다.

'한 사람이 두 주인을 섬기지 못할 것이라'(마태 6:24)함은 명백한 도리이지만 이를 실행함에는 보름스(Worms)회의 (1521년 독일 황제 카를 5세가 루터의 종교개혁 운동을 탄압할 목적으로 Worms에서 연 회의)에 섰던 루터(Martin Luther)의 결심을 요하며, 이스라엘을 인솔하고 홍해를 건너던 모세의 의기가 필요하건만, 오호라 나의 안에 어찌 이것을 발견할꼬! '그런고로 목숨을 위하여 무엇을 먹을까 무엇을 마실까 몸을 위하여 무엇을 입을까 염려하지 말라. 공중에 나는 새를 보라. 들의 백합화가 어떻게 자라는가 생각하여 보라. 너희는 먼저 그의 나라와 그의 의를 구하라.'(마태 6:25-26, 33)

구구절절이 지당한 도리다. 지당한 도리를 실천함에는 비상한 용기를 요한다. 이러한 용기의 편영(片影)도 내 안에 내재치 않음을 고백하지 아니할 수 없게 되었으니 통탄한들 흡족하랴. 그러나 나에게는 사실이다. 사람은 모르거니와 나는 과연 두 주인, 세 주인을 섬기는 생활자다. 내가 목숨을 위하여 초려공황(焦慮恐惶)함은 견마(犬馬)의 본능과 다를 바 없다.

나는 과연 공중에 나는 새보다도 못하고 들에 자라는 백합화보다도 부족한 자임을 보게 되었다. 내가 먼저 구하는 것은 그 의(義)도 아니요 그 나라도 아니고 오직 탐욕의 대괴(大塊)임을 보고 놀랐다. 내가 의를 보고 행치 못함은 용기가 소약(小弱)한 연고가 아니고 의에 응할 만한 용기가 전무(全無)한 소치인 것을 발견하였다. 전에는 내가 성선설에 신의(信依)하여 천품의 선한 부분을 발육함으로써 소약(小弱)에 입지(立志)하여 노대(老大)에 완성할 것을 기약하여 보았다. 그러나 자아를 좀 더 명확하게 알게 됨에 이르러 선한 성품이라고는 하나도 내재함이 없고 또 선을 보고도 이를 감행할 만한 용기를 전결(全缺)한 가련한 죄악의 대괴임을 알게 되었다. 자기 수양으로써 완전의 역에 달하여 보리라던 야심은 아주 포기치 아니치 못하였다. '오호라 나는 괴로운 사람이로다. 이 사망의 몸에서 나를 구원하여 줄 자 누군고!'(로마서 7:24)하고 나는 급(急)을 호소하게 되었다. 전에는 내가 태평양의 서안에 서서 어찌어찌하면 피안의 신천지까지 횡영(横泳)하여 보이리라고 호언고거(豪言高居)하였었다. 그러나 지금은 내 몸이 노도(怒濤)에 부대끼어 생명이 경각에 있음을 보고 놀라 구원을 청호(請呼)하게 되었다. '대개 내 속, 곧 내 육체 속에 선한 것이 하나도 거하지 아니한 줄을 아노니 선행하기를 원하는 마음은 내게 있으나 그대로 이루는 것은 없느니라'(로마서 7:18-19)라는 비통한 고백을 마지 못하고 지극히 천하고 약한 죄인 중의 죄인 하나가 지성(至聖)전능하신 왕 중의 왕 앞에 항복한 것, 자아의 수련 발전이 아니고 자아를 부정하고 자아를 포기 자살할 지경에 이른 것이 나의 입신(入信)의 동기였다. 도덕적 수양에서 권태하고 파산당한 상태의 수습에서 지쳐버린 자가 '건강한 사람은 의원(의사)이 쓸데없고 병든 사람이라야 쓰나니 내가 의인을 부르러 온 것이 아니요 죄인을 부르러 왔노라'(누가복음 5:31-32)고 선언하신 이에게 달음박질하여 간 것이 내가 예수께로 따라간 걸음이었다.(1928.11 / 1929.9.) (28-29세 때)[1]

이 글은 김교신이 회심(回心, Conversion)하자마자 쓴 것이라기 보다는 회심한 후 기독교에 심취하여 많은 공부를 한 후에 그 과정을 정리한 것으로 보인다. 왜냐하면 김교신이 사용한 어휘들과 인용한 성구(성서구절)들이 성숙한 크리스천의 경지에 이르지 아니한 자로서는 능히 구사할 수 없는 것들로 보이기 때문이다. 이 글이 쓰인 때를 보아서도 그렇게 보는 것이 합리적일 것으로 생각된다. 김교신의 경우 어린 시절 유교집안에서 태어났고 게다가 한학(漢學)까지 어느 정도 공부하였으므로 이미 종교심이 다소 길러진 상태였다고 볼 수 있다. 그런데 20세대 유학차 일본에 가서 기독교 전도사와 조우함으로써 입교하여 세례까지 받았었다. 따라서 이제 김교신은 동양종교인 유교와 일종의 서양종교라 할 수 있는 기독교를 접하게 되어 비교하는 가운데 도덕성이 강한 유교보다는 종교성이 강한 기독교에 매료되어 일종의 개종(改宗)의 단계에 이르는 종교체험을 했다고 보여진다. 그런데 김교신의 종교체험은 본래 유대교 신자였다가 극적으로 예수를 구제주로 영접했던 사도 바울(St. Paul)의 경우와 매우 많이 닮은 것을 읽을 수 있다. 어떻든 이 사건은 김교신에게 획기적

1) 『김교신 전집 2』, 127-131쪽.

인 큰 사건이었다. 놀라운 변화가 아닐 수 없다.

2. 종교의 목적론

김교신은 종교의 궁극적 목적을 '죽음의 정복'으로 보고 있다. 물론 김교신이 말하는 종교는 그가 신봉했던 기독교, 그 중에서도 무교회(無教會)를 말한다. 종교를 가짐으로써 개인의 덕을 닦고 품성을 높일 수 있을 것이며 또 국가사회를 이롭게 할 수도 있을 것이다. 그러나 무엇보다도 참된 종교의 궁극적인 목적은 '죽음에 대한 도전과 정복'에 있을 것으로 보았다. 왜냐하면 아무리 그 사상체계의 심원을 자랑하는 종교일지라도 죽음을 정복할 능력이 없다면 가치 있는 종교라고 말할 수 없고, 또 가령 그 교리에 독단이 많은 듯하더라도 그 신앙에 의하여 죽음을 정복할 수 있는 종교라면 그것이야말로 우리가 갈망하고 있는 종교일 것으로 보았다.

사도 바울의 종교는 한마디로 말하면 '죽음을 이긴 종교'였다. 그러므로 그 자신은 그의 종교를 복음(福音)이라고 했고 능력이라고 불렀다. 그리하여 그는 다음과 같이 개가를 불렀다.

> 형제여, 내가 이것을 말하리라. 혈육은 하나님 나라를 유업으로 받을 수 없나니 썩을 것이 썩지 아니하는 것을 유업으로 받지 못하리라. … 이 썩을 것이 썩지 않을 것을 입고 이 죽을 것이 죽지 않을 것을 입을 때 '사망을 삼키고 이기리라.'고 기록한 말씀이 이루어지리라. 죽음아, 너의 쏘는 것이 어디 있느냐? 죽음의 쏘는 것은 죄(罪)요 죄의 힘은 율법이니라. 그러나 감사하리로다, 하나님은 우리 주 예수 그리스도로 말미암아 이김을 주시느니라.(고린도 전서 15:50, 55-57)

어떤 의미에서 인간이 가장 두려워하는 것은 '죽음'이다. 그리고 그 누구도 죽음을 피할 수가 없다. 그런데 신약성서(聖書)에서는 이 문제를 극복할 수 있다고 약속하고 있다. "나는 부활이요 생명이니 나를 믿는 자는 죽어도 살겠고 무릇 살아서 나를 믿는 자는 영원히 죽지 아니하리라"(요한복음 11:25). 이 말씀 외에 '부활'에 관한 내용이 신약성서에는 허다하다.

> 이처럼 완전히 패배 잔멸되었던 예수와 기독교가 유사 이래의 최대 영웅 나폴레옹으로 하여금 헬레나 고도(孤島)의 한거(閑居)에서 그윽히 나사렛 사람 예수의 일익점성(日益漸盛)해 가는 절대승리를 찬탄하여 마지않게 한 것은 무슨 까닭인가. —이는 예수가 죽은 지 3일 만에 '부활'하였다는 사실 외에는 설명할 열쇠가 없는 만고(萬古)의 수수께끼다.… 생전에 학파도 없었고 문별도 없었고, 항쟁할만한 단체도 조직함이 없었고 후사(後事)를 의탁할만한 제자도 양성한 것이 없이 서른셋의 청년으로 요절하여 사반(事半) 도중에서 아침 이슬같이 철저히 패배하였던 예수가 십자가 후 불과 일세기에 벌써 당시의 문명세계인 로마제국을 정복하였고, 불과 20세기인 오늘날에 전 세계에 군림하여 일찍이 저 자신의 예언한 대로 만왕의 왕으로 영계(靈界)를 통치하게 되었으니, 이는 '부활'이라는 열쇠가 아니고는 해명할 수 없는 만고(萬古)의 비의(秘儀)이다. 신자든지 불신자든지 기독교는 이론이나 사색으로 조직한 것이 아니요, '부활'이라는 사실 위에 세워진 종교(宗教)인 것을 인식할 것이다. 그러므로 기독교의 기반은 '부활'이라는 '사실'이다.(1936년 4월 12일 부활절)[2)]

김교신은 '부활'신앙을 통해 소망의식을 가졌을 뿐만 아니라 예수 그리스도의 '재림'신앙을 통하여 한층 더 강한 소망의식을 불러 일으

2) 『김교신 전집 2』, 155-156쪽.

켰을 것으로 사료된다. 예수십자가에 의한 속죄, 부활, 예수 재림의 3구도는 기독교에서 말하는 종말론의 중핵적 개념이긴 하지만 특히 '재림'의 경우는 그가 처음 조우했던 '홀리네스 교회'(성결교회)의 영향도 배제할 수 없을 것이다. 왜냐하면 '성결교회'에서는 사중복음(四重福音)이라고 해서 ① 중생(重生, 거듭남, Born Again), ② 성결(聖潔, Holiness, Sanctification), ③ 신유(병고침을 받음, 치유, Divine Healing), ④ 재림(Second Coming of Jesus Christ)을 많이 강조하기 때문이다. 수난의 '일제강점기'를 온통 경험한 김교신 선생은 기독교에서 가르치는 '재림'론을 통해 크게 고무되었을 것으로 생각된다. 따라서 김교신은 '재림'(Maranatha; 아람어(Aramaic)로 주(主)님을 부르는 기도(감탄사)로서 '어서 오소서'의 의미)론을 아주 멋지게 그리고 심도 있게 펼치고 있음을 볼 수 있다.

고린도 전서를 끝낼 때에 바울은 친필로써 문안하면서 의외의 중대한 진리 일구를 삽입하였다. "만일 주를 사랑하지 아니하는 자(者)거든 저주를 받으라. 주께서 강림하시느니라."(고전 16:22)고.(〈개역개정 큰글 성경〉 "만일 누구든지 주를 사랑하지 아니하면 저주를 받을지어다. 우리 주여 오시옵소서." (NIV Bible: If anyone does not love the Lord, let that person be cursed! Come Lord! (아람어로 '마라나타') 당시에 벌써 관용어가 되어서 '마라나타'라고만 하면 기독신도 간에는 누구나 이해할 수 있는 강렬한 의미를 전하는 구호였다. 그러므로 희랍문으로 쓰는 바울(Paul)의 편지에도 이 내용만은 마라나타(MARANATA)로 표기하였다. 부활 후에 나타나신 주(主) 그리스도의 현림(現臨)과 장차 실현될 재림을 동시에 표현하는, 주 예수의 재림이 목전에 보이는 듯한 생생하고 강렬한 신앙의 언표(言表)가 바로 '마라나타'였던 것이다.

구약성서에서 한 인물을 택하라면 그것은 틀림없이 모세(Moses)일 것이요, 신약에서 또한 한 사람을 택하라면 그는 구·신약을 통한 주인공이요, 우주의 주재(主宰)이신 주 예수 한 사람을 제하고는 다소(Tarsus) 출신 '바울'을 천거하기에 주저 없을 것이다. 새 시대의 사가(史家)인 비신자 웰스(H.G.Wells, 1866-1946)로서도 천지개벽 이래의 인류 중 제1인자에 나사렛 예수를 셀 수밖에 없었다 하는데, 그 나사렛 예수와 거의 어깨를 겨루는 듯이 신약에 나타난 인물이 있으니 그가 곧 천막공인 '바울(Paul)'이다. 신약성서의 양으로 보아서 그 반분 이상이 바울과 그 제자들의 손에 쓰인 것일뿐더러 그 내용, 정신, 사상, 신학(神學)의 체계 구성 등으로 보아서 학자들이 예수의 종교와 바울의 종교를 이분(二分)하고자 노력하리만큼 바울이라는 인물은 다른 사도들에 비하여도 탁월 출중한 존재였다.

이렇듯 한 쾌남아 바울의 근본사상, 기본신념은 한마디로 '마라나타(Maranatha)'였다. '주께서 강림하신다.' 이 한마디가 만반문제 해결의 열쇠이다. 비록 바울이 간 지 2천년이라 할지라도 신앙이 신앙일진대 우리에게도 오늘 '마라나타'이다.[3] 이것은 곧 기독교인들의 강렬한 희망의 언어인 것이다.

김교신은 절대자(하나님)로 자신을 채우면서 자신의 분노와 두려움과 연약함과 욕심을 비워 내고 매 순간 새롭게 희망의 새 사람으로 변화되기를 원했다. 김교신이 자신의 시간을 '기다림'의 시간으로 자리매김했다는 것은 그의 사상과 삶을 이해하는 데 극히 중요하다. 김교신에게 '식민지'라는 시간은 분노의 시간, 좌절의 시간, 두려움의 시간, 저항의 시간, 인내의 시간이었다. 하지만 김교신은 대망의 기

3) 『김교신 전집 2』, 171-172쪽.

다림 속에서 오직 '지금 여기(Here and Now)'를 살고자 했다. 이것은 곧 그의 종말론적 신앙이었다고 말할 수 있을 것이다. 그리고 이러한 그의 신앙은 기다림과 소망의 영성(靈性)이었다고 볼 수 있을 것이다.[4)]

그렇다면 김교신이 생각했던 사후(死後)의 문제는 무엇이었을까? 김교신은 '다수 구원론'에서 한 독자의 질의에 대하여 다음과 같이 말했다.

> 원래 나는 사후(死後)문제에 관하여 지식이 매우 천박합니다. 가 보고 온 것처럼 확연하고 세밀하게 이야기하기를 원치 않고 또 불가능합니다. 다만 나의 믿음으로는 베드로 전서 3장 19절 및 4장 6절의 경우에 비추어, 믿는 자는 물론이요 안 믿는 자에게까지 구원이 미치는 것인 줄로 압니다. 하나님의 사랑이 지옥에까지 나타날 것인지는 '지옥'이라는 개념에 따라 다르게 되겠지만 어쨌든 구원받지 못할 이는 하나도 없을 것인 줄로 믿습니다. 즉 만인 구원론을 취합니다. 그러니 단테(Dante, 1265-1321)의 연옥설은 물론 용납할 수 있습니다. 이것이 비성서적이라 하더라도 어쩔 수 없는 나의 신념이외다. 나는 나의 구원을 확신합니다.(그리스도의 십자가로) 그러나 만일 인류 중에 한 사람이라도 멸망할 사람이 있다면 나의 구원을 믿을 수 없게 됩니다. 성서에는 소수, 다수 구원론이 다 상당한 근거가 있으므로 성서적이란 점은 피차 일반이 될 것이요, 다만 각자의 받은바 은혜에 따라 믿음의 태도를 결정함이 좋을 줄 압니다.[5)]

> 세상에는 공자, 석가, 소크라테스 등의 성인들도 많고, 회회교(이슬람교), 인도교(힌두교), 그 밖에 백천 가지 종교도 있어서 각기 착한 교훈과 구제의 길을 가르쳤는데, 하필 기독교로써만 구원을 받을 것이냐.

4) 양현혜, 『김교신의 철학』, 252-253쪽.

5) 『김교신 전집 2』, 149-150쪽.

모든 종교 중에서 기독교가 제일 고급의 종교요, 세계적으로 유력한 종교라고 한다면 용혹무괴(容或無怪)하다고 하겠지마는, 기독교만이 유일한 구원의 길이라고 함은 너무 독단적인 편심이 아니냐고 항변하는 젊은 학생들의 질문을 받고 종래의 신조대로 현장의 대답은 하였으나, 다시 생각할수록 의문이 사라지지 않는다는 모 교사의 고백에 접하여 함께 심령적 고통을 미면(未免)하다. 원리와 현실의 차이를 생각하면서. 현실 기독교회를 볼 때에 우리의 양심이 한층 괴롭다. 그러나 종교는 이론이 아니요 실험이다. 유일신이 우주를 창조하시고 그 독생자 예수를 통하여 구원하심은 가장 독단적인 주장 아닌가. 편협을 웃으려거든 웃어라. 우리는 예수의 유일의 구원만을 바란다.[6]

… 철학자의 사색이야말로 환각이 아니며, 과학자의 귀납이야말로 공허가 아닌가. 그러므로 철학자로 하여금 우리의 신앙을 조롱하게 하라. 우리는 바울(St. Paul)과 함께 "내가 복음을 부끄러워하지 아니하노니 복음은 모든 믿는 자를 구원하시는 하나님의 능력이시라"고 외치며, "사망이나 생명이나 이제 일이나 장래일이나 우리 주 그리스도의 사랑에서 우리를 단절할 자 없느니라.고[7]

김교신 선생은 사후에 있을 구원의 문제에 대해 이분법을 피하면서 다소 융통성 있게 긍정적으로 사유(思惟)하고 있는 것으로 보인다. 그리고 개신교에서는 '연옥설'을 수용하지 않지만 김교신은 다수에게, 만인에게 구원을 약속하려면 '연옥'이 필요함을 넌지시 암시하고 있다.

6) 『김교신 전집 2』, 88쪽.

7) 전게서, 93쪽.

3. 김교신 철학의 중핵

1) 교육철학

김교신은 1927년 3월 도쿄고등사범학교를 졸업하고 귀국하여 고향 함흥의 영생여자고등보통학교의 교사가 되었다. 이것을 교직생활의 시작으로 해서 이후 서울의 양정고등보통학교, 경기중학교, 개성 송도고등보통학교 함양에서 약 15년간 교사로서 교육을 통한 민족의식의 함양에 힘을 쏟았다. 교사로서 김교신이 가장 중시한 교육목표는 '진리 구도에 의한 자기확립'이었다. 그런데 그는 하나님을 의지하는 가운데 독립·자립한 인격 형성을 교육의 일차적 목표로 삼았던 것이다. 이러한 교육철학을 가지고 그는 학생을 전인적으로 교육하기 위해 최선을 다했다. 이를 위해 김교신 선생이 일차적으로 활용한 방법은 학생들로 하여금 일기(日記)쓰기를 통해 학생들과 소통하는 것이었다. 그는 일주일에 한번 청소시간을 통해 해당 학생의 일기를 정성스럽게 읽고 돌려주었다. 아마 학생들의 동의하에 교육적 차원에서 일기장을 읽었을 것이다.[8)]

학생의 일기장을 검사하고 거기에 적절한 코멘트를 적어주면서 학생 개개인의 일상을 지도하였다. 김교신 선생의 이러한 학생지도에서 특이한 것은 한 치의 양보도 없는 정의(正義)로써 다스리는 한편 그들을 위해 눈물과 기도를 아끼지 않았다는 점이다. 이것은 곧 정의와 사랑을 함께 교육했다는 의미이다. 졸업식 날에는 다른 새벽보다 일찍 일어나 목욕재계한 후, 반 학생들의 장래를 위해 일일이 호명을 하며 기도를 드렸다.(1938년 3월 3일자 日記, 『전집 6권』, 149쪽)[9)]

---

8) 양현혜, 『김교신의 철학』, 206-207쪽 참조.

9) 전게서, 210쪽.

이렇게 학생들과 혼연일체가 된 김교신 선생의 모습을 잘 나타내는 것 중 하나는 손기정(마라톤 선수)과 관련된 일화이다. 농구코치며 마라톤 코치를 맡아 학생들과 한 덩어리가 되어 운동장을 뛰어다녔던 김교신은 1936년 8월 10일(월) 그의 일기장에 다음과 같이 기록하였다.

> 오전 6시 반부터 베를린에서 오는 전파를 듣다. 올림픽 마라톤 실황을 듣는 동안 주먹에 땀을 쥐다. 손기정 1위, 남승룡 3위의 보도에 기쁘지 않을 수 없으나 또한 눈물이 복받치지 않을 수 없다.[10]

김교신 선생이 역점을 두었던 인격교육은 청소년들의 뇌리에 조국애를 심어주려는 민족교육과 늘 동반되었다. 그러나 식민지 하의 공교육 현장에서 이러한 민족교육이 제대로 될 리가 없었다. 당시 조선총독부의 교육은 두 가지 원칙을 축으로 하고 있었는데, 하나는 '일선동조론(日鮮同祖論)'에 의거하여 조선인의 민족적 고유성을 무시하고 일본 정신에 동화시키려는 민족 말살의 동화정책이었고, 다른 하나는 조선인을 우민화시켜 그들이 잘 부릴 수 있는 하급관리, 사무원, 근로자로 양성하려는 의도를 가지고 있었다. 따라서 조선에 경성제국대학(지금의 서울대학교)을 설립한 이외에, 민족의 자주성과 민족문화 및 과학기술능력을 향상시키는 일체의 고등교육기관의 설립을 불허하였다.

당시 중학교에서 가르치는 지리과목의 대부분은 일본지리였고 조선의 지리 시간은 겨우 몇 시간에 불과했다. 하지만 지리교사였던 김교신은 일 년 내내 조선의 지리를 가르쳤다. 조선 산천의 아름다움,

10) 양현혜, 『김교신의 철학』, 212쪽.

좋은 기후, 해안선의 발달, 동양의 심장 같은 한반도에 대하여 가르쳤다. 그의 서재에는 조선지도와 지조(志操)가 강했던 정몽주의 초상화가 걸려있었다.

수업시간에는 금기시되어있던 조선어를 사용하며 학생들에게 조선인으로서의 자긍심을 심어주고자 했다. 창씨개명을 강요했을 때에도 출석을 부를 때 끝까지 우리말로 호명을 하였다. 이에 배속장교가 항의하자 이름은 고유명사이니 상관없다고 끝까지 버텼다. 이것이 문제가 되자 다음에는 아예 출석을 부르지 않았다. 이러한 그의 수업시간에는 언제나 벅찬 감동과 긴장이 있었다. 김교신 선생은 자기를 발견하고 민족을 발견하고 절대자(하나님)를 발견하여 참 사람, 참 조선인이 되도록 인도한 참으로 눈 밝은 스승이었던 것이다.[11]

2) 실존주의(実存主義)적 입장

김교신은 그리스도교적 실존주의의 입장을 견지하였기 때문에 무엇보다도 인간의 생명과 인격의 가치를 중시하였다고 본다. 예수께서 말씀하시길 "온 천하를 얻고도 목숨을 잃으면 무슨 소용이 있겠느냐."고 말씀 하셨는데 김교신은 이러한 주(主)의 말씀을 잘 청종하였다. 그래서인지 김교신은 다음과 같이 '생명의 신비'를 논급하였다. 자연과학을 전공했던 학자답게 생명을 논하되 우선 신비한 생명의 '소재'에 대하여 방법론적 의문을 던진다.

> 고인(古人)은 가슴(흉부)을 중히 여겼고 금인(今人)은 머리(두뇌)를 귀히 여기니 모든 생명의 본부가 거기에 있는 줄로 추측한 연고인 듯하

11) 양현혜, 『김교신의 철학』, 216-224쪽.

다. 그러나 심장에는 혈액의 출입, 두개골 속에는 뇌수가 들어찬 것, 그 밖에는 아무 볼 것도 알 것도 없었다. 초목은 잎이나 줄기보다 뿌리에 생명의 근거가 잠재한 듯이 보였다. 그러나 생명을 보려는 자, 만지려는 자에게 실망을 주기는 일반이었다. 지자(智者)는 말한다. 생물체의 단위는 세포에 있으니 생명을 알려거든 세포에 찾아보라고. 세포막으로 원형질이라는 반액체를 싸고 그 안에 핵이 있다는 점과 그 밖의 것들은 볼 수도 있다. 그러나 생명의 본체는 세포 안에도 드디어 볼 수 없다. 하물며 손으로 만질 수 있으랴. 30만 종의 식물, 60만 종의 동물, 인체의 신비, 고생물의 유원(깊고도 멂), 일일이 알기도 곤란하거니와 알 필요도 없다. 다만 "생명의 본체를 나에게 보이라. 그러면 족하다." 이 어느 때나 충족될 욕구인가.

보이지 않는 것을 논의하며 만질 수 없는 것을 실재(實在)한다고 함은 이것이 전혀 허구가 아닌가. "주여, 아버지를 우리에게 보여 주옵소서. 그리하면 우리에게 족하겠나이다"(요한복음 14:8)라는 빌립의 욕구는 자못 영계(靈界)의 소식 뿐이 아니라 과연 과학자의 절규가 아니면 안되겠다. '실체'를 보이라. '본체'를 보이라. '본체'를 만지게 하라. 이보다 이하의 이론으로 만족치 못하겠고 이 이상의 연역을 불요하건만!

생명을 현미경 아래에 잡을 수 없고 망원경 시야에 만날 수 없었다. 이것을 심장 속에서 볼 수 없었고 뇌수 안에서 만질 수 없었고 세포 중에서 발견할 수 없었으니 차라리 그 존재를 부인하는 것이 경쾌하지 않을까. 문제의 해결이 아닐까. 그러나 사실은 너무도 강대하다. 생명은 존재한다. 신록의 움을 보라. 보리밭에 종다리 노래를 들으라. 죽순을 보라. 개구리 노래를 들으라. 생명은 있다. 여기에도 저기에도.

생물체 내에서 생명의 본체를 찾다가 찾지 못하고 우주 안에서 하나님을 찾다가 보지 못하도다. 오직 보는 눈을 가진 자는 볼 것이요 듣는 귀를 가진 자는 들을 것이다.[12)]

---

12) 『김교신 전집 2』, 320-322쪽.

김교신은 생명의 근원을 상정함에 있어서 물(物)과 심(心) 양면을 고려한다. 즉 유물론과 유심론을 생각해 보는 것이다. 그 결과 하나님의 섭리를 유추하지 않을 수 없는 단계에 이른다.

> 물가(物價)의 등귀함을 따라 생활난의 아우성 소리도 적지 않으나, 물질 본연의 가치가 인식되는 일은 확실히 전시(戰時)체제하의 한 가지 소득이라 할 것이다. 이렇게 물품이 결핍하여 짐을 따라 우리는 두 가지 방면으로 교훈을 얻을 수 있다.
>
> 첫째는 유심(唯心)제일, 영계(靈界)의 일만, 천국의 노래만을 일삼던 비인간적 성도(?)들이 물질계에 대한 정당한 이해와 판단을 가지게 됨이다. 이러한 초현세적 미명하에 무책임하고 무의기(無意氣)했던 무절조한 생활 자들도 시대상의 연단을 통하여 비로소 주기도문(Lord's Prayer)의 일절에 "오늘날 일용할 양식을 주옵소서"라는 일구(一句)가 끼여 있음의 의의를 그 진정한 의미대로 이해할 것이다.
>
> 둘째로 유물(唯物)제일, 물질계의 일만, 눈에 보이는 공리(功利)만을 일삼으면서도 그 얻은 바 물건의 유래와 혜택을 깨닫지 못하고 도리어 물질을 멸시, 남용함으로써 타인과 세상을 해할뿐더러 자신의 품성까지 망치던 무리가 극도의 절약시대를 당하여 크게 자각하는 바 있을 것이다. 듣건대 지금은 전시체제의 애오라지 그 초기에 든 것이라 한다. 이제 제2기, 3기로 점점 장구한 계획이 설 것이요, 그 때에 석유, 가솔린의 결핍으로 모든 자동차는 목탄 불로 운전될 것이며 모든 허위의 사교는 근절되고 연회석상에서 정종을 변기에 쏟아버리며 담뱃재를 반찬 위에 툭툭 털면서 한갓 부유와 포만을 자랑하던 무리들이 비로소 갈함을 느끼며 굶주려 돼지 먹이의 팥껍질이라도 탐식하는 날이 올 것이다. 이리하여 순수한 영계(靈界)의 사람들도 물질을 더럽게 여기지 않게 되고, 오직 재물만을 추구한다는 무리들도 바른 의미에서 물질의 진의(眞意)를 깨달아 물질을 예배하지 않는 동시에 방종하지도 않게 된다면 현시(現時)의 과정도 뜻있는 과정이라 할 것이다. 산록의

> 일목(一木), 계변의 일초(一草), 백지 한 장, 냉수 한 바가지, 이것이 모두 여호와 하나님의 한없는 사랑과 능력으로 된 것인 줄 깨달아 공경과 우애와 경이와 찬송으로써 이 우주에 새로운 한 걸음을 걷도록 교도하기 위하여 지금 우리가 밟고 있는 과정은 극히 필요하다.[13)]

김교신은 사도 바울이 깨달은 생명의 위계론에 이르게 된다. 원숭이 이하의 열등 생명과 그 이상의 고귀한 생명 단계를 바울 신학에서 시사를 받는다. 여기에서 인간의 생명의 존엄성을 확인하기에 이른다. 인간의 생명은 온 천하보다 더 귀한 가치가 있다는 사실을. 예컨대 모세, 소크라테스, 예수, 루터, 그 밖의 모든 인간, 그러나 우리는 생명의 극도의 완성을 예수 그리스도에게서 발견할 수 있다는 지론이다. 왜냐하면 예수그리스도는 원래 말씀(Logos)이었는데 화육(化肉, Incarnation) 하셨기 때문이다. 그리고 그분이야말로 '길, 진리, 생명' 그 자체였다는 주장이다.

> 생명은 어디서 왔는가? 누구나 없이 다 가지는 의문이다. 그러나 아무도 대답하는 이가 없다. 풀을 보라. 나무를 보라. 또한 갓난애를 보라. 거기에 생명이 있을 뿐이다. 원숭이류 이하의 모든 생명과 인류의 생명과의 사이에 거대한 도랑을 만들어 근본적으로 생명의 등급을 이분(二分)하려는 노력은 인류 역사상에 특출한 대역사(大役事)이었다. 기독교도들뿐 아니라 이교도들도 이 일만은 공통의 소원이었다. 그러나 사도 바울은 인간이 원숭이류 이하에 위치할 비열한 생명체임을 발견한다. "대개 내 속 곧 내 육신에 선한 것이 거하지 아니하는 줄을 아노니 선행하기를 원하는 마음은 내게 있으나 그대로 이루는 것은 없느니라."고 호소한 바울은 원숭이의 수준선에서 초월함이 없는 가련한 생명이었지마는 그의 영혼상에 일대 변혁이 생기(生起)하여 그의 입으로

13) 『김교신 전집 2』, 315-317쪽.

써 "내가 그리스도와 함께 십자가에 못박혔나니 그런즉 이제는 내가 산 것이 아니요 내 안에 그리스도께서 사신 것이라. 이제 내가 육체 가운데 사는 것은 나를 사랑하사 나를 위하여 자기 몸을 버리신 하나님의 아들을 믿는 믿음 안에서 사는 것이라."(갈라디아서 2:20)고 고백하게 될 때에 바울의 생명에 일대 약진이 생겼다. 전자와는 비교할 수 없는 본질적 차이를 가진 생명 원리가 저를 지배하게 되었다. 후세의 우리들이 경모하여 마지않은 위대한 사도 바울은 이 위에서 온 생명 즉 영(靈)으로 지배된 생명의 결과이었다. 어거스틴(Augustine), 루터(Martin Luther)의 일생에도 이러한 원숭이 이하의 열등 생명과 그 이상의 고귀한 생명과의 계단이 있었다. 생명은 귀한 것이다. 그러므로 '만일 그 생명을 잃고서 천하(天下)를 가진들 무엇하리요' 하며 진화의 저급에 있는 미생물은 그 생명의 귀함을 그처럼 인식하는 것같이 보이지 않으나 고급으로 진화될수록 점점 생명 의식이 강렬하여 인류에 이르러 그 극도에 달한 듯이 보인다. 그러나 인류에 있어서는 그 표준에 전환점이 생겼다. 천래(天來)의 소리가 있어 가로되 "무릇 누구든지 그 목숨(생명)을 얻고자 하는 자는 잃을 것이요 오직 목숨을 잃고자 하는 자는 보전하리라"고. 우리는 이 표준으로써 위대하고 고귀한 생명을 찾아보자. 거기에는 독일의 보름스(Worms) 회의장에 기립한 광부의 아들 루터가 있을 것이며, 국법에 순종하여 독배를 피하지 않던 희랍의 성자 소크라테스(Socrates)가 보일 것이며, 초대 교회 이래의 많은 성도가 열좌(列坐)하였을 것이며, 인류의 첫째 위인 모세(Moses)도 만날 것이다. 그리하여 온갖 고원을 지나고 수봉(아름다운 산봉우리)을 넘은 뒤에 인류 이상의 최고봉의 절정에 달한 때에 우리는 거기에 나사렛 사람 예수 그리스도를 우러러볼 것이다.

생명(生命)은 귀중한 것이다. 생물은 생명의 귀중을 인식하는 정도로써 그 진화의 정도를 표시한다. 그러나 생명이 그 귀중함을 망각하고 그 자존심을 투기한 때에 오히려 그 생명은 일단을 비약한 생명이요 한층 더 고귀한 생명이다. 그 생명의 극도의 완성을 우리는 예수 그리스도(Jesus Christ)에게서 보도다. 말씀이 육(肉)으로 되시사 세상에서 생활하셨으나 저는 보내신 이의 의사(意思)를 반(反)하여서는 한 가지도 한 것이 없었고, 보내신 이의 뜻에 순종하였기 때문에 십자가에까지 무능한 자처럼 걸려버렸다. 광야의 시험(유혹, Temptation)에서 벌써 완전히 영(靈)이 육(肉)을 지배하여 승리하였던 저의 일생은 "내 아버지여, 만일 할만하시거든 이 잔을 내게서 지나가게 하옵소서. 그러나 나의 원대로 마옵시고 아버지의 원대로 하옵소서."라는 무사지순(無私至順)한 결산으로써 마치셨다. 지극히 높은 정도의 생명이었다. 영(靈)의 원래대로 산 생명이었고 진리 자체의 현현(顯現)인 생명이었다. 과연 그의 말씀에는 거짓이 없도다. "내가 곧 길이요 진리요 생명이니라."(요한복음 14:6)고. 오 주여, 사슴이 시냇물을 찾으려고 갈급함과 같이 내 영혼이 당신을 찾으려고 갈망하옵나이다.[14)]

모든 생명은 다 귀중한 것이지만 하나님의 형상(Imgo Dei)을 닮은 인간 존재는 더 각별하다고 아니할 수 없다. 요한복음 3장 16절 "하나님이 세상을 사랑하사 독생자를 주셨으니…"라는 이 말씀은 인간 생명에 대한 하나님 사랑표현의 극치라고 읽을 수 있다. 그렇다면 하나님이 사랑하시는 '인간존재'를 우리도 사랑해야 마땅하지 않겠는가!

우리가 요한일서를 읽어 보면 거기 주제가 들어 있음을 알 수 있다. 처음은 '하나님은 빛이라'는 것이요, 다음은 '하나님은 사랑이라.'는 것이다. 빛 가운데 있다 하면서 형제를 미워하는 자는 어두운 가운데 있는 자요, 형제를 사랑하는 자는 빛 가운데 있는 자이다. 또 우리가 형제를 사랑하면 사망에서 생명으로 들어가는 것이요, 사랑치 아니하는 자는 사망에 거한다고 되어있다. 사도 요한의 백천(百千)어구도 요컨대 '형제를 사랑하라'인데, 이것은 옛 계명을 새로운 배경에서 되풀이한 것뿐이다. 따라서 두고두고 되풀이할 만한 간단한 진

14) 『김교신 전집 2』, 317-319쪽.

리, 실로 귀한 것은 이것이다.[15]

예수께서 강조하신 '형제사랑', 이것은 곧 폭넓은 이웃사랑, 즉 사람을 사랑하는 것이다. 성경 전체의 메시지는 결국 한마디로 경천애인(敬天愛人)이다. 첫째는 하나님을 공경하는 것이요, 둘째는 사람(우리의 이웃)을 사랑하는 것이다. 김교신이 지향하고 외친 것도 다름 아닌 이웃사랑인데 그것은 곧 일제하에서 식민으로서 고난당하는 동족 조선인 사랑이었다. 둘도 없는 친구 함석헌의 부친상 때 김교신이 쏟았던 정성은 넓은 의미에서 인간사랑, 이웃사랑의 한 단면을 보여준다. 마치 '요나단과 다윗의 우정'을 연상케 한다.

3) 도덕·윤리 중시

종교와 윤리는 불가분리의 관계라는 사실은 거의 상식에 속한다고 볼 수 있다. 김교신의 삶을 점검해 보면 이 양자의 관계가 참으로 뗄레야 뗄 수 없는 관계였음은 명약관화한 사실이다. 그는 종교 및 신앙인으로서 도덕과 윤리를 매우 중시했었고 그렇게 삶을 살았던 분이다. 도덕과 윤리는 어의상 약간의 차이는 있으나 상호교환적으로 사용할 수 있다. 우선 도덕을 우선시 하는 그의 명언을 보자.

> 범백사(凡百事)의 초석은 도덕이다.[16]

김교신은 조선교회의 쇠퇴 원인을 도덕의 결핍, 즉 '진실성' 결여

15) 『김교신 전집 2』, 290쪽.
16) 『김교신 전집 5』, 320쪽.

로 보고 진실의 회복을 강조한다.

> 오늘날 조선 교회가 쇠퇴하고 신앙이 불지(拂地, 바닥에 떨어짐)하였다는 탄성이 분분함은 결코 전도 기관의 불비(不備)라든가 대(大)신학자가 없는데 원인한 것은 아닙니다. 그 참 원인은 조선 사람의 마음 속에서, 조선 사회에서, 조선 교회와 개인의 영혼 속에서, '진실성'이 비산(飛散)하여 사람과 사람이 신뢰할 수 없고 사람이 하나님께 소원을 아뢰어 맹세한 것을 이행치 아니함으로써 하나님의 계약 성취에 대하여 의운(疑雲)만 몽롱하게 되어진 연고올시다. 조선에 결핍한 것이 많으나 '신실'처럼 결핍이 심한 것을 우리가 느껴본 적이 없었습니다. 사방(砂防)공사로써 송림(松林)이 자란다는 말은 자주 들으나, 신실한 인물이 붇는다[17]는 통계는 아직 보지 못하였습니다. 그러나 예전에는 조선에도 신의(信義)가 전무하였던 것은 아닙니다. 율곡과 퇴계, 이 두 선생은 그때가 장마중(雨期中)이었지만 기약대로 통도사에서 상봉하였다 함은 널리 전하는 일화의 하나입니다. 저들은 다윗, 리빙스턴, 아브라함, 링컨 등과 같이 다 신실한 자들이었고 저들의 그 신실은 지금 우리의 혈관에도 얼마큼씩은 유전되었을 것입니다.[18]

김교신 선생은 일제 강점기 조선인의 '양심문제'와 관련한 경험담을 예로 들어 양심문제는 우리의 구원과 직결되는 문제임을 강조한다. 『성서의 일본』誌(1940.2월호?)에 다음과 같은 시즈오카(静岡)의 쌀장수 기사를 예로 들었다.

> 시즈오카에 일본인 지우(誌友)가 있다. 쌀장수다. 그에게는 조선인 고객이 많다. 그러나 조선인 노동자의 대개는 1~2년 지나면 타처로 이

17) '커지다, 많아지다.'의 뜻.

18) 『김교신 전집 2』, 308-310쪽.

주하고, 마지막 쌀값을 갚지 않고 가 버리는 것이 보통이라는 것이다. 그래서 많은 쌀장수들은 그런 사실을 미리 알아차리고 조선 사람에게는 말(斗)을 적게 되어서 팔든지 안 팔든지 한다는 것인데, 하나님을 믿는, 이 쌀 장수는 그것을 못한다. 그런고로 항상 마지막 쌀값은 완전히 손해를 보면서 지금까지 팔아 왔다. 그러나 작금처럼 쌀이 부족하게 된 시대에 그런 자비를 계속할 수는 없었다. 그는 드디어 조선 사람에게는 쌀을 배달하지 않으려고 생각했다. 하지만 그의 양심은 그것을 허용하지 않았다. 하룻밤 새면서 기도하고 그는 결심을 바꿔, 고심하여 사서 모은 쌀을 조선사람에게도 팔고 있다고 한다. '이 세상에서는 손해를 당하고 욕을 먹을 뿐입니다.'라는 작년 말(末)의 그의 편지였다.[19)]

이 기사(記事)를 읽은 김교신은 다음과 같은 반응이었다.

이 편지를 읽고 얼굴이 뜨거워졌다. 이것이 우리 조선 사람의 모습인가. 최후의 쌀값을 갚지 않고 도망치는 것이 보통이라고 한다. 바로 생각에 떠오른 것은 시즈오카의 쌀장수에게 달려가 지금까지 조선인의 미불분(未拂分)만이라도 청산하고 싶지만 여러 해 쌓인 미불분은 결코 나 같은 것이 갚을 수 있는 금액이 아니리라. 나는 쥐구멍을 찾고 싶은 마음이었다.… 실로 기막힐 소식이다. 대가를 지불하지 않은 쌀알 하나하나가 지금 성스러운 하나님 앞에서 외친다. 쌀알 하나하나의 대가가 지불되어 이 소리가 멈출 때까지는 어떠한 일이 있더라도 우리의 구원은 이루어지지 않을 것이다. 대가가 지불될 때까지 우리는 천국에의 입장권도 유예하여야 하리라.[20)]

19) 『김교신 전집 1』, 26쪽.
20) 전게서, 26-28쪽.

외상값을 치루지 않는 일은 인간사에 흔히 있는 일이다. 그렇다고 해서 그것을 대수롭지 않게 여길 수 있는 문제는 아니나다. 꼭 갚아야 한다. 더구나 동족끼리가 아닌 경우, 더욱 신용을 지켜야 한다. 이 경우는 식민과 비식민간의 거래에서 발생한 신용불량문제로서, 항상 의로움을 추구하고 민족의 자존심을 귀하게 여긴 김교신 선생의 마음에 큰 상처를 준 것으로 보인다. 독실한 무교회 기독교신자로서 이 문제를 보는 시선은 매우 예리하여 외상을 갚지 않은 조선인의 구원 문제까지 깊게 생각하고 있는 것을 볼 수 있다. 잎새에 이는 바람에도 괴로워했다는 윤동주의 시(詩)가 생각난다.

이 사건에는 크게 세 가지 문제가 내재해 있는 것으로 보인다. 일제강점기에 고생하던 조선인들의 양심의 문제, 빈곤의 문제, 신용의 문제가 심각했을 것으로 유추된다.

4) 이성적(理性的) 단독자 신앙

김교신 선생은 종교체험을 무시하거나 경시한 것은 아니었지만 그의 중심적 신앙태도는 어디까지나 '이성신앙 존중'이었다. 아래와 같은 그의 진술이 이를 뒷받침한다.

> 주로 감정에 호소하는 종교는 그 전파가 넓고 속하며, 주로 이성(理性)을 깨우려는 종교는 그 전파가 심히 좁고 더디다. 그러나 전자는 옅은 것이 그 특색이요 후자는 깊은 것이 그 품격이다. 우리의 신앙은 본래 이성에 치우친다는 평을 들었으나 오늘날 교회 안팎에 무당류 같은 성신(聖神)내린 무리가 횡행하매 이성의 규범을 이탈한 신사 숙녀의 언설이 디글디글한 때를 당하여 우리는 단일단(段一段)[21]이성 존중으로

21) '한계단 한계단'의 뜻.

치우치고자 한다. 기독신자 되기 전에 우선 이성의 정상과 교양에 힘쓸 것이다. 이성이 왜곡된 데는 신앙도 구원도 없느니라.[22]

김교신은 신앙인이지만 요행이나 신비한 것을 조금도 추구하지 않을 뿐 아니라 어떤 단체의 힘도 의지 하지 않고 개인의 단독자로서 하나님 앞에서 분투노력하는 모습을 보여준다.

이런 모습을 볼 때 혹 실존주의 철학자 키엘케고르(Sőren Kierkegaard, 1813-1855)의 영향을 받지 않았을까 하는 생각이 든다. 왜냐하면 키엘케고르가 가장 고귀하고 높은 실존은 신(神) 앞에 겸허히 나아가는 '단독자(Einzelne)'를 높이 평가했기 때문이다. 키엘케고르 앞에서는 패거리 문화나 집단의 위력을 과시하는 것은 우스꽝스러운 일이었다. 그리고 노력없이 쉽게 쟁취하려는 태도는 금물이었다. 김교신도 키엘케고르와 생각이 같았던 것으로 보인다.

> 사람이란 누구나가 일평생에 몇 번씩은 '단독'으로 싸워야만 하는 난관을 통과하고야 살도록 인생의 프로그램을 작정하신 이의 성의(聖意)에 상급(想及)할 때에 우리의 무능과 초려를 회한하기보다 인생의 고귀성과 엄숙함과 하나님의 지극하신 사랑의 보좌 앞에 침변(베갯머리)을 지키면서 우리는 속살거렸다. '싸워라 아가, 홀로 싸워라. 너는 다시 없는 인생인 까닭이다. 주여. 당신은 크도소이다. 진정이로소이다. 어리고 약한자도 자기 단독으로만 싸우게 하셨사오니 당신은 받으소서. 감사와 찬송을' 하고. 주 그리스도가 40일 40야를 광야에서 시험받을 때에 단독이었고, 그 십자가 또한 단독이었다. 단독은 원하고 싶은 것은 아니나, 인생에 단독은 불가피한 것인 듯하며, 또한 인생에 가장 고귀한 것은 단독으로 당하는 일에서만 얻을 수 있는 듯하다. 우리

22) 『김교신 전집 2』, 112쪽.

가 병환으로 인하여 친족에게 버림을 당하고, 빈곤으로 인하여 고우(故友)를 잃고 불리한 사업을 기도하여 협력자의 이산을 당한 때에 그 자리가 아니고는 받을 수 없는 진리의 잔이 넘침을 본다. 그리하여 나중 심판의 자리에도 통역없이, 변호사 없이 오직 중보자(仲保者)인 예수와 함께 단독으로 서리라.[23)]

김교신 선생은 '단독자로서의 신앙'을 강조하면서 구체적으로 방향제시까지 하였다. 혼자서 산(山)에 오르라는 것이다. 이 모습은 예수께서 산과 사막과 갈릴리 호수를 가까이 하셨던 삶을 연상케 한다. 특히 예수의 산상수훈(Sermon on the Mount)이 그렇다.

소인한거위불선(小人閒居爲不善)이라 하였으나 신자(信者)는 한거 또는 고독하여야만 지조가 맑아지고 소망이 원대하여지고 선을 행하는 능력을 파악할 수가 있다.… 금일의 노회, 총회, 연회와 그 밖의 종교인 대소 회합 그 어느 곳에서 우리의 심령이 성결하여지며 우리의 지조가 청정하여짐을 기대할 수 있으랴. 사교의 동물이라는 별호를 받은 인간들은 사교 또 사교요, 회합 또 회합인 때에, 무시로 군중을 피할 따름인가. 가장 친근하게 수종하는 제자들까지도 물리치고 산으로 바다로 사막으로 도피한 이가 있으니 곧 예수 그리스도의 생애가 그것이다. 예수는 수세(受洗) 후 성령을 넘치게 받았을 때에 광야로 달음질하였고, 허다한 군중에게 설교하고 치병하였을 때에 외변 황무지에 거처하였으며, 안식일에 기적을 행하고는 바다로 이거(離去)하였고, 떡 먹은 5천명 대중이 왕으로 추대하고자 하면 기도하려 산에 오르셨고, 최후 십자가의 시련을 당하여는 겟세마네 동산에 숨어 기도하셨다. 예수는 홀로 거할 때에 모든 능력이 주입되었던 것이다. 용마가 솟아 뛰기 전에 반드시 뒷걸음 하듯이, 전류 기계를 사용한 후에 다시 충전하듯

23) 『김교신 전집 1』, 131쪽.

이, 전투의 전이나 후에 반드시 홀로 한처에 피하신 것이 예수의 모든 지혜와 능력의 원천이었다.

인간 세고(世苦)에 피곤한 형제여, 헛된 사교에서 환열을 만끽할 수 없는 신세를 통한하지 말고, 누워 있는 그 병상과 한숨 쉬는 그 빈(貧)에서 깊이 고독의 샘물을 마심으로써 높이 성결의 은혜를 받고 크게 능력의 실질을 파악하라. 병과 빈은 평지의 산이 아닌가. 교우의 냉박을 한(恨)하는 이와 세상의 순풍을 자랑하는 이나 학식의 발군을 자긍하는 이와 신앙의 영능을 확신하는 이나 다 같이 산을 향하고 산으로 오르라. 신자가 산에서 한거할 때에 저의 영혼에 방부제를 뿌리는 것이며 영생의 보약을 마시는 것이며, 저의 생각에서 시소(時所)에 제한된 모든 번뇌가 그림자를 감추고 영원무궁한 우주적 대문제만이 점령하게 되며, 모든 참된 지혜와 확신과 특히 현세의 헛된 영광을 폐리(蔽履)같이 버리는 결단과 최후의 적인 사(死)에 대한 주 그리스도의 태도까지를 산에서 닮을 수 있고 산에서 살리움을 받을 수 있다. "눈을 들어 산을 보니 도움 어디서 오나?"(시 121편)하고 우리도 노래할 것이다. 독선기신(獨善其身)이 아니라 선선기신(先善其身)의 필요는 확실히 있다. 먼저 산으로 오르라.[24]

4. 김교신의 이웃종교관의 한 단면

김교신은 성도덕뿐만 아니라 국토사랑과 애국심, 이웃종교에 대한 배타적 태도가 아닌 포용적 자세를 강조 하였다. 현대의 다문화 다종교 사회에서 이웃종교에 대한 바람직한 태도를 예시한 점은 참으로 선견(先見)적이라고 아니할 수 없다. 이러한 측면에서 우리는 김교신에게서 예언자 같은 성품과 지혜를 배울 수 있다고 보여진다.

---

24) 『김교신 전집 1』, 133-135쪽.

아침 5시 기상. 어시장(생선시장)이나 매매양식은 같아 별로 신기한 것은 없었다. 그 길로 통영의 자랑인 운하와 지하도를 답사하다. 조반 후에 K군의 주선으로 발동선 한 척을 얻어 한산도 제승당(制勝堂)까지 왕복하다. 편도에 약 한 시간 걸려 당 앞에 이르니 만(灣) 중에서도 작은 만(灣)이 있어 임진란 당시에 일본 수군으로 하여금 도가니 속의 쥐처럼 잡히게 한 곳이라고 뱃사람이 설명한다. 지금도 당시의 무기가 해저에서 발견된다고.… 수박과 과자로 일행의 공복을 채운 후에 돌아오는 돛을 달다. 바닷물 맑기가 벽옥 같으니 이순신 옹의 심정인가 싶다. 7시경에 통영에 돌아와 김종흡 씨까지 만나, 함께 장로교회에 출석하니 기민한 진 목사는 보자마자 설교를 청하여 부득이 등단하여 감화를 조금하다. 부인석 쪽은 거의 만원이나 남자석에는 청년 둘만 외로이 있는 것이 섭섭하였다. 통영에도 일반 청년회관은 2층 기와의 굉장한 건물이지만 역시 폐쇄중이라 한다. 애석한 일이다.(한산도 소풍, 통영 유숙)[25]

김교신 선생은 무교회주의자이기 때문에 매우 배타적일 것으로 생각할 수 있으나 결코 그렇지 않고 장로교회에서 이따금 설교도 하고 북한산 자택 옆 불교사찰 약사사의 새벽 목탁소리를 전혀 싫어하지 않고 오히려 그 소리에 힘입어 새벽기도를 드리곤 했다.

약사사 스님의 목탁소리 점점 일찍 시작하여 오늘은 오전 4시 10분경부터. 저렇게 힘찬 소리로 염불하니 현세 이외의 생명을 대망(待望)하는 인간이 아니고는 할 수 없는 일일 것이다. 스님의 목탁소리 내 영으로 하여금 '위의 것'을 사모하게 하여 마지않는다. 우리 스님께 다복할진저.(1939.4.21.(금) 日記)[26]

25) 김정환, 『김교신』, 202쪽.
26) 『김교신 전집 7』, 68쪽.

5. 김교신이 생각한 민족발전의 토대론

1) 조선 여성의 정조문제

김교신선생은 기대되는 민족과 조국의 발전의 토대로서 두 가지를 들었는데, 하나는 건강한 중산층, 다른 하나는 조선 여성들의 정조문제이었다. 이에 대한 그의 말을 들어보자.

> 민족문화는 참으로 소중하다. 왜냐하면 민족문화를 떠나서는 민족이 존립할 수 없기 때문이다. 그런데 이 민족문화는 중산층을 통해서 계승되며, 또 중산층 가정문화는 그 가정의 주부 또는 여성들에 의해 따스하게 키워져 간다. 이렇게 볼 때 한 나라 또는 한 민족의 정신이 올바르고 씩씩하게 유지되느냐 안 되느냐의 문제는 다소 비약인 것 같지만 한마디로 중산층 가정 여성들의 도덕적, 윤리적 각성에 있다고 할 것이다.[27]

김교신은 청상과부로 수절하면서 자신을 키워주신 어머니와 신학문(新學問)을 별로 하지 못했지만 정성하나로 자신을 하늘처럼 받들어 주는 부인(아내)에게서 한국여성의 정조를 보았고, 이 순결한 정조관념으로 해서 한국은 세계에 크게 공헌할 것이며 윤리적으로도 크게 성장할 것으로 믿었다. 그러나 현실은 어떤가? 한국 여성들의 정신적·윤리적 타락의 소문이 자자한데, 이게 사실이라면 선대(先代)의 조선 여성과 현대(現代)의 한국 여성을 엄밀히 구분하여 전자에 한해서만 자랑해야한다고 김교신 선생은 논하면서

---

27) 김정환, 『김교신』, 115쪽.

> 아, 한양의 딸들아! 그대들은 우리의 자랑을 입증하여 우리의 머리를 더 높게 하려는가, 혹은 우리의 얼굴에 화로를 씌우고 조선의 전도를 영구히 어두움으로써 가리우려는가? 아! 조선의 딸들아! 아, 한양의 딸들아![28]

라고 외치고 있다.

김교신은 『성서조선』 창간호에 다음과 같이 '조선 여성'에 대한 그의 단상을 피력하였다.

> 나는 동북의 한 구석에서 생장하여 견식이 좁은 자이다. 그러나 그 좁은 것만큼 확신이 강하다. 즉 본대로 신뢰한다. 나는 나를 낳아 준 어머니의 품속에서 자랐고 농업을 생업으로 하는 소박한 이웃 사이에 살면서 듣고 보고 하였다. 그리고 이렇게 생각했다. '조선을 망하게 한 것은 그 남성들이었다. 남성 자신은 멸망하여 다시는 소망이 있을 것 같지 않다. 그러나 조선의 여성은 세계에 비할 것이 없다. 특히 조선의 희망은 과연 그 특유한 조선적인 여성의 장점에 있으리라'고. 더욱 성서(聖書)를 알게 됨에 따라 정조문제는 이것이 단지 '烈女不更二夫, 忠臣不事二君'에만 그치는 것이 아님을 알았다. 과연 인간의 정조문제는 인생을 일관하는 근본원리이다. 단지 현세의 제도에 그치는 게 아니라 과연 내세에까지 미치는 우주의 법칙이다. 그러므로 그리스도는 예수 자신과 교회의 관계를 신랑 신부에 비유하였고, 그러므로 여호와 하나님은 두 신(神)을 공경치 말 것을 백성에게 엄명하셨다. 인류 가운데 만일 가장 완전히 유일의 신(神)을 신앙한 민족이 있다면 이는 유대민족이었으리라. 이에 비해 인류 가운데 만일 정조의 도를 지켜 온 민족이 있다면 이는 조선의 여성이었으리라. 조선의 남성 특히 현대인, 청년들은 불신과 방종에서 점점 더 사멸의 속도를 가할른지 모르나 오직 순수한 여성만은 진리에 살고 또 진리를 낳으리라. 이것이 우리의 자

28) 전게서.

랑이 높고 우리의 확신이 굳은 까닭이다.[29]

따라서 김교신은 무교회(無教會)를 주장하는 입장에서 무교회가 높은 도덕성을 견지해야 함을 역설하였다.

> '무교회주의'는 아무런 의식과 율법에도 구애되는 것이 없는 절대 자유의 신앙이라고 해서 조석을 우인(友人)에게 신세지는 신분이면서도 흡연은 물론이요, 주효(술과 안주)를 탐하기에 급급하며, 부채(빚, 채무)로써 사교하기를 다반사로 알면서도 무교회주의로 자처하여 기성교회를 논란하며 무교회주의로서의 교의(交誼)를 요구하는 이들이 한둘뿐이 아니다. 때에 우리는 설해(說解, 알기쉽게 풀어 설명함), 교정(矯正)의 술(術)을 알지 못하므로 일언(一言)으로 폐지하나니. '그렇다면 우리는 무교회주의자가 아니노라.'고. 왜? 기독신도는 서기관과 바리새인의 의(義)보다 한층 낫지 않으면 결단코 천국에 들어가지 못하는 것임을 배웠기 때문이다.[30]

2) 바람직한 인간상

김교신이 바라는 '인간상'은 무엇인지 살펴볼 필요가 있다. 물론 김교신 자신이 정리한 이론이 있겠지마는 그는 사도 바울 선생이 제시한 것을 그가 바라는 인간상으로 원용하고 있는 것을 볼 수 있다.

> 사도 바울은 신자, 즉 천적(天的) 새 생활인의 표준으로서 ① 자비, ② 인자, ③ 겸손, ④ 온유, ⑤ 관용 등 다섯 덕성을 옷처럼 입고 그 위에 사랑으로 띠처럼 매라는 것을 골로새 교회 사람들에게 권하고 있다(골로새 3:12-14). 현대의 우리가 이것을 읽고 매우 이상한 느낌을 금할

29) 김정환, 『김교신』, 114-115쪽.
30) 『김교신 전집 2』, 15쪽.

수 없는 것은 이들 다섯 덕행이란 것이 하나의 예외도 없이 모두 소위 여성적이라는 것이다. 인간은 과연 이런 덕행을 수득(修得)하여서 생존에 견딜 수 있겠는가 하는 의심이 없지 않다. 그리고 이상한 또 하나의 사실은 우리 조선 사람의 수덕(修德)의 이상(理想)이 바울이 제시한 덕성에 심히 근사(近似)하고 있다는 점이다. 그것은 우리의 이름이 그것을 잘 증명하고 있다. 조선 사람의 이름에 가장 잘 쓰이는 글자는 仁(인), 義(의), 禮(예), 信(신), 順(순), 淳(순), 和(화), 德(덕), 明(명) 등이다. 특히 유교(儒敎)의 영향보다도 더 소급한 고대부터 이런 글자에 의하여 표시된 덕성이 우리 조상의 이상(理想)이었다고 한다.

사람의 이상은 그 이름에 잘 나타난다. 이사야, 예레미야, 다니엘, 야곱, 예수 등은 유일신 여호와를 신앙하는 이스라엘 사람들의 명명법(命名法)에 의한 것이었다. 마찬가지로 우리 조상들의 덕행의 목표도 바로 그 자의(字義)대로였던 것이다. 우연의 일치일 것이지만 실로 감사한 일치라고 말하지 않을 수 없다.

위인(偉人)은 어떤 사람이냐. 나폴레옹이나 알렉산더나 성길사한(成吉思汗, 징기즈칸, 1167-1227) 등을 위인이라고 생각하는 것은 전(前) 세기의 사람들이라면 몰라도 현대에 있어서는 아마 소년 잡지의 독자 정도일 것이다. 바울은 새 사람의 덕성으로서 다섯 요소를 들었는데, 이것이 곧 위인의 요소이다. 위인이란 인간다운 인간, 남자다운 남자를 말한다. 그러나 남자답다는 것은 반드시 투견투계의 유(類)를 말함이 아니다. 그 가슴에 자비의 마음, 즉 용광로 같은 연민, 동정의 심정을 소유한 인간이야말로 참으로 남자다운 남자라고 불리울 것이다. 모세(Moses)가 그런 사람이었고 석가가 그런 사람이었다. 장차 올 사회에 있어서는 ① 자비의 마음, ② 인자, ③ 겸손, ④ 온유, ⑤ 관용의 덕을 갖춘 사람만이 참 인간이고 따라서 참 위인이 될 것이라는 것이다. 얼마나 기쁜 소식이 아닌가. 이 새 표준이 행하여지는 사회에 있어서는 온유한 자의 행복을 누구나 다 절실히 실험할 것이다.[31]

---

31) 『김교신 전집 2』, 139-140쪽.

3) 내생(來生)보다는 현생(現生) 중시

김교신의 관심사는 죽은 후 성불(成佛)식의 문제가 아니었고 철두철미 현생(現生)의 문제였다. 사후(死後)에 천사로 화하거나 혹은 지옥열화 중에 태워지거나 이는 심령의 가장 깊은 곳에 자리잡은 최대 긴급의 문제는 아니었다. 어떻게 하면 현재의 육체와 심정 이대로를 가지고서 현생(現生)에서 하루라도 완전에 달성할까? 이것이 김교신의 최대 관심사이었다. 즉 김교신은 내세를 확신했지만 지금 그가 살아 숨쉬는 현생을 더욱 중시하였다고 할 수 있다. 실존주의 철학에서 부르짖듯이 'Here and now'(지금 여기)를 중시했던 것이다. 장수하는 것도 중요하지만 현생에서 구체적으로 어떻게 사느냐의 문제, 즉 도덕적 삶이 그에게는 매우 중요한 문제였다.

> 그러나 형제여, 만일 조직체 생활에 실패할지라도 단념치 말고 의용의 활기가 불생(不生)한다고 자기(자포자기)치말라. 우리는 오늘의 문제요, 실제의 제일의적 급무로 젊은 조선인의 소원을 피로(널리 알림)하노니 조선 형제여, 우선 '회개'합시다. 하나님 앞에 자과를 인식하고 회개하는 하나님과 사람 사이의 '정직성'과 사람과 사람 사이의 '신실성', 이 두 가지는 이양일원(二樣一元)의 기반이다. 신실(信實)을 결여한 개인들을 모아 완전한 조직체를 이루려 함은 마치 시멘트 가루를 섞지 않고 사립(沙粒)만으로 조합하려 함과 같은 것이다. 듣건대 소국 덴마크가 오늘과 같은 부성(富盛)을 이루게 된 주인(主因)은 그 나라에서 특수하게 발달된 각종 조합제도에 있고, 그 조합의 운용이 지극 원활함은 그 국민 개인개인의 신용(신실)에 기인함이라 한다. 조선의 정치와 경제를 염려하는 이는 우선 회개하라. 의분의 기개를 흠(欠)함을 탄(한탄)하는 이도 회개하라. 그리하여 하나님과 사람의 관계를 정히 함으로써 사람과 사람 사이에 신실이 생기고 대분(크게 분을 냄) 진용(참된 용기)의 능력을 받아 나중에는 이방사람이 구하는 바 여러 가지 축

복까지도 받을 것이다.[32)]

4) 신앙의 목표

끝으로, 김교신이 그의 나이 32세 때, 그리고 36세 때 '나의 예수교', '나의 기독교'라고 고백했던 짤막한 두 글을 통해 그의 신앙의 목표가 과연 무엇이었는가를 살펴보자.

〈나의 예수교〉

새로운 사상을 품고 예수교회를 열렬히 사랑하는 이들 중에는 기독교회의 침체한 현상을 타파하기 위하여 종종 새로운 설명을 들려준다. '예수교는 죽어서는 천당가는 것만이 목적이 아니라 금주단연을 선전하며 관혼상제의 허례 폐지를 주창하여 사회생활의 개선을 도모함도 예수교의 본분이요, 일부일처주의로써 가정 내막을 다스리며 농촌 사업에 진력하여 민족의 활로를 닦거나 혹은 문맹퇴치운동에 크게 공헌하였으며, 민족의식을 고취하여 큰 운동이 있을 때마다 예수교회가 중심될 처지에서 일하였으니 이것이야말로 '땅의 소금이요 세상의 빛이라.'는 뜻이라.' 운운… 위와 같은 예수교는 과연 시대에 적합한 종교라 할 것이다. 그러나 내가 예수교를 믿는 것은 '천당 가는 것만이 목적.'이다. 다만 예수 그리스도의 이름만을 믿어 천당에 들어가는 길 이라하므로 할 수 없는 죄인이 그를 믿어 구원받으려고 하는 것이 나의 예수교다.(사도행전 4:12)[33)]

예수 믿는 목표가 '천당'가는 것이라면 앞에서 언급한 내생(來生)보다는 현생(現生)을 더 중시한다는 말과 모순되지 않는지 의문이다.

32) 『김교신 전집 1』, 31쪽.
33) 『김교신 전집 2』, 85-86쪽.

〈나의 기독교〉

> 우리도 예수 믿는 사람이지 결코 무교회를 신용하는 자가 아니다. 우리 흥미의 중심은 예수와 성서에 있는 것이요, 교회에는 있지 않다. 교회에만 기독교적 구원이 있다고 고집하는 이를 만날 때에 교회 밖에도 구원이 있다고 프로테스트(Protest)할 뿐이다. 교회가 기독교의 정도(正道)에서 탈선하였을 때에 바른 기독교를 말하려니 '무교회'라는 말을 사용하는 것이지 '무교회'자체에도 '교회'와 마찬가지로 아무 생명도 없는 것이요, 애착할 것도 없는 바이다. 단순한 그리스도와 그 복음과 성서가 우리의 사모하는 것이다. 그러므로 우리의 신앙은 비록 주관적이라는 비난을 받을망정 그리스도의 신앙, 그리스도의 살림만이 돌진하려는 유일한 목표이다. 설혹 틀린 것이 있다고 할지라도 그리스도의 자리인 무한을 향하여 약진을 계속 하였으면 그것이 주관적 신앙이라도 만족하다. 우리는 주위를 환시(사방을 둘러봄)하면서 객관적 요소에 타당하도록 노력할 여유를 못 가진 자이다.[34]

역시 이 글에서도 역설(Paradox)이 발견된다(주관과 객관의 문제에 있어서).

1935년 3월 3일 (주일)에 쓰여진 아래 일기(日記)는 기독교 교파 간에 상호교류가 있는가 하면 배타적인 관계도 있음을 엿볼 수 있고 '직업종교가'에 대한 비판적 심리도 엿보인다.

> 오전은 동내 장로교회 예배에 참석하니 성결교회 박현명 목사의 설교가 있어 하나님의 말씀이 교회에 있음을 깊이 감사하다. 첫째로 성결교회 목사를 장로교회 교단에 세우는 일, 그 일 자체가 반가웠다. 같이 조선에서 복음주의의 기독교를 전하면서 장·감 양 교파는 성결교회를 무시 혹은 적대시하고자 하며, 성결교파는 자파 이외의 사람을 교단에

---

34) 『김교신 전집 2』, 84-85쪽.

> 세우기를 불긍(不肯)한다고 하니, 우리가 직업적 종교가의 심리를 불해(不解)하는 소이가 여기에 있다.[35]

김교신 선생은 로마 가톨릭교회에서 매우 중시하는 하나의 슬로건, 즉 'Extra Ecclesiam Non Salus'(교회 밖에는 구원이 없다)에 대해서 다음과 같은 생각을 가지고 있었다.

> 이 말은 로마 가톨릭 교회의 황금률이다. 이 말을 사용하는 자는 모두 가톨릭파요 거짓말을 하는 자요 가증한 자요 멸망을 면치 못할 자이다.… "교회 外에 구원이 없다."고 떠드는 무리를 향하여서는 우리 무교회자로서의 화살 한 대(一矢)를 날리지 않을 수 없다.[36]

김교신은 이웃종교에 대해 비교적 관용적이었지만 천주교(로마가톨릭교회)에 대해서는 비관용적 태도를 보이고 있다.

결론적으로 필자의 견해로는 김교신의 종교관 내지 그의 종교철학적 입장은 '유교적 기독교(개신교) 철학(Confucian Protestant Christian Philosophy)'으로 우선 규정할 수 있지 않을까하는 생각이 든다. 한 걸음 더 나아가 임마누엘 칸트(Kant)가 취했던 '도덕적 이성신앙'과 매우 흡사한 느낌도 든다. 게다가 실존(實存)주의적 경향도 짙게 풍기는데 이와 관련해서는 미적 실존, 윤리적 실존, 종교적 실존의 위계를 논했던 키르케고르(Sören Aabye Kierkegaard)의 '윤리-종교적 실존(Ethical-religious Existence)' 즉 '하나님 앞에 홀로 나아간 실존'(An Existence before God)이 연상된다. 키르케고르는 덴마크 출신 실존주의 철학자로서 덴마크의 국교인 루터교(Lutheran) 신자였으나 교회조

35) 『김교신 전집 5』, 273쪽.
36) 『김교신 전집 6』, 248쪽.

직을 떠나 홀로(단독자로서) 신앙생활을 하였을 뿐만 아니라 루터의 개혁정신에서 빛나간 덴마크의 국교인 루터교와 논쟁하다가 43세로 세상을 떠났다. 그의 외침은 '덴마크에는 참된 그리스도인이 한 사람도 없다'는 것이었다. 왜냐하면 참 그리스도인이라면 '그리스도와의 동시성'을 살아가야 하는데 그가 보기에 덴마크에는 그런 사람이 한 사람도 없기 때문이라는 것이 그 이유였다. '그리스도와 동시성' (Contemporaneity with Christ)! 참으로 의미심장한 언표(言表)이다. 그리스도는 2000년 전의 그리스도가 아니요 우리가 죽은 후에 만날 분이 아니라 '오늘 영기에' 나와 함께 하시는 그리스도이다. 그리스도 예수가 바로 지금 나의 전·후·좌·우 그리고 내 마음속에 계신다고 할 때, 이것이 바로 주(主)와 현존(現存)하며 동행하는 삶이 아닐까!

XIII. 말년(末年)의 삶, 서거 그리고 계승

1939년 9~10월 사이에 쓰인 몇 편의 일기(日記)를 살펴보면 그 내용이 다른 때에 비하여 매우 심상찮음을 엿볼 수 있다. 왜냐하면 제2차 세계대전이 시작된(1939.9.4-5) 초두였기 때문이다. 1939년 9월 18일자 김선생의 일기(日記)를 예로 들어보자.

> 영국이 대독(對獨) 선전포고했다고 하니 제2차 세계대전(World War II)이 드디어 개막된 모양. 프랑스도 영국을 좇아 대독(對獨)선전포고 한다고 보도된 것을 보니 아무리 보아도 현대 우리들처럼 나아진, 보람있는 세상을 보고 가는 사람들은 전무후무할 것이다. 유럽 전운(戰雲)은 점차 확대되기만 하는 모양. 바르샤바(Warsaw, 폴란드의 수도)함락의 보도가 있으나 진위(眞僞) 미상. 소련 군대가 폴란드로 진격한다고. 그 이유는 약소민족 보호라고 오호.[1)]

따라서 김교신은 일본의 옛날 분위기는 학문적 분위기였으나 최근(당시)의 분위기는 강아지 훈련 분위기와 같다고 서술하고 있음을 읽을 수 있다. 즉 매우 심상치 않은 상황 인식을 엿볼 수 있다. 이미 전운(戰雲)이 감돌고 있어 보인다는 것이다.

1) 『김교신 전집 7』, 128쪽.

> 옛날 선배들은 심오한 학리(學理)를 배우며 난행(難行)의 덕성을 닦기에 밤낮으로 노심하였는데, 지금의 학도들은 연일 하는 일이 걷는 일과 목을 돌리는 일뿐이요, 또 그것만 잘하면 교육이 다 된 줄 아니 인류의 퇴화가 예상했던 것보다 더 심한 모양. 강아지 훈련과 별다른 것이 없다.[2)]

김교신은 일본에서 대학과정(동경고등사범)을 공부했고 신앙적 측면에서는 우치무라 간조(일본인)가 그 유일의 스승이지만 일본과의 한편이었던 독일의 히틀러(Hitler)에 대해서는 심도 있게 비난했던 것을 읽을 수 있다.

> 지난 한 달 동안에 히틀러는 폴란드를 없애고서 지금은 영·불(英·佛)을 향해 선전포고를 철회할 것을 요구한다고 했다. 뻔뻔한 녀석.[3)]

김교신은 '조와(弔蛙)'사건 (『성서조선』사건)으로 1942년 3월 30일부터 1943년 3월 29일까지 만 1년의 옥고를 치렀다. 김정환 교수에 따르면 김교신은 징역살이에 대하여 부정적인 생각보다는 긍정적인 생각을 갖고 시련을 이겨냈다고 전한다. 즉 '감옥은 인생 최대의 대학', '신앙의 수련장', '영광스런 민족교육의 장소'로 여기며 지냈다고 한다.[4)]

그리고 수감 중에도 잊지 않고 실천했던 두 가지 행동이 있었는데 하나는 주기도문(Lord's Prayer, 영적훈련을 위한 것) 암송, 다른 하나는 일생동안 해오던 냉수마찰(육체의 건강을 위한 것)이었다.[5)]

---

2) 『김교신 전집 7』, 138쪽.

3) 전게서, 143쪽.

4) 김정환, 『김교신』, 171-174쪽.

김교신은 꼬박 1년 동안 감옥생활을 한 후 1943년 3월 불기소처분을 받아 출옥하여 전국 각지 및 만주까지 순회하면서 애국 및 전도활동을 전개하였다.

형무소 출소 후에 김교신은 당연히 '불온인물', '요시찰 인물'로서 자칫하면 언제라도 강제징용대상자가 될 수 있다는 것을 알고 있었기 때문에 선생은 친지들의 의견도 있고 자신의 숨은 큰 뜻도 있고 해서 노무자로 강제징용 되어 엉뚱한 곳에 끌려가 제물이 되느니보다 현지에서 징용되는 것이 더 낫겠다고 생각하여 '흥남질소비료공장' (정확히 말하면, 일본질소비료공장 흥남연료 용흥공장) 노무과 조선인 노무자 주택 서본궁(西本宮) 관리계의 계장으로 취업했다. 당시 이 공장의 총수 노구찌(野口)사장은 김교신과 친분이 있었던 사람이었다. 그래서인지 이 분이 직접 주선해서, 조선인으로서는 어려운 정사원으로 입사하게 되었다고 한다. 이 공장은 일본 해군의 특수비밀 군수공장이었는데 조선인 노무자만해도 5천명이나 되는 대공장이었다. 공장장을 비롯한 간부진은 대개 동경제국대학을 비롯한 명문대학 출신이었으며 그러기에 비교적 온건하고 양심적인 인물들이었다. 특히 김교신 선생의 직속상관인 노무과장은 양심적 반전파 일본인으로서 김선생을 잘 이해해 주었다고 한다. 이곳에서 선생이 해야할 주된 일은 조선인 노무자의 주택을 관리하는 일이었다. 예컨대 노무자들을 위한 복지 향상, 노무자 자녀들을 위해 유치원 설립, 노무자들에게 문해 교육(매우 힘든 상황에서 한글교육도 시도함), 근로자들의 생활개선, 민족적 자각(조선인으로서의 인간적 자각), 인격적 혁명(시간 잘 지키기, 거짓말 하지 않기, 깨끗한 마음 갖기 등)이었다.

5) 김정환, 『김교신』, 172쪽.

이러한 일들이 구호로만 그친 게 아니라 가시적인 효과가 나타남으로써 상급자로부터 신임을 획득하였다.[6)]

김교신 선생은 함흥질소비료회사에 근무하면서 사랑하는 제자 류달영에게 편지를 보내 그 회사에서 함께 근무하자고 제안하였다. 다음 글은 류달영에게 보낸 편지내용이다.

> 류달영 군,
>
> 내일의 일도 알 수 없는 형편의 나인 까닭에 군을 위해서 이것이 과연 좋은 일인지 어떨는지 단언할 수 없으나, 어떤 일이 있든지 군을 이 공장으로 데려오기로 나의 마음을 결정했네. 조용한 곳에 숨어서 독서를 하려는 군을 다망한 공장으로 끌어들이는 것에 대해서 매우 주저했었으나 마침내 뜻을 정하고 성패의 운명을 걸고 목적한 일에 돌진하기로 했네.
>
> 함석헌 선생에게도 초청장을 냈어요. 김종흡, 박희병 두 선생에게도. 만사 제쳐놓고 달려오게. 이창호군도 벌써 와 있네. 작년에 들은 바로는 부채가 있는 듯 하였는데, 가옥과 그 밖의 부동산으로 처분할 수 있는 것은 다 팔아서 정리하고 가벼운 차림으로 오도록 하게. 사택이 있으므로 전 가족 이전하도록. 생활비는 근소하기는 하나 월 23원 가량일세. 배급품이 윤택하니까 우선 먹고 살기에는 걱정도 없네. 초등학교가 가까운 곳에 있으니 아이들 전학 수속을 가지고 올 것.
>
> 1944년 12월 16일 일본질소연료주식회사용흥공장 근로과 김교신[7)]

이 편지를 띄울 무렵 그는 일본의 패망이 가까이 와 있고, 그때까지 이 공장에 동지들을 모아 두었다가, 그날이 오면 접수하자는 생각

6) 김정환, 『김교신』, 176-177쪽.

7) 전게서, 179-180쪽.

이었던 것 같다.

김교신은 주택계장으로서 휘하의 직계직원이 50여명이었다고 한다. 이곳은 결과적으로 그의 인생 후반기의 직장이 된 셈이다. 이 직책을 수행하면서 그가 특별히 역점을 두었던 사항은 첫째 시간 잘 지키기, 둘째 약속 잘 지키기, 셋째 주어진 책임을 잘 이행하기였다. 김교신은 이러한 준칙을 통해 부하직원 50명(조선인들)을 훌륭한 인물로 키워 일본과 세계에 자랑하고 싶었던 것이다. 그러므로 김교신은 우선 자신부터 솔선수범한 생활을 하였다. 예를 들면 매일 아침 정해진 출근시간 보다 20분 전에 출근해서 사무실 책상에 앉자마자 기도와 묵념(일종의 무언의 예배), 희랍어 성서 읽기, 조회 실시, 그리고 운동시간엔 달리기를 실시하였다.[8)]

김교신이 주택계장으로 재직 시 그 공장에는 조선인 노동자가 약 5,000명 있었는데 그들의 복지를 위해 진력했지만 창씨개명(일본식 성명 강요)반대, 신사(神社)참배 거부, 조선의 독립 및 애국정신을 고취하였다.

그런데 김교신은 이 공장에서 열심히 근무하던 중 그때 만연했던 전염병 발진티푸스에 감염되어 신음하던 회사원들(조선인들)을 돌보아주다가 본인도 감염되어 7일간 앓다가 입사한지 8개월 만에 유명(幽明)을 달리하고 말았다.[9)] 그날은 곧 1945년 4월 25일이었다.

직접적인 유언은 없었으나 유언 비슷한 말씀을 담당 의사였던 안상철 선생에게 하신 것으로 볼 수 있다는 것이 김정환 교수의 견해인데 그 내용은 다음과 같다.

---

8) 전게서, 178-179쪽.

9) 전게서, 180쪽.

안의사(선생), 나 언제 퇴원하여 공장으로 갈 수 있나요? 난 40평생에 처음으로 공장에서 민족을 내 체온 속에서 만나 보았오.… 이 백성은 참 착한 백성입니다. 그리고 불쌍한 민족입니다. 그들에게는 말이나 빵보다도 따뜻한 사랑이 필요합니다. 이제 누가 그들을 그렇게 불쌍한 무리로 만들었느냐고 묻기 전에 누가 그들을 도와 줄 수 있느냐가 더 급한 문제로 되었습니다. 안 의사! 나와 함께 가서 일합시다. 추수할 때가 왔으나 일꾼이 없습니다. 꼭 갑시다.[10]

서거 다음날인 4월 26일, 김교신의 유해는 법정 전염병으로 사망한 까닭에 곧 화장되었고, 너무 급히 가신지라 조객 50여명만이 함흥 중앙교회 목사의 집례로 간략한 영결식을 가졌다. 이 가운데 기독교인은 3분의 1 정도에 불과했다.

김교신 선생 생전에 그를 지극히 존경했던 박춘서 씨는 말없이 세상을 하직하신 선생의 임종의 주위를 돌아보고 다음과 같이 씁쓸함을 토로하였다.

김교신 선생님이 생존하셨을 때에는 따르는 사람도 많았으나 결국 임종을 고하는 최후가 왜 이다지도 적막할까? 만약 전염병만 아니었다면 우는 사람이 이렇게 단 두 사람만은 아니었으련만?[11]

김교신 선생의 영결식에서 회사 직속 상관(주택 과장)이었던 일본인 고다마 과장은 다음과 같은 내용의 조사(吊辞)를 하였다.

나는 평소에 김계장을, 직장의 계급으로는 아래였지만 그의 인격에 감

10) 김정환, 『김교신』, 183-184쪽.

11) 전게서, 358쪽.

동하여 선생으로 모셔왔고, 단 하루를 만나지 않아도 그리워졌고, 일을 너무 많이 하셔서 정양(靜養)하라고 충고도 여러 번 했으나 듣지 않고 일에만 전력하여 이렇게 서거하게 되었으니, 존경하는 선생을 잃어 슬픔이 한이 없습니다.[12]

이 조사를 듣고 울지 않은 사람은 아무도 없었다고 한다.[13]

1945년 5월 1일, 김교신의 장례식은 이 공장이 생긴 이래 처음으로 공장장(葬)으로 치루어졌다. 공장장 다음날 종일 걸려 선생의 유해는 함흥에서 50리 떨어진 함주군 가평면 다래봉 선산 가족묘지 선친 옆에 모셔졌다.[14]

1945년 8월 15일, 그렇게 기다리던 이 날을 넉 달 앞두고 매우 안타깝고 아쉽지만 그는 최선을 다 하고 떠났다. 해방(1945.8.15.)이 되자 김교신을 제일 먼저 생각한 절친 함석헌은 북조선 신의주에서 서울로 월남하여, 이제는 더 이상 친구의 얼굴을 볼 수 없는 북한산 정릉 고택을 바라보며 이렇게 읊조렸다.

문 앞에 흐르는 물, 의구히 흘러 있고 / 울 뒤에 맑은 송풍 제대로 맑았고나. 봄볕은 서창을 비춰 / 님의 얼굴 보는 듯이 시내 마시면서 이 바람 쏘이면서 / 흐리운 이 세상 맑히자 애쓰던 마음 / 그 마음 어디 찾을 꼬, 북한산만 높았네 / 시냇물 흘러가고 솔바람 불어가고 산사(山寺)의 저녁종이 울리어 가는 저녁 / 다녀간 님을 그리며 나는 어딜 가려노.[15]

---

12) 김정환, 『김교신』, 184쪽.
13) 전게서, 184쪽.
14) 전게서, 185쪽.
15) 전게서, 185-186쪽.

그런데 함석헌은 이보다 더 긴 유명한 시 '그 사람을 가졌는가'를 남겼는데 이 시에서 가리키는 '그 사람'은 바로 '김교신'을 자칭하는 대명사가 아닐까 생각된다.

그 사람을 가졌는가

信天翁 함석헌(1901-1989)

만리길 나서는 날
처자를 내맡기며
맘 놓고 갈만한 사람
그 사람을 그대는 가졌는가

온 세상 다 나를 버려
마음이 외로울 때에도
'저 맘이야'하고 믿어지는
그 사람을 그대는 가졌는가

탔던 배 꺼지는 시간
구명대(救命袋) 서로 사양하며
'너만은 제발 살아다오'할
그 사람을 그대는 가졌는가

불의(不義)의 사형장(死刑場)에서
'다 죽여도 너희 세상 빛을 위해
저만은 살려두거라'일러줄
그 사람을 그대는 가졌는가

잊지 못할 이 세상을 놓고 떠나려 할 때
'저 하나 있으니'하며
빙긋이 웃고 눈을 감을
그 사람을 그대는 가졌는가

온 세상의 찬성보다도
'아니'하고 가만히 머리 흔들 그 한 얼굴 생각에
알뜰한 유혹을 물리치게 되는
그 사람을 그대는 가졌는가[16]

『성서조선』의 발행소이자 선생의 자택이었고 선생의 뭇 영혼의 제자들이 꿈과 사랑과 믿음을 키우던 경성부외 숭인면 정릉리 378번지의 2,000평 남짓했던 유택은 그 후 주인과 행정구역과 번지가 여러 번 바뀌었다. 그 맑았던 계곡에는 이제 냄새나는 시궁창 물이 흐르고 그 옛날 송림 사이로 흐르던 새의 노래들은 버스의 요란한 폭음으로 바뀌었다. 그래도 북한산만은 여전히 흰 구름을 벗 삼아 유택을 감싸며, 이웃 약사사(현재는 봉국사)의 종소리만이 유택에 아침저녁 안부를 전한다. 봉국사는 정릉에 있는 고려중학교 동쪽 약 500미터 큰 길가에 있다.[17]

김교신은 1945년 4월 25일 조국 광복(1945.8.15.)을 넉 달 앞두고 만 44세의 짧은 나이로 세상을 떠나 하늘나라로 갔다. 그는 가고 없지만 그가 지녔던 돈독한 신앙정신과 애국애족 정신은 동료 및 후진들에 의해서 다각도로 계승되고 있다.

예를 들어 보자

1. 신앙잡지

1) 함석헌, 『씨알의 소리』.
2) 송두용, 『성서신애』.
3) 노평구, 『성서 연구』.
4) 석진영, 『복음의 전령』.

16) 『함석헌 전집 6』, 「수평선너머」, 서울: 한길사, 1988년 제4판, 191-192쪽.
17) 김정환, 『김교신』, 186-187쪽.

2. 신앙문집

1) 함석헌, 『뜻으로 본 조선(한국) 역사』.
2) 노평구 편, 『김교신과 한국』(김교신 전집 별권), 대구: 일심사, 1965.
3) 고병려·유희세·조요한·김정환, 『성서와 인간』, 제일출판사, 1972.
4) 류달영·노평구·주영로·이진구, 『신앙만의 신앙』, 제일출판사, 1975.

3. 학위논문

(1) 석사

표병혁, 「김교신 연구: 생애와 교육방법을 중심으로」, 연세대학교 교육대학원, 1977.

오숙자, 「김교신의 기독교 사상: 그의 민족기독교 형성 모색을 중심으로」, 이화여대 교육대학원, 1977.

모리야마, 「김교신 연구: 일제 식민지하의 조선기독교에 대한 고찰」, 고려대 대학원, 1980.

(2) 박사

정준기, 「우치무라 간조와 김교신의 사회비평」(Social Criticism of Uchimura Kanzo and Kim Kyo-shin), 미국 시카고대학교 대학원, 1988.

4. 서적

김정환, 『김교신』, 서울: 한국신학연구소, 2006.

양현혜, 『김교신의 철학』, 서울: 이화여자대학교출판부, 2013.

KIATS 엮음, 『김교신』(한국 기독교 지도자 강단설교), 서울: 홍성사, 2009.

니이호리 구니지, 『김교신의 신앙과 저항』, 김정옥 옮김, 파주: 도서출판 익두스, 2014.

5. 김교신 기념사업회(2014. 11. 28 창립)

(회장 한국사학자 이만열 숙명여대 명예교수)

6. 1차 자료

김교신, 『信仰과 人生』(고서 소책자), 서울: 을유문화사(을유문고 15), 1948.

노평구 엮음, 『김교신 전집』(1-7), 서울: 도서출판 부키, 2001~2002.

7. 북한산 아래 정릉집

선교사가 매입하여 김교신의 넋을 기리기 위해 '순교자의 집'으로 운영하고 있음.

8. 김교신 선생의 4녀 김정옥 여사(1932년생)

민주의 도시 빛고을 광주광역시 남구 방림동에서 거주하고 계심.

XIV. 김교신 선생의 삶에 대한 회상(回想)

아래의 공적조서는 지금 광주광역시에 거주하고 있는 김교신 선생의 넷째 따님(1932년생)이 (대한민국)국가보훈처에 제출한 서류중의 일부이다. 직계가족이 작성한 서류이기 때문에 어떠한 설명보다도 신빙성이 높은 것이며 매우 귀한 자료이다.

독립유공자 공적조사서(요약)

본적 : 함경남도 함흥군 함흥면 사포리 481번지
주소 : 경성부외 숭인면 정릉리
성명 : 김교신(金教臣)
생년월일 : 1901년 4월 18일
사망년월일 : 1945년 4월 25일
경력 : 함흥영생여고보교사·서울 양정고보교사·경기중학교사, 개성송도고보 교사, 흥남질소비료공장 노무과 근무(주택 계장)

공적개요 : 김교신 선생은 교사(教師)로서 민족의식을 뚜렷이 교육하고 출석호명 시나 수업시간에도 일본어를 사용하지 않아 불온인물로 낙인 찍혀 여러 학교를 전전하는 수난을 겪었고, 1927년부터 1942년까지 함석헌, 송두용, 정상훈, 유석동, 양인성 등 6인의 동인(同人)과 함께 『성서조선』을 창간, 주필로 발행, 총독부의 엄한 교열로 미움을 사던 중 제158호에

‘조와(弔蛙)’라는 글이 민족의식과 독립정신을 고취시켰다 하여 1942년 3월 30일 『성서조선』 독자들을 다수 검거하였으나 일부 석방하고, 최후까지 김교신, 함석헌, 송두용, 류달영 등 13인은 피체되어 1943년 3월 29일까지 1년간 옥고를 치르고 불기소 처분으로 석방되어, 흥남 질소공장에 취직하여 3,000여 조선(한국) 근로자의 복지와 교육에 힘쓰는 한편 많은 조선의 젊은이들을 불러 모아 징용이나 군대징집을 면하도록 하기도 하여 조국 독립에 기여한 공(功)이 확실함.

유족 : 김정옥(金正玉)(김교신 선생의 4녀)
주소 : 광주광역시 남구 방림 2동 모아 2차아파트 106동 604호
작성일 : 2008년 6월[1)]

김교신을 포함한 ‘조선성서연구회’의 동인 6명 중 한 사람이었던 송두용(별명: 조선의 톨스토이)은 동지(同志) 김교신을 다음과 같이 증언하였다.

일제 말기에 일본인들의 단말마적인 최후 발악으로 잔인무도한 악정을 자행한 총독부의 탄압 밑에서 창씨개명을 거부하고 신사참배를 반대한다는 것은 거의 죽음과 파멸을 자초하는 일이었다. 그런데 그것을 김교신은 용감하게 물리쳐 이겨 나간 것이다. 아, 그것은 용감하기보다 차라리 얼마나 비장한 일이었던가. 따라서 나는 더 할 말이 없다. 그러면 나는 이제 김교신의 정체를 밝혀야 할 단계인가 싶다. 그렇다. 김교신의 애국애족도, 정력과 노력도 모두 김교신 자신의 것이 아니었다고 말하고 싶다. 왜냐? 그는 생래의 자기를 살아낸 자가 아니었기 때문이다. 김교신은 예수의 제자 야고보(James)와 요한(John) 형제와

1) 김교신 선생의 4녀 김정옥 여사의 자료.

> 다름없는 야심가였는지도 모른다. 분명히 나는 그가 야고보나 요한처럼 야망가였으며 예수보다는 이스라엘을 더 많이 사랑한 바울(Paul)과 같이 예수보다도 그의 조국 '조선'을 더 사랑한 것을 잘 알고 있다. 그가 학생시대의 어느날 현해탄을 건너 귀국 도중 연락선 갑판을 구르면서 "조센징(조선인)은 불쌍하다."고 외친 것은 유명한 에피소드이다. 그가 교육자가 되어서 후생을 기른 것도 정치적 의미는 없을지 몰라도 이 민족의 정신적 내지 영혼의 독립을 목표하거나 지향한 것이었음을 누구도 부인할 수 없을 것이다. 그런데 그러한 김교신은 끝내 세속적인 야욕을 품었거나 또 생래의 인간적인 애국자는 결코 아니었다. 그는 요한과 같이 복음의 사도가 되었고, 야고보처럼 한국 무교회신자로서 최초의 순교자가 아니냐?[2)]

전 서울대학교 농과대학 교수였고 한국새마을 운동철학을 제시했던 류달영 교수는 김교신 선생이 양정고보 재직 시 5년간의 담임교사였다. 그때 김교신 선생에게서 높고 깊은 정신적 영향을 많이 받았다고 류달영은 다음과 같이 술회하고 있다.

> 나는 18세에 양정고보에 입학했는데 김교신 선생님은 5년 동안 나의 담임이셨다. 그 분은 나의 인생관에 큰 영향을 끼친 분이다. 선생님은 나로 하여금 조국과 민족의 참모습을 발견하게 하셨다. 요행을 바라지 않는 분투노력이야말로 버젓한 생활태도라고 가르쳐 주셨다. 그리고 비겁한 것은 사람값에 못 간다고 하셨다. 학생들이 선생님의 별명을 '앙칼'이라고 지었는데 그것은 더없이 잘 드는 비수라는 말이다. 옳지 못한 일은 이해를 초월해서, 인간적인 사정을 넘어서 주저없이 잘라버리기 때문이다. 강철 같은 의지는 누구도 꺾을 수가 없었다. 어떤 권력도 두려워하지 않았다. 내가 선생님과 함께 서대문 형무소에 투옥되

2) 노평구 편, 『김교신과 한국』, 대구: 일심사, 1965, 27쪽.

어 있을 때의 일이다. '황국신민서사'를 어떻게 생각하느냐고 잔인하기로 유명한 일본경찰이 묻자, '망국신민서사'가 될 것이라고 대답하였다. 일본 경찰들도 놀라 자빠질 지경이었다. 그러나 동아일보에 연재되던 춘원의 소설 『이순신』을 읽으면서는 눈물을 줄줄 흘리셨다. 심훈의 소설 『상록수』의 여주인공인 최용신양의 전기를 선생님의 권고로 내가 쓴 일이 있는데, 그 원고를 읽으시면서도 손수건을 몇 번이고 적시면서 우셨다. 45세를 일기(一期)로 한 김교신 선생의 이력은 지극히 단순하다. 그러나 선생의 인생관과 민족의 구원을 위한 개혁적인 신앙은 한국종교사에 새로운 거화(炬火, 횃불)였으며 정의와 사랑으로 억척스럽게 살아온 생활과 지성을 다한 교육은 장구한 세월, 이 민족의 사표(師表)가 되기에 족할 것이다.[3)]

1936년 세계올림픽 베를린 대회의 마라톤 경기 우승자 손기정은 양정고보 시절 5년 동안 김교신 선생 반 학생이었다. 그때 손기정은 마라톤에 대해서 뿐만 아니라 참다운 인간교육을 김교신 선생으로부터 전적으로 전수받았음을 다음과 같이 토로하였다.

교사 중에는 지식으로 사람을 가르치는 교사가 있고 덕으로 가르치는 교사가 있다. 지식으로 가르치는 교사한테서는 기술자한테 기술을 배우듯이 지식을 배울 뿐이지만, 덕으로 가르치는 교사한테서는 인생 그 자체를 배운다. 그러므로 후자의 경우는 뭘 배운다기 보다 마치 어머니의 젖과도 같이 먹으면 살이 되어 성장하게 된다. 이런 교사야말로 참 교사가 아니겠는가! 내가 배운 김교신 선생님은 바로 그런 분이시다. 어쩌면 선생님은 나면서부터 인생의 지도자가 될 사명을 띠셨는지도 모르겠다.

3) 『김교신 전집 1』, 14-15쪽, 편집위원 류달영의 글.

…선생님처럼 옳은 일이라면 그것을 곧 직접 실천에 옮기는 분도 아마 그리 흔하지 않을 것같이 생각된다.

내가 백림(베를린) 올림픽에 갔을 때의 일이었다. 그때 대회가 끝난 후 덴마크 나라의 초대를 받아 가서 구경하게 되어 그 나라의 인상과 독일의 인상을 함께 적어서 선생님한테 편지를 했었다. 그 편지에 나는 독일 여자의 화장하지 않는 것이 하도 신기해서 그 얘기를 적었었고, 덴마크 국민들이 자전거를 많이 타는 것이 또 신기해서 그것도 적었었다. 아무튼, 그리고 돌아와 보니 그때 선생님은 정릉에 사셨는데 어느 때인지 모르게 자전거를 사서 그 먼거리를 출퇴근하고 계셨다.[4)]

『성서조선』(김교신 주필)의 애독자로서 김교신 선생을 진정으로 존경했던 한국의 슈바이쳐로 이름난 장기려 박사는 김교신 선생에 대하여 '자신이 가장 많은 영향을 받았던 분'임을 자랑스럽게 말하고 있다.

1942년에 평양경찰서 유치장에 12일 동안 구치된 일이 있다. 반바지를 입고 무의촌 진료를 나갔다가 잡혔는데 그 이유는 김교신의 『성서조선』을 정기 구독하고 있었기 때문이었다. 김 선생의 '조와'(弔蛙)(개구리의 죽음을 슬퍼함)라는 글이 일본의 탄압정치와 조선의 독립을 암시한 글이라는 이유로 말썽이 되어 『성서조선』은 폐간되고 김선생이 잡혀갔는데 정기구독자들까지도 일제히 검거를 한 것이었다. 유치장에서는 송도고보에서 3년간 같이 근무했던 김석목(전 서울대 사범대 교수)을 16년 만에 우연히 만났다. 뜻밖의 해후를 반가워하면서 '아니, 너도 『성서조선』을 읽었구나.'하던 광경이 지금도 선하다. 무교회주의자의 제1인자라고 할 수 있는 김교신 선생은 내가 가장 영향을 많이 받은 사람 중의 하나다.[5)]

---

4) 노평구 편, 『김교신과 한국』, 대구: 일심사, 1965, 188-189쪽.

5) 김정환, 『김교신』, 324쪽 재인용.

『김교신』의 저자 김정환(고려대 교수)은 김교신 선생에 대하여 다음과 같이 평가했다.

> 김교신의 민족정신사적 유산 중에서 가장 큰 것은 그의 사상과 업적보다 그의 45년의 고귀한 삶 그 자체다. 일개의 중등학교 평교사로 일관하면서도 민족을, 교회를, 교육을 아끼고 사랑한 그의 구도자적 자세 그것이다. 역사는 인물을 그 시대의 온갖 시련의 용광로에서 달여 낸다고 한다. 김교신의 고귀한 삶과 그의 이상(理想)은 한국 근대사의 시련과 고난의 산물이며 그 대가(代價)의 하나이기에 우리에게는 더욱 소중한 것이다.[6]

그리고 또 김정환 교수에 따르면 김교신 선생은 구약성서에 나오는 예언자 예레미야처럼 눈물이 많았던 사람임을 상기시킨다.

> 우리는 보통 서러움이 북받칠 때 울기 쉽지, 아름다움에 감동해서 우는 경우는 극히 드물다. 그런데 김교신은 유난히도 울음이 많았고, 더욱 그것은 슬픔이나 기쁨보다는 어떤 순수하고도 강렬한 감동을 억누르지 못할 때 나타나는 것이었다. 하여간 그는 눈물을 자주 흘렸다. 라디오에서 흘러나오는 심청전을 듣다가도, 문득 어머니와 하나님의 은혜를 회상하고도, 학업성적과 품행이 좋지 않은 학생을 타이르다가도, 산에 가다가 단풍의 아름다움을 보고도, 그리고 시편을 공부하다가도 울었다. 1939년 5월 14일자 일기에는 새벽 4시 반에 깨어 시편 42편, 43편을 주해하고자 정독하다가 감동되어 눈물로서 손수건 두 장을 다 적셔 버렸다고 적고 있다.[7]

---

6) 김정환, 『김교신』, 288쪽.

7) 전게서, 105쪽.

김교신 선생은 아주 건강한 체구에 강인한 성격의 소유자였음에도 불구하고 평소 학생들 앞에서 이따금 눈물을 보이신, 정이 넘치는 분이었음을 선생님의 제자이자 동화작가 겸 새싹회회장이었던 윤석중 선생도 다음과 같이 증언하고 있다.

> "선생 앞에서 주먹질이나 하고 선생을 놀림감으로 다루면서 이 학교 졸업생이라고 이담에 큰 소리 칠 작정인가? 가련한 인생이로다.…" 이런 말씀을 하시면서 눈물을 주르르 흘리시는 것이었다. 이처럼 그 선생은 눈물이 흔하셨다. 눈물이 흔하신 그 선생은 마음이 약하거나 생김새가 가냘픈 것이 아니었다. 그 선생은 학생 시절 중거리(육상)선수였고 팔씨름으로는 친구들 사이에 당해낼 사람이 없는 장사였다. 그러나 선생은 늘 말씀하시기를 '이 세상에서 몸이 튼튼하다고 자랑하는 사람처럼 어리석은 자는 없지, 무쇠같은 내 팔뚝, 내 다리도 알고 보면 지푸라기에 지나지 않지. 영원불멸의 영혼이야 말로 우리가 믿고 의지하고 받들어야 할텐데 그러지들을 않는단 말야.…' 그러시면서 한숨을 푹 쉬시는 것이었다.[8)]

김교신 선생은 양정고등보통학교에서 12년간 근무하였지만 경기중학교에서도 단 기간(아마 6개월 정도) 근무하셨다. 후일 심리학자가 된 김성태 교수는 김교신 선생의 경기 중 제자였는데, 선생은 이따금 우셨다면서 울음에 대한 심리학적 견해를 피력하고 있다. 아울러 선생의 민족애를 매우 높게 평가하였다.

> 김교신선생님의 눈물은 단순히 감격이 아니라 자연·인간·신(神)의 참모습을 몸소 느끼고 합일되어 그 참모습의 입장에서 이 세상을 안타까

8) 김정환, 『김교신』, 323쪽.

워하여 도맡아 우신 것이라고 볼 수는 없을까. 충무공도 좋은 경치, 밝은 달밤이면 이에 도취하여 슬퍼서 잠 못 이루는 대목이 그의 일기에 자주 나온다. 매슬로우(Maslow)는 황홀경과 외경(畏敬)의 감정이 합친 어떤 신비적 경험을 성숙된 인격의 특징 중 하나로 보고 있다. 자아몰각적이고 초월적이며 자아향상을 느끼는 사람됨이라 하겠다. 유교(儒敎)에서는 의로운 일을 지속적으로 해 나가면 이루어지게 되는 성현(聖賢)의 인격적 특징을 호연지기(浩然之氣)가 충만하다고 보고 있다. 이렇게 볼 때 선생의 울음이 헤픈 성향은 단순한 그의 기질적 특성만으로 생각할 것이 아니라 선생께서 자연·인간·신(神)의 참모습을 직감하여, 이에 몰입하였던 그의 인격의 진지한 한 모습을 보여주는 것이 아닌가 본다.[9)]

김성태 교수는 또 이렇게 증언하기도 했다.

김교신 선생의 민족애(民族愛)는 단순히 민족주의적인 애착이 아니고 우리 민족 한 사람 한 사람이 참된 사람이 되고 의로운 일을 해나가게끔 하려는 노력이었다. 이러한 노력은 인간의 가장 거룩한 모습인 '사랑의 정신' 바로 그것이라 하겠다.… 선생은 우리 민족을 지성으로 사랑하여 우리들의 잘잘못을 충분히 알고 민족개조의 일을 바로 자신의 일로 여겨, 있는 힘을 이에 다 기울여 나간 것이다.

우리민족 한 사람 한 사람이 오로지 성서적(聖書的)수양을 통해서 참 사람이 되어야 이 민족은 살 길이 트인다고 보고 이러한 수양을 권하는 일에 일생을 바친 것이라 하겠다.[10)]

미국 로스엔젤레스(L.A.)에 거주한 김교신 선생의 셋째 따님(김정혜)은 그 부친 김교신 선생에 대하여 다음과 같이 길게 회상하였다.

9) 김정환,『김교신』, 106쪽 재인용.

10) 전게서, 322쪽 재인용.

어린 우리들의 눈에도 아버님은 진심으로 하나님을 믿고 사랑하고 순종하였으며 하나님의 말씀이라면 어떤 고행도 감수하는 분이었다. 우리는 그것을 피부를 통해서 잘 느낄 수 있었다. 더욱 그는 나약한 문인(文人)이 아니고 장거리, 수영, 마라톤, 스케이트, 정구, 농구 등에서 선수급이었고 장수같이 건강한 분이셨다. 그런 분을 하나님은 44세의 나이로 데려가셨다. 참새 한 마리의 생명까지도 주관하신다 하셨으니 이 일도 분명 하나님의 뜻이라 생각된다. 하지만 정말 야속한 일이었다. 그래서 나는 50이 훨씬 넘도록 교회 근처에도 가지 않았을 뿐만 아니라 신앙생활을 하시는 할머니, 어머니, 형제들을 도저히 이해할 수가 없었다. 나의 기억 속의 우리 아버님은 근면하고 부지런하신 정도를 넘어서, 그분의 이부자리가 깔려 있는 것은 많이 보았으나 주무시는 것은 한 번도 본 적이 없을 정도였다. 늦게까지 글을 쓰셨고 새벽에는 네시 반 전에 어김없이 일어나셨다. 그리고 다섯시 반의 가족예배 전에 북한산 계곡에 가셔서 냉수마찰과 새벽기도를 끝내셨다. 이와 같은 우리 가정의 생활 규칙은 아버님의 여행 때 외에는 하루도 어긋남이 없었다.… 매일 밤은 아니지만 침대 맡 이야기도 많이 해주셨다. 덕택으로 우리는 아버님이 존경하시던 톨스토이, 페스탈로찌, 소크라테스, 링컨, 워싱톤 대통령, 헬렌 켈러 등 문학, 철학, 종교 각 계의 인물과 작품의 이야기를 들을 수 있었다. 또 산과 새와 과학의 이야기도 자주 들었다. 모두 잊혀지지 않는 즐거운 추억들이다. 만 44년 7일간의 짧은 생애였지만 아버님은 그 중 학창시절을 뺀 20년 남짓의 세월을 정말 100%, 아니 200, 300%로 사셨다. 당신의 직업인 교사로서, 글을 쓰는 문인으로서, 복음을 전하는 복음전도자로서, 주도면밀한 아버지로서, 그리고 어려운 가운데 큰 식구를 거느리는 가장으로서,… 이렇게 일인다역의 삶을 사셨고, 그 모든 영역에 모두 A급 우등생으로 사셨다. 그러니 몸을 혹사하실 수밖에 없으셨다. 잠시도 쉬지 않고 학생들을 데리고 들과 산에(물에산에) 식물을 채집하러 다니셨다. 학생들과 함께 마라톤을 뛰셨고, 학교 대표로 정구 시합에도 나가셨고, 농구 코치까지 하셨다. 또 희랍어, 독일어 성서반을 지도하셨을 뿐만 아니라 주일이면 '성서집회'를 주관하셨다. 일본 경찰로부터 강제 폐간 처분을 받을때까지 동인들이 다 떨어져 나가도 끝까지 사재를 털어 가며 『성서조선』(월간)을 간행하셨다. 그것도 오늘날과 같이 쓰고 싶은 것은 마음대로 쓰는 것이 아니라 일인(일본인)관리들의 검열을 두 세 번씩 거쳐야 했고, 글줄 사이에 뜻을 숨기면서 암시하는 어려운 작업이었다.

… 아버님은 또 우리가 어린시절 우리를 멀리 데리고 나가셔서 하늘에 반짝이는 별을 바라보시며 은하수와 성좌들의 이름, 모양, 그리고 전설까지도 가르쳐 주셨다. 지금도 하늘의 별들을 볼 때면 늘 아버님의 모습이 생각나고 그 시절이 그리워지기만 한다.… 장차 인구가 늘면 이웃집이 너무 가까이 생긴다며 아버님은 대지 한복판에 집을 손수 지으시고 집 주위에는 배, 복숭아, 감, 밤 등 여러 종류의 유실수를 심고 즐기셨는데, 잣나무를 심으시면서 손자들이나 따먹을 것이라 하셨다. 그런데 끝내 그런 일을 못 보고 세상을 일찍 떠나셨다.…

우리가 처음 이사갔던 시절의 이웃은 거의 초등학교 교육도 못 받은 소박한 경기도 본토배기 농부들이었다. 아버님은 농촌 계몽을 위해 김 선생과 최 선생을 여러 차례 초빙까지 하셨고, 아버님 자신도 낮에는 동리 교회당에서 가르치시고, 밤에는 성인들을 모아 야학을 하셨다. 나도 아버님을 따라가서 아버님이 수업하시는 모습을 직접 보기도 했다.

우리 아버님은 20세 청춘에 홀로되신 할머니에게 효성이 지극하셨다. 모자간의 상호존중과 사랑은 지금 생각하여도 한 폭의 아름다운 그림이다. 우리 어머님은 신식 학벌이 없었는데 아버님은 이 어머님을 늘 감싸주셨다. 나는 단언한다. "내가 자라는 동안 모자간, 부부간, 고부간의 갈등이나 싸움을 한 번도 본 적이 없다."

아버님은 일찍 세상을 떠나셨다. 그것이 나에게는 평생 불만이요 아픔이기도 하다. 그러나 언제 생각하여도 이런 아버님을 가졌었다는 것이 자랑스럽기만 하다. 아버님은 분·초를 쪼개가면서 쉬지 않고 일하여 하나님과 사회의 충실한 일꾼이 되셨다. 뿐만 아니라 우리들 자녀

> 에게도 아버지 몫의 의무와 사랑을 다하셨다. 정말 훌륭한 아버님이셨다.(1992.12.22.(미국 L.A에서))[11]

한국 교회 역사학의 대가인 민경배 교수(전 연세대 신과대학)는 그의 저서 『한국기독교회사』에서 김교신 선생을 다음과 같이 서술하였다.

> 김교신은 성서와 한국을 따로 떼어 생각할 수가 없었다. 그리고 서서적 신앙 속에서 새 한국의 모습을 구성하려했던 민족신앙사의 한 거인이었다. … 그에게서 조선(한국)을 빼고 그의 신앙과 삶을 이해할 수는 없었다. 그에 있어서 신앙고백은 진리에 대한 충성과 함께 민족의 얼과 양심의 표현이었기 때문이다.
>
> 민족신앙은 구미 선교사 등의 유풍을 벗어나서 순수한 '조선산 기독교'를 형성함에 있었다. … 민족의 깊은 영(靈)적, 도적적 구원을 기원하는 민족 구원의 신앙이 그에게 호흡처럼 억셌다. 이러한 그의 애국과 신앙이 일제 말(末)의 시련을 극복하는 꽃다운 신앙의 향기를 우리 민족교회사에 남겼다….
>
> 강직한 신앙과 맑은 마음, 엄격한 계율적 생활과 수도사적 청빈함이 몸매에 넘치던 예레미야와 같은 눈물의 애국 신앙가 김교신은 많은 흔적을 남겨 놓고 갔다. 민족 신앙의 삶과 민족 정신의 도덕적 이상(理想)이 그 중의 하나이다.[12]

아울러 민경배 교수는 김교신의 우치무라 간조와의 관련에 대한 잡음 그리고 장로교 김인서 목사의 태클에 대해서도 다음과 같이 명쾌하게 해명하였다.

---

11) 김정환, 『김교신』, 339-345쪽.

12) 민경배, 『한국기독교회사』, 411-412쪽.

> 김교신이 일본 유학 때 우찌무라의 문하에 들어간 것은 1920년(만 20세 때)의 일이었다. 그때 우찌무라는 일본에서 불경죄(不敬罪)[13]로 문제가 많았던, 反군국적인 진실한 기독자로서 그의 참 열정적인 애국의 충정을 김교신에게도 '성서를 통한 조선의 구원'을 궁극의 목표로 하는 민족주의적 기독교 신앙을 불러일으켰던 것이다. 김인서 목사가 왜 하필 일본에서 신앙을 받아들이냐는 반박을 했을 때도 김교신은 스승 우찌무라에 대한 사은(師恩)과 민족신앙의 긍지를 연결시키는데 부끄럼없이 '나는 선생을 가진 사람이다. 우찌무라 선생은 나에게 유일한 선생'이라고 피력하였던 확신의 사람이 김교신이다.… 아울러 '누구보다도 우리는 '무교회'라는 문자를 즐겨하지 않는다.'고 외치곤 하였다. 이러한 그의 입장에는 세 가지 근거가 있었다. 하나는 구원은 교회 소속 여부의 문제가 아니라 신앙의 문제라고 보고 루터(Martin Luther)적인 의미의 교회 개혁(以信得義) 이상(以上)을 염두에 두어 본 적이 없다는 사실이요, 둘째는 선교의 요청에서 여호와를 경외하는 자는 교회 안팎을 무론하고 힘을 다해 싸워야 할 시대가 되었다는 각성에서였다. 일제하의 교회의 사명을 두고 한 말임에 틀림이 없다. 세 번째는 한국 기독교인으로서의 기성교회 교인간의 혈연의식이다. 따라서 '어찌 그리스도의 이름에 관련된 개인이나 단체에 대하여 악감을 품어 내랴.'라고 하면서 교회 분열에 대하여 가슴 아프게 여기기도 했다.[14]

박상익 교수(우석대)는 김교신 선생의 삶이야 말로 '앎과 삶'이 일치되는 지사적(志士的) 삶이었다는 것을 심도있게 지적해 준다. 그리고 김교신 선생은 이념이 다른 사람에 대해서도 매우 포용적이었음을 일러준다.

김교신의 '일기'에는, 1933년 9월 초순 감옥에서 석방되는 공산주의자 한림(韓林, 1900-?)을 마중 나가는 장면이 나온다. 김교신은 감

13) '교육칙어'에 반대.

14) 김정환, 『김교신』, 309쪽 재인용.

옥에서 나오는 한림의 태도가 너무나 당당하고 희망에 부풀어 있어 감탄을 금치 못한다. 김교신의 눈에는 유물론자 한림의 당당한 모습과 조선 기독교인들의 왜소한 모습이 너무나 대조적으로 비쳤다. 김교신이 도쿄고등사범학교에 다니면서 우치무라 간조 문하에서 성서를 공부하던 무렵, 한림(韓林)은 와세다 대학에 다니고 있었다. 그는 1926년 고려공산청년회 중앙후보위원, 1927년 고려공산청년회 일본부 초대 책임비서를 지냈고, 신간회 도쿄지회 책임을 맡았었다. 1928년에는 조선공산당 일본총국 책임비서가 되었고, 그 해 일본 경찰에 검거되어 1930년 10월 경성지법에서 징역 4년 6월형을 선고받고 복역한 뒤 1933년 9월에 만기 출옥했다.

김교신은 이날 그의 일기(日記)에 '한림 군이 백두산의 거목이라면, 오늘의 기독신자 대다수는 고층건물의 옥상 분재에 불과하다.'라고 썼다. 신념에 목숨을 건 사회주의자 한림의 당당한 기개에 견주어, 1930년대 조선의 기독교는 나약하기 그지없었다. 1930년대는 조선 기독교의 암흑시대라 불린다. 일제의 전방위적인 압박이 가해지고 있었다. 김교신의 『성서조선』도 계속 간행 여부가 불투명해질 정도였다. 앞일을 알 수 없는 불안한 세월이었다. 1934년 9월 12일 김교신의 일기(日記)에는 한림이 보낸 편지가 인용되어 있다.

> '9월 10일 『성서조선』 제68호의 성서통신에 의하면 군(君)은 지난 7월은 꽤 다난다망했던 모양이구나. 『성조』지의 속간 허가는 잘 됐네. … 늦은 대로 축하하네…. 『성조』의 속간에 축의를 표하는 일에 군은 약간 의외일지 몰라. 무신론자인 내가 종교 잡지의 속간을 기뻐하다니.' 라고. 물론 이런 면으로 보면 이는 모순이다. 그러나 나의 축의는 딴데 있다. 설명할 것도 없이, 군의 생애의 사업으로 전 생명을 투입하는 군의 의지 또는 정신—그 선악의 구체적인 내용은 차치하고—을 생각

하고서의 축의다. 아! 군이여. 철저! 종시일관 확고부동, 이는 결코 쉬운 일이 아니다. 더욱 오늘 같은 비상시에 있어서. 발분하기 바란다.[15]

이 편지를 받아 읽은 김교신의 두 뺨에는 감격의 눈물이 흘러 내렸다. 밖으로는 폐간을 위협하는 일제의 탄압이, 안으로는 무교회주의자라는 이유로 기독교로부터의 조롱과 핍박이 있던 시기에 엉뚱하게도 유물론자의 격려를 받게 된 것이다. 따라서 김교신은 그의 '일기'에 이러한 감회를 남겼다.

> 모든 기독신자가 무시하고 동인들까지 조롱할지라도 대표적 유물론자 한 사람의 지지가 있으면 족하다. 소위 '과격주의자' 한 사람에게 읽히고 그 비판을 받기 위하여 『성조』지(誌)는 발간하여야 하겠다. 그러나 무엇보다도 기이한 것은 하나님의 의지(意志)이다.… 무신론자와 함께 주(主)를 찬송하니 비통한 찬송이다.[16]

『성서조선』이 폐간 위기에 몰렸던 1940년 6월에는 한림(韓林)의 집에 초청받아 격려의 말을 듣기도 했다.

> 저녁에 한림 형 댁에 부름을 받아 여러 시간 유쾌하게 대화를 나누다. 형은 본래 ML(Marx-Lenin)당 사건의 거두이지만, 나의 근래의 심경을 가장 깊이 통찰하여 머뭇거릴 때가 아니라며 책망하다시피 독촉함을 받았다. 주의(主義)와 사상을 위하여 목숨을 던져본 경험을 가진 사람인지라, 그 심지가 비열하지 않음이 가경가애(可敬可愛). 기독교 신자가 안 한다면 자기가 뒷일을 돌봐줄 터이니 전진하라고. 신앙의 세계와는 별천지로 '의기(意氣)의 세계'가 따로 있음을 발견하다.[17]

---

15) 박상익, 「김교신이 오늘 한국교회에 던지는 질문」, 『기독교사상』, 2015. 5, 60-61쪽.
16) 『김교신 전집 5』, 214쪽.

기독교 신자가 돕지 않는다면 내가 돌봐주겠으니 끝까지 신앙의 길을 가라고 유물론자(공산주의자)가 격려했다는 말이다. 이념을 뛰어넘어 기독신자와 유물론자 두 거인(巨人)을 끈끈한 동지애로 맺어준 공통점은 바로 의기(意氣)였다.[18]

서울 향린교회 담임 홍근수 목사는 다음과 같은 세 가지 사항을 들어 김교신 선생의 업적을 높이 평가하였다.

우리나라가 일본의 지배아래 있던 시대에 살았던 김교신은 분명히 그가 살던 시대를 앞서 살았던 선각자요 선구자였으며 그 시대에서는 가장 뛰어난 참기독교인이었다고 믿는다. 적어도 다음 몇 가지 점들을 그런 평가의 근거로 삼을 수 있다고 본다.

첫째, 한국 기독교가 모든 영역에서 선교국인 미국교회에 예속되어 있었을 때에 김교신은 국적이 있는 기독교와 민족교회를 일찍부터 제창하였다. 그는 '기독교도 조선 김치 냄새가 나는 기독교가 되어야 한다'고 하여 한국적 기독교를 역설하였다. 이것이 토착화논쟁이 일어났던 1960년대보다 30여년 이전이었다는 사실은 그가 정말 선각자였음을 말해 주는 것이다. 한국적 기독교가 되려면 미국의 영향력으로부터 완전한 독립과 자주가 있기 전에는 불가능하다는 것도 간파하여 말하기를 '조선기독교가 완전히 발육되려면 우선 온갖 미국과의 관계를 교회와 교육기관에서부터 절연하여야 하리라.'라고 했다.

둘째로, 김교신은 기독교인으로서 드물게 보는 애족, 애국자였고 또 기독교인이기 때문에 애족, 애국자일 수밖에 없었던 사람이었다. 이때 한국 교회가 줄곧 외쳤던 복음은 '성속분리(聖俗分離)'와 '예수믿고 천당'이라는 슬로건으로서 전적으로 타계(他界)적, 탈정치적인 복음이었다. 교회 안에는 더 이상 민족적 사명에 대한 인식을 전혀 찾아볼

17) 『김교신 전집 7』, 252쪽.

18) 박상익, 「김교신이 오늘 한국교회에 던지는 질문」, 『기독교사상』, 2015. 5, 61-62쪽.

수 없던 때였지만, 김교신은 기독교인으로서 애국자요 민족주의자였다. 당시의 그가 기독교를 민족의 빛에서 이해하였다는 것은 놀라운 일이 아닐 수 없다. 김교신을 말할 때 제일 먼저 그가 발행했던 『성서조선』을 언급하지 않을 수 없다. 이 제목에서 보듯이 그에게서 '조선'을 빼면 의미가 없다. 모세(Moses)가 출애굽했던 민족을, 바울(St. Paul)이 자기동족을 생각했던 것과 같은 농도 짙은 민족애를 품었다는 점에서 당시의 기독교인 중에서 가장 훌륭한 기독교이었다고 본다. 그러나 그는 결코 국수주의적, 배타적, 맹목적 민족주의자는 아니었고 어디까지나 하나님의 섭리론적 근거에서 우리 민족의 세계사적 사명을 자각했던 민족주의자로 볼 수 있다.

셋째, 김교신은 일찍이 종교개혁 정신에 투철하여 개인의 자유를 억압하는 성직자 중심의 교권주의적 교회의 폐해를 간파하고 이를 비판했을 뿐만 아니라 제도적 교회를 박차고 나가서 교회의 좁은 울타리 밖의 더 넓은 세계로 나갔던 분이다. 그는 실제로 이것을 몸으로 실천한 사람이라는 데에 그의 위대성이 있다. 그는 강제징용되어 온갖 악조건 하에서 비인도적 처우를 받고 심한 강제노동에 시달리던 한국인 노무자들과 운명을 같이하기 위해 흥남질소비료공장에 현지 징용 형식으로 입사하여 주로 하수도 수리, 변소 청소 등 온갖 어려운 일을 손수 도맡아 하였고 전염병 발진티푸스가 창궐하여 환자들이 속출하자 계몽과 함께 환자간호를 친히 돌보다가 그 자신이 전염되어 결국 45세의 나이로 세상을 떠나게 되었다. 여기서 우리는 친구(동족)를 위하여 자기 목숨을 초개같이 버리는 순수하디 순수한 그리스도의 사랑을 본다.

그의 교회 밖에서의 신앙의 실천운동을 흔히 '무교회주의 운동'이라고 불렀지만 실상은 진정한 그리스도의 메시야 운동이라고 불러야 한다고 믿는다. 교회가 교회 자신만을 위해 존재하는 자기 중심적이고 이기적인 단체나 교인들만을 위해 존재하는 것이 아니라 교회는 그리스도의 복음으로 해방된 사람들이 자발적으로 형성하는 사랑의 공동체가 되어야 하고 전 세계를 섬기기 위해 부름을 받고 보냄을 받은 선

교의 전진기지가 되어야 한다고 믿었던 것은 확실히 그가 '선구자'였음을 나타내는 것이다.[19)]

김교신 선생을 직접 대면했던 공주교육대학 학장을 역임한 정태시 교수는 다음과 같이 김교신 선생에 대하여 회상하고 있다.

> 필자가 처음 김교신 선생을 만난 것은 그의 일생으로 치자면 만년에 가까운 때였는데, 처음 그를 대했을 때 그 큰 키에 흰 두루마기를 입고 있었다. 그는 온화한 미소로 필자의 손을 잡고 마루로 오르게 했는데, 그의 이마가 어찌나 윤이 나는지 마치 늦가을 잘 익은 홍옥같이 반들거렸다. 왠지 그것이 당시 나의 젊은 가슴을 압도했다. 후에 안 일이지만 사십대에 그 당시 최고급의 성경주석을 거의 완전히 습득하였으며 희랍어와 히브리어까지도 조예가 깊었고, 밤에는 서구사회에서 방송되는 시사 해설을 듣기도 했다는 것이다. 필자는 해방 직후에 어느 고등학교에서 국어를 가르쳤는데 교재가 없는 때였기 때문에 『성서조선』을 교재로 사용하였다.
>
> 김교신, 그는 신앙인이다. 그러나 그는 단순한 종교인이 아니다. 그의 신앙은 편협되지 않으며 그의 믿음은 선동적이 아니다. 그는 오직 성서로만 자신의 믿음과 사랑을 일깨운다. 김교신, 그는 교육자이다. 일생을 교단에서 학생들을 지도했지만, 그는 산 교육 외에는 하지 않았다. 그는 그가 믿는 바에 따라 '인간'을 키웠다. 그의 글이 사물에 대하는 것이든 자신의 내면의 소리든, 그것이 시·공의 제약을 받지 않고 공감을 불러일으키는 것은, 그 인생의 깊은 뿌리와 믿음의 변함없는 진리, 그리고 타고난 교육자적인 기질에도 기인한다.[20)]

---

19) 김정환, 『김교신』, 336-338쪽 재인용.

20) 전게서, 325쪽 재인용.

우치무라 간조 선생의 후계자나 다름없는 야나이하라 다다오(전 동경대 총장)는 김교신 선생을 다음과 같이 평가하였다.

> 나다나엘(Nathanael)이 '참 이스라엘 사람'으로 불리워지듯 김교신은 참조선인이었다. 그는 조선을 사랑하고 조선민족을 사랑하고 조선말(언어)을 사랑했다. 그러나 그의 민족애는 고루하거나 배타적인 민족주의와는 다르다. 그는 그리스도의 복음에 의해서 신생(新生)된 조선인이었다. 그는 그리스도에 있어 자기 백성을 사랑하고 그리스도를 전하는 것으로 자신의 애국을 삼았다. 미국식의 천박한 기독교가 아니고, 불신앙의 소련 공산주의도 아니고, 더욱이 세속적인 민족운동도 아니고, 권력자에 대한 영합, 협조도 아니고, 순수한 무교회의 복음 신앙에 의해 조선의 영혼을 신생시키고, 이를 자유와 평화와 정의의 백성이 되게 하기 위해 그는 그 귀한 일생을 바친 것이다.[21]

이와 더불어 야나이하라는 김교신을 찾아 조선에 왔을 때 서울청년회관(아마 YMCA) 강당에서 '로마서' 강연을 하면서 "조선의 청년들이여 낙심하지 말라. 그대들은 일본이 갖지 못한 좋은 기독교를 갖추어 세계사에 기여할 날이 올 것이다." 하면서 당시 의기소침했던 조선 청년들을 고무했었다.[22]

다음은 양정고보 제 22회 졸업생 갑조 대표가 김교신 선생께서 역점을 두었던 교육의 덕목을 요약 정리한 것이다. 첫째 신의(信義), 둘째 소년들이여 야망을 가져라(Boys, be ambitious!) 셋째 우애(友愛), 넷째 의(義)(정몽주가 지녔던 고귀한 덕목), 다섯째 원수까지도 사랑하라.[23]

---

21) 김정환, 『김교신』, 59쪽 재인용.

22) 전게서, 59-60쪽.

23) 『김교신 전집 1』, 68-70쪽.

이렇게 절대다수의 저명한 학자와 목회자들 그리고 그의 제자들이 김교신 선생을 우러르건만 김교신 선생을 배신하거나 노골적으로 비방하는 사람들도 있었다. 최태용 목사와 김인서 목사가 그 대표적인 사례가 아닐까 생각한다.

최태용과 관련된 내용은 다음과 같다.

> 최태용은 결국 복음교회 감독의 신분으로 1942년 10월 『동양지광』에 '조선기독교의 재출발'이라는 글을 싣고 이렇게 선언했다. "…조선을 일본에게 넘긴 것은 신(神)이다. 그러므로 우리는 신을 섬기듯이 일본국가를 섬겨야 한다고 나는 생각한다. 오늘날 우리에게 있어서 국가는 일본국가가 있을 뿐이다. 우리가 다해야 할 국가적 의무와 지성(至誠)은 이를 일본국가에 바쳐야 마땅할 것이다. 우리는 가장 사랑하는 것을 일본국가에 바치도록 신에게서 명령받고 있는 것이다. 징병제 실시가 그것이다. 우리는 일본국을 사랑하지 않을 수 없는 것이다.…[24]

다음 내용은 김인서 목사가 김교신을 비방한 내용과 그에 대한 김교신의 반격을 보여준다. 김정환 교수의 증언이다.

> 김인서는 조선장로교회 평양신학교의 기관지 『신학지남(神學指南』 제12권, 4호(7월호)에다 "무교회주의자 우찌무라 간조 씨에 대하여"라는 논문을 싣고, 그 속에서 김교신 일파에 대하여 ① 김교신은 우찌무라의 제자다. ② 『성서조선』일파는 일본 무사도의 할례당이며, 이로 해서 일본기독교가 조선기독교에 침입을 하고있다고 공격을 퍼부었다. 이에 대하여 김교신은 함석헌과 함께 『우찌무라 간조선생과 조선』이라는 소책자를 발간하고, ① 우찌무라는 내가 조선인으로 자각할 계기를 준 스승이며, ② 로마교회가 말하는 데 반대하여 우찌무라와 더불

24) 김정환, 『김교신』, 222쪽 재인용.

어 "교회 밖에도 구원이 있다."고 믿으며 ③ 진리는 누구에게서라도 배워야 한다고 답변하였다.[25)]

우찌무라는 조선 기독교인에 대하여 동정을 금할길 없어 코베(Kobe)에서 발행되는 유명한 영자신문 The Japan Chronicle의 사장으로 있던 영국인 친구에게 부탁하여 조선에서의 기독교인 박해사실을 여러 번 보도하고, 재판기록을 소책자로 만들어 구미 각국에 유포시켰으며, 이로 인해서 신문사는 경비가 7천여원이나 들었다. 김인서의 '침입'운운은 기우임이 그 후의 무교회클럽의 민족자존의 반제·반전의 역사에도 입증되었다.[26)]

시련의 일제강점기에 조국의 독립과 광복을 위해 진력을 다했던 기독교 사상가, 교육가, 독립운동가 김교신선생은 유능하고 고매한 인격을 지녔던 애국애족자였음에도 불구하고 겸손하고 자신을 내세우지 않는 조용한 분이었기에 그의 이름과 업적이 거의 드러나지 않다가 최근에야 비로소 김교신 선생의 존재가 드러나기 시작하였다. 그의 위대함이 드러나지 않은 주된 이유는 그가 '무교회'를 주장하고 일본인 우치무라 간조의 제자라는 점이 크게 작용했을 것이다. 특히 '무교회'를 이단종파로 매도하는 주류 기독교의 反무교회적 분위기가 무교회 및 김교신 선생의 부각에 걸림돌이 되었을 것이다. 그러나 2014년 11월 28일 '김교신 선생 기념사업회'가 창립됨으로 인하여 그의 존재감이 드러나기 시작했다고 볼 수 있다. 이에 주된 역할을 하신 분은 한국사학자이자 숙명여자대학교 이만열 명예교수라고 생각한다.

---

25) 김정환, 『김교신』, 83-84쪽.

26) 전게서, 84쪽.

필자는 일찍이 1966년 무렵에 김교신 선생의 위대성을 어렴풋이 알고 있었으나 그렇게 훌륭한 인물인지를 인지하지 못했다가 최근에야 비로소 그분의 진가(眞價)를 알게 되었다. 그래서 김교신에 관련된 자료를 섭렵하여 독서하고 그것들을 정리하여 한권의 도서로 출판하기에 이르렀다. 이 과정에서 가슴 깊이 느낀 것은 김교신 선생은 매우 진실한 실존이었고 애국애족자였으며, 조국의 광복과 2세들의 교육을 위해 혼신을 다했던 위대한 교육사상가였으며, 모범적 종교인이었다고 확신했다.

XV. 결 론

지금 우리 한국사회 뿐만 아니라 온 지구촌이 뜻하지 않게 재앙이나 다름없는 전염병 코로나(Covid 19)로 인하여 고통을 당하고 있다. 과거에는 '뭉쳐야 산다'고 했는데 지금은 뭉치면 죽고 흩어져야 살 수 있는 세상이 되었다. 언제까지 이 고난의 행군이 지속될지 모르겠으나 필자는 이 역경을 통해 큰 교훈을 얻을 수 있다고 생각한다. 지금 겪고있는 코로나(Corona) 현실 속에서 모든 종교단체, 사회단체, 또는 일반인들도 함부로 모일 수 없게 되었다. 지금 이런 상황에서 집필하고 있는 필자는 김교신이 추구했던 '무교회(無敎會)'를 생각해 본다. '무교회'는 모이는 건물을 중시하지 않고 건물(빌딩)없이도 그리스도를 구세주(救世主)로 고백하고 그리스도 예수처럼 소박하게 살아가려는 모임이다. '교회'에 해당하는 헬라어 'ecclesia'는 특정빌딩이나 조직 보다는 공동체 'People of God(하나님의 백성)'의 뜻이 강하다. 코로나가 종식되지 않거나 제어할 수 없는 상황이 계속될 경우 여지껏 보아온 특히 대형교회가 자랑하는 바벨탑 같은, 그리고 종전대로 교회 체제를 유지할 경우 세속적 정부의 간섭을 받게 되어 '聖'(Heilige)의 가치가 위축되거나 침해될 소지가 많을 것으로 보며 자칫하면 충돌도 빚어질 수 있다. 따라서 이번 코로나 바이러스 재앙을 계기로 반드시 건물위주의 유교회(有敎會)적, 양적 체제에서 김교신 선생이 집요하게 추구했던 무교회(無敎會)적, 질적 교회를 깊이 생각해 볼 계기가 온 듯하다. 서양 자본주의, 특히 미국의 영향하에 있는 한국 개신교회, 세계에서 큰 교회가 가장 많이 있어 그것을 자랑해 온 한국교회는 새로운 질적 패러다임(Paradigm)을 모색 하는 계기가 되었다.

김교신 선생이 살았던 일제강점기와 오늘을 어떻게 비교할 수 있을까? 과거 일제(日帝)의 허울 좋은 '대동아평화' 대신 오늘날은 미국이 주도하는 '팍스 아메리카나(Pax Americana: 미국의 지배에 의한 평화)'가 우리 시대의 얼과 민족 정신을 은근히 짓누르고 있다. 지금 한국은 다른 나라의 직접 지배를 받는 식민지국가는 아닐지라도 외세에 의해 국토가 잘린 지 76년이 지나가지만, 미국의 허락 없이는 금강산을 갈 수도 없고 굶어 죽어가는 동족들을 위해 먹을 것 하나 보낼 수 없는 외세에 눌려 지내고 있는 형편이다. 군사적으로는 전시작전통수권이 우리나라 대통령이 아닌 미군사령관에게 있다는 점에서 보더라도 우리는 어떤 의미에서 새로운 식민지 시대를 살아가고 있는 것은 아닐까?

무엇 때문에 이 나라는 둘로 나뉘어 반목하며 고통으로 신음하는가? 대한민국은 과연 무엇 때문에 존재하는가? 참새 한 마리도 하나님의 뜻이 아니면 땅에 떨어지지 않는다고 했는데, 수천 년 역사에 수천만 명의 단군 후예들이 이렇게 세계사의 고난의 십자가를 지고 가야만 하는 것인가? 여기에 기독교와 성서가 답변하지 못한다면 커다란 문제가 아닐 수 없다. 그런데 이러한 문제에 대하여 김교신 선생의 삶은 답을 암시하고 있는 것이다. 김교신은 마치 이스라엘 구약성서 시대의 예언자들처럼 일본 제국주의의 부당성에 대해서 직·간접으로 비판하고 저항했었다. 김교신이 정치·사회적인 공적 영역에서 예언자적 비판과 대안을 제시한 것은 기독교 신앙의 양보할 수 없는 신앙적 실천이었다. 김교신은 일본이 1931년 '만주사변'을 계기로 침략전쟁을 확대해가는 한 복판 한반도에서 예언자적 사회비평활동을 활발히 전개했다. 김교신은 천황과 국가를 신격화하며 신사참배를 강요하는 권력을 '진리의 최대의 적'이라고 규정했으며 불의한 권력의 침략전쟁을 선전하는 언론기관을 향해서는 '조작 선전의 기관'이라고 했다. 그는 신사(神社)참배에 반대하고 침략 전쟁에 저항했을 뿐만 아니라 '창씨개명'도 거부했다.

김교신의 태도는 예언자적이었을 뿐만 아니라 지사적(志士的)이기도 하였다. 그의 삶에 있어서 선택적 삶이 그러하였다. 당시 명문대학(동경고사)을 나왔기 때문에 공립학교에 취업하여 출세가도를 달릴 수 있었지만 사립학교를 택하였고 승진의 기회도 있었으련만 줄곧 평교사 생활을 즐겼고, 학생지도를 원만하게 해도 되련만 아주 철저하게 함으로써 '양칼' 이라는 별명까지 얻었던 것을 보면 그는 대충 넘어가는 성격과 태도가 아니었던 것이 분명하다. 늘 생각하고 큰 뜻을 가지고서 교육자의 소명을 충실히 이행했던 민족의 큰 교사였던 것이다.

김교신은 목사도 아니었고 신학자도 아니었다. 그는 평교사요 평신도였다. 그러나 『성서조선』(월간 신앙지)을 통하여 그는 신앙인들에게 많은 영향을 끼쳤다. 그가 지녔던 기독교적 사명은 무엇이었을까? 『김교신』 평전을 쓴 김정환 교수는 그것을 세 가지로 요약했던 바, 첫째는 민족적 기독교의 이념과 실천, 둘째는 민족교육의 실천, 셋째는 기독교를 통한 애국의 길이었다. 이 사명을 완수하기 위해 김교신이 바라고 원하던 것은 어떻게 해서라도 '성서(聖書, Holy Bible)'가 이 백성의 책이 되고, 그리스도가 이 민족의 생명이 되게 하는 것이었다.[1)]

그러나 이에 대한 신앙과 실천방법에 있어서는 결코 기복적이거나 지나치게 감정적인 태도를 지양(止揚)하고 어디까지나 이성적이고 합리적이어야 한다는 것이 김교신의 철학이었다. 따라서 그는 '심령부흥회' 같은 감정적 집회는 달갑지 않게 생각하였다.

김교신 선생은 마치 기독교 실존주의 철학자 키르케고르(Sören Kierkegaard, 1813-1855)처럼 그의 인생의 궁극적 목표가 어떻게 하면 참된 그리스도인이 되느냐 하는 것이었고, 동시에 그 목표를 어떻게 달성하는가에 대한 방법까지 숙고했었다. 그는 진정한 기독교인이 되려면 '늘 깨어있어야 한다.'고 했다. 그는 이 과정을 '신경훈련'으로 표현했다. 다음 내용은 이 사실을 우리들에게 말해 주고 있는 것이다.

> 물체가 현미경 하에 놓였다고 놓인 그대로의 진상이 아무에게나 그 있는 진상대로 보이는 것이 아니라, '능히 보는 눈을 가진 자'에게만 보인다. 망원경도 현미경을 사용하는 이의 신경이 훈련되었을 때에만 위력을 유감없이 발휘한다.
>
> 세상 어리석은 자에게는 기이한 것이 없으되 현명한 이에게는 낱낱의 사물이 기이하지 않은 것이 없다. 칼라일(Thomas Carlyle, 1795-1881 영국의 평론가, 사상가, 역사가)은 기적을 부인하는 자를 향하여 여인이 해산하는 것을 보라고 외쳤거니와 보는 눈으로써 보면 여인이 새 생명을 산출하는 일보다 더한 기적이 세상에 없다 하되 범용의 안목으로써 한즉 고금(古今)의 상사(常事)요 동서(東西)의 관행일 뿐이다.
>
> 조춘(早春)에 살구나무를 보고 놀란 것은 선지자 예레미야였고, 한공(寒空)에 성신(星辰)의 운행을 우러러 보면서 가슴속의 엄숙한 도덕률(道德律)에 놀란 것은 철인(哲人) 임마누엘 칸트(1724-1804)였다. 이

1) 『김교신 전집 5』, 192쪽.

처럼 고도로 신경(神經)이 훈련된 이들에게는 보이는 것도 많고 놀라운 것도 많았다.

천체의 관찰로 망원경을 사용함에도 먼저 신경을 훈련하여야 하며 생물의 세포와 광물의 구성을 엿보는 현미경에도 신경 훈련이 선결 조건이다. 하물며 조매(早梅), 만국(晩菊)과 초로(草露), 성운(星雲)을 그 때그때에 느낄 대로 느끼는 대 시인적(大詩人的) 지혜를 이어 받고자 함에 어찌 신경을 훈련함이 없이 될소인가. 감사할 바를 감사하는 생애에 이르러서는 이는 과연 맹훈련이 없이는 능히 성취하기 어려운 경지이다. 감사할 것도 감사를 느끼지 못하는 생애, 이는 가장 하등 동물의 생애이며, 극히 적은 감사 자료에도 절대한 감사와 찬송을 발견하는 신경(神經), 이는 만물의 영장의 신경이다. 물체가 있다고 보이는 것이 아니라 신경을 훈련하여야 보이는 것처럼, 남부러워하는 팔자에 태어났다고 해서 감사의 생애가 있는 것이 아니라 신경을 훈련하여야만 매사에 감사하며 항시로 기쁨에 넘치는 사람이 되는 것이다. 그러므로 예수께서 말씀하시되 "너희가 소경되었다면 죄가 없으려니와 '본다'고 하니 너희 죄가 그저 있느니라"(요한복음 9:41)고. 또 가라사대 "귀 있는 자는 들을찌어다(마태복음 13:9)고.[2)]

그리고 '참그리스도인이 된다는 것'은 어느 경지에서는 '순교'를 각오해야 한다고도 했다. 바로 이 경지는 '이것이냐/저것이냐'라는 심각한 선택의 경지인 것이다.

우리는 무해한 생각으로, 선한 마음으로써 예수 믿으라고 권한 일이 있었다.… 요컨대 예수 그리스도를 믿는 믿음은 모든 악에서 떠나는 길이요, 참된 의미의 행복을 초래하는 일이니 나의 부모 처자와 친척은 물론이요, 나와 같은 동네에 사는 이와, 같은 학교에서 배우는 이와, 같은 일터에서 일하는 이와 동차동선(同車同船)의 과객까지라도

2) 『김교신 전집 2』, 314-315쪽.

한 사람 예외 없이 모조리 그리스도를 믿으라고 권하는 것이 사랑이요, 선심(善心)인 줄로 알았다.

그러나 작금 세태에 암흑의 세력이 넘침을 보고는 종래 우리의 태도에 다소 수정할 것이 발견되었음을 부정할 수 없다. 종래로 우리는 대다수의 사람이 모조리 예수 믿고 모조리 행복하고 모조리 천국 들어가기를 원하였다. 그러므로 이웃 사람도 권하여 보았거니와 우리 자녀들까지도 이 길을 따라 오기를 심원불이(心願不已)하였다 마는 이제와서 다시 생각건대 나의 사랑하는 자녀들께 차마 예수 믿으라고 교도할 수가 없다.…

오늘까지의 『성서조선』은 반도의 대다수를 향하여 안전신호를 휘둘렀다. 예수 믿으면 안락하고 형통하리라고 신호한 일이 적지 않았다. 마는 금후의 『성서조선』은 위험신호를 날리게 되었다. 예수 믿는 일은 직업에 불안하며 생명에 위험한 일이니 안전을 구하는 이는 다 배반하고 물러가라고 다수의 사랑하는 동포를 향하여 경적을 불지 아니치 못한다. 다들 안전지대에 피하여 그 생명을 보존하며 종족을 유지하며 이세상 복락을 실컷 누리고 앉은 무릎이 귀 넘도록 장수한 후에 극락세계로 가라. 오직 소수의 형제여, 위험한 줄 알면서도 퇴각할 수 없는 자만은 예수를 따르라. 그리고 그가 요구하는 피를 제공하라.(1936.1)[3]

수행방법상 불교의 가르침 가운데 돈오돈수(頓悟頓修)와 돈오점수(頓悟漸修)가 있다. 이것은 순식간에 깨달음이 올 수도 있고 점차적인 노력 끝에 올 수도 있다는 것이다. 이러한 논리는 기독교에도 적용된다고 볼 수 있다. 그런데 김교신 선생은 이 점과 관련하여 그의 논지를 다음과 같이 펼치고 있다. 전자는 배제하고 후자를 강조하고 있는 것을 볼 수 있다.

3) 『김교신 전집 2』, 202-203쪽.

① 자연의 성장을 기다려야 되는 것처럼 인위적 속성만으로는 안 될뿐더러 도리어 그릇되게 만드는 수도 없지 않다. 그런데 현대인, 특히 재지(才智)가 있다는 청년들은 범사를 스피드로만 해결하려는 풍조에 물들어서 진리 체득의 일도 속성이 아니면 못 견디어 하니 이는 실로 어려운 주문이요, 불가능사이다. 세상만사가 모두 스피드화하여 속성만을 귀하게 여기게 된다할지라도 진리 - 특히 인생의 초석이 되며 능력이 되는 신앙의 진리는 우주가 유구한 것처럼 유구한 심정으로써 탐구하지 않고는 될 수 없는 일이다. 현대인은 진리를 배우는 데 '자유토의'를 제일 큰 무기로 알며 '스피드 업'의 방도인 줄로 신앙하나 우리는 그렇게 믿지 않는다.

② 옛날 사람은 무언(無言)중에 진리를 터득하였다. 공자(孔子)가 사랑하던 제자 '안연'의 경우를 보라. '안연'은 여우(如愚)라야 한다고 했다. 묵묵한 중에서 깨달아야 한다는 것이다. 진리의 세계에는 스피드도 쓸데없고 조리 맞는 능변도 귀한 것이 아니다. 낙락장송(落落長松)은 하루나 일 년에 되는 것이 아니다. 같은 연륜을 수십, 수백을 가하여 유유히 성장한다. 대기만성이라 하거든 무릇 심원한 진리를 체득하려는 이는 스스로 어리석은 자같이 처할진저.(1939.11)[4]

김교신 선생은 일제 식민지 생활을 하고 있던 동포들에게 삶의 지혜를 제공한다. 그것은 꾸준히 미력(작은 힘)을 다하자는 것이었다. 이 말씀은 '적은 일에 충성하라'(마태복음 25:21, 23)와도 상통하리라고 본다.

우리 조선에도 '미력(微力)'을 요하는 일이 적지 않다. 폐결핵 환자의 수가 40만 혹은 50만을 알리며, 나환 형제가 2만 내지 3만을 추산하게 되며 그 밖에 이와 같은 조력을 요구하는 일을 매거(枚擧)키 어렵다.

---

4) 『김교신 전집 2』, 294-295쪽.

그러나 사람들은 대력(大力)을 기다릴 뿐이요, '미력'을 합한 것이 대력되는 줄은 모르는 듯하다. 다소의 선심으로써 공을 위하여 의를 위하여 자비심이 동하게 되어 '미력'을 합한 것이 대력 되는 줄은 모르는 듯하다. 다소의 선심으로써 공을 위하여 의를 위하여 자비심이 동하게 되어 '미력'을 아끼지 않던 사람들도 그 결과가 대해(大海)의 일속(一粟)에 불과함을 탄하면서 좌절하고 마는 것은 통분한 일이다. 무릇 선한 것, 참된 것은 일확천금 식으로 일거에 달성하는 법이 없다. 그러므로 '선(善)을 하되 권태치 말라'(선을 행하되 낙심하지 말지니"갈 6:9) 고 하였다. 미(微)를 적(積)하고 소(小)를 가(加)하여 쉬지 않을진대 독일(도이치란트)의 강(强)도 거기에 있고, 간헐천의 대 분출도 거기서 나온다. 그 배율은 오직 하나님의 축복에 의하여 혹은 30배, 혹은 60배, 100배에 달할 것이다. 물계(物界)와 영계(靈界)에 걸쳐 '미력을 다하자'함으로써 신년의 표어로 하고자 한다. 생활 문제도 미력을 다함으로써 자력 해결하자.(1938.1)[5)]

김교신 선생은 매우 고집스럽고 독선적일 것처럼 상상되지만 이웃 종교에 대해서 열린 자세를 취했었던 것을 볼 수 있다. 다음 세 경우가 이것을 우리에게 시사해준다.

〈하나〉 1938년 11월 6일 (日) 아현정 감리교회 (담임목사 이창호) 주일설교하다

오전 11시부터 부내(府內) 아현정 감리교회에서 예배설교하다. 창립 40년 역사를 가진 양정학교의 출신자 중 유일의 기독교 목사인 이창호(李昌鎬) 군이 목회하는 교회인고로 심방케 된 것. 양정 재학 시대에 우리의 '성서연구회'에 참석하여 산상수훈연구를 만 1개년 간 청강하고 기록한 이군의 감상문을 낭독한 즉 청중도 감동이 적지 않은 모양

5) 『김교신 전집 1』, 133쪽.

이나, 듣는 이군과 읽는 나 자신의 감회가 가장 컸다. 당시의 생도 이군은 오늘 수백 명 신도가 회합하는 연와(벽돌) 2층 건물 대교회의 치리자(治理者)로서 특별 독창, 남녀 찬양대의 주악 중에 능란하게 목회하고 있는데, 나 자신은 고금(古今) 일양(一樣)을 졸렬 지극한 찬송가 속에 10인 내외의 형제들께 무미건조한 강의만 계속하는 터이다. 저것도 장한 일, 이것도 감사한 일.[6]

〈둘〉 1934년 11월 4일(주일)(日記): 천주교 미사에 참가

이선생의 선도로 오전 10시에 시내 메이지정(明治町)천주공회당 미사에 참관하다. 선남선녀들의 종교적 '기분'을 조장함에는 더할 데 없는 시설과 의식이었으나, 그런 것이 기독교라면 적어도 나 자신은 기독교인이 될 수 없었고, 반(反)종교 운동에 참가하였을 것도 무난한 사세였을 것이다. 단 예술적 견지에서 볼 때는 미술전람회를 참관하기보다 확실히 유익함이 있어도 손해는 없었다. 특히 그 79인의 순교자 초상은 모두 숨쉬는 사람들 같았다."[7]

〈셋〉 종교 간친회(다종교 모임)

일시 : 1930.10.20.(월), 오후 5:00
장소 : 중앙청년회관
참여종교 : 유교, 불교, 기독교(개신교), 천도교(민족종교)
분위기 : 수십 명이 운집했지만 유성(별들)이 각기 궤도를 돌 듯 충돌 없이 논의하고 무사태평 중에 떡국 한 그릇씩 나눠먹고 산회함.
이 모임의 특징 : ①사상의 고갈 ②진실의 결핍 ③언론단속의 철저로 함구무언. 그럼에도 불구하고 한 두 가지 소득이 있었음(빗대는 말): ①속화된 불자들의 변태 ②

6) 『김교신 전집 6』, 468쪽.
7) 『김교신 전집 5』, 236쪽.

천교도인들의 소박과 건실한 모습 ③군화의 뒷굽처럼 경쾌하고 민활한 기독교인들의 자태.
조선 고래의 음악과 시조로써 조선 심장의 고동을 느껴본 것(거의 불교의 유래 아닌 것이 없었다는 뜻).

김교신의 결론 : 종교가 활발했을 때는 민족이 살아있었고 종교가 미약하거나 쇠퇴했을 때는 나라가 위태로웠다. 그러므로 종교의 존속여부는 중요하다.

김교신 선생이 실현하고자 했던 '무교회'는 '김치냄새나는 조선기독교' 로서 그것은 광신적 종교가 아닌 합리적이고 이성적인 한국적 그리스도교였다. 다음과 같은 그의 진술이 그의 의도를 잘 반영하고 있다.

…조선 교회의 50년 역사는 확실히 은총의 역사였다. 민족적으로 교육이 보급되지 못하였음과 사회의 질서와 조직이 없었음과 전체로 빈궁함과 경박한 것 등등의 우리의 결점을 헤아릴 때에 반도의 과거 50년 전교의 역사는 온전히 은혜로 된 것이요, 이적(異蹟)으로 된 것이다. 이렇듯이 은혜로 된 역사를 가장 잘 구현한 성도의 한 사람은 고(故) 길선주목사일 것이다.…

과거의 조선, 무식 암매한 시대에는 성신의 역사로 오는 길이 확실히 은혜의 길이었으나, 반세기를 경과한 오늘 이후로는 그 길이 반드시 유일의 길이 아닐 뿐인가, 우리는 성신의 역사라는 것을 고의로 경계하여야 할 시대에 처하였다. 1907년의 대부흥이 원산에서 시작하여 평양에 파급하였던 것처럼 근래의 사이비한 성신 역사(役事)도 원산으로부터 평양에 만연하게 되었다. 성신은 귀하고 중하나 자칫하면 평일의 성도까지 무녀(巫女)와 같은 '여선지(女先知)'의 슬하에 자복하여 버리니, 이는 성신이라는 미명(美名)의 열만 돋우고 이성(理性)의 상궤를 억압한 데서 발생하는 일종의 유행성 열병이다. 이 따위 열병환자는 홀로 서북지방뿐이랴. 경성시 중앙이나 기호, 영남지방에도 없지 않다. 이제는 이러한 기독교적 무당의 무리를 정리하여야 하며, 성신 열병환자를 퇴치하여야 한다.

과거에는 그대로 가하다. 오순절의 성신강림이 없었다면 초대 기독교의 원기를 못 보았을 것이요, 20세기 벽두의 대부흥이 없었다면 반도 영계(靈界)의 오늘이 없었을 것이요, 사람이 성신(聖神)으로 인하여 중생(重生,거듭남)함이 없으면 예수를 주(主)로 믿지 못한다. 그러나 우리는 다대한 위험을 무릅쓰고 외치노니 '금후 50년은 이성(理性)의 시대요, 연구의 시대라'고. 식염주사 같은 부흥회로써 열을 구하지 말고 냉수를 끼쳐서 열을 식히면서 학도적 양심을 배양하며, 학문적 근거 위에 신앙을 재건할 시대에 처하였다.

지나간 50년간의 조선기독교도가 대체로 '성신 타입'이었다면 금후의 그것은 '학구 타입'이 되기를 우리는 기대한다. 그러나 전자가 은혜로 되었던 것처럼 후자도 은혜로 되어야 할 것은 물론이다. 학문과 신앙이 완전히 합금(合金)을 이룬 것이라야 금후에 닥쳐오는 순교의 세대에 능히 견디어 설 것이다.(1936년 2월)[8]

김교신 선생은 종교인을 두 부류로 나누어 생각하였다. 하나는 '전문 종교 업자'요, 다른 하나는 '평신도 종교업자'이다. 전자는 밤낮 찬송가와 독경과 기도만을 일삼는 수도승 같아서 자칫하면 편협하게 되고 기형이 되고 고집통이 될 수 있다. 후자는 널리 세계 정국의 추이에 착안하면서 건실한 신앙을 파악한 사람이다. 예를 들면 다니엘, 모세, 크롬웰, 링컨 등이다.[9]

8) 『김교신 전집 2』, 97-98쪽.
9) 『김교신 전집 3』, 202쪽.

이 분석은 지금부터 80여 년 전, 꽤 오래 전에 조선의 종교상황을 관찰하고 분석한 것인데 오늘날(2021년)에 와서 보니 딱 들어맞고도 남음이 있다. 종교단체도 많고 종교업자도 많건마는 진정한 '에클레시아'와 참다운 종교업자(성직자)는 과연 몇이나 될까 의문이다. '코로나 이후' 시대에는 대오 각성하여 모든 것이 달라져야 하되, 특히 종교지도자들의 모습이 질적으로 크게 달라져야 할 것이다. 그리고 평신도 종교지도자들이 많이 배출될 수 있는 길이 열리면 더욱 좋겠다. 코로나 후기(Post-Corona)에는 한국 기독교가 갱신되어, 민중들을 교회로만 불러 모을 것이 아니라 교역자가 몸소 찾아가서 민중들의 영(靈)과 육(肉)을 진심으로 어루만져주고 그것에 힘입어 그들도 이웃을 돕는 일에 동참할 수 있도록 세심한 배려를 해야할 것으로 생각한다. 그리고 직업적 종교인이 많이 배출되기 보다는 김교신 선생처럼 세속적 직업을 갖고 있으면서 주로 '성서공부'를 깊이 해나가는 인간의 상식과 이성에 입각한 평신도 선교활동을 많이 펼쳐야 할 것으로 보인다.

한국 기독교, 이제 변하지 않으면 안 될 전환점에 이르렀다. 그동안 '영성(靈性)'을 중시한다는 이유로 이성(理性)과 상식(Common Sense)을 많이 도외시해왔는데, 이제는 이러한 낡은 방식에서 벗어나 기독교(개신교)를 비롯한 모든 종교들의 포교방식에 '코페르니쿠스적 전환'이 있어야할 것으로 믿는다. 예배의 방식도 대면, 비대면, 오프라인(Off-line), 온라인(On-line), 예배의 횟수도 다양하게, 그러나 화려한 교회당자랑, 헌금자랑, 선남선녀자랑, 해외선교과시 등은 자제해야 할 것이다. 더 낮아지고 더 소박해져서 민중들과 함께하는 '종교'가 되어야 할 것이다. 한자의 '宗教'란 '최고의 가르침'이라는 뜻인데 가르침은 천박하고 방식은 상업적이고 기도와 설교가 '기복적(祈福

的)'으로 계속 진행된다면 종교단체는 민중들로부터 외면당할 가능성이 크다는 것을 깨닫고 항상 '두렵고 떨림'으로 예배의 대상을 섬기고 종교내의 계급을 타파하고 평등공동체를 형성해야 할 것이다. 지향점은 이제 '저 높은 곳이 아니라 저 낮은 곳을 향하여'로 바꾸어야 할 것이다.

지금까지 개신교 교회는 목사의 설교에 무게가 실린 예비, 특히 주일예배를 신앙의 핵심으로 강조해왔다. 그리고 교인들은 주로 언어라는 매개를 통해 성서의 해석과 적용이 반복적으로 주입되는 과정을 통해 신앙의 성숙을 도모해왔다고 해도 과언이 아닐 것이다.[10]

그러나 코로나(전염병)가 종식되지 않을 경우 '집단예배공동체'를 지속할 수 없는 한계상황에 부딪칠 수도 있을지 모른다. 다소 성급한 생각일지 모르나 이러한 상황을 염두에 두고 새로운 대안을 모색해야 할 것이다. 비대면 예배 내지 소수모임의 예배(예: 가정예배), 더 나아가서는 단독자(개인)로서의 예배까지 고려치 않을 수 없다.

그런데 놀랍게도 이러한 유형의 신앙생활을 예상이나 했듯이 김교신 선생은 일제강점기인 1920-1940년대 초에 '무교회' 내지 소그룹의 '성서연구회'를 주도(主導)했던 것이다. 이름도 없이 빛도 없이 조용한 가운데 소그룹(Minority) 신앙공동체를 이끌어서 신앙과 인격의 내실(內實)을 꾀했던 것이다. 이런 것을 보더라도 김교신 선생은 선각자였고 예언자다운 면모를 갖추었던 큰 이물이었음에 틀림없다.

코로나(Covid-19)와 같은 돌발적 위기상황에서도 인간의 종교심은 발현(發現)되지 않을 수 없기 때문에 김교신 선생이 시도한 '무교회식 접근' 방법은 비상시 혹은 미래를 고려한 종교(신앙)생활 지속 비

10) 이민형, 「코로나19와 한국교회」, 『기독교 사상』, 2020. 10, 42쪽.

법 혹은 대안으로서 매우 중요한 종교적 가치를 지닌다고 믿는다. 아울러 김교신 선생의 '무교회주의'는 그동안 양적부흥에 치중해 온 한국 기독교가 이제 이후로는 질적 성장을 도모해야 한다는 메시지를 제시한다고 볼 수도 있다.

참고문헌

〈도서〉

고려대학교 민족문화연구소, 『한국문화사 대계』 제12권(종교·철학史(下)), 서울: 고려대 민족문화연구소출판부, 1982.

강돈구, 『한국 근대종교와 민족주의』, 서울: 집문당, 1992.

국희종 선생 신앙문집 발간위원회, 『믿음 그리고 사랑』(국희종 선생의 삶과 신앙), 광주: 도서출판 시와사랑, 2000.

김교신, 『김교신 일보(日步)』, 김교신 선생 기념사업회 엮음, 서울: 홍성사, 2016.

______, 『신앙과 인생』, 서울: 을유문화사, 1947.

김교신 선생 기념사업회, 『김교신, 한국사회의 길을 묻다』, 서울: 홍성사, 2016.

김수진, 『한국 기독교의 발자취』, 서울: 한국장로교출판사, 2001.

김영태·신광수, 『현대의 종교』(기독교 및 불교편), 광주: 전남대학교출판부, 1985.

김영태, 『신비주의와 퀘이커 공동체』, 경기도 고양: 도서출판 인간사랑, 2002.

______, 『도덕신학과 도덕신앙』, 광주: 전남대학교출판부, 2006.

______, 『함석헌의 사상과 삶에 대한 종교철학적 탐구』, 광주: 전남대학교출판문화원, 2018.

김정환, 『김교신』, 서울: 한국신학연구소, 1980.

노길명, 『한국의 종교운동』, 서울: 고려대학교출판부, 2012.

노치준, 『일제하 한국기독교 민족운동연구』, 서울: 한국기독교역사연구소, 1995.

노평구 편, 『김교신과 한국』(김교신 전집 별권), 대구: 일심사, 1988.

노평구 엮음, 『김교신 전집 1』(인생론), 서울: 부키, 2001.

__________, 『김교신 전집 2』(신앙론), 서울: 부키, 2009.

_________, 『김교신 전집 3』(성서개요), 서울: 부키, 2012.
_________, 『김교신 전집 4』(성서연구), 서울: 부키, 2006.
_________, 『김교신 전집 5』(일기Ⅰ), 서울: 부키, 2002.
_________, 『김교신 전집 6』(일기Ⅱ), 서울: 부키, 2002.
_________, 『김교신 전집 7』(일기Ⅲ), 서울: 부키, 2002.
니이호리 구니지, 『김교신의 신앙과 저항』, 김정옥 역, 경기도 파주: 도서출판 익두스, 2014.
민경배, 『한국 기독교회사』, 서울: 연세대학교 출판부, 2005.
_____, 『한국 민족교회 형성사론』, 서울: 연세대학교 출판부, 2008.
박경미 외, 『서구 기독교의 주체적 수용』, 서울: 이화여자대학교출판부, 2006.
박찬규 엮음, 『김교신, 거대한 뿌리』, 경기도 파주: 도서출판 익두스, 2011.
배국원, 『현대 종교철학의 이해』(종교에 대한 후기근대적 접근), 서울: 도서출판 동연, 2000.
변선환, 『한국적 신학의 모색』, 충남 천안: 한국신학연구소, 1997.
송건호, 『민족주의와 기독교』, 서울: 민중사, 1981.
_____, 『한국 현대사』, 서울: 도서출판 두레, 1986.
시브야 히로시, 치바 신 외, 『우치무라 간조의 사회사상과 신학사상』, 양현혜·한송희 역, 서울: 홍성사, 2018.
신정식 엮음, 『김교신과 문둥아』, 녹십자, 1989.
양현혜, 『김교신과 철학』, 서울: 이화여자대학교출판문화원, 2013.
_____, 『윤치호와 김교신』, 서울: 도서출판 한울, 1994.
이기백, 『한국사 신론(新論)』, 서울: 일조각, 1982.
이만열, 『한국 기독교사 특강』, 서울: 성경읽기사, 1993.
이한복, 『한국성결교회 형성사』, 서울: 도서출판 사랑마루, 2018.
전호근, 『한국철학사』, 서울: 메멘토, 2015.
존 캅, 데이비드 그리핀 공저, 류기종 역, 『과정신학』, 서울: 도서출판 열림, 1993.
포스트코로나와 목회연구학회, 『비대면 시대의 '새로운' 교회를 상상하다』, 서

울: 대한기독교서회, 2020.
함석헌, 『함석헌 전집』(1~20권), 경기도 파주: 한길사, 1983-1987.
함석헌 기념사업회, 『씨알의 소리』, 서울: 함석헌 기념사업회, 2020년 7·8월호.

Cloony, S. J. Francis, *Comparative Theology*, 나혜숙 옮김, 『비교신학』, 서울: 문예출판사, 2014.
Cobb, John B, and Griffin, Ray, *Process Theology: An Introductory Exposition,* The Westminster Press: Philadelphia, 1976.
Fichte, Johann Gottlieb, *Reden an die Deutsche Nation*, 황문수 역, 『독일국민에게 고함』, 서울: 범우사, 1987.
Grayling, A. C., *The Reason of Things*, Weidenfeld and Nicolson, 2002, 남경태 옮김, 『존재의 이유』, 서울: 사회평론, 2003.
KIATS 엮음, 『김교신』(한국 기독교 지도자 강단 설교), 홍성사, 2009.
Wach, Joachim, *The Comparative Study of Religions*, New York and London, Columbia University Press, 1966.

〈논문〉

김경재, 「한국교회 비주류 신앙운동의 비판정신의 본질」, 『기독교사상』(2015. 5), 서울: 대한기독교서회, 36-45쪽.
김형락, 「코로나 19시대의 우리 사회와 교회를 진단하고 계획하다」, 『기독교사상』(2020. 12), 191-195쪽.
민경배, 「김교신의 무교회주의와 조선적 기독교」, 『조선출 박사 회갑기념 논문집』, 서울: 대한기독교서회, 1975.
박상익, 「김교신이 오늘 한국교회에 던지는 질문」, 『기독교사상』(2015. 5), 54-62쪽.
백소영, 「교회여, 무교회에게 들으라/김교신의 전적(全的) 기독교」, 『기독교사상』(2003. 12), 서울: 대한기독교서회, 2003, 230-249쪽.
_____, 「지도자이기를 거절한 참 지도자 김교신」, 『씨알의 소리』(2020. 7-8

월), 서울: 함석헌 기념사업회, 2020, 64-72쪽.

스즈끼 기꾸꼬, 「우치무라 간조의 불경(不敬)사건」, 한국종교학회, 『종교연구』(제47집), 경기도 성남: 한국학 중앙연구원, 2007, 315-342쪽.

『아시아문화』(2018. 1. 2 합본호), 광주: 아시아문화커뮤니티.

양현혜, 「김교신의 무교회주의와 '일상성 속의 증거'로서의 신앙」, 『기독교사상』(2015. 5), 46-53쪽.

이진구, 「일제하 기독교 종파의 형성과 유형」, 한국종교 제37집, 『신종교 운동의 역사적 전개와 사상의 시대적 변화』, 전북 익산: 원광대학교 종교문제연구소, 2014.

정재영, 「한국교회의 공신력 추락요인과 대안」, 『기독교사상』(2020. 12), 서울: 대한기독교서회, 19-30쪽.

한국종교학회, 『종교연구』(제74집 1호), 서울: 한국종교학회(서강대학교 내), 2014. 3. 15.

허상수, 「우리 안의 왜색」, 『아시아문화(2018. 1-2호), 광주: 아시아문화 커뮤니티, 2018, 195-213쪽.

〈기타자료〉

김정옥, 『김교신 독립유공자 공적조사서 및 보완서류』, 광주광역시 남구 방림동 556 모아아파트 106동 604호(김교신 선생의 4녀 김정옥 여사 소유).

초록(Abstract)

김교신(金教臣, 1901-1945)은 1901년 4월 18일 함경남도 함흥에서 아버지 김염희와 어머니 양신의 사이에서 태어났다. 어렸을 때 엄격한 유교적 가풍에서 한학(漢學)을 공부하고 함흥보통학교와 함흥농업학교를 졸업하였다.

1919년 3·1운동 이후 일본으로 건너가 도쿄 세이소쿠(正則)영어학교를 다니던 중 도쿄 동양선교회(Oriental Missionary Society) 성서학원 학생의 노방전도(路傍傳道)에 힘입어 처음으로 그리스도교에 접했다. 노방전도에 감명받은 김교신은 1920년 4월 18일부터 도쿄 우시고메구(区)에 있는 야라이정 성결교회(Holiness Church)에 출석하던 중 6월에 세례를 받았다. 그러나 그해 11월 교회내분(목사축출사건)에 충격을 받고 교회 출석을 끊고 방황하다가 일본 무교회(無教會) 운동의 창시자 우치무라 간조(内村鑑三)를 만나면서 체계적인 기독교 신앙에 심취하게 되었다.

김교신은 우치무라를 기독교 신자인 동시에 일본 제국주의에 반대하고 일본 기독교의 자주성을 주장한 진정한 애국자로 이해하면서, 본인도 우치무라처럼 애국적 기독자가 되는 것이 어려움에 처한 조국 조선을 구하는 일이라는 신념을 지니게 되었다.

1922년 도쿄고등사범학교 영어과에 입학한 김교신은 일 년간 공부하다가 뜻한 바 있어 지리·박물과로 전과하였고 대학에 다니는 동안 일본 무교회 운동의 창시자 우치무라 간조 선생이 이끄는 '성서연구회' 회원이 되면서 깊은 신앙적 토대를 쌓아갔다. 우치무라는 일본인이지만 일본군국주의에 대해서 반대하는 입장이었고 반(反)외국교파적인 신앙태도를 가짐과 동시에 교권적이고 제도적인 직업종교체제인 기성교회를 거부하고 무교회(Non-Church)를 주장하였는데 이와 같은 참신한 무교회 신앙 조직에 김교신을 비롯하여 함석헌, 정상훈, 송두용, 양인성, 유석동 6인이 참여하게 되었다. 이 6인회는 '조선성서연구회'를 조직하여 우리말 성경을 읽고 연구하기 시작하였다. 이들은 대학을 졸업한 후 귀국하여 1927년 7월에 월간 동인지 『성서조선』을 창간하였다. 초대 발행인과 편집인은 일본에 체류하고 있던 정상훈과 유석동으로 하고 발행소도 도쿄 성서조선사로 했는데, 이는 외국에 있는 사람이 그곳에서 잡지를 펴낸다 하면 일제의 검열이 좀 더 쉽지 않을까 해서 그렇게 한 것이다.

『성서조선』 창간호는 44면으로, 창간사에 이어 이들 6인의 무교회 신앙에 대한 고백을 주요 내용으로 하는 논문이 실렸고 끝부분에는 동인들의 단상(斷想)이 게재되었다. 이들은 창간사에서 '학문에는 국경이 없다고 하지만, 신앙인에게는 국경이 있어야 할 것'을 상기시키면서, 쓰라린 민족의 시련을 성서연구를 중심으로 한 순수한 기독교 신앙을 통하여 극복해 나가자고 외치고, 기성교회의 부조리를 비판하면서, 민중 속에 파고들어 그들의 영혼을 신앙으로 각성시키자고 강조하였다.

1930년 5월호인 제 16호부터는 동인들의 사정으로 인하여 개인 김교신의 이름으로 편집·발행되어 개인적인 신앙 월간지가 되었지만 동인들의 투고는 계속되었었다. 이들은 당대의 지성인들로서 이름이 알려져 있었으므로 그 영향은 컸고 이로 인하여 기성 교회 측의 압박을 받기도 하였다. 발행 부수는 300부를 넘지 않았지만 고정 독자들 중에는 이승훈, 장기려, 류달영 등 영향력이 큰 사람들이 많았다.

『성서조선』은 무교회적 관점에서 성서 각권을 철저히 해석했고, 성서연구에 필요한 성서동물학, 희랍어 등의 기초분야를 다루었다. 고정난으로 애국신앙을 다룬 '권두언'과 여러 인사들과의 만남이나 서신을 기록한 '성조통신(聖朝通信)'난을 두었는데, 특히 이 난은 김교신의 신앙생활을 엿볼 수 있는 중요한 자료를 제공하였다. 1942년 3월호의 권두언 '조와(弔蛙)'[1]가 그 대표적인 사례라 할 수 있다.

『성서조선』은 순수한 '조선산 그리스도교'를 수립하기 위해 '교회건물과 제도'에 매달린 교조적 신앙이 아닌 조선민족의 그리스도교를 뿌리내리는 무교회주의적 신앙을 주장했다. 무교회신앙은 개인적 구원의 차원이 아니라 조선민족의 구제와 조국의 독립까지 고려한 의미심장한 신앙운동이었다.

그러나 불행하게도 조선총독부는 1942년『성서조선』3월호의 권두언 '조와'(김교신 주필의 글)의 내용과 의도를 트집잡아 김교신을 비롯한 13명을 기소하여 서대문형무소에 수감하고 『성서조선』은 158호(1942년 3월호)를 마지막으로 일제 당국이 강제적으로 폐간시켰다. 이렇듯『성서조선』이 불운하게 강제 폐간 되었지만 그 정신을 계승하기 위한 노력들이 이어졌는데, 송두용의 〈성서신애(聖書信愛)〉, 노평구의 〈성서연구〉, 함석헌의 〈씨알의 소리〉 등이 그 좋은 본보기라고 하겠다.

김교신의 기독교에 대한 이해는 조선(한국)의 역사와 한국인의 가슴으로 성경을 읽어야 한다는 뜻에서 '민족적'이었고, '교회'라는 체제적인 울타리를 벗어나 민중 속에 들어가야 한다는 의미에서 '민중적'이었으며, 조선(한국)이라는 토양 위에서 새롭게 꽃피어야 한다는

1) '죽은 개구리를 애도함'이라는 의미.

뜻에서 '토착적'이었다. 따라서 이것이 이른바 김교신이 말했던 '조선산 기독교', '조선김치냄새나는 기독교'이다. 이러한 김교신의 고결한 발상과 시도는 '애국·애족·독립'을 위해 순교까지도 각오한 순수하고도 선한 의지(Good Will)와 애국심에서 비롯되었다.

동경사범학교를 졸업하자마자(1927년 3월) 귀국한 김교신은 동년 4월 고향인 함흥 영생여자고등보통학교에서 교편생활을 시작했으며, 이듬해 서울 양정고등보통학교로 옮겨 12년간 재직하다가 1940년 4월에 사직했다. 양정학교 교사시절 길러낸 제자로는 베를린 올림픽 마라톤 우승자 손기정 선수와 서울대 농대 교수 겸 '새마을운동'의 중추적 역할을 했던 류달영을 꼽을 수 있을 것이다. 그 후 1940년 9월부터 국립 경기중학교에서 다시 교편을 잡게 되었으나 '불온한 인물'로 주목받다가 6개월 만에 사직이 아니라 추방되었다. 1941년 10월에는 다시 개성에 있는 송도고등보통학교에 부임했지만 1942년 3월 이른바 '성서조선사건'으로 15년에 걸친 그의 교사생활에 종지부를 찍게 되었다. '성서조선사건'이란 다름 아닌 '조와(弔蛙)사건'을 말하는데, 이것은 연못에서 추운 겨울을 지내던 개구리들이 거의 다 동사(凍死)했으나 2-3마리는 죽지 않고 살아남아 있었다는 『성서조선』(1942. 3.) 주필(김교신)의 '권두언'이었다. 이것은 조선인의 끈질김을 의미하는 것이었다. 이 사건으로 인해 김교신과 함석헌 그리고 류달영을 비롯한 13명이 서대문형무소에 투옥되어 꼬박 1년간 수감생활(옥고)을 치렀던 것이다.

출옥 후 김교신은 일본인이 경영하는 흥남질소비료회사에 취업하게 되고 거기에서 주택계장으로 일하면서 그곳에서 일하는 조선인 노동자 3000~5000명에게 여러모로 도움을 주고 민족정신을 앙양하였다. 김교신은 장기간의 교사 시절에는 물론 후일 흥남비료공장에 근무할 때까지도 늘 서재에 대형 한국지도를 걸어놓고 생활했다고 한다. 김교신을 가까이에서 지켜본 사람들은, 김교신이 늘 지도를 보면서 무언가를 골똘히 계획하고 있는 것 같았다고 증언했다. 김교신은 일제의 침략에 유린당한 조국의 젊은이들이 우리의 지리와 역사를 통하여 민족적 긍지와 포부를 가져줄 것을 소망했던 것이다. 『성서조선』 제62호(1934. 3.)에 '조선지리 소고(小考)'라는 논문을 쓴 것도 이러한 동기에서 비롯되었을 것이다. 그는 이 글 가운데서 조선지리를 지정학적인 측면에서 고찰했다. 그리고 '조선 역사에 영일(寧日)이 없는 이유는 한반도가 동양 정국(政局)의 중심임을 여실히 증거한다.'라고 주장하였다. 이 말에서도 우리는 조선 민족의 미래에 대한 이상(理想)이 타오르는 김교신 선생의 정신을 볼 수 있다.[2)]

김교신은 그 바쁜 교사생활을 하면서도 신앙 월간지 『성서조선』을 꾸준히 간행하여 식민지 조국의 동포들에게 독립과 해방의 꿈을 버리지 않도록 하였을 뿐만 아니라 조선 반도 남단에 위치한 소록도에 강제 수용된 나병환자들에게도 『성서조선』을 보내줌으로써 삶의 소망을 포기하지 않도록 영적인 힘을 불어넣어주기도 했다. 이 일로 인해서 많은 한센병(나병)환우들이 삶의 의미를 찾았었다. 그러나 김교신 선생은 마지막 직장이라 할 수 있는 흥남질소비료회사에서 근무하는 동안 설상가상 격으로 전염병 발진티푸스가 만연하여 많은 회사원들이 감염되어 병사하는 상황에서 김교신 선생도 이 질병에 감염되어 며칠 동안 치료를 받다가 애석하게도 45세에 서거하고 말았다. 그 암울한 시대에 '한민족'에게 하나의 큰 별이었던 그가 평생 고생만 하다가 해방을 4개월 앞둔 채 조선민족의 곁을 떠나게 된 것이다.

2) 박상익의 논문, 『기독교사상』 2015. 5, 59-60쪽.

김교신 선생은 짧은 인생 44년을 살아가는 동안 조금도 잘난 체하지 않고 평민, 평교사, 평신도로 겸손하고 소박하게 살다가 유명을 달리하였다. 그는 조용한 민족의 횃불이었고 선구자였건만 대한민국 정부의 눈에 띠지 않다가 뒤늦게나마 그의 공적과 애국적 삶이 드러나게 되어 애국지사로 추대되어 그의 유해가 국립묘지에 안장되기에 이르렀다. 초야에 묻혀 살던 그가 늦었지만 사후에라도 호국영영의 반열에 들어서게 되어 얼마나 다행인지 모를 일이다. 따라서 그의 조국 사랑 정신은 길이길이 빛날 것이며 그의 성실한 성품과 불철주야 진리탐구에 정진하던 자세와 경천애인(敬天愛人)의 경건한 태도는 한민족(韓民族) 모두에게 길이길이 귀감이 될 것으로 믿는다.

김교신 선생 연보(年譜)

1901년 (1세)

4월 18일(음력으로는 광무[光武] 5년 3월 30일) 함경남도 함흥 사포(沙浦)리에서 부친 김염희(金念熙)와 모친 양신(楊愼)과의 사이에 장자(長子)로 태어나다. 엄격한 유가(儒家)인 선생의 가문은 참수(斬首)된 함흥 차사 박순(朴淳)과 함께 함흥에 갔다가 요행히 죽음을 면하고 정평(定平)에 정주(定住)하게 되었던 김덕재(金德載)의 후예이다.

1903년 (3세)

어릴 때부터 서울을 오르내려 18세에 이미 정원이 되어 장래가 크게 촉망되었던 엄친(嚴親) 김염희가 폐환으로 21세로 요절하다. 이 해에 계씨(季氏) 김교량(金教良) 태어나다.

1912년 (12세)

함흥 주북(州北) 청주 한씨 가문의 4세 연상인 한매(韓梅)와 결혼하다. 선생의 생애에 한씨 부인과의 사이에 정손(正孫), 정민(正民) 두 아들과 진술(鎭述), 시혜(始惠), 정혜(正惠), 정옥(正玉), 정복(正福), 정애(正愛) 등 6녀를 두었다.

1916년 (16세)

3월 함흥공립보통학교를 졸업했다. 그런데 선생은 보통학교 입학 전에 권문(權門) 댁 서당에서 한학(漢學)을 수학했으나 그 연대와 연수 등은 불명(不明)하다. 이해 장녀 진술이 태어나다.

1919년 (19세)

3월 함흥공립농업학교를 졸업하고 도일(渡日). 3·1운동 때는 여러 날 집에서 밤을 새워 태극기를 만들어 집안 소년들을 시켜 소학교와 예배당에 보냈다고 함. 이 소동에 이웃에 계셨던 삼촌 숙부 충희 씨 댁이 가택 수색을 받게 되고,

기기서 구(舊) 한국 시대의 불온 서적과 권총 등이 나와 크게 문제되었다고 함. 선생의 도일과 집안의 이런 사건과의 관계여부는 알려지지 않았다. 일본으로 건너간 선생은 동경 세이소쿠(正則)영어학교에서 당대의 저명한 영(英) 학자 사이토 히사부로(齋藤秀三郞) 밑에서 영어를 수학하다. 선생은 이 때부터 대동아전쟁 말기까지 줄곧 주간 『런던 타임즈』를 애독.

1920년 (20세)

4월 동경 우시코메구(牛込區)에서 성결교회의 노방(路傍) 설교를 듣고 유교를 떠나 기독교에 입신(入信)할 것을 결심. 야라이정(矢來町) 홀리니스(Holiness) 교회에 들어가다. 입신 후 선생은 예수의 산상수훈에 접해 기독교 도덕이 유교 이상 고엄(高嚴)함에 매혹되어 공부자(孔夫子)보다 10년을 단축하여 '육십이종심소욕불유구(六十而從心所欲不踰矩)'를 기약, 일야(日夜) 초심(焦心)했다고 함.

6월 야라이정 성결교회에서 세례 받음.

11월 야라이정 교회의 온모(溫慕)한 시미즈(淸水) 목사가 반대파의 음모와 술책으로 교회에서 축출되는 교회 내분에 접해 깊은 충격을 받고 반년 동안 교회 출석을 끊고 거취(去就)에 고민하다가 당시 무교회주의 기독교의 창시자였던 우치무라 간조 문하에 들어가 그 후 7년간 성서강연에 참석하여 성서를 배우다. 입신과 함께 선생의 진지한 기독교적인 도덕적 노력이 그 후 다시 선생의 한없이 예민한 양심에 의한 죄의 지각과 더불어 내심(內心)에 심각한 이율배반적인 고민을 일으켰으나 우치무라의 성서강연을 통해 철저한 신앙만의 무교회주의의 복음주의에 의해 차츰 깊은 회심(回心)을 체험하게 되다. 이 당시 우치무라 성서연구회에서 성서 희랍어 반(班)에도 나가다.

1922년 (22세)

4월 동경고등사범학교 영어과 입학했다가 이듬해 지리 박물과로 전과(轉科), 선생은 고등사범학교 시절 언제나 책상 위에 육촌 조부 되시는 김달집(金達集) 선생의 사진을 놓고 열심히 공부했다고 함. 이 어른은 선생보다 약 20년 연상의 함흥 출신 개화 선각자로서 일찍 일본 메이지(明治) 학원(현 메이지 대학) 법과를 나오고 귀국하여 당시 보성의숙(현 고려대)에서 법학을 다르치다가

27세의 젊음으로 역시 폐환에 의해 요절했다고 함.

1927년 (27세)

3월 동경고등사범학교 이과(理科) 제3부(갑조) 졸업.

4월 귀국하여 함흥 영생여자고등보통학교에서 교편을 잡음.

7월 우치무라 문하의 선생을 비롯하여 함석헌(咸錫憲), 송두용(宋斗用), 정상훈(鄭相勳), 류석동(柳錫東), 양인성(楊仁性) 6인 동지(同志)가 조국 구원의 유일의 길로 믿고 『성서조선』지를 창간하다.

1928년 (28세)

3월 서울 양정고등보통학교에서 교직생활하면서, 주간격(主幹格)이었던 정상훈 씨를 도와 『성서조선』 간행에 진력하다.

1929년 (29세)

남강(南岡) 이승훈(李昇薰)과 교유하다. 이 밖에 선생의 교유 관계는 우리나 '기독교계의 원로인 김정식(金貞植)의 남다른 촉망을 받았고, 또 남강의 동지로 일시(一時) 오산학교의 교장을 지냈던 동양학의 석학 류영모(柳永模)와는 지기(知己)로 수어(水魚)의 사이였다. 또 우치무라 사후(死後) 그의 고제(高弟)로서 일본 지성인의 존경을 한몸에 모았고 2차 대전 후 동경대 총장을 지낸 야나이하라 다다오(矢内原忠雄)와는 각별한 신앙 교우를 지속, 그가 전쟁 중 비전론자(非戰論者)로서 동경대(東京大)에서 추방당한 후에는 내한(來韓)하여 서울 정릉 선생 댁에서 성서집회를 가진 일도 있었다. 춘원(春園) 이광수(李光秀)도 신앙 문제로 한때 선생의 가르침을 청한 때도 있었고, 또 『창조의 생활』로 청년들에게 생활개척의 정신을 크게 불러일으켰던 김주항(金周恒)과도 막연한 사이였다.

1930년 (30세)

5월 『성서조선』 제16호부터 선생이 주필로서 책임 편집 간행하였다.

6월 5월에 남강이 서거하자 『성서조선』으로 남강 특집호를 내고, 경성에서 성서연구회를 개최하다. 성서연구회는 이후 매년 1주간의 동기(冬期) 성서집회와 함께 10여 년을 계속하다. 무교회주의자로 한국교회의 이단자 취급을 받았던 선생에게 교계가 강단을 빌려 주지 않았음은 물론, 청년회 등에서도 선생에게 장소 제공을 거부한 관계로 선생의 성서집회는 대체로 가정집회의 형식으로 이루어졌으며 회원도 10~20명을 넘지 못했다. 또 집회의 성격도 어디까지나 성서연구에 의한 기독교 진리의 본질 천명, 이의 민족적인 소화에 있었던 만큼 양(量) 같은 것은 안중(眼中)에도 없었다. 한때 북한산록 선생 서재에서는 1인 상대의 성서강의가 수년 계속된 일도 있었다. 선생은 기독교 진리와 신앙에 체득이란 수년에 두세 사람, 10년에 4~5명 있을까 말까 한 것이라고 하며 오로지 성서연구에 몰두하다. 선생의 성서연구는 당시에 벌써 루터, 칼뱅, 벵겔, 마이어, 고오데, 만국비평주해, 슈트라크 빌렐베크 등 고전적인 본격적 주해서와 바우어의 희랍어 대사전, 홀렌베르크의 히브리어 문전(文典) 등까지 동원시킨 것이다. 함석헌 씨의 유명한 「성서적 입장에서 본 조선 역사」도 선생 주최의 이 동기 집회에서 처음 발표되었고, 일제의 심한 탄압과 검열 속에서 『성서조선』지에 연재되었던 것이다.

1933년 (33세)

7월 『산상수훈 연구』 발간하다. 이 책은 1931년 1월부터 1932년 2월까지 13회에 걸쳐 『성서조선』지에 발표되었던 것으로, 기독교의 중심 진리가 깊은 본문연구를 통해 간결하게 천명된, 기독교 입교(入敎) 후 처음 우리의 손에 의해 쓰여진 고전적인 기독교 저작이다. 더욱이 기독교 사상(史上) 성서 연구의 대가들이 대체로 원숙의 경지에서 비로소 손을 대는 것으로 되어 있는 '산상수훈'에 선생은 겨우 31세의 나이로 손을 댔고, 또 1년 정도로 이의 집필을 끝냈음은 실로 놀라운 일이다. 선생은 연대적으로 또 이 근방에서 수년 동안 소록도의 나환자들에게 『성서조선』을 통해 높은 천적(天的)인 복음과 깊은 동정과 사랑을 쏟아부음으로써 저들의 위대한 신앙을 불러일으켜 그들의 천적인 놀라운 많은 신앙 간증(干證)을 편지와 원고 등 여러 가지 모양으로 『성서조선』 지상에 올리게 되었다.

1939년 (39세)

12월 제자 류달영을 시켜 『최용신(崔用信) 양 소전(小傳)』을 지어 간행케 했다. 선생은 생애 민족의 유산될 만한 모든 사사건건에 대해 깊은 관심을 기울였다. 국토와 자연, 역사와 언어, 문화 그리고 인물, 유적 등에 한없는 외경과 경모, 애고(愛顧)와 애호를 바쳤으며, 양정 시대 초기 수년간에는 '무레사네'(물에 산에)라는 명칭의 서클을 만들어 주일마다 청년 학도들과 서울 근교의 모든 고적과 능묘, 명소를 심방하고 참배했다.

1940년 (40세)

3월 복음 전도에 전념하기 위해 10년 만에 양정고등보통학교를 사임하다.

4월 함석헌과의 공저 『우치무라 간조와 조선』을 출간하다.

9월 제일고등보통학교(현 경기고)에서 교편을 잡게 되나 불온 인물의 낙인이 찍혀 6개월만에 추방되다. 그런데 선생이 경기에 가게 된 것은 동경고등사범학교 선배인 당시 경기 교장 이와무라(岩村)의 호의에 의한 것인데, 이와무라는 후일 선생의 애국적인 심지(心志)와 교육에 대한 근세(近世) 일본의 지사 요시다 쇼인의 쇼카손주쿠(松下村塾)의 사규칠칙(士規七則)을 무색하게 하였다고 회술(懷述)한 것으로 전해지고 있다.

1941년 (41세)

10월 개성 송도고등보통학교에 부임. 선생의 교육 생애는 한마디로 당시 판에 박힌 듯한 소위 정치적인 천박한 민족주의 교육을 지양하고, 민족의 혼을 불러일으켜 도덕의 척골(脊骨)을 세우고 진리애(愛)를 발동시켜 민족정신의 토대를 놓으려고 진정한 의미의 민족 백년대계를 위한 교육이었다.

1942년 (42세)

3월 30일 『성서조선』 창간 이후 호(號)마다 총독부 검열에 문제되어 매월 폐간의 결의로 임하다가 결국 158호에 이르러 권두문 「조와(弔蛙)」가 발단이 되어 세칭(世稱) '성서조선사건'으로 전국의 수백 지우(誌友) 동지와 더불어 피검(被檢). 그 중 함석헌, 송두용, 류달영 등 12인과 함께 서대문형무소에서 1년간 옥고를 치렀음. 선생은 일제 말까지 끝내 창씨개명을 하지 않았으며 일제의 심한 국어 탄압 정책하에서도 대체로 우리말로 수업했고, 검사의 취조에서도 일본 천황도 신의 피조물에 불과하며 '황국신민서사(皇國臣民誓詞)'는 '망국

(亡國)신민서사'가 될 것이며, 일본이 중일전쟁을 일으킨 것은 어린애가 호랑이 탄 격으로 어차피 죽을 수밖에 없을 것이라고 분명히 대답했다고 전한다.

1943년 (43세)

3월 29일 불기소(不起訴)로 출옥. 전국 각지 순회로 신앙동지를 격려하다.

1944년 (44세)

7월 함남 흥남 일본질소비료회사 입사. 서본궁(西本宮) 3,000 조선인 노무자의 복리를 위해 교육, 의료, 주택, 대우 등의 개선에 진력하며 해방을 고대하는 한편 전국의 지우(誌友) 청년들을 모아 질소비료공장에서 전화(戰禍)를 피하게 하다.

1945년 (45세)

4월 25일 발진티푸스에 감염, 급서(急逝)하다. 모세가 가나안을 바라보며 승천하듯 해방 직전에 별세하니 애석, 통절! 8·15 해방 후 선생의 신앙 동지 및 제자들에 의해 선생의 기일(忌日)에 기념 강연회가 해마다 열리다.[1]

---

1) 노평구 엮음, 『김교신 전집 7』, 서울: 도서출판 부키, 2002, 389-392쪽.

일제강점기 조선민중의 선구자

김교신 선생

2021년 2월 20일 인쇄
2021년 2월 25일 발행

저자 김영태
발행인 정성택
발행처 전남대학교출판문화원

등록 1981. 5. 21. 제53호
주소 61186 광주광역시 북구 용봉로 77
전화 062-530-0573
팩스 062-530-0579
홈페이지 http://www.cnup.co.kr
이메일 cnup0571@hanmail.net

값 20,000원

ISBN 978-89-6849-805-3 (93200)

* 잘못된 책은 바꿔드립니다.

* 이 책의 전부 또는 일부 내용을 재사용하려면 사전에 반드시
저작권자와 전남대학교출판문화원의 동의를 받아야 합니다.